P
S
Y
C
H
O
L
O
G
Y

P S Y C H O L O G Y

"十二五"国家重点图书出版规划项目
上海文化发展基金会图书出版专项基金资助项目

葛鲁嘉 著

心理学本土化

——中国本土心理学的选择与突破

上海教育出版社
SHANGHAI EDUCATIONAL
PUBLISHING HOUSE

丛 书 总 序

心理学的探索和研究已经有了众多的学科分支和丰富的具体研究,有了广泛的生活应用和大众的认知接纳,有了学术的创造支撑。但是,心理学本身依然缺乏反思、界限不清。任何一个成熟的学科,都应该有强大的自我反思、自我定向、自我驱动、自我矫正和自我扩展的能力。心理学在快速的发展进程中,最需要的就是这样的能力。这直接涉及的就是心理学的视野、框架、形态、资源与未来,"视野""框架""形态""资源"与"未来"是把握心理学学科总体、促进心理学学科进步的关键词,也是"心理学形态研究系列"丛书的核心内涵。

任何一位投身心理学事业的研究者和学习者、对心理学感兴趣的其他学科和行业的探索者与从业者,或是对心理学很好奇的思想者和普通人,都可以在这套丛书中有所收获。

心理学研究者如何看待自己的学科?心理学爱好者如何借鉴跨界的学科?如何张望陌生的学科?这需要具有宽广的视野。所谓视野就是人的眼界。同样都有眼睛,但是不同的人在现实生活中能够看到的广度和深度却完全不同。因此,最重要的是心灵的眼睛。这套丛书可以极大地扩展审视、观望和看待心理学的视野。

无论是心理学研究者还是心理学的应用者、爱好者,想要从整体上掌握和运用心理学,最重要的就是有一个整体的框架,包括学科的框架、思想的框架、理论的框架和知识的框架。只有有了这样的框架,才能够对五花八门、纷繁复杂和丰富多样的心理学探索、研究与应用进行梳理和分类。

心理学具有多重性的身份,也有着多样化的角色和多元化的形态。当然,科学的或实证的心理学曾经试图定位自己是唯一合理的心理学形态,从而也就将其他不同的心理学形态及探索丢进了垃圾箱。这在给心理学带来纯洁性的同时,也使得心理学割断了与自身学科土壤的关联。因此,对不同形态的心理学的探索,可以大大丰富关于心理学的理解,扩展心理学的发展空间。

对心理学的多重形态的探索,并不是要分裂心理学、肢解心理学和打碎心理学,而是要在心理资源、学术资源、思想资源、理论资源等方面去重新理解心理学。资源化的处理是心理学学科发展获取学术养分、思想营养和理论滋养的最重要的突破。任何资源都在于挖掘、提取、转化和运用,心理学的资源同样如此。

资源也许汇聚和代表了过去、传统和遗产,但实际上,资源最重要的核心的作用是能够指向和引领心理学学科发展的前景、未来和成长。心理学应该成为也能够成为一个强大的学科。这种学科自身的昌盛和繁荣就应该植根于养分丰富的学科资源。这也是探索不同形态的心理学最重要的价值、意义和作用所在。

这套"心理学形态研究系列"丛书包含八部心理学学术著作:《心理科学论总——心理学命运与前途的全景考察》《心理学本土化——中国本土心理学的选择与突破》《常识形态的心理学——心理学的生活形态和日常存在》《哲学形态的心理学——哲学心理学与心理学哲学》《宗教形态的心理学——宗教传统和研究的心理学智慧》《类同形态的心理学——不同科学门类中的心理学探索》《科学形态的心理学——心理学的科学追求与科学身份》和《资源形态的心理学——心理资源的基本性质与核心内涵》。这八部著作直接涉及和探索心理学的视野、框架、形态、资源与未来。

《心理科学论总——心理学命运与前途的全景考察》是关于心理科学本身的学术梳理、学术反思、学术突破和学术建构的。书中对如何推进心理学的学术进步,如何扩展心理学的学术空间,如何引领心理学的学术未来,如何确立心理学的本土根基,如何激发心理学的学术创新等,进行了一系列的学术思考。

《心理学本土化——中国本土心理学的选择与突破》是对中国本土心理学在追求科学化历程中经历的西方化历程的文化性、思想性和历史性的反叛。心理学的本土化也是心理学在更大的范围内去寻求自己学科和学术发展的资源。关于心理学的本土走向,要涉及心理学研究的本土定位、本土资源、本土理论、本土方法和本土技术。心理学的本土化实际上就是心理学的一个新生的过程。中国心理学的本土化也就是中国心理学的创生过程。

立足西方文化传统的"科学的"心理学一直认为自己是唯一合理的心理学,除此之外的心理学探索,或者立足不同文化传统的心理学探索,都可以划归为"非科学的"心理学,而所谓"非科学的",也就是被淘汰的、已过时的、无价值的。心理学的本土化则来自对西方心理学唯一合理性的质疑,来自对各种不同心理学探索的合理性的确认和把握。心理学的文化转向是心理学本土化的方向问题。心理学曾经靠摆脱、放弃、回避或越过文化的存在来发展自己。也就是说,在心理学成为独立的科学门类之后,在追求科学性的过程中,把科学的客观性和普遍性与文化的建构性和独特性对立起来,心理学早期以排斥文化的存在来保证自己对所有文化的普遍适用性。然而现在,心理学必须靠包容、探讨和体现文化的存在来发展自己,来保证自己对所有文化的普遍适用性。

心理学本土化的发展是把心理学确立为创新的心理学。中国心理学的本土化并没有现成的道路好走,没有现成的东西可以继承,没有现成的方式可以照搬。这就决定了中国心理学的本土化历程必然和必须走创新发展的道路。对于中国本土心理学来说,原始性的创新应该成为重要的学术目标。然而,对于中国现代心理学来说,这是非常薄弱的环节。对于许多中国心理学的从业者和研究者来说,好像只有引进的才是心理学,创新的却很难被看成是真正的心理学。

中国本土心理学的研究涉及心理学学术创新和理论建构的学术资源,而获取什么资源和怎样获取资源,就成为重要的任务。心理学的演变和发展有自己的资源根基,这可以体现为不同的心理学历史形态、现实演变和未来发展。当代心理学的发展应该将不同形态的心理学作为自己学术创新的资源,只有掌控和运用这些资源,心理学才能够扩大视野,挖掘潜能,丰富自己的研究,完善自己的功能。

心理学的发展有着属于自身的文化、历史、传统、思想、理论、学科的资源。心理学有着十分不同的历史发展和长期演变的形态,所有不同的心理学形态都是心理学的发展可以借用的学术资源。心理学资源可以体现为心理学历史形态、心理学现实演变和心理学未来发展,共包括六种不同的心理学形态：常识形态的心理学、哲学形态的心理学、宗教形态的心理学、类同形态的心理学、科学形态的心理学和资源形态的心理学。解读这些不同形态的心理学，考察不同形态心理学之间的关系，对心理学的发展有着至关重要的作用。当代心理学的发展不应该是不同形态的心理学之间的相互排斥、对立和对抗，所有不同形态的心理学都应该属于心理学学术创新的文化、历史、思想和学术的资源。

中国本土的心理学、中国本土的理论心理学，最重要的就是自身的理论建构。这主要是确立中国本土心理学的理论思想、理论框架、理论内涵、理论预设和理论构成。中国心理学对外国心理学的理论复制和理论模仿，导致对本土心理学的理论创新和理论开拓的抑制和忽视，而中国心理学理论创新的弱化也直接导致对国外心理学知识和理论的大量引进，这造成了限制中国心理学理论发展的恶性循环。甚至，中国的心理学研究者反而不习惯于心理学的理论创新，对任何创新的尝试都横加阻抑和指责。这导致中国心理学的发展极度缺少理论创新，特别是立足本土文化的原始性理论创新。强化理论心理学的研究可以促进中国心理学的理论创新，特别是原始性的理论创新。

因此，最重要的就是能够对所有相关的心理学资源进行系统化的梳理与整合。心理学资源既可以成为常人的心理生活的资源，也可以成为专家的心理科学的资源。心理学必然面临如何理解、看待、保护、挖掘、提取和转用资源的问题。心理学的发展显然不应该抛弃自己的文化历史传统，而应该将其作为学术性资源。

常识形态的心理学也被称为民俗心理学、素朴心理学等。这是普通人在日常生活中创建的心理学，是存在于普通人生活经验中的心理学。常识心理学既是普通人心灵活动的指南，也是普通人理解心灵的指南。常识心理学是科学心理学发展的文化资源。哲学形态的心理学是心理学最古老的形态之一。在科学心理学诞生之前，心理学就"寄生"在哲学中，是哲学的一个探索领域。对心理学研究的理论前提或理论预设的反思就是心理学哲学的探索。这种探索的目的在于使心理学的研究能够从盲目走向自觉。宗教形态的心理学包含两种不同的和关联的内容。一种是科学的含义或是科学传统中的宗教心理学，是科学家运用科学方法对宗教心理的研究。这是科学心理学的一个分支。另一种是宗教的含义或是宗教传统中的宗教心理学，是宗教家按照宗教的方式对人的心理行为的说明、解释和干预。类同形态的心理学是与科学心理学相类同或相类似的其他科学分支中的心理学思想、理论、方法和技术。心理学发展应该去吸取、提炼、接受、消化和融会类同形态的心理学研究。科学形态的心理学是通过科学的理论、方法和技术来考察、描述、说明和干预心理行为，并在很短的进程中取得了飞速的发展，但依然面临着许多重大的和核心的课题。资源形态的心理学探讨和论述的是心理学未来发展的基本形态。这是科学形态的心理学的进步、扩展和提升。资源形态的心理学把心理学的学术性资源的开发、累积和运用，确立为心理学未来发展的核心任务。

在心理学发展和演变的进程中，科学形态的心理学曾被确立为唯一合理的存在，其他各种不同的心理学形态则受到忽视、排斥和抛弃。因此，从未有过对各种不同心理学形态的系统性和学术性的考察与研究。心理学形态研究将会是全新的对心理学学术研究的突破。这将奠定中国本土心理学发展的学术资源的基础，会给中国本土心理学的未来进步带来长久的、巨大的和深远的影响。

中国心理学长期以来依赖于对国外心理学全面、系统和不断的引入、翻译、介绍、评判、学习和模仿，这为中国本土的心理学家了解世界心理学发展和演变的进程与趋势，包括把握西方心理学的发展和走向，掌握苏联、俄罗斯心理学的过去和现状，填补中国心理学研究的空白和缺失，推动中国心理学的研究和应用，提供了基础和前提。在中国心理学的发展历程中，从老一代的心理学家开始，就有对国外心理学的引进、介绍、评判和模仿，体现为重视研究心理学发展史，特别是重视研究西方心理学流派。在一个多世纪的时间里，这给中国心理学的发展和繁荣奠定了坚实的基础，实现了中国心理学的跨越式发展。而追踪和模仿发达国家的心理学，也会导致中国本土心理学创新性和创造力的弱化。这直接造成引进的心理学特别是引进的外国心理学的理论、知识、方法、技术和工具，会与中国本土的文化传统、社会生活、心理行为等存在巨大的隔阂。

本土心理学研究主要体现为对中国心理学思想史、中国心理学史以及中国古代、近代和当代的心理学思想、理论、学说、方法、技术及工具的研究、考察和探索,从而系统梳理中国文化历史、文化传统及思想创造中包含的心理学思想、心理学解说和心理学内容。这是在与西方心理学或国外心理学不同的中国本土的文化历史、文化思想、文化传统和文化创造的基础之上,去重新认识、理解和把握心理学。关于中国本土文化传统中的心理学研究,在研究尺度、评判标准、理论依据、学术把握等方面一直存在学术争议。有的研究按照西方文化或西方科学文化的尺度,按照西方心理学或西方实证科学心理学的尺度,来筛淘和衡量中国本土文化传统中的心理学内容,也有研究者强调应按照中国本土的文化传统、价值尺度、学术标准,来重新衡量、梳理和探讨中国本土的心理学传统。

中国本土的心理学正在寻求自身的创新性发展。这种创新倡导的是,中国心理学的发展不应该仅仅是对国外心理学的修补和改进,也不应该仅仅就是对中国历史传统中的心理学思想的解释和解说,中国本土心理学真正需要的是寻求本土文化的心理学根基和心理学资源,并立足这种本土文化中的心理学核心内容来建构真正属于中国本土的创新的心理学。关于中国本土心理学的发展应该倡导和推动原始性的创新,特别是原始性的理论创新,这已经开始由最初的呼吁逐渐成为付诸行动的学术追求。中国心理学的这种原始性创新的努力,也开始由不同分支学科、不同理论知识、不同研究方法、不同技术手段等分散的方面,转向对更宏大的心理学理论原则、理论框架、理论构成等方面的突破。

中国现代意义上的科学心理学是从国外引入的,包括近代从欧美等科学心理学先导和发达的国家引入的实证科学的心理学,也包括新中国建立初期开始从苏联引进的以巴甫洛夫的高级神经活动学说为代表的唯物主义心理学。这两个不同来源的心理学都存在于中国现代心理学的研究之中。改革开放后,中国心理学开始挖掘和整理中国本土的传统心理学思想,但是,这方面的研究还存在重大的缺陷,最大的问题是认为中国本土文化中并没有心理学,只有一些零散的、猜测的心理学思想,认为这方面的研究仅在于证明现代心理学研究的古代猜想。这就形成了两个巨大的鸿沟:一是翻译、引进和介绍的国外研究与中国本土文化和生活之间的鸿沟;二是中国古代的心理学思想与中国当代的心理学创新之间的鸿沟。这也就导致中国本土心理学的两个重大缺失:一是长期的引进和模仿导致中国本土心理学研究原创性的严重缺失和弱化;二是中国古代心理学思想研究仅仅是为现代心理学研究提供历史的佐证,导致中国本土心理学根基的垮塌和资源的流失。总括起来,中国本土心理学所缺失的是建立在中国本土心理学资源基础之上的心理学原始性的理论创新和建构。这套丛书最核心的学术价值和创新意义就在于,通过立足本土文化的理论创新和建构,开辟中国本土心理学未来的学科发展和创新的理论演进道路。

在中国本土心理学的研究中,关于中国本土文化传统中的心理学理论根基和学术资源的探索是最重要和关键的走向,也是最核心和根本的未来。这套丛书旨在挖掘和把握中国本土的心理学资源、心理学传统和心理学根基,从而推动和引领中国本土心理学的创新性发展。例如,在中国古老的和悠久的心性文化传统中,就存在丰富的心理学资源、特定的心理学传统和深厚的心理学根基,这就是中国文化的心性学说。从心理学的角度加以考察和挖掘,可以将这种心性学说转换为心性心理学,这是中国文化非常独特和重要的心理学理论贡献。中国本土文化中的心性学说和心性心理学有着非常重要的心理学学术性价值,问题是怎样将这种心性心理学的传统转换成为中国心理学理论创新的资源。这套丛书的研究就是对中国本土心理学的研究进行重新定位,就是要厘清中国本土心性心理学的内涵,深入挖掘中国本土的心性心理学,并将心性心理学的思想框架和理论核心引入中国本土心理学的具体研究中。

正所谓"条条大路通罗马",不同的心理学探索、不同的心理学形态,都是通往人类心理的门户。在通道的沿途,有着各不相同、别具洞天的境遇和景色。心理学的探索者不应该去关闭那些可能的通路。为什么不去探险呢?无限风光在险途!

吉林大学哲学社会学院心理学系
葛鲁嘉
2014 年 10 月

自　序

　　我在数十年的本土心理学研究中积累了相当数量的研究成果。尽管我很早就为自己的本土心理学研究进行了详尽的定位和构想,但是研究还是分门别类陆陆续续完成和发表的。分开来看,研究是孤立的、零散的,但是整合来看,研究是系统的、完整的。那么,其中重要的工作就是把孤立的研究系统化,把零散的研究完整化。这就要按照整体性研究思路,把各项研究成果集合成为一个整体。这就是本书的基本构想和最后成形。当然,为了体现内容和形式的完整性与连贯性,我对原来发表的论文标题进行了必要的改动和加工,对部分论文内容进行了增删调整,从而更加突出全书作为一项系统研究的性质。

　　我最早是在1991年留学英国时形成了心理学本土化研究的理念、主要构想和系统思路,以及本土心理学研究的核心理念和基本内容。刚开始的想法非常模糊和笼统,但我从来都没有放弃过自己的学术意向和学术构想,在各种境遇中一直坚持了下来。逐渐地,研究开始明确和深厚。回望这一段历程才发现,自己在本土心理学研究的道路上已经走得很远。

　　学术创新注定是独行者的孤旅,学术创新的历程就是"无中生有"的旅程。四野茫茫,全靠着心中的北斗和信念。尤其是在学术生态环境恶化之时,坚持能获得什么? 然而,我从来都没有怀疑过自己的选择和坚守,也没有急于求成的紧迫和焦虑。

　　这与我自己的心理学研究理念是完全一致的,自己的生活是自己创造的,自己的心理生活是自己建构的,自己的学术道路更是自己走出来的。这也就是我常说的,学术与生活本来就应该是一体的。

　　其实,从一开始我就意识到,我的学术设想有着重要的学术价值和理论意义。尽管在接触心理学的开始阶段,我们都习惯于接受国外的思想理论,但我并不满足于此。我也在一些场合接触到一些所谓的心理学创新或心理学理论创新，但我并不因其低下的质量而丧失对自己研究抱有的信心。

中国本土有着深厚的心理学传统资源，只有回归到这个基础，才会有中国独立自主的创新。当然，这必须付出长期艰苦的努力。我为自己的学术构想投入了全部的时间和精力。我永远都难以忘怀，在早年十分艰苦的生活和工作条件下，连到我家中来访的英国、美国、日本和韩国的心理学家都认为，如此简陋的条件，一切都是不可思议的。但是，我数十年如一日地研究、思考和写作。在我面前，逐渐展现出来一个完全不同的学术天地、一个日渐丰满的思想整体、一个影响渐增的理论构想、一个不断成形的研究设计。

从来就没有一种固定不变的心理学模式，从来就没有一条现成修好的心理学道路，中国本土的心理学需要去创建并开辟新的道路和未来，这应该成为对创新者的启示性召唤。我给了自己一个出发的基础，也给了自己一个前行的目标，我给了自己不息的动力，也给了自己不竭的思想。

春去春来、花落花开、潮息潮起，舒缓紧张、平静兴奋、苦闷快乐，我都在学术历程中品尝到了。这就是生活，是我自己选择和体验的生活。没有盲目，也没有失望，没有松懈，也没有疲惫，一路走来，庆幸的是学术的引导、思想的引领和生命的引发。

学术研究和追求是没有止境的，但却并不盲目、茫然。快乐是没有边界的，痛苦也没有边界，体验也没有边界，但是，快乐、痛苦、体验并不多余。有我、忘我、自我、无我，脱离出来、融入进去、分门别类、整合一体，世界就是这样在变幻，生活就是这样在转换，天地就是这样在生成，生命就是这样在轮回。

思想是无形的，理论是无界的。做思想的强者、理论的巨人、心理的富翁和人生的赢家，这应该成为一种积极的心理生活定位和社会生活定位。

学者是一个尊重的称谓，也是一个智者的称谓。成为学者是一种骄傲和自豪，成为有独立学术创建的学者是一种荣誉和追求。尽管在不良的学术生态环境中，学者的称谓已经受到玷污，但是学者心中的光辉不会止息，也根本就不应该止息。

生命会延续，学术会延续，心理生活会延续，心理科学会延续。而最有价值的延续，就是创新！

目录 | *Contents*

第一章 本土心理学的选择

本章导言 中国心理学的历史性机遇

在中国本土文化中，没有产生出现代的科学心理学，中国现代的科学心理学是从西方引入的。能否将中国心理学的发展和进步导引到本土文化、本土生活、本土思想、本土理论和本土方式上来，就成为决定中国心理学未来发展的重要方面。中国现代科学心理学的发展经历了非常曲折的过程，主要体现为三次大的模仿、复制和跟随，三次大的批判、转折和重建。中国缺少自己独创的心理学，而中国需要自己独创的心理学。中国本土心理学的历史性转折包括从政治化到学术化、从西方化到本土化、从依附性到独立性、从模仿性到原创性、从精英化到大众化、从学理化到生活化。

在中国当代的科学化历程中，中国本土心理学经历了凤凰涅槃，从全盘引进和照搬西方的科学心理学，到从自己的本土文化中寻找和挖掘心理学资源，再到启动和引发中国心理学的创新，开始走上独立和自主的发展道路，与西方心理学开始有了平等的对话和交流。在这期间，中国本土心理学的选择和突破的演进历程非常值得中国心理学研究者的反思。这必然会推动中国心理学的全新发展。

中国现代意义上的心理学并不是从本土发端的，而是从国外或西方引入的。这也就等于从一开始就确认了中国心理学的零起点，这也就从一起步就导致了中国心理学的模仿化。这给了中国心理学发展自己的最好途径，也给了中国心理学完善自己的最好方式。但是，当模仿和复制开始弱化中国心理学的原始性创新，当学习和跟随开始成为中国心理学的日常性习惯,当差异和疏离开始限制中国心理学的应用性价值,当历史和现实开始赋予中国心理学的发展性空间,中国心理学就必须去寻求自己的突破性转换。这实际上也就开启了中国心理学的本土化历程。

中国本土心理学缺少原创性,包括缺少思想、理论、方法、技术和工具的原始性创新,这已经成为限制中国心理学自身发展的瓶颈。其实,之所以说中国心理学的本土化是中国心理学发展的历史性转折,就在于中国心理学需要强化自身的原始性创新。这能够带来的就是中国心理学的历史性机遇。

第一节　中国心理学的本土化历程

中国心理学跨世纪的主题是科学化和本土化。在中国心理学发展的初期,中国心理学的科学化是通过西方化完成的。但是,在新世纪的发展中,中国心理学的科学化应该通过本土化来完成。这是中国心理学发展的一个十分重要的转折。[①] 其实,心理学的本土化潮流原本也是在西方心理学的研究中被推动起来的。这也就是说,最早对本土心理学研究的关注并不是在非西方文化中起始或发动的。但是,这种关于本土心理学的探讨和研究,关注的仅仅是在强势的实证心理学或正统心理学之外的其他各种不同的或常识的、非正统的心理学。[②] 最早的本土心理学的含义,很快就在迅速升级的心理学本土化的浪潮中得到了大大的扩展。心理学的本土化、本土心理学的探索,在非西方文化的背景中得到了积极的、广泛的响应。[③] 当然,在心理学研究中,关于心理行为的理解通常缺失了文化的维度,关于心理科学的理解同样更缺失文化的定位。因此,在心理学的研究中,长期以来一直缺乏对与文化相关的课题或与跨文化相关的课题的关注。这与心理学研究中漠视

[①] 葛鲁嘉.中国心理学的科学化和本土化——中国心理学发展的跨世纪主题[J].吉林大学社会科学学报,2002(2):5-15.

[②] Heelas, P. & Lock, A. *Indigenous psychology: The anthropology of the self*. New York: Academic Press, 1981:187.

[③] Kim, U. & Berry, J. W. (Eds.). *Indigenous psychologies: Research and experience in cultural context*. Newbury Park, CA: Sage Publications, 1993:240-259.

文化和缺失文化是相呼应的。但是,伴随着心理学的快速发展和进步,文化的巨大漏洞显现了出来,并限制和阻碍了心理学的进步。因此,在20世纪末21世纪初,文化心理学重新回到心理学舞台的核心,成为研究的热点。文化心理和文化行为成为研究者争相探讨的课题。① 涉及文化与特定心理行为关系的研究,如文化与自我的关系的研究,在心理学研究中产生了深远的影响。② 同时,也有许多心理学研究者开始关注不同文化背景、不同文化传统中的心理学的贡献和作用。③ 应该说,在心理学的研究中,与文化相关联的心理行为以及心理学研究的理论、方法和技术,都开始成为心理学研究的主题。当代心理学的发展出现了文化学的转向。④ 其实,即使是西方心理学的当代发展,也在寻求东方文化传统中的心理学资源。⑤ 西方心理学与东方心理学的对比也是研究的一个重心。⑥

中国现代科学心理学的发展历经磨难。首先,在中国本土的文化中,并没有产生出现代的科学心理学,中国现代意义上的科学心理学是从西方引进的。一方面,这使中国科学心理学的发展一开始就有了很高的起点;另一方面,这也使得中国现代心理学的发展一直走的是翻译、照搬、模仿、复制、修补的道路。中国心理学文献中大多是对西方科学心理学的介绍、引证、解说、评述、跟随。其次,中国现代科学心理学的发展缺少自己的立足根基,没有自己的学术立场,常常受政治气候的影响而摇摆。这使得中国现代心理学的发展走了许多弯路。如在20世纪的中期,由于当时的思想教条,中国心理学的发展引进了苏联巴甫洛夫的高级神经活动学说,结果神经生理学的内容充斥于心理学的研究。"文革"中,心理学更是沦落为"资产阶级的伪科学"。

中国现代科学心理学的发展经历了非常曲折的过程,这主要体现为三

① Cole, M. *Cultural psychology*. Cambridge, MA: Harvard University Press, 1998: 1-7.
② Markus, H. R. & Kitayama, S. Culture and the self: Implications for cognition, emotion, and motivation. *Psychological Review*, 1991(2): 224-253.
③ Paranjpe, A. C., Ho, D. Y. F., & Rieber, R. W. *Asian contributions to psychology*. New York: Praeger, 1988: 53-78.
④ 葛鲁嘉,陈若莉. 当代心理学发展的文化学转向[J].吉林大学社会科学学报,1999(5):79-87.
⑤ Varela, F. J., Thompson, E., & Rosch, E. *The embodied mind: Cognitive science and human experience*. Cambridge, MA: The MIT Press, 1991: 21-33.
⑥ Paranjpe, A. C. *Theoretical psychology: The meeting of East and West*. New York: Plenum, 1984: 1-31.

个不同阶段的演变。①

第一个阶段的演变始于 19 世纪末期。这个阶段的重心是西方化的模仿和革命化的批判。西方化的模仿在于,西方工业文明的昌盛与中国封建王朝的衰落形成了鲜明的对照,许多中国学人奔赴欧美,去寻找拯救中国的真理。他们中的一些人留学海外,学习了西方的科学心理学。他们抱有的目标是改造和建设国人的心理,以使国家现代化和民主化。正是他们把西方的科学心理学引入中国,为中国心理学的起步和发展带来了研究方法、理论知识和应用技术。正是由于他们的努力,中国开始有了科学心理学,有了心理学的教学和科研机构以及心理学实验室,有了心理学的期刊和著作等。革命化的批判就在于进行了批判、转折和重建。这是在新中国建立后,特别是在 20 世纪 50 年代初期和中期的思想改造运动和反右斗争的时候,当时的知识分子必须确立自己的政治立场,反对和批判西方的资产阶级的东西,接受无产阶级思想的改造。这就包括了对西方心理学的批判。

第二个阶段的演变是在 20 世纪中期。这个阶段的重心是苏联化的模仿和荒漠化的批判。苏联化的模仿在于,新中国建立后,开始接受苏联的大规模援助,大批苏联专家进入中国。其中就包括苏联的心理学家进入中国的大学和研究机构。这时的大学心理学教学开始讲授苏联的所谓唯物主义心理学,特别是巴甫洛夫学说。渐渐地,巴甫洛夫的高级神经活动学说就成为心理学的代名词。荒漠化的批判在于,20 世纪 60 年代开始的"文革"时期的推翻、根除和消灭。当时,心理学被看成是"唯心主义的伪科学",毫无疑问是必须清除,心理学的教学和研究机构都被解散了,心理学研究人员都被遣散了,心理学的期刊都被停刊了。

第三个阶段的演变是在 20 世纪后期。"文革"结束后,这个阶段的重心是开放化的模仿和本土化的追求。开放化的模仿在于,中国开始了新一轮的对西方发达国家心理学的翻译、介绍和评价。西方的科学心理学重又被看作是中国现代科学心理学发展的楷模。本土化的追求是指在 20 世纪后期,中国的心理学者开始意识到中国心理学中具有的西方心理学的文化印

---

① 葛鲁嘉. 新心性心理学宣言——中国本土心理学原创性理论建构[M]. 北京:人民出版社,2008:2-4.

记,以及跟随在西方心理学后面的不足。此时,心理学本土化的呼声开始高涨,中国心理学本土化的努力开始兴起。

这一时期,中国心理学的本土化已经从艰难的起步阶段走向茁壮的成长阶段,即从探讨是否进行心理学本土化的研究转向探讨如何进行本土化的研究,进而转向进行原创性的研究。本土化的研究课题不断出现和增加,本土化的研究成果日益丰硕。致力于心理学本土化的中国心理学家已经在积极建立中国人的心理学,已经在积极创造中国本土的心理学理论。当然,目前的所谓中国人的心理学包含各种各样的本土化研究成果,其本土化的程度是有所不同的。中国文化圈中的心理文化是由两方面构成的:一是中国人带有文化印记的心理生活;二是中国传统的带有独特含义的心理学阐释。目前的本土化研究定向是以中国人的心理和行为作为研究对象,但只是把带有文化印记的心理生活从心理文化中分离出来,放在了科学考察的聚光点上。目前的本土化研究也挖掘中国本土的传统心理学,但只是将其从心理文化中分离出来,看作是已被现代心理学超越和取代的古董。不过,新的突破已在酝酿之中,新的创造已在生成之中。中国心理学的本土化研究在相当短的时期里取得了相当数量的、相当重要的成果。如果从心理学的科学观上来看,本土化的研究已经从第一个阶段跨入第二个阶段。

第一个阶段的研究是试图扩展西方心理学的研究内容,使中国心理学转而考察中国人独特的心理行为,但是在科学观上并未能超越西方科学心理学,或者说仍然是持有西方心理学的实证科学观,没有脱出这种小科学观的限制。这个阶段的研究可以分成两类:一类是以中国人为被试,但研究工具、方法、概念和理论仍然是西方式的。这类研究在本土化努力的初期非常多见。另一类则不但以中国人为被试,而且试图寻找适合考察中国人的心理行为的研究工具、方法、概念和理论。但是,这类研究也只是改变了研究工具、方法、概念和理论的内容,而没有改变其实证科学的性质或方式,追求的仍然是西方科学心理学的那种研究方法的有效性和理论解释的合理性。

第二个阶段的研究则是试图扩展西方心理学的研究方式。这个阶段与前一阶段并没有明显的分界标志,而只是一种逐渐的变化和过渡,反映出研究的趋势。这个阶段的研究开始突破西方心理学实证科学观的限制,寻求超脱的、多样的研究方法和理论思想。[1][2] 这个阶段的研究也可以分成两类：一类是对西方科学心理学的小科学观的带有盲目性的突破，这使多样化变成了杂乱性。现在的一部分研究就缺少必要的规范性，而具有更多的尝试性。[3] 另一类则是试图有意识地清算西方心理学的实证科学观，建立一种大科学观，为中国心理学的本土化研究设置规范。[4]

在目前阶段，中国心理学的发展最缺少的就是原始性的创新。长期的引进和模仿，使中国的心理学研究者习惯了引经据典，习惯了用别人的语言说别人的研究。当然，再进一步是用别人的语言说自己的研究，更进一步则是用自己的语言说自己的研究。这就需要学术创新，学术的生命就在于创新，没有创新就没有学术。然而，创新的努力是非常艰难的。越是全新的突破，越需要深厚的基础；没有深厚基础的创新，实际上就是胡言乱语，就是痴人说梦。所以，创新需要积累，学术创新需要学术积累，心理学的学术创新需要心理学的学术积累。心理学的创新可以是理论上的创新，可以是方法上的创新，也可以是技术上的创新。

第二节 中国心理学的
根本性缺失

中国缺少心理学。中国的文化传统有非常突出和极其强大的自我复制能力，从它自身并没有产生出现代意义上的科学，包括没有产生出现代意义上的科学心理学。正因为如此，可以说中国缺少现代意义上的科学心理学。或者说，在中国文化的传统中，在中国文化的土壤中，并没有生长出西方科学传统中的那种心理学。如果按照西方科学的标准或尺度，中国文化中就没有心理学。也正是在这个含义上说，中国缺少自己的心理学。中国现代

[1] 葛鲁嘉.中国本土传统心理学的内省方式及其现代启示[J].吉林大学社会科学学报,1997(6)：25-30.
[2] 葛鲁嘉.体证和体验的方法对心理学研究的价值[J].华南师范大学学报(社会科学版),2006(4)：116-121,160.
[3] 杨中芳.如何研究中国人——心理学本土化论文集[M].台北：桂冠图书股份有限公司,1997：321-322.
[4] 葛鲁嘉.大心理学观——心理学发展的新契机与新视野[J].自然辩证法研究,1995(9)：18-23.

意义上的科学心理学是从西方传入的,或者说是从西方引入的。在相当长的历史时段里,中国的心理学一直就是在翻译、介绍和模仿西方的或外国的心理学。所以说,中国不但缺少心理学,而且缺少属于自己的心理学,缺少植根于本土文化土壤中的心理学,缺少具有本土契合性的心理学,[①]缺少能够与本土的文化、社会和生活融为一体的心理学。中国缺少自己独创的心理学。正因为中国缺少自己的心理学,或者说中国心理学的发展长期借助引进和模仿,所以中国心理学有着非常严重的学术创造力缺失。甚至现在可以说,中国不是没有心理学,但有的是翻译和介绍国外的心理学,而缺少的是自己独创的心理学。在中国现代心理学的发展过程中,其严重缺失和最匮乏的是原始性的创新和研究。心理学在中国的发展可以算得上是新兴的学科。但是,即使作为新兴的学科,它也不是中国本土自生的科学门类,而是地地道道的舶来品,是从西方文化传入的,或者说是从西方国家引进的。这给中国科学心理学初期发展带来的就是全面的引进、介绍和模仿。那么,中国科学心理学长期以来缺少的就是独立的创造和自主的创新。

中国需要心理学。中国的社会发展和生活水平在很短的时间里已经有了突飞猛进的进步和提高。但是,伴随着这个进程,人的心理层面的问题凸显出来了。在中国当代的社会生活中,非常重要的问题就是提高社会生活的质量,而提高社会生活质量的核心方面,就是提高心理生活的质量。因此,当代的中国社会非常需要心理学,这已经成为普通民众和专家学者的共识。中国需要自己的心理学。其实,在当代中国,对于心理学来说,社会的需要与学科的发展之间存在一道鸿沟。对西方科学心理学的复制和模仿,导致心理学学科所能提供的内容常常与中国的文化背景和民众的社会生活相距甚远。因此,中国现在不仅需要心理学,而且需要自己独创的心理学,增强中国心理学的创造性成为一个非常重要的问题。所谓独创性的心理学,不是漫无边际的胡思乱想,而是应该立足本土深厚的文化土壤和社会根基。中国当代心理学应该有属于自己的独创的心理学理论、方法、技术和工具。

---

① 杨国枢. 心理学研究的本土契合性及其相关问题[J]. 本土心理学研究,1997(8):75-120.

中国社会的发展和中国人生活的进步是飞跃式的。当社会生活进步到一定的阶段,就要涉及心理生活质量的提高。中国已经发展到这样的阶段,也就是把心理层面的问题凸显出来了。所以,中国需要心理学,而且需要的是自己的心理学。外来的东西总是与本土的文化和本土的生活有着距离或鸿沟。所谓自己的心理学,也就是有着自己独创性的心理学,也就是从自己的本土文化土壤中生长出来的心理学。当然,全面地引进和模仿西方的科学心理学,也给中国科学心理学的发展和创新奠定了十分重要的基础。如果没有这样的基础,就根本无法推动中国心理学的创新。但是,仅仅有引进和模仿,却会在某种程度上限制了中国心理学的发展和进步。复制和模仿不是进步和发展,中国心理学对西方心理学的复制和模仿,也不是中国心理学的进步和发展。

心理学的本土化出路与结局是对中国心理学发展的一种本土化的定位。这使得中国心理学的发展必然要有自己本土的性质和特征,必然要有自己独特的偏重和特色,必然要有自己强调的内涵和方式。心理学本土化的出路与结局就在于将其定位为文化的心理学、历史的心理学、生活的心理学、创新的心理学、未来的心理学。

第三节　中国心理学的
突破性转换

中国本土心理学的发展已经和正在经历一系列重大的转折,这些转折都是历史性的、关键性的和根本性的。这些转折体现在如下六个方面。

其一,从政治化到学术化。中国本土心理学的发展曾经受到中国本土的政治生活的重大影响。在三十余年前,中国心理学的发展一直处在政治气候的重压之下。这体现在新中国建立后的历次政治运动中,心理学曾经被当作"资产阶级的伪科学"、唯心主义的"异端邪说"。改革开放后,心理学才被作为一门科学,开始了自己的学术化历程,心理学的研究开始步入科学的轨道,从而摆脱了被当作"伪科学"和"唯心主义学说"的命运。这是中国心理学走入国际心理学大家庭的开始。心理学的学术研究才成为真正的学术追求。当然,去政治化并不等于脱离中国的社会背景,脱离中国的社会现实,脱离中国的政治进程,而是通过自己独立的学术品格,来更好地进入现实生活。这也是心理学学术化的最重要体现。

其二,从西方化到本土化。中国本土文化的土壤中并没有生长出西方意义上的科学心理学,中国现代的科学心理学是从西方传入的,其科学化在早期是通过西方化来完成的。但目前,中国心理学的科学化的努力正在从追求西方化转向追求本土化。中国心理学的本土化应该突破和变革西方心理学的褊狭科学观,这不仅可以给本土化带来必要的规范,而且可以推动整个心理学的科学性的发展,使其成为真正意义上的科学。心理学科学观的变革就体现在对心理学研究对象的重新理解和对心理学研究方式的重新确立上。在整个西方化的时期,也就是在19世纪后期到20世纪后期,西方科学心理学的传入和中国科学心理学的建立是合一的过程。中国现代心理学的科学化历程实际上就是西方化的历程,或者说,中国现代心理学的科学化实际上就是通过西方化来完成的。中国的心理学一直在走学习、引进、模仿和改造西方心理学的道路。只是到了本土化时期,也就是从20世纪后期开始,中国现代心理学的科学化才转向通过本土化来实现和完成。中国心理学才开始走向探索、开创、建构和传播本土科学心理学的道路。西方心理学倡导的科学性实际上带有西方文化的褊狭性,而非西方心理学倡导的本土性则应该基于扩展西方心理学的科学性。对科学性的追求,也是中国心理学的本土化摆脱尝试性和盲目性,以及走向理性化和自觉化的根本保证。

其三,从依附性到独立性。中国心理学的发展道路是从依附开始的。这种依附体现为对政治生活和政治思想的依附,也体现为对权力或对权威的依附,还体现为对其他相关学科分支的依附。正因为如此,在中国心理学的研究和中国心理学思想及理论中,能看到大量的政治哲学的比附、政治人物的语录和观点,以及物理学、生物学、生理学、遗传学等学科的内容,也能看到中国文化传统中的所谓心理学思想,像孔子的心理学思想、道家的心理学思想、[1]先秦的普通心理学思想,[2]并依此建立起中国心理学史的研究分支,[3]却很少

① 高觉敷.中国心理学史[M].北京:人民教育出版社,1985:30-54,105-117.
② 杨鑫辉.心理学通史(第一卷)[M].济南:山东教育出版社,2000:41.
③ 杨鑫辉.中国心理学史研究的新进展[J].心理学报,1988(1):70-76.

能够看到属于心理学自身的独立的探索、独立的思想、独立的创造。中国心理学长期的依附性导致独立性的缺失和创造性的弱化。即使是如何对待和挖掘中国本土的心理学资源,也存在完全不同的学术理解。①

　　其四,从模仿性到原创性。中国心理学在新世纪的发展必须走自己的道路。在新千年里,中国心理学没有现成的道路好走,所以重要的是要开辟自己的道路。对中国心理学的发展来说,只有创新,只有原始性创新,才能够使中国的心理学真正摆脱跟随、复制和模仿的命运。其实,在中国本土的文化中,也有着自己的心理文化传统。问题是怎样把这种传统转换成心理学创新的资源。新心性心理学就是立足本土资源的创新。中国心理学在新世纪的发展面临着一个重要的选择,那就是从对西方心理学或对外国心理学的模仿中解脱出来,植根于中国本土的文化资源。新心性心理学就是一种立足本土文化资源的心理学理论创新的尝试和努力,它试图开辟中国心理学自己的新世纪发展的道路。新心性心理学有其基本的内涵和主张,对心理学学科资源的挖掘,对心理学研究对象的理解,对心理学研究方式的确立,都有创新性的突破。新心性心理学的探索主要由六部分内容构成,包括心理资源、心理文化、心理生活、心理环境、心理成长、心理科学。这六个部分的内容涉及心理学的学科资源、心理学的学科基础、心理学的研究对象、心理学的对象背景、心理学的生活引领和心理学的自身反思。心理资源论析是对文化历史传统中不同心理学形态的挖掘和考察。心理文化论要是对西方心理学传统和中国心理学传统的跨文化考察、跨文化解析和跨文化比较。② 心理生活论纲是关于心理学研究对象的一种新视野、新认识和新理解。心理环境论说是对心理与环境关系的一种新思考、新分析和新阐释。心理成长论本是关于人的心理的超越发展的理解和解说。心理科学论总是关于学科的重大或核心问题的认识和探索。新心性心理学以探讨和揭示心理资源、心理文化、心理生活、心理环境、心理成长、心理科学为目标,以开创和建立中国自己的心理学学派、思想、理论、方法、技术和工具为己任,以推

---

① 葛鲁嘉.对中国本土传统心理学的不同学术理解[J].东北师大学报(哲学社会科学版),2005(3):133-137.
② 葛鲁嘉.心理文化论要——中西心理学传统跨文化解析[M].大连:辽宁师范大学出版社,1995:28-35.

动和促进中国心理学的创新、创造、突破、发展、进步和繁荣为宗旨。

其五,从精英化到大众化。心理学的发展是与社会的整体发展水平相关联的。或者说,只有当一个社会的物质生活水平达到了相应的水平,社会的大多数人才有可能关注人的心理方面,才有可能关注人的心理生活的质量问题。因此,在中国社会还处于贫穷和落后的阶段,心理学的研究和心理学的应用就只能是少数社会上层精英关注的内容。大多数人关注的是温饱问题、生存问题,而心理的问题、心理生活的问题、心理生活质量的问题还不在他们的视野之中。但是,在改革开放三十余年的时间中,中国社会发生了翻天覆地的变化,人民的物质生活水平有了极大提高。普通人在自己的生活中,已经不仅仅是关注自己的衣食住行,不仅仅是关注自己的身体健康,而且开始关注自己的心理生活,也开始关注自己的心理健康。因此,中国心理学的发展就此开始了自己的大众化历程。心理学开始从研究者的实验室里和大学专业教师的课堂上,进入普通人的日常生活,并转换成为普通人的生活常识。

其六,从学理化到生活化。在心理学的研究中,在心理学的演变中,心理学本身的理论研究、方法研究和技术研究的顺序或次序,曾经有过不同的变化或者相应的调整。首先是理论、方法、技术这一顺序。在这个顺序中,理论占有首要的位置或支配的地位,理论的范式、理论的框架、理论的假设、理论的主张、理论的观点等,成为心理学研究的核心部分。其次是方法、理论、技术这一顺序。在这个顺序中,方法占有首要的位置或支配的地位,方法的性质、方法的构成、方法的设计、方法的运用、方法的评判等,成为心理学研究的支配部分。

心理学研究应有的顺序是:技术、理论和方法。这就是技术优先的思考。所谓的技术优先重视的是价值定位、需求拉动、问题中心、效益为本。价值定位是指在心理学的研究中,研究者及其研究都应该有其价值取向或价值涉入。传统的实证心理学研究主张价值中立或价值无涉,研究者必须在研究中持有客观的立场。这带给心理学的是心理学远离了人的生活实际。需求拉动是指心理学的研究不仅是学术自身推进的,而且是由人的现实生活的需要拉动的。其实,越是发达的社会,越是高质量的生活,就越重视人的心理生活,重视人的心理生活的质量。问题中心是指心理学的研究能够摆脱方法中心的限制,而以确定问题、研究问题、解决问题为核心。效益为本是指心理学的应用研究或心理学的现实应用必须考虑投入和产出,即怎样以最少的投入获得最大的收益。

　　在技术、理论、方法这一顺序中,技术是由理论支撑的,理论是由方法支撑的。因此,所谓的技术优先,并不是脱离了理论和方法的单纯技术研究。对于心理生活来说,最重要的就是生活规划、规划实施和实施评估。人的心理生活是以创造为前提的,是人自主创造出来的。其实,人的心理不是自然天生的,不是遗传决定的,不是固定不变的,而是后天形成的,是创造出来的,是生成变化的。把人的心理看成是已成的存在与看成是生成的存在,存在根本性的不同。所以,心理学的研究不应该着重已成的存在,而应该着重生成的存在。或者说,人的心理不仅是已成的存在,更重要的是生成的存在。心理学的研究不应该仅仅着重人的已经生成的心理的存在,更应该着重于促使生成人的心理的存在。心理科学通过生成心理生活而揭示心理生活,心理科学促使生成的心理生活走向合理的心理生活。

第二章　本土心理学的传统

本章导言　本土的文化根基

本土心理学的研究应该从哪里入手？可以说,中国的本土心理学有自己的传统,这就是文化的传统、历史的传统、学术的传统、思想的传统和研究的传统。本章内容涉及关于中国本土传统心理学的不同的学术理解,关于中国本土传统心理学的内省方式的学术考察,关于中国本土的体证和体验的方法对心理学研究的价值的学术探讨,关于中国本土的心性心理学对人格心理的独特探讨的学术挖掘,关于中国本土传统心理学术语的解释和用途的学术思考。传统成为起点,中国本土心理学的传统成为中国本土心理学研究的起点。

中国本土文化传统中具有独特的文化基础和哲学思想,这可以成为中国本土心理学发展的重要文化资源。儒家、道家和佛家均不是把一以贯之的道看成是人之外或心之外的对象化存在,而是把一以贯之的道看成是与人或与心相贯通的人本化存在。中国文化中非常独特、非常重要的理论贡献就是心性学说。不同的思想派别有不同的心性学说,不同的心性学说发展出对人的心理的不同解说。儒、道、佛的心性论实际上也有着相互间的互补与互动。中国的文化传统中有自己独特的心理学传统。从中国本土心性心理学,或者说从中国儒家、道家和佛家的心性心理学传统中,可以提取、发展和创新的是心道一体或心性统一的心理学。所以,没有必要按照西方的方式来开发中国本土的心理学。

中国本土心理学的发展和演变应该立足本土的资源,提取和利用本土的资源。在本土文化的基础上来建构特定的心理学,也是近些年来许多学者努力的方向。在中国本土文化的基础上来建构中国本土的心理学,这也是当前中国心理学研究者追求的目标。回到中国本土文化,挖掘中国本土文化中的心理学资源,这已经成为许多中国心理学研究者的自觉行动。不同的研究者着眼点不同,关注的内容不同,思考的方向也不同。

中国文化、中国哲学和中国传统中的心理学是非常值得挖掘的。当然,这不仅仅是文化、哲学和传统中的心理学思想和心理学古董,而且是特定的心理学形态和心理学资源。问题的关键在于要找寻中国本土心理学的核心理论。这就是心性学说,这就是心性心理学。在此基础上的发展就是中国心理学的当代创新。

第一节　不同的学术理解

中国是一个文明古国,有着博大精深的文化传统。但是,在现代文明的进程中,中国一度落在了后边。在中国本土传统文化的框架中并没有诞生出现代意义上的科学,中国的现代科学是从西方传入的。同样,中国本土文化中也没有诞生出西方现代意义上的科学心理学,中国现代的科学心理学也是从西方传入的,也带有西方文化传统的印记。

中国在发展自己的科学心理学时面临的一个非常重要的问题是,中国的本土文化中有没有自己的心理学传统。如果有,这种本土的心理学传统具有什么性质,包含什么内容,应该如何去理解、解说、阐释和对待这种本土的心理学传统? 可以肯定的是,中国本土的文化传统中具有自己独特的心理学传统。最重要的问题在于,中国本土的心理学传统能否成为中国科学心理学发展和创新的有益资源。因此,如何理解中国本土的心理学传统,就成为决定中国心理学未来发展的一项基础性的研究任务。[①] 到目前为止,在对中国本土传统心理学的研究中出现过不同的见解和观点,归纳起来有如

---

① 葛鲁嘉.中国心理学的科学化和本土化——中国心理学发展的跨世纪主题[J].吉林大学社会科学学报,2002(2):5-15.

下六种。

一、西方心理学的理解

中国在发展自己的心理科学的过程中,走的是一条十分曲折的道路。但是,如果去除新中国成立初期的"苏联化"过程,去除"文革"时期的政治化过程,就其根本方面和主流发展来说,中国现代的心理学一直都是在引进和模仿西方的科学心理学。伴随着这个进程,尽管有一些学者曾经试图去发掘、提取和阐释中国文化传统中的心理学思想,但是他们持有的框架、衡量的标准、评价的尺度、提取的内容等仍然是西方科学心理学提供的。实际上,这些研究者就是在按照西方科学心理学的筛子去筛淘中国本土文化传统中的心理学内容。正是按照西方科学心理学的标准或尺度来看,关于中国本土传统心理学的研究至少得出如下三个结论。

其一,在中国的文化传统中并没有诞生出所谓现代意义上的心理学,所以也就谈不上什么中国的心理学传统。或者说,在中国的文化传统中,只有一些孤立的、零碎的、片段的心理学猜测和心理学思想,而并没有出现现代意义上的心理科学。例如,在高觉敷主编的《中国心理学史》中就提到,在西方的科学心理学传入中国之前,中国根本就没有什么心理学,有的只是某种关于人的心理的思想猜测。[①]

其二,中国的文化传统中存在和具有一些思辨猜测的、主观臆断的心理学思想。这些心理学的思辨猜测缺乏科学的依据和科学的证明。这类心理学思想只具有历史的意义,而不具备现实的意义;只具有哲学的意义,而不具备科学的意义。在这样的主张和观点看来,中国古代的思想家提供的心理学猜测,至多不过是安乐椅中的玄想,根本就是无法确证的或无法证实的推论。这些所谓的心理学思想是应该被科学心理学抛弃和取代的。

其三,中国文化传统中的心理学思想完全可以按照西方科学心理学的尺度来进行挖掘、分类和梳理。在对中国本土传统心理学思想的研究中可以看到,从中国古代思想家的所谓心理学思想中分离出来的,是所谓的普通

---

① 高觉敷.中国心理学史[M].北京:人民教育出版社,1985:1-3.

心理学思想、教育心理学思想、社会心理学思想、生理心理学思想、发展心理学思想、管理心理学思想，等等。①②③　因此，充斥在中国心理学思想史研究中的都是贴标签式的方法，得出的是一些费解的、奇怪的结论，如孔子的普通心理学思想，等等。

可以肯定地说，在中国本土的文化传统中并没有产生出西方意义上的科学心理学，也不应该按照西方心理学的理论框架来理解中国本土文化中的心理学。④　中国本土文化中有自己独特的心理学传统，这是一种另类的心理学探索，有着非常独特的心理学的理论、方法和技术。按照西方心理学的尺度去衡量，只会导致对中国本土心理学传统的肢解和割裂，歪曲和贬低。

二、本土心理学的理解

如果放弃西方科学心理学的框架，而是从中国本土文化传统出发去理解，或者说，如果重新确立一个更合理的、更适用的参考系，那就可以得出完全不同的研究结果和研究结论。⑤　其实，中国本土文化传统中也有一套自己独特的心理学。这实际上也是系统的心理学，而不仅仅是一些零碎的、片段的心理学思想。在特定的文化传统中，有没有或者是不是系统的心理学，可以按照三个标准来衡量：一是看有没有一套独特的心理学术语、概念和理论，可以用来描述、说明和解释人的心理行为；二是看有没有一套独特的心理学研究方式和研究方法，可以用来考察和揭示人的心理行为；三是看有没有干预人的心理行为的手段和技术，可以用来影响和改变人的心理行为。按照这三个标准来衡量，中国文化传统中也同样具有系统的心理学。这种心理学传统有自己的理论建树、探索方式和干预技术，但是这种心理学不是西方文化中的所谓科学心理学意义上的。

中国本土文化传统中的心理学有自己独特的理论概念和理论解说，但这不同于西方科学心理学提供的。例如，中国思想家所说的"心""心性""心理""行""践行""实行""知""觉知""知道""情""心情""性情""意""意见""意

① 杨鑫辉. 心理学通史（第一卷）［M］. 济南：山东教育出版社，2000：2.
② 杨鑫辉. 中国心理学思想史［M］. 南昌：江西教育出版社，1994：11-12.
③ 燕国材. 中国心理学史［M］. 杭州：浙江教育出版社，1998：56.
④ 葛鲁嘉，陈若莉. 当代心理学发展的文化学转向［J］. 吉林大学社会科学学报，1999（5）：79-87.
⑤ 葛鲁嘉. 大心理学观——心理学发展的新契机与新视野［J］. 自然辩证法研究，1995（9）：18-24.

识""思考""思想""思索""体察""体验""体会""人格""性格""人品""品性""道理""道德""道义""道统",等等,都有其独特的含义。对这些独特心理学术语的探讨,可以为中国心理学发展提供十分重要的学术资源。如果把中国本土的心理学术语和概念与西方外来的心理学术语和概念进行比较,就可以得出对心理学的新理解。

中国文化传统中的心理学也有自己独特的验证理论假说的方式和方法,而不仅仅就是思辨和猜测。尽管在中国的本土文化当中并没有产生出西方科学意义上的实证方法或实验方法,但是中国古代的思想家提出了知行合一的原则,也就是践行或实践的原则。任何的理论解说或理论说明,包括心理学的理论解说和理论说明,其合理性要看能否在生活实践中获得预期的结果,或者说行动实现的是否就是理论的推论。这形成的是另外一套验证理论的途径。如果把西方科学心理学的研究方法与中国传统心理学的验证方法相对比,那就是实验与体验的对应,实证与体证的对应。体验的方法或体证的方法就是中国本土心理学独特的方式和方法。

中国文化传统中的心理学也有自己独特的干预心理行为的手段和技术,并形成了对人的心理生活的引导、扩展和提升。人的心理就有了横向扩展和纵向提升的可能。心理的横向扩展就在于能够包容更多的内涵,包容天地,包容他人,包容社会,包容自己等。心理的纵向提升就在于能够提高心灵的境界。这是一种纵向比较的心性心理学。人与人不是等值的,而是有心灵境界的高下之分。境界最低下的就不是人,而是畜生。境界最高尚的就是圣人。因此,中国本土的心性心理学是境界等差的学说,是境界高下的学说,是境界升降的学说。心理的差异实际上就成为德行、品德、人品、为人和境界等方面的差异。反思、反省就成为重要的手段和技术。

三、片段和摘引的理解

因为以西方的科学心理学作为尺度和标准,所以在抽取和摘引中国古代思想家的心理学思想的过程中得出的就是一些破碎的片段和摘引的语录。这等于是打碎了一个完整的东西,而又把一些碎片按照不同的方式进行了重新组合。因此,在中国古代心理学思想的研究中,最常见的就是摘引中国古代思想家的语录,然后对其进行从古代汉语到现代汉语的翻译和解释。

对中国本土心理学传统的这种片段破碎和语录摘引式的理解让人们看到的是,中国古代思想家仅仅是以非常肤浅的形式或者仅仅是以非常幼稚的话语表达出来的某种前科学形态的心理学猜想。如果按照西方科学心理学的标准,这些萌芽形态的心理学思想只具有历史遗迹的意义,而没有现代科学的价值。这仅仅表明了中国文化历史中有过某些关于人的心理行为的独特猜想或猜测。这满足的是某些人十分幼稚的文化虚荣心。对中国本土心理学传统的研究就成为考古发掘和博物展览,成为历史清理和装订造册。

在这种方式下对中国古代心理学思想史的研究程序,就是着重翻阅中国古代的历史典籍,从中去寻找古代思想家说明和解释人的心理行为的话语段落,然后把古代的文言文翻译成现代的白话文,再按照现代的科学心理学去理解其中所谓的心理学含义,再去评价这些含义对科学心理学的意义和价值,甚至就仅仅是为证明中国古代心理学猜想是在西方科学心理学之前,是比西方心理学思想家更高明、更伟大的发现。

这种关于中国古代心理学思想史的研究方式方法,常常演变成非常肤浅的文字游戏、语言游戏、智力游戏、思想游戏、猜想游戏和组装游戏。更严重的问题还在于,这种类型的研究已经变成一种研究习惯、研究方式、研究思路、研究态度和研究定势,进而使得对中国本土心理学思想的研究变成翻译活动、猜想活动和解释活动。

四、系统和深入的理解

如果放弃片段破碎和语录摘引的理解,而采纳完整系统和深入全面的理解,就可以看到,在中国本土文化传统中也存在一种十分独特的心理学。尽管这种心理学不是西方意义上的科学心理学,但也是一种非常系统的心理学探索。中国古代思想家提供的心理学可以被称为心性学说。如果进一步引申,这心性学说就是心性心理学,就是一种独特的心理学传统,就是中国本土文化对心理学事业的独特贡献。

中国文化非常独特、非常重要的理论贡献就是心性学说。在中国的文化传统中,不同的思想派别有不同的心性学说,不同的心性学说发展出对人的心理的不同解说。首先是儒家的心性学说。儒家学说是由孔子和孟子创立的。儒家学说的重心在于社会,或者说在于个体与社会的关系。儒家强调的是仁道。仁道不是外在于人的存在,而是存在于个体的内心。个体的心灵活动就是扩展心灵的活动,是超越一己之心来体认内心仁道的过程,是践行内心仁道来行道于天下的经历。只有觉悟到仁道,并按仁道行事,才可以成为圣人。这就是内圣外王的历程。其次是道家的心性学说。道家学说是由老子和庄子创立的。道家学说的重心在于自然,或者说在于个体与自然的关系。道家强调的是天道。天道也不是外在于人的存在,而是潜在于个体的内心。个体可以通过扩展自己的心灵来体认天道的存在,并循天道而达于自然而然的境界。再次是佛家的心性学说。佛家学说是由释迦牟尼创立的,是从印度传入中国的。佛家学说的重心在于人心,或者说在于个体与心灵的关系。佛家强调的是心道。心道相对于个体而言是潜在的,是人的本心。个体可以通过扩展自己的心灵而与本心相体认。

心理学的研究有自己的研究方法,科学心理学运用的方法是科学的研究方法。但是,在特定科学观的限定下,所谓科学就是实证的科学。实证的科学运用的是实证的方法。心理学在成为独立的科学门类之后,就力图以实证主义的科学观来衡量自己的科学性。是否运用实证方法,成为心理学研究是否科学的一个根本尺度。但是,在中国文化中的传统心理学运用的方法不是实证的方法,而是体证的方法。体证的方法,就是通过意识自觉的方式,直接体验到自身的心理,并直接构筑了自身的心理。体证至少有两个重要特点:一个是意识的自我觉知;一个是意识的自我构筑。① 首先是内圣与外王。中国本土的心理学传统强调知行合一的原则,主张内在对道的体认和外在对道的践行。这就是内圣外王的基本含义。内修要成为圣人,体道于自己的内心。外为要成为王者,行道于公有的天下。其次是修性与修命。正因为人心与天道是内在相通的,所以,个体的修为实际上就是对天道的体认。天道贯注给个体,就是人的性命。而对天道的体认就是修性与修命。再次是渐修与顿悟。个体的修为或者是个体的体悟有渐修与顿悟的不

---

① 葛鲁嘉.中国本土传统心理学的内省方式及其现代启示[J].吉林大学社会科学学报,1997(6):25 - 30.

同主张。渐修认为修道的过程是逐渐的,是一点一滴积累而成的。顿悟则认为道是不可分割的,只能被整体把握,被突然觉悟到。这是体道的不同途径和方式。

五、传统和回归的理解

从认为中国本土文化中根本没有自己的心理学传统,到认为中国本土文化中有自己独特的心理学传统,这是一个根本性的研究进步,也是一个根本性的研究变化。这可以导致对中国本土心理学完全不同的探索和研究。但是,从认为中国本土文化中有自己独特的心理学传统,到从学术研究出发去挖掘、梳理和阐释中国本土的传统心理学时,却常常存在仅仅限于传统和解释传统的局限。这样的研究尽管能很快着手积累和整理研究资料,能获得和发展系列的研究成果,却将研究引导到一个存在严重问题的方向和路径上。这体现在中国古代心理学思想史研究方法的考察和探索之中,[1]也体现在关于中国心理学史研究的方法论的考察和探索之中。[2] 无论是回到传统还是遵循传统,都变成一种自我封闭的心理学史或中国心理学思想史的研究。这在很大程度上不是推进了中国心理学的发展,而是大大限制了中国心理学的发展。

限于传统和解释传统就是要回到传统和遵循传统。也许,在心理学研究中承认中国传统文化中有自己独特的心理学,也是一种进步。但是,如果在心理学研究中仅仅是限于传统、解释传统和回到传统,那是一种倒退。承认在中国本土文化传统中有自己独特的心理学,并不是要贬低和放弃现代的科学心理学,并不是要证明和确定现代科学心理学的学术贡献早在中国文化历史中就已经完成了。对中国本土文化中心理学传统的研究和探索,是要立足本土的传统,借用本土传统的心理学资源,并在此基础上去进行学术创新。中国本土文化传统中的心理学对中国心理学的发展来说,就是一种十分有益的学术资源。

任何资源都是需要加以利用和转化的。对中国心理学的发展来说,本

---

① 杨鑫辉. 诠释与转换——论中国古代心理学思想史研究方法的新发展[J]. 南京师大学报(社会科学版),2002(4):95-101.
② 杨鑫辉. 中国心理学史论研究[J]. 江西师范大学学报(哲学社会科学版),2001(4):18-22.

土文化的资源也是需要筛选和提炼的。重新去发现古典文献,仔细去阅读古典文献,认真去解释古典文献,详尽去分析古典文献,都不是心理学研究的最终目的;对中国本土传统心理学进行研究的最终目的是要奠定创新的基础,确立创新的立场,启动创新的程序,获得创新的结果。这就必须突破限于传统和解释传统的理解,而必须确立立足发展和力求创新的理解。

六、发展和创新的理解

中国本土文化传统中独特的心理学就是心性学说,这种心性学说可以被称为心性心理学,在此基础上的新发展就可以命名为新心性心理学。中国本土文化中的心性心理学仅仅是传统意义上的古老的心理学。中国心理学在新世纪的发展并不是要回到老路上去,而是一种创新,而且是在汲取中国本土文化资源基础上的创新。新心性心理学立足中国本土文化中的心性学说,是一种全新的、独特的心理学的探索和创造。新心性心理学主要由六部分内容构成,探讨心理学的学术资源、心理学的文化基础、心理学的研究对象、心理学的对象背景、心理学的对象成长、心理学的学科发展。心理资源论析涉及的是心理资源,是对心理学的历史、现实和未来的形态的考察。心理文化论要涉及的是心理文化,是对西方的心理学传统和中国的心理学传统的跨文化解析。心理生活论纲涉及的是心理生活,是对心理学研究对象的一种新理解和新视野。心理环境论说涉及的是心理环境,是对心理与环境关系的一种新思考和新分析。心理成长论本涉及的是心理成长,是对超越心理发展的心理学主张。心理科学论总涉及的是心理科学,是对心理学命运与前途的全新考察。

心理资源的探索是对心理学长期演变的不同形态的揭示和解说,挖掘和利用。所有不同的心理学形态都是心理学发展可以借用的文化历史资源。心理学资源可以体现为不同的心理学历史形态,不同的心理学现实演变,以及不同的心理学未来发展。这包括常识形态的心理学、哲学形态的心理学、宗教形态的心理学、类同形态的心理学、科学形态的心理学、资源形态的心理学。心理学面临着如何理解、看待、保护、挖掘、提取和转用资源的问题。心理学的发展不应该抛弃自己的文化历史传统,而应该将其当作可以借用的文化历史资源,从而扩大自己的视野,挖掘自己的潜能,丰富自己的研究,完善自己的功能。

心理文化的探索是从跨文化的角度和视野,对生长于不同文化根基和相应于不同心理生活的中西心理学传统进行比较和分析,探讨它们彼此之间沟通的可能性和心理学发展的新道路。① 起源于西方文化的科学心理学,立足客观的研究方法和客观的知识体系,提供了对心理现象的合理的理论解释和有效的技术干预,但它仅仅揭示了人类心灵和精神生活的一个部分或侧面。起源于中国文化的本土心理学也是自成体系的心理学探索,其揭示了有意义的内心生活并给出了自我超越的精神发展道路。西方的心理学传统是中国现代科学心理学的直接来源,目前则正在经历本土化的历程和改造。中国本土的心理学传统在西方文化中的流传,也使西方的科学心理学得到启示并受到影响。促进中西心理学的沟通,将有助于形成新的心理学科学观,并推动心理学的新发展。确立心理文化的概念,在于重新审视西方心理学的文化适用性,并推进对其进行改造;在于重新审视中国本土的心理学传统,并推进对其进行挖掘。这有利于正确对待从西方引入的心理学,开创中国自己的心理学发展道路。

心理生活的探索是试图从中国心理文化的传统入手,重新理解和认识心理学的研究对象。原有的西方式的科学心理学,是从研究者的感官印证的角度出发,把心理学的研究对象确立为心理现象。这把人的心理类同于物的物理,而忽视了人的心理的一个非常重要的特性:人的心理是自觉的,心理的活动能够自觉到自身。这种心理的自觉不仅仅是自我的觉知和意识,而且是自我的建构和创造。这就不是把人的心理理解为心理现象,而是理解为心理生活。心理生活不是已成的存在,而是生成的存在。心理生活在人的生活中是处于核心的地位,所以应该成为心理科学关注的中心。但是,心理科学诞生之后,为了使之成为所谓真正意义上的科学,许多心理学研究者力求使心理学向当时相对成熟的自然科学靠拢。这就使得心理学把心理现象定位为心理学的研究对象,而放弃或忽略了心理生活的意义和价

① 葛鲁嘉. 心理文化论要——中西心理学传统跨文化解析[M]. 大连:辽宁师范大学出版社,1995:300.

值。其中一个非常重要的原因是人们已经习惯了按西方心理学设立的标准来衡量和建设心理学。一旦放大了视野,特别是从中国本土文化的视角出发,就会认识和理解到有关心理学研究对象完全不同的内容范围。因此,心理生活应该在心理科学中占有重要的位置,成为当代科学心理学发展的核心性内容。

心理环境的探索是试图从人类心理的视角重新理解环境。对于心理学研究来说,如何理解环境,决定了如何理解人的心理行为和人的生存发展。物理的环境对人来说仅仅是外在的、间接的,而心理的环境对人来说才是内在的、直接的。人的心理行为不是孤立的存在,不是封闭的存在。在心理学的发展历史中,心理学家却很少系统深入地考察和分析过环境。也许,心理学直接面对的是人的心理行为,环境并不是应该关注的内容。但是,随着心理学的成熟和发展,随着对人的心理行为的了解和理解的深入细致,心理学的研究领域也在扩展,对环境的理解和解释也就必然要发生变化,有必要对环境进行重新的思考。一个重要的心理学概念就是心理环境。心理环境是人的心理觉知和觉解到的环境,是人赋予了意义和价值的环境。心理环境对人的影响是最切近的、最直接的。人可以在心理上分离出自己所处的环境,并针对这样的环境调整或调节自己的心理行为。因此,心理觉解到的环境是人建构出来的环境。融入了人的创造,就使得心理环境的含义超出物理和生物环境的界限。人对心理环境的创造体现在心性主导的创造性构想,这可以突破物理的或生物的环境;也体现在心性支配的创造性活动,这可以改变物理的或生物的环境。

心理成长的探索是对心理发展的概念的超越。在心理学关于人的心理的研究中,发展心理学是对人的心理发展变化的考察和研究。发展心理学经历了自己的发展,提供了关于人的心理发展的学说。但是,发展心理学的研究一直存在重要的缺失。补足这些缺失是发展心理学未来发展的重要学术任务。发展心理学关于心理发展的理解曾经非常关注人的早期心理发展,特别是婴幼儿期的心理发展,关注伴随着身体发育和成熟的心理发展,分离地对待人的认知发展、情感发展、意志发展、个性发展等,也曾经关注个体的心理发生和发展,关注生物本能和社会环境的决定作用,等等。尽管发展心理学在逐渐完善自己的研究,但是怎么才能更好地解释人的心理的变化和扩展,成为心理学研究的核心。如何才能突破现有的关于心理发展的研究,特别是在理论框架上重构关于人的心理变化的解说,这已经成为心理学研究至关重要的课题。问题就在于,如何才能超越心理发展的概念、理论和研究。核心的方面应该是用成长的概念去替代发展的概念,也就是用心理成长的概念去替代心理发展的概念。这应该成为考察人的心理行为的一个重要的理论转换。

心理科学的探索则是新心性心理学关系到心理科学本身的学术反思、学术突破和学术建构。这可以带来关于如何推进心理学的学术进步、如何扩展心理学的学术空间、如何引领心理学的学术未来、如何确立心理学的本土根基、如何激发心理学的学术创新等一系列方面最重要的学术突破。对于心理科学及其发展来说,最重要的是心理学的科学理念。这涉及心理学的科学观,包括科学观的含义、功能、变革和确立。心理学的科学观存在对立,也就是小科学观与大科学观的对立,进而是封闭的科学观与开放的科学观的对立。心理学的科学观经历了演变和变革,其中就包括自然科学的科学观、社会科学的科学观、人文科学的科学观。科学观或者心理学的科学观具有文化的内涵或性质。心理学的科学尺度则彰显着心理学的科学内核和科学标准。这在心理学研究中有强调和偏重理论中心、方法中心和技术中心的不同。心理学有着自己的科学基础,这包括哲学思想的基础、科学认识的基础、科学技术的基础、科学创造的基础、科学发展的基础。心理学的科学内涵涉及学科的科学性、研究的科学性、应用的科学性。心理学具有自己的学科或科学的资源,这涉及心理资源、资源分类、文化资源、思想资源、历史资源。心理学的科学发展涉及追踪的线索、心理学的起源、科学心理学的起源、心理学的演变、科学心理学的演变和心理学的发展前景。心理学拥有的科学理论涉及心理学的理论建构、心理学的理论构造、心理学的理论形态、心理学的理论演变、心理学的理论创新。心理学的科学方法涉及心理学的方法论、心理学的方法中心、心理学的研究方法、研究方法的科学性、研究方法的多样性、研究方法的适用性。心理学的科学技术涉及心理学的技术思想、技术应用、技术手段、技术工具、技术变革。心理学的科学创新则涉及创新的基础、创新的途径、创新的氛围、创新的方法、创新的体现。

第二节 本土的心性学说

中国本土文化传统中拥有自己的独特文化资源、历史资源、思想资源和社会资源。这种资源也完全可以成为中国本土心理学发展的重要心理学资源。中国传统文化中有百家的思想,但占主流和主导地位的则是儒、道、释三家。儒、道、释的心性学说,就是中国本土心理学研究的独特的学术资源,也是中国本土心理学创新的思想基础。其实,中国本土的心性学说也是重要的心理学学说,这就是心性心理学。心性心理学实际上是在心道一体的思想前提和理论设定的基础之上,对人的心理的性质、内涵、特征、变化、发展、活动等的系统解说和阐释。

一、儒、道、释学派

儒家、道家和佛家各有不同的思想源流,但三家同作为中国文化的重要组成部分,也有共同的探讨主题。三家均把心灵、社会和宇宙作为一个整体来加以阐释,各家也常常吸收和借鉴别家的思想观点,进而更体现出许多共同之处。

儒家、道家和佛家都努力寻求理解普遍的统一性。中国古代思想家通常认为道体现了这样的统一性,义理之道是儒家学说的根本和核心,自然之道是道家学说的根本和核心,菩提之道是佛家学说的根本和核心。

儒家、道家和佛家均不是把一以贯之的道看作人之外或心之外的对象化存在,而是把一以贯之的道看作与人或与心相贯通的人本化存在。蒙培元先生提到,中国哲学的儒、道、佛三家都把心灵问题作为最重要的哲学问题来对待,并且建立了各自不同的心灵哲学。三家均认为,天道与心灵是贯通的。天道内在于人而存在,内在于心而存在。心灵对天道的把握,就不是通过外求的对象性认识,而是通过内求的存在性认识。中国哲学关注的就是心灵的自我超越,以心灵的自觉来提高精神境界,体认自身更高的存在,以及实现人的存在的意义和价值。①

---

① 蒙培元.儒、佛、道的境界说及其异同[J].世界宗教研究,1996(2):17-20.

儒家学派的主流所讲的心，同时也是性，是理，是道。人的本心就是本性，所谓心性合一；而性则是出于天，所谓天命之谓性。心、性、天就是通而为一的。正如蔡仁厚先生所说："这样的心，不但是一个普遍的心（人皆有之），是自身含具道德理则的心（仁义内在），而且亦是超越的实体性的心（心与性、天通而为一）。"①尽管人心与本性、天道是相通的，但这是潜在的，它求则得之，舍则失之，人必须通过自己的内心修养来觉解和实现它。儒家强调的是"下学而上达"。这也就是孟子所说的："尽其心者，知其性也。知其性，则知天矣。"②儒家内圣成德的功夫就在于"存心养性""养其大体""先立其大"等，由此达到"天人同德"或"天人合一"，所谓："唯天下至诚，为能尽其性。能尽其性，则能尽人之性。能尽人之性，则能尽物之性。能尽物之性，则可以赞天地之化育。可以赞天地之化育，则可以与天地参矣。"③

道家学派也主张道内在于心而存在，这就是与道合一的道德心。道德心来源于宇宙生生之道，它具有超越意。道德心的活动表现为神明心，它具有创生意。道德心是潜在的，而神明心则可以将其实现出来。道家的成圣之路，也是要达于天人合一的境界。与道合一，实际上是心灵不断的内在觉解，这就是老子所说的"涤除玄览"的功夫，即庄子谈到的"弃知"或"坐忘"，进而便能做到"致虚极，守静笃"或"照之于天"。只要实现了道德心，或体认于道，就可以进入"无为而无不为"的境界。这也是心灵的自我超越，是精神境界的提升。

佛家学派则讲宇宙之心，这是宇宙同根、万物一体的形上学本体，这也称为"本心"或"佛性"。禅宗主张众生皆有佛性，佛性就在每个人的心中，或者说每个人的心中本来就有佛性。佛家也讲作用之心，作用之心是本性之心的作用，它是现实的或经验的，可以实现本体之心。佛家注重禅定修证的功夫，通过作用之心的活动来觉悟内心的佛性，从生死轮回中解脱出来，这种解脱也叫"涅槃"，即与佛性或宇宙之心相合一。佛家中有渐修成佛或顿悟成佛的修证上的分别。渐修成佛强调逐渐的禅定修行，积累的境界提升。顿悟成佛则强调自然的不修之修，一跃的大彻大悟。当然，也有强调"渐"和

---

① 蔡仁厚. 儒家心性之学论要[M]. 台北：文津出版社，1980：2.
② 孟子·尽心上[M].
③ 中庸·第二十二章[M].

"顿"并举的,渐修是养心,顿悟是见佛。

　　儒家、道家和佛家均认为,人可以通过内心修养来提升自己的精神境界,通过超越自我来实现"大我"或"真我",通过明心见性来体认普遍的统一性,通过意义觉解来获取人生的真意和完美。人的存在是作为不同的个人或个体,因此很容易陷入一己的偏见,一己的私情,一己的利欲。这无疑会阻碍其觉悟和实现内心潜在的道。尽管每个人都有可能与道相合一,但并不是每个人都会实现这种潜在性。因此,人的精神境界存在高下之分,达到最高境界的人是理想的人或拥有理想化的人格,儒家称之为圣人,道家称之为真人,佛家称之为佛祖。每一家都强调由自我超越而实现的人格的超升。只有超越了一己之我,一个人才能成为圣人,成为真人,成为佛祖,从而把握宇宙的真实和融于永恒的道体。

二、心性学说

　　中国文化中非常独特、非常重要的理论贡献就是心性学说。中国文化具有的是崇尚道的传统。但是,道的存在与人的存在,道的存在与心的存在,道都并不是外在的或远人的。道就是人心中的存在,心与道是一体的。道就是人性的根本,就是人心的本性。这就是心性学说,就是心性论。可以说,只有了解心性学说,才能了解中国文化。

　　在中国的文化传统中有着不同的思想流派,有着不同的思想家。不同的思想派别和不同的思想家,开创和确立了不同的心性学说,进而发展出对人的心灵或对人的心理的不同解说。首先是儒家的心性学说。儒家学说是由中国思想家孔子和孟子创立的。儒家学说的重心在于社会,或者说在于个体与社会的关系。儒家强调的是仁道。仁道不是外在于人的存在,而是存在于个体的内心。个体的心灵活动就是扩展的活动,去体认内心的仁道。只有觉悟到仁道,并且按仁道行事,才可以成为圣人。这就是所谓内圣外王的历程。其次是道家的心性学说。道家的学说是由老子和庄子创立的。道家学说的重心在于自然,或者说在于个体与自然的关系。道家强调的是天道。天道也不是外在于人的存在,而是潜在于个体的内心。个体可以通过扩展自己的心灵,体认天道的存在,并循天道而达于自然而然的境界。再次是佛家的心性学说。佛家的学说是由释迦牟尼创立的,是从印度传入中国的。佛家学说的重心在于人心,或者说在于个体与心灵的关系。佛家强调的是心道。心道相对于个体而言是潜在的,是人的本心。个体可以通过扩展自己的心灵而与本心相体认。

在中国的文化传统中,哲学是无所不包的学问。正如有学者所指出的,从某种意义上来说,中国的哲学就是一种心灵哲学,就是回到心灵的自身,解决心灵自身的问题。中国的哲学传统赋予了心灵特殊的地位和作用,认为心灵是无所不包的、无所不在的绝对主体。① 其实,中国本土文化中的心性论,就是关于人的心灵的重要学说。

儒家的心性论是儒学的核心内容,强调的是仁道就是人的本性,就是人的本心。通常认为,儒学就是心性之学。② 有的研究者就认为,心性论是儒学整个系统的理论基石和根本立足点,儒学本身也就可以被称为心性之学。③ 儒家的心性论强调人的道德心和仁义心是人的本心。对本心的体认和践行,就是对道德或仁义的体认和践行。人追求的就是尽心、知性、知天。这也就是孟子所说的:"尽其心者,知其性也。知其性,则知天矣。"④这也就是孔子所说的"下学而上达"。儒家所说的性是一个形成的过程,即"成之者性",所以孔孟论性是从生成和"成性"的过程上着眼的。⑤ 这就给出体认仁道和践行仁道的心理和行为的一体化历程。

道家的心性论也是道家的核心内容,是把道看作就是人的本性、人的道心、人的本心。这强调的是人的自然本性。这一自然本性也就是人的"真性"、人的自然本心、人的潜在本心。道家的心性论把"无为"作为根本的方式。"无为"就是道的根本存在方式,也是人的心灵的根本活动方式。"无为"强调的是道的虚无状态,强调的是"致虚守静"的精神境界。"无为"从否定的方面意味着无知、无欲、无情、无乐。"无为"从肯定的方面则意味着致虚、守静、澄心、凝神。道家也强调"逍遥"的心性自由境界。⑥ 老子强调的是人的心性的本然和自然,庄子强调的是人的心性的本真和自由。⑦

① 蒙培元.心灵的开放与开放的心灵[J].哲学研究,1995(10):57-63.
② 杨维中.论先秦儒学的心性思想的历史形成及其主题[J].人文杂志,2001(5):60-64.
③ 李景林.教养的本原——哲学突破期的儒家心性论[M].沈阳:辽宁人民出版社,1998:2-3.
④ 孟子·尽心上[M].
⑤ 李景林.教养的本原——哲学突破期的儒家心性论[M].沈阳:辽宁人民出版社,1998:8.
⑥ 郑开.道家心性论研究[J].哲学研究,2003(8):80-86.
⑦ 罗安宪.中国心性论第三种形态:道家心性论[J].人文杂志,2006(1):56-60.

佛教的心性论也是佛家的核心内容,强调佛性就在人的心中,是人的本性或本心。中国的禅宗是佛教非常重要的派别。禅宗的参禅过程就是对自心佛性的觉悟过程。这强调的是自心的体悟、自心的觉悟的过程。禅宗也区分了人的真心和人的妄心,区分了人的净心和人的染心。真心和净心会使人透视到人生或生活的真相。妄心和染心则会使人迷失了真心和污染了净心。① 禅宗的理论和方法可以有两个基本的命题:一是明心见性;二是见性成佛。禅宗的修行强调的是无念、无相、无住。"无念为宗,无相为体,无住为本。"②

中国本土心理学的发展和演变就应该立足本土的资源,提取本土的资源,运用本土的资源。在中国本土的文化传统中来建构特定的心理学,来创造本土的心理学。这也是近些年来许多学者努力的方向。在中国本土文化的基础上来建构中国本土的心理学,也是当前中国心理学研究者追求的目标。回到中国本土文化,挖掘中国本土文化中的心理学资源,这已经成为许多中国心理学研究者的自觉行动。尽管不同的研究者着眼的焦点不同,关注的内容不同,思考的方向不同,但是心性学说或心性论却是中国本土心理学传统中的根本或核心部分。

三、核心与侧重

蒙培元先生曾经讨论过中国心性论的特点。中国心性论的特点说明,它具有重要的哲学意义,虽然算不上是科学的,但它在形成中华民族的民族意识和性格方面起过重要作用,是其重要的理论基础。在他看来,中国心性论具有四个基本特点:一是人本主义。以儒家为主体的中国传统哲学十分强调人的内在价值和地位,特别是儒家以伦理为本位的心性之学,经过理学本体论的论证,把人提升为本体存在,成为宇宙的中心。二是理性主义。这表现为道德理性或超越意识,强调的是形而上的道德原则对于人的感性存在的支配、控制和压抑,而不重视认知理性的发展。三是主体思想。这主要通过情感经验的提升和心的本体化,把社会伦理内在化为自

---

① 方立天.心性论——禅宗的理论要旨[J].中国文化研究,1995(4):13-17.
② 汤一介.禅宗的觉与迷[J].中国文化研究,1997(3):5-7.

觉的主体意识,重视自我完成和自我实现,强调群体意识而忽视个体意识。四是整体思想。这是以解决人和自然、主体和客体的关系为其根本任务,把人和自然界看成是一个整体,主张通过直觉和体验去实现人和自然界的和谐统一。①

有研究者指出,儒家"心""性"范畴的关系体现为三个层面:一是"心性同质,互依互涵","心""性"范畴具有"同一性"。二是"互摄互融,整体和合"。"心"能体察"性"之本相,"知觉"就是"心"的现实活动,"知觉"以"性"为内容,"性"是通过知觉体认过程而呈现出"心"的真实。三是"即体即用,体用一源"。"心性"具有本体与功能两个层次,"心性本体"是就存在的本质、本原、本真而言,"心性功用"是指其具有的观照、认识、体察、觉知功能。儒家十分重视伦理道德的修养和实践功夫。儒家的"功夫论"是围绕着心性修养与心性实践两个层面展开的。儒家提倡"反求诸己""己所不欲,勿施于人""慎独",要求在现实生命中通过向内磨砺的修习而不断完善心性修养,达到人生追求的"道"。②

有研究者指出,道是道家心性论的理论基础,由道而性、而心,是道家心性论的具体展开。命论与生死论是道家心性论的外在延伸。致虚守静是道家修养论的主旨。自然、自在而自由,和谐、和睦而和适,是道家心性论的基本内容。心性论也可称为心性之学,是关于人的心性的理论或学说。心性论探究的问题,主要包括三方面:一是人的本性、本心如何的问题;二是人的精神追求的问题;三是人的精神修养的问题。如果性是指人先天的、本然的方面,即人之天然之质,那么心则是指人后天的、实然的方面,即人之内在精神,或是人之精神的主宰。由性而心,就是由先天的向后天的落实。人之性必显现于人之心,由人之心,亦可见出于人之性。自然、自在而自由,根自于道,由道而成性,由性而成人之心,成为人之精神,成为人精神的本真,成为人的精神生活。这种精神生活就是道家推崇的精神生活。该精神生活的基本内容,亦是自然、自在而自由。自然、自在而自由,为一整体,本身亦不可分离。③

---

① 蒙培元.浅论中国心性论的特点[J].孔子研究,1987(4):52-61,70.
② 黄诚.儒家"心性论"的系统架构及其思想开展[J].江西社会科学,2009(6):62-65.
③ 罗安宪.中国心性论第三种形态:道家心性论[J].人文杂志,2006(1):56-60.

　　有研究者指出,禅宗是最典型的中国化佛教宗派,因重于禅,主参禅,故名。禅宗着重从人的心性方面去探求实现生命自觉、理想人格和精神自由的问题。禅宗把心看成是人性的主体承担者。禅师既重视心也重视性,并把心与性结合起来,从而把心看作存在的范畴。他们把实现自我觉悟、开发自己的心灵世界,作为人生的主要任务和最大追求。强调要自识本心,自见本性,实现自我超越,解脱烦恼、痛苦和生死,成就为佛,即在有限、短暂、相对的现实中实现无限、永恒、绝对。不同宗派以求解脱的根本宗旨是一致的,或基本上是一致的。这种一致性奠基于共同的心性论,在心生万法的基础上强调众生的自心、自性的清净,肯定众生具有真心、净心,也就是人人都有佛心、佛性,主张即心即佛,心即是佛。佛性、如来藏心或真心是禅宗心性论共同的思想内核,认定众生具有如来藏心或真心,因此提倡通过这样或那样的禅修以求证悟成佛。他们最主要的区别是,早期的禅师多偏于真心与妄心的对立,强调去妄求真、灭妄存真,而后期的禅师则强调真心和妄心的统一,甚至不讲妄心,主张直指本心,顿悟成佛。[①]

　　有研究者对儒、道、佛的心性论进行了比较。研究认为,儒、道、佛三学是中国传统思想文化的主要或核心资源。心性论也可称为心性之学,是关于人的心性的理论或学说。心性论探究和阐述的问题主要包括三个方面:人的本性、本心如何的问题;人的精神追求的问题;人的精神修养的问题。一是儒家之"敬"。"敬"不仅是为人做事的态度,也是修养修行的功夫。在儒家看来,人之有敬心,是人有爱心的具体体现。人皆有爱心,人皆有敬心。修行者,立其诚,持其敬。诚意、正心,其实亦只是敬。故修行、存养的功夫,重要的就是敬。二是道家之"静"。在道家看来,道是万事万物的根本。作为天地万物存在的本根,道成就了天地万物。但道成就天地万物,并非有意作为,而完全出于无意作为。"道法自然",非谓道之外更有其自然。"自然"不过是对道的作为的形容。"自"为自己,"然"为样态。"自然",也就是自生、自化、自成,也就是自本自根,无有外力强迫。道的本性是自然无为,自然无为的一项具体表现就是虚静。修养的功夫,就是涤除人的物欲观念,以恢复人之清静本性的过程。"致虚",虚其物欲之心;"守静",守其无为之境。

---

①　方立天.心性论——禅宗的理论要旨[J].中国文化研究,1995(冬季号):7-11.

三是佛家之"净"。儒家提倡的是"敬",道家提倡的是"静",佛家提倡的则是"净"。净,本义为清洁、干净。佛教所谓的"净",是相对于染、污、秽、垢而言的。净有净土意义的净、净性意义的净、净心意义的净。儒家强调"敬","敬"突出的是恭敬的态度、认真的作风和虔诚的精神;道家强调"静","静"突出的是保守自我,突出的是不为外在事物所左右、所束缚;佛家强调"净","净"突出的是内在精神的自在、清明与空灵。对于儒家而言,"敬"是本体,是境界,也是功夫;对于道家而言,"静"是本体,是境界,也是功夫;对于佛家而言,"净"是本体,是境界,也是功夫。就心性论而言,不管是儒家、道家还是佛家,都强调本体—境界—功夫的一致与贯通,都强调融功夫于境界,融境界于功夫。①

有研究者详尽地考察了心性修养的功夫。这是在具体层面上给出了心性修养的实现路径。心性修养有许多成熟而有特色的功夫:一是养气。大体说来,气是流动的、浑然不可分的,它超越任何有形的界限,兼有物质、功能、信息三种性质。它介于身与心、精神与物质、个体与群体、意识与无意识之间。养气功夫包括集义和知言。行事合于道,内心没有亏欠,则理直气壮。知言则明辨是非,对于一切复杂的人事,都能不疑惑、不动摇,泰然处之。二是求放心。人的心念大约可以分为原始心和缘起心两类。原始心由天性的自然需要引起,孟子称之为本心、赤子之心、良心;缘起心与外界事物相接触而生,孟子称之为放心。原始心先经验而有,简单直遂;缘起心因受外物牵引而不由自主,并附带了种种经验,已远离本性而失去心的本来面目。修养就是保有本性,恢复面目全非的本心。三是心斋。斋的本意是祭祀前的准备状态:避免刺激,身心收敛,整齐严肃,临祭时才能与神意相感通。心斋就是集中精神、专心一致的意思。用耳听不如用心听,用心听不如用气听。四是形神相守,身心合一。人的身心本是一体,而精神较之身体,心理较之生理,相对更加活跃。但如果到了精神劳攘、神不守舍的地步,也不是理想状态。若能撤去心知的干扰,自发自动,天机用事自会耳聪目明,四通八达。这是一种"机体的智慧",即不用智慧的大智慧。五是减损。减的功夫要从内外两方面同时下手:外面减去感官刺激,内心减少知识、欲望。

① 罗安宪.敬、静、净:儒道佛心性论比较之一[J].探索与争鸣,2010(6):65-70.

六是慎独。所谓"独"是人所不知而己所独知的内心活动。人的当下一念，别人无从知晓，只有自己最清楚。常人对此多疏忽不留意。用力修养者则小心谨慎，不轻忽放过。七是持敬。持敬功夫约有专一、内敛、省察和随事检点四端。无论大事小事，要使自己的精神思虑全部集中在这件事上。人心如一面镜子，本来没有什么影像，事物到来时才能照得清楚，处理才能得当。如果是事情还并未发生却生出许多期待、考虑，事情都已经过去了还残存许多影像、情绪。这些东西积存多了，烦恼、偏见也就多起来。不管心里存着什么东西凝滞不化，都是心的障碍。这就需要时时省察和随事检点的功夫。要解决人心念虑太多、扰乱不安的问题，就要摄持自己的心，时时刻刻提醒、持守此心，一有不好的念头出现，就要警觉到，把它去除，不要姑息，不要让心昏昏不觉，跟着它走了还不知道。事事不放过，孔子教颜回非礼勿视、勿听、勿言、勿动的功夫。这种功夫看来呆板，其实是最实际、最亲切的。①

很显然也很明确，中国本土的心性学与中国本土的心理学是内在相通的。或者说，中国本土的心性学可以成为中国本土的心理学的创新基础、学术资源、思想传统、理论源泉、方法依据和技术启示。但是，从中国本土的心性学到中国本土的心理学并不是简单的延伸，而是需要相应的转换。这种转换就决定了中国本土的心理学现实与未来的发展。

第三节　传统的内省方式

涉及中国本土的心理学传统，曾经有一种较流行的、代表性的观点认为，按照现代科学心理学来衡量，在中国文化历史的长河中并没有心理学，而只有一些心理学思想；按照现代科学心理学来衡量，心理学史应该是科学史，有关心理的具有明显科学性的思想才应该算是心理学思想。② 这种观点导致的结果是，在研究中仅在于按西方实证心理学的框架来切割和筛淘中

① 周一骑.论中国的心性修养之学的若干特色[J].南开大学法政学院学术论丛(下),2002(S2):110-115.
② 高觉敷.中国心理学史[M].北京:人民教育出版社,1985:1-3.

国古代思想家的思想,为引入的西方实证心理学提供某些中国经典的例证和中国思想的说明。

要想挖掘和确证中国本土的心理学传统,就必须放弃西方实证心理学的参考构架,只有这样才能够看到,尽管在中国的文化土壤里并没有生长出实证科学的心理学,但中国也有自己本土的心理学传统。中国本土的心理学传统与西方实证的心理学传统一样,也具备解释人类心理的理论,了解人类心理的方法和干预人类心理的手段。不过,两者之间探索的内容有所不同,研究的方式也大相径庭。

作为根源于本土文化的独立、系统的心理学探索,中国本土的传统心理学有着自己的探索内容和研究方式,而其探索内容与研究方式又是一致的。中国本土传统心理学的独特之处和突出贡献,在于给出了揭示人的心灵性质和活动,以及提升人的心灵修养和境界的内省方式。

西方近代以来的自然科学传统是建立在物理主义和实证主义的基础之上的。物理主义的世界观把科学探索的世界看作是由物理事实构成的,世界相对于人而言是异己的世界,但人可以通过外观和外求来认识并把握世界。这种科学传统也波及西方现代心理学。西方主流心理学把人等观于其他的自然物,把人的心理等观于物理,并通过外观和外求来认识并把握人的心理。

中国古代以来的文化思想传统则与此不同。这一传统并不是把世界看成是异己的世界,而是把世界看成是与人的心灵内在相通、一体化的。因此,人无须通过外观和外求来认识并把握世界,而是通过内观和内求来体认并呈现世界的根本。这强调了人的心灵的自觉或觉悟的性质和活动。这种文化传统也体现在本土的心理学中。中国本土的传统心理学并不是通过外观和外求来认识并把握人的心理,而是强调心灵的内观和内求,通过心灵的自觉和内在的超越,来引导个体的心灵活动,提升个体心灵的境界,体认终极的本体存在,获取人生的幸福快乐。因此,中国本土的传统心理学注重和强调的是意识的训练、内心的修养、心灵的觉悟、境界的提升。

一、内省的方式

1. 内省的三种不同理解

作为心理学的研究方法,心理学家对内省有不同的理解和不同的对待。

正是这些不同的理解和不同的对待,使人们很难看清内省方法在心理学中的地位和前途,进而导致在心理学发展过程中对内省的褒贬不一和长期争执。因此,澄清这些理解和对待是十分必要的。

其一,把内省等同于自我观察。在心理学的方法中,可以分离出一类方法叫观察法,而在观察法中又可以区分为客观观察和主观观察(也称为自我观察)。所谓的内省也就是主观观察或自我观察,是人对自己的心理行为的直接了解和陈述。这种分法表面上看起来很明确,实际上却存在严重的问题。关键在于,无论是客观观察还是自我观察都同样属于观察,都可以按观察来对待。然而,从客观观察的角度,观察是指观察者对观察对象的感官印证或把握。所谓自我观察则超出了这个含义。一方面,观察者可以有对自身心理行为的感官印证和把握;另一方面,人又可以有心灵的自觉活动,但这却并不是通过观察者感官的印证和把握。例如,人内心的观念活动是人自己看不见的,只能通过心灵的自觉活动印证和把握到。这与客观观察意义上的观察根本不是一回事。因此,把内省等同于自我观察,实际上混同了完全不同的含义。

其二,把内省等同于自我意识。这样的理解在于肯定了人的心理具有意识的属性,而意识也能够以自身为对象。人可以通过自我意识来觉知自己内心的感觉、感情、意愿、意向等。这种理解也同样存在问题。关键在于,只要把内省等同于自我意识,把内省作为心理学的研究方法就要建立在划分客我和主我的基础之上。客我是被主我觉知和把握的对象,是被知和被动的,是在研究的视野之内。主我则是去觉知和把握客我的发出者,是主知和主动的,但却是在研究的视野之外。主我可以有后退的活动,把自己放入客我,但仍有发出这一活动的主我脱离出被觉察的心理活动。应该指出的问题是,主我分离出去之后,客我是否就是人的心理活动的原貌;由隐藏着的主我提供的研究内容,是否就是可以公开认证的研究资料。答案不可能是肯定的。

其三,把内省看成是人心灵的存在和活动方式。立足人的心灵具有的自觉性质,依据人的心灵的自觉活动,能够将内省确定为一种心理学的研究方式。这样的研究方式强调的是人的心灵的自我呈现、自我引导、自我扩展、自我提升和自我超越。那么,内省就不是心灵把自己的一部分分离出去作为对象,然后通过内省予以了解和描述。内省是心灵直接针对自身的活动,心灵本身仍然是一个完全的整体。心灵通过内省来把握、扩展和提升自身。这种对内省的理解,是中国本土传统心理学的理解。

2. 内省的中西差异

西方的心理学传统同样采取过内省的方法,那么中国的心理学传统的内省方式与之有什么不同呢? 两者最根本的不同就在于,西方的心理学传统采纳内省的方法,是以分离研究主体和研究客体或是以分离研究者和研究对象为特征的。中国本土的传统心理学则没有这样的区分,而是强调一体化的心灵自觉活动,或者说是一体化的心灵内省方式。

西方科学心理学采取过实验内省的研究方法、言语报告的研究方法,但是仔细追究可以发现,实验内省法中的内省、言语报告中的报告,都不是研究者采取的研究方式,而是被研究者呈现自己的意识经验或内心过程的手段。作为研究者来说,被研究者的内省提供的仍然是其客观观察和实验的对象,或者说研究者仍然是通过客观观察和实验来获取并分析被试的资料。如果研究者的客观观察和实验的方法是合理的,无论被研究者是通过行为还是通过内省来呈现其心理,只要适合观察和实验就足够了。行为主义心理学家之所以放弃了内省,是因为内省无法为观察和实验提供有效的资料。

中国本土传统心理学的内省方式则没有去区分出研究主体与研究客体,或者研究者与研究对象。每个人的生存和发展都必须通过内省的方式来得以进行。这就是心灵的内在超越活动使本心得以呈现,使境界得以提升,使心灵得以丰满。在这里,并没有旁观的、中立的、客观的、冷漠的研究者,而只有超越自我、大公无私、心灵丰满的人格典范。在这里,并没有与己无关、自行演变的研究对象,而只有心灵自觉、体悟人生的成长历程。

3. 有关心灵的基本理论设定

中国本土传统心理学的基本理论设定,在于人的心、性、命、天的内在贯通为一。这使人的心灵活动朝向如何内在地扩充自己,提升心灵的境界,使一己之心扩展为天地之心。这就决定了一种特有的心理学传统。

西方科学心理学诞生之前的哲学心理学也曾设定了心灵的实体,以此来演绎并推论心灵的性质和活动。但是,由于事先把心灵分离出去作为观照的对象,哲学心理学建立的仅仅是概念化的思辨体系。这种思辨体系存在两个致命的缺陷：一是无法确证有关对象的理论解说是否说的就是对象，这是缺乏实证方法的问题；二是无法按照有关对象的理论解说来控制和改变对象，这是缺乏技术手段的问题。西方实证心理学诞生之后彻底放弃了形而上学的思辨，而提供了描述对象的实证方法和干预对象的技术手段。

中国本土的心理学传统则并没有把心灵分离出去作为观照的对象。尽管它设定了心灵的本体，但也给出了心灵本体呈显自身或者个体体认本心的进路。一方面，中国本土的传统心理学以独特的理论解释和精神修养，把西方实证心理学抛弃的超验的存在和探索的经验的存在变成一个活的整体。与西方实证心理学外观人的心理不同，中国本土的传统心理学给出了内求超越的心灵发展道路。另一方面，中国本土传统心理学以独特的理论解释和精神修养，把西方实证心理学分割的个体化的存在和超个体的存在连通在了一起。与西方实证心理学重视个体有所不同，中国本土的传统心理学给出了个体与世界相和谐的心理生活道路。

中国本土传统心理学的根本之处，在于使每个人都能够成为真正意义上的人。这可以通过内省的方式去觉解生存的意义，去体认更高的存在，去成就天人合一的境界。在中国文化传统中，儒家、道家和佛家均认为，心灵与天道是内在贯通的，道就是人的本心。这样，心灵对天道的把握就不是外求而是内求。内求就是觉解、觉悟、呈显和体认本心、本性、天命和天道。这也就是儒家所说的"下学而上达"，道家所说的"照之于天"，佛家所说的"明心见性"。实际上，心灵与天道的内在贯通是潜在的，它求则得之，舍则失之，因此人的精神境界具有高下之分。

4. 内省的性质

西方的心理学传统运用的内省属于狭义的认识论和方法论，仅关乎觉知和了解心灵的活动。中国的心理学传统运用的内省则属于生存论和心性论，其关乎生存的意义和心灵的境界。

中国本土的心理学传统论及内省，在于体认本心或内求道体。有关这种内省方式的提法或表述则有很多，如返身内求、反求诸己、豁然有觉、豁然贯通、尽心、体道、明心、觉悟、顿悟，等等。这种内省方式不是要获取有关心灵的知识，而是要印证生存的道理，体悟人生的境界。这强调的是心灵自悟的直觉，也就是心灵的自我觉解和心灵的自我呈现。这强调的是"以内乐外"的体验,也就是,不是外物引动的情感而是体道的至乐体验。这强调的是"正心诚意"的志向,也就是,不是物欲和私心而是崇高的精神志向。①

例如,儒家的孟子所说的"尽心、知性和知天"。"尽心"涉及两个重要方面:一是本心的自觉,称作"思";二是心性的修养,称作"养"。② 心的作用是思,也就是内省反思,求其内心的善性。孟子说:"耳目之官不思,而蔽于物。物交物,则引之而已矣。心之官则思,思则得之,不思则不得也。此天之与我者。先立乎其大者,则其小者不能夺也。"③所谓思则得之,就是呈显人心中的善性。人的本心易受物欲和习性的蒙蔽,需要进行心性的修养,也就是根本转变人的气质习性。孟子的"尽心"体现了中国本土的传统心理学特有的内省方式。

5. 内省方式的特征

中国本土的传统心理学提供的内省方式是极其独特的,这表现在两个重要方面:首先,这种内省方式与其理论阐释是一体的。中国本土的传统心理学对人类心灵的理论阐释不仅是一种理论知识,而且是心灵的活动方向和活动方式。掌握了这样的理论,便会去引导内省的超越性活动。这是一种生活的道理,也是一种生活的方式和境界。因此,中国的心理学传统给出的理论,只有通过内省才能得以体悟印证,只有通过内省才能得以贯彻实行。其次,这种内省方式与干预手段是一体的。中国本土的传统心理学正是以其特有的内省方式来引导人的内心生活,促进人的心灵成长,提升人的心灵境界。这种对人的心理的干预不是外在强加给人的,而是人的内在成长历程。这给了人以心灵的自主权,使之通过内省活动来塑造自己的生命历程,觉解自己的生命意义。

总之,中国本土的传统心理学提供的内省方式,就是心灵的存在和活动方式。了解、说明和干预的方法、理论、手段都融合在这种内省方式中。这提供了心灵把握自身活动性质和过程的理论,心灵引导自身活动方向和内容的方法,心灵提升自身活动境界和程度的手段,以及心灵增进自身存在丰满和充盈的工具。

① 蒙培元. 中国哲学主体思维[M].北京:人民出版社,1993:12-22.
② 陈庆坤. 中国哲学史通[M].长春:吉林大学出版社,1999:63.
③ 孟子·告子上[M].

二、现代的启示

中国本土传统心理学的内省方式是独特的。这种内省方式得出的理论不是纯粹思辨的概念体系,而是心灵体悟印证的生活道理;采用的方法不是外观对象的客观方法,而是心灵自觉活动的呈现;实施的干预不是外在强加给心灵的,而是心灵的自我扩充和提升。那么,这种独特的内省方式有什么重要的现代启示性呢? 为了回答这个问题,必须先解决两个问题:其一,尽管可以将中国本土的传统心理学称为"传统的",或者将其看作是"古代的"心理学,但这并不是说,随着时代发展和历史进步,它已经成为历史的陈迹和收藏的古董。这里所说的"古代的"或"传统的",是指它早就产生出来,而且是一种古老的或传统的形态。但是,它并没有消亡,而是有着强大的生命力,一直延续下来并广泛渗透到中国的民俗文化之中。即使是在近代,中国引入西方现代科学心理学之后,这一古老的或传统的心理学也没有被终结、被替代、被抛弃,而是依然存有其独特的影响力。但可以肯定的是,这种古老的或传统的心理学还没有被合理地揭示出来。其二,尽管可以把中国本土的传统心理学称为古老的或传统的,但这也并不是说,就应该把它看成或当成前科学、非科学甚至伪科学的东西而加以放弃或抛弃。如果按照西方实证科学的心理学来衡量,中国本土的心理学传统显然不属于科学的行列,它至多不过仅有某种萌芽形态的科学思想。如果放弃这种参考构架,就会看到,中国本土的心理学传统也是一种具有特定合理性和有效性的心理学,并以特有的理论、方法和技术进入中国人的心理生活。中国的现代心理学是从西方引入的,这种西式的心理学建立了一个围墙,这个围墙阻挡了中国本土文化的渗入。心理学本土化的努力也在于打破这个围墙,还中国本土传统心理学应有的地位。

中国本土传统心理学的内省方式具有的现代启示性体现在三个方面:其一,这种内省方式可以了解和把握人的心灵的普遍性。西方实证科学的心理学通常回避和排斥内省,原因在于内省的主观性和私有化特点。内省的主观性常常与虚假性或不真实性相联系。内省的私有化常常与个别性或非普遍性相联系。西方实证心理学的传统把人的心理看成是客观性的存在,进而认为对人的心理的科学研究就是感官经验的实证或证实。然而,这实际上并没有完全涵盖心理学的研究对象和研究方式。由于人的心灵自觉的性质,人的心理还是主观性的存在,而对它的研究还可以是内省经验的体证。关键的问题有两个:一是客观性存在和主观性存在的真实性问题;二是感官经验和内省经验的普遍性问题。前者涉及心灵的性质,后者涉及科学的性质。心灵的性质在于心灵是真实性的存在,而不在于心灵是客观性的还是主观性的存在。科学的性质在于达到经验的普遍性,而不在于是感官经验的还是内省经验的普遍性。中国本土传统心理学的内省则给出了通过内省达于普遍性的途径。如果仅仅把内省看成是个体觉知和体察内心活动的方法,内省就无法消除其私有化的特点。如果把内省看成是心灵自我超越的生活道路,就有助于达到内省经验的普遍性。因为,无论哪一个体,只要按照这种内省方式,就可以实现一种普遍共有的结果。这无疑会引导心理学的研究走向另一种不同的路径。

其二,中国本土传统心理学的内省方式可以达到心理学探索的知识与价值的统一。西方实证科学的心理学通常回避和排斥价值,以保证心理学知识的客观和价值中立的性质。实证心理学分离了研究者与研究对象,强调对人的心理进行客观的考察,也就是坚持价值无涉的研究立场。这是西方近代以来的自然科学的发展而具有的一种思想倾向。知识与价值的分野,以及给知识带上了力量的王冠,也许大大强化了人对物理世界的探索和征服,但也造成了物理世界与属人世界的割裂和疏远。当这种探索和征服扩展到属人世界时,知识更彻底脱离了人,并凌驾于人了。实证心理学在关涉人的心理时,由于回避和排斥价值而有两个直接的后果:一是难以深入探索被研究者的价值取向问题;二是难以给出合适有益的价值导向。中国本土传统心理学的内省方式则强调心理学探索的主客一体性,立足心灵的自觉活动,给出了心灵的内在发展道路。这本身就内含着价值取向,提供的是价值追求和实现的道理与途径。显然,这没有分离知识和价值,而是将其合为一体。心灵的自觉活动、心灵的自我超越、心灵的自我提升,都是关涉价值的探索。这不仅涉及每个人拥有的价值追求,也涉及心理学可提供的价值导向。

其三,中国本土传统心理学的内省方式也可以达到心理学与日常生活的密切结合。西方实证科学的心理学通常与日常生活存有距离,而坚持心理学纯粹学术的性质。它是通过实证方法来探求人的心理,通过技术手段来干预人的心理。也就是说,实证科学的心理学不能直接进入人的日常生活。因而,要想科学地了解、说明和干预人的心理行为,就必须成为专业的心理学家,接受心理学知识、方法和技术的训练。中国本土传统心理学的内省方式则使心理学很自然地成为生活中的心理学。它并没有分离出研究者,也并没有分离出一个纯粹的学术领域,而是提供了生活和人格的典范,以及所有人都可以参与其中的生活道路。这是一种"日常人性的心理学"。[1]可以说,中国本土传统心理学的内省方式是把"实验室"放在了人的心中,是把心理学引入了日常生活。

总之,中国本土传统心理学的内省方式既是中国人日常心理生活的方式,也是中国本土的思想家探索人的心灵活动的方式。它是一种强有力的传统,给中国现代心理学的建设提供了深厚的文化资源。延续这一传统,挖掘这一资源,开拓新的道路,就是中国心理学家的重大使命。

第四节　体验和体证方法

中国本土文化中的传统心理学运用的研究方式或方法并不是实证的方法,而是体证的方法,并不是实验的方法,而是体验的方法。体证的或体验的方法,就是通过意识自觉的方式,直接体验到自身的心理,并直接构筑了自身的心理。实证与体证在心理学具体研究中的体现,就是实验与体验的分别。

一、心理学研究方法

心理学的研究有自己的研究方法,科学心理学运用的方法就是科学的研究方法。但是,在特定科学观的限定下,所谓的科学就是实证的科学,所谓的科学心理学就是实证的心理学。[2] 其实,在科学心理学诞生之后,心理学就是通过运用实证的研究方法,确立了自己的科学性质和科学地位。

[1]　Murphy, G. & Murphy, L. *Asian psychology*. New York: Basic Books, 1968: 15 - 30.
[2]　葛鲁嘉. 大心理学观——心理学发展的新契机与新视野[J]. 自然辩证法研究,1995(9): 18 - 24.

因此,所谓科学的心理学就与实证的心理学有同样的含义。实证的科学运用的是实证的方法。心理学在成为独立的科学门类之后,就力图以实证主义的科学观来衡量自己的科学性。这样,是否运用实证方法就成为心理学研究是否科学的一个根本尺度。[①] 这就是把实证的方法放在了决定性的位置,也就是在科学心理学的发展过程中曾经盛行的方法中心主义。这样,心理学的研究是否使用了实证的方法,就成为心理学是不是科学的唯一尺度。[②]

可以说,心理学正是通过使用实证的研究方法确立了自己的科学性质和科学地位。其实,在心理学发展史的研究中,正是把德国心理学家冯特1879 年在德国莱比锡大学建立世界上第一个心理学实验室作为科学心理学诞生的标志。心理学研究运用实证的方法或者实验的方法成为衡量心理学学科的科学性的基本标尺,这表明了实证方法在心理学研究中的中心地位。[③][④] 许多心理学家都持方法中心主义的立场和观点。心理学中的方法中心主义就是把科学方法在心理学研究中的运用与否,看成心理学是不是科学的基本标准。

科学研究中的方法中心主义就是立足实证主义哲学的方法论。可以说,科学心理学在西方文化中诞生之后,就把自己的研究建立在实证主义的基础之上。所谓实证主义有两个基本的理论设定:一是主观与客观的分离,或主体与客体的分离。这体现在科学的研究中就是研究对象与研究者的分离。研究者必须客观地或原样地描述和说明对象,而不能够把研究者自己的主观性的东西掺入其中。二是把主观对客观的把握或主体对客体的把握建立在感官验证的基础之上。这就是所谓实证的含义。感官的证实就能够去除研究者的主观臆断。客观的观察或者严格限定客观观察的实验就成为科学研究的科学性的保障。没有被感官验证的,没有被感官观察证实的存在,就都有可能是虚构的或不实的存在。或者说,无法被感官把握到的存在

---

① 葛鲁嘉. 心理文化论要——中西心理学传统跨文化解析[M]. 大连:辽宁师范大学出版社,1995:10.

② 葛鲁嘉. 中国心理学的科学化和本土化——中国心理学发展的跨世纪主题[J]. 吉林大学社会科学学报,2002(2):5-15.

③ 郭本禹. 当代心理学的新进展[M]. 济南:山东教育出版社,2003:166.

④ 叶浩生. 西方心理学研究新进展[M]. 北京:人民教育出版社,2003:28-35.

就有可能是受到质疑的存在。为了在科学研究中去除虚构的东西,就必须贯彻客观主义的原则。因此,科学研究就是证实的活动,就是客观证实的活动,就是感官证实的活动。近代科学的诞生就是强调实证主义的原则,进行感官证实的活动。

现代科学心理学的一个重要起源就是哲学对心灵的探索。在科学心理学诞生之前,哲学心理学对人的心理的探索是着眼于对观念的考察。观念的活动就是心理的活动。观念的存在是无法通过人的感官来把握到的,而只有通过心灵的内省来把握。因此,在哲学心理学的研究中就运用了内省的方法。西方的哲学心理学就是西方的科学心理学的前身。就在西方科学的或实证的心理学诞生之初,也采纳和运用了内省的方法,或者说是把内省的方法与实验的方法进行了结合。这就是在科学心理学诞生初期盛行的实验内省方法。但是,在科学心理学的发展过程中,当科学心理学彻底贯彻了客观性的原则之后,就把内省的方法从心理学当中驱逐了出去。内省的方法从此成为非科学方法的同义语。内省的主观性和私有性使之被认为是不科学的,是非科学的。因此,在科学的或实证的心理学研究中,也就彻底清除了内省的方法。在实证的心理学看来,内省不仅是非科学的研究方法,甚至也是科学无法涉及的对象。在实证心理学的视野中,根本就没有内省的位置,也就不可能有对内省的探讨,也就不可能有对内省的揭示。

二、本土的探索方式

在中国的本土文化传统中,也有自己的不同于西方科学心理学的心理学传统。[①] 这是属于东方的心理学传统,是西方心理学必须面对的另类心理学传统。[②] 中国的传统心理学也有自己独特的理论、方法和技术。中国本土的心理学传统确立的方法不是实证的方法、实验的方法、感官证实的方法、实验验证的方法,而运用的是体验的方法或体证的方法。这不是西方科学的心理学或实验的心理学确立和运用的实验的方法或实证的方法,也不是

---

① 杨鑫辉.中国心理学思想史[M].南昌:江西教育出版社,1994:9.
② Paranjpe, A. C. *Theoretical psychology: The meeting of East and West*. New York: Plenum, 1984.

西方科学心理学放弃的内省的方法。这种体证或体验的方法实际上是心灵觉悟的方法,是意识自觉的方法,是境界提升的方法。①

实证与体证是相互对应的,实验与体验是相互对应的。这就是说,现代科学心理学中实证的方法是与本土传统心理学中体证的方法相对应的,现代科学心理学中实验的方法是与本土传统心理学中体验的方法相对应的。正是在科学心理学诞生之后,实证的方法和实验的方法就成为确立和保证心理学科学性的最基本准则。这包括对文化心理的研究和考察。② 除此之外的其他方法或内省的方法就被抛弃到非科学的类别和范围之中。受到连带的影响,体验和体证的方法也就没有了存在的根基。③

在中国本土的文化传统中,倡导的是天人合一或心道一体的基本理论设定。天人合一或心道一体强调的是,不要在人之外或心之外去寻求所谓客观的和分离的道的存在。道不远人。道就在人本身之中,就在人本心之中。人不是到身外或心外去求取道,而是要返身内求,去体认自己的本心。人就是通过心灵自觉或意识自觉的方式,直接体验到并直接构筑了自身的心理。④ 中国本土文化中心理学传统确立的内省方式,强调了一些基本原则或基本方面。⑤ 这成为理解体证或体验方式和方法最重要且无法忽视的内容。或者说,中国本土的文化传统中,中国本土的心性学说中,就给出了体认、体悟和体会道的存在的基本方式和途径。这就是内圣与外王,修性与修命,渐修与顿悟,觉知与自觉,生成与构筑。⑥

其一,内圣与外王。中国本土的心理学传统强调知行合一的原则,主张人内在对道的体认和外在对道的践行。内修就是要成为圣人,体道于自己的内心。外王就是要成为行者,行道于公有的天下。体道和践道是内圣和

---

① 葛鲁嘉.心理学的五种历史形态及其考评[J].吉林师范大学学报(人文社会科学版),2004(2):20-23.

② Ratner, C. *Cultural psychology and qualitative methodology*. New York: Plenum Press, 1997: 27.

③ 葛鲁嘉.对心理学方法论的扩展性探索[J].南京师大学报(社会科学版),2005(1):84-89.

④ Varela, F. J., Thompson, E., & Rosch, E. *The embodied mind: Cognitive science and human experience*. Cambridge, MA: The MIT Press, 1991: 21-23.

⑤ 葛鲁嘉.中国本土传统心理学的内省方式及其现代启示[J].吉林大学社会科学学报,1997(6):25-30.

⑥ 葛鲁嘉.中国本土传统心理学术语的新解释和新用途[J].山东师范大学学报(人文社会科学版),2004(3):3-8.

外王的最基本含义。内圣是要提升心灵的境界,能够与道相体认。外王是要推行大道的畅行,能够与道相伴随。因此,对于人的心理来说,怎么样超越一己之心,怎么样推行天下公道,就是最基本的、最重要的。

其二,修性与修命。正因为人心与天道是内在相通的,所以个体的修为实际上就是对天道的体认和践行。天道贯注给个体,就是人的性命。对天道的体认和践行就是修性与修命。其实,修性与修命的概念带有宗教和迷信的色彩。在中国本土的宗教和迷信的活动中,就有对修性与修命的渲染。如果把这两个概念的基本含义与人的心理生活和生活质量联系起来,就可以消除其宗教和迷信的色彩。人的心理有其基本的性质,也有不同的质量。

其三,渐修与顿悟。个体的修为或个体的体悟有渐修与顿悟的不同主张。渐修是认为修道或体道的过程是逐渐的,是一点一滴积累而成的。顿悟则认为道是不可分割的,只能被整体把握,被突然觉悟到。这成为个体在体道过程中的不同途径和不同方式。无论是渐修还是顿悟,实际上都是人的心灵修养与境界提升的过程。这是人对本心的觉知和人对本心的遵循。

其四,觉知与自觉。在中国本土的心理学传统中,“觉”是一个非常重要的概念。觉的含义在于心灵的内省。这不是西方心理学研究中所说的内省,而是中国本土文化意义上的内省。觉的含义也在于心灵的构筑。这是指心理的自我创造和自我创建。因此,觉知与知觉不同,自觉也与自知不同。觉知和自觉强调的是觉,而知觉和自知强调的是知。觉是心灵的把握,而知是感官的把握。心灵把握的是神,而感官把握的是形。

其五,生成与构筑。人的心理是自然演化的产物,因此是生成的。正是在这个意义上,人的心理具有自然的性质,是自然的产物,循自然的规律。同时,人的心理又是人创造的,是意识自觉的构筑。正是在这个意义上,人的心理具有创造的性质,是人文的产物,循社会的规律。因此,没有一成不变的心理行为,没有被动承受的心理行为。人的心理生活就是人的创造的体现和结果。

三、实证与体证比较

实证与体证在心理学具体研究中的体现,就是实验与体验的分别。实验是在实证基础上建立的具体研究方法。体验是在体证基础上建立的具体研究方法。

实验的方法被认为是现代科学心理学建立的标志。在心理学研究中，实验的方法是指对所研究的人的心理行为进行定量的考察、分析和研究。这也就是通过研究者控制实验条件，来观察研究对象的实际变化。这包括实验的技术手段或实验的工具仪器，也包括实验者的感官的实际观察。实验的方法对于其他自然科学的发展来说是至关重要的，或者说，对于自然的对象来说是客观的、精确的。但是，对于人的心理来说，人的意识自觉的心理活动，却是观察者无法直接观察到的。这给心理学的实验研究带来了很多的困难和障碍，也使心理学的实验研究一直在寻求更好的方法和工具。

作为科学心理学的研究方法，实证的方法或实验的方法都是基于两个基本的理论前提或理论假设，即客体与主体的分离，感官和感觉的确证。这两个基本的理论前提或理论假设决定了心理学研究方法的基本性质和基本功能。当然，这些理论前提或理论假设可以是明确的，是研究者明确意识到的。这些理论前提或理论假设也可以是隐含的，是研究者没有意识到的。无论是明确的还是隐含的，这些理论前提或理论假设都会影响到实际的研究视野、研究方式、研究结果等。心理学哲学和理论心理学的研究，就在于揭示和评判这些理论前提或理论假设，使之明确化和合理化。

客体与主体的分离，就是研究对象与研究者的分离。这是为了保证研究的客观性，以及消除研究者的主观臆断。心理学的研究者在研究心理行为的过程中，就必须把心理学的研究对象看作是客观的存在，心理学的研究就必须对心理行为进行客观的描述和说明。问题在于，心理意识与物理客体存在根本的不同或区别。人的心理意识的性质在于觉。无论是感觉、知觉还是自觉、觉悟和觉解，都具有觉的特性。在科学心理学传统的研究中，对感觉的研究是在研究"感"，对知觉的研究是在研究"知"，对自觉的研究是在研究"自"，而不是在研究"觉"。觉悟和觉解，根本就不在心理学的研究范围之中。因此，在心理学的研究中一直存在把人的心理物化的倾向。

科学心理学对于人的心理行为的研究，必须是客观的呈现和客观的描述，而不能有虚构的成分和想象的内容。最重要的就是客观的观察或客观的证实。客观的观察或证实就确立于研究者感官的观察或感官的把握。这就是心理学中客观观察的方法。在心理学的研究中,定量的研究和定性的研究都是建立在客观观察的基础之上的。无法直接观察到的意识活动和内省活动,就曾经被排斥在心理学的研究对象之外。这使心理学的研究不得不把人的心理许多重要的部分排除在研究的视野之外。或者说,在心理学的研究中,是通过还原论的方式把人的高级和复杂的心理意识都还原为实现的基础,如物理的还原,生物的还原,神经的还原,社会的还原,文化的还原,等等。正是基于上述两个基本的理论前提或理论假设,心理学的研究对象被限定为心理现象,即可以被研究者的感官印证的客观的存在。但是,如果采取另外的不同研究方式和方法,也就是体证和体验的方法,心理学的研究对象就不是心理现象,而应该是心理生活。心理生活是可以被体验到的心理存在,是可以加以证实的心理存在,也是可以生成、创造和建构的心理存在。其实,心理生活的创造性决定了心理生活就是文化的存在,就是文化的心理,就是文化的创造。因此,心理生活也就可以成为文化心理学的研究对象。①

实证是建立在感官证实基础上的研究方式,体证是建立在身体力行基础上的研究方式。实证是感知,体证是践行。

四、实验与体验转换

体验的方法与实验的方法有所不同。体验是人的心理具有的一个十分重要的性质。所谓的体验是人的有意识心理活动把握心理对象的一种活动。这不仅仅是关于对象的认知和理解,也包含关于对象的感受和意向。体验的历程也是人的心理的自觉活动、自觉创造和自主生成。人通过心理体验把握心理自身时,可以是一种没有分离感知者与感知对象、认识者与认识对象的活动。在这样的心理活动中,人是感受者和体验者。体验的方法涉及许多重要的方面和关系。因此,体验体现了以下七个统一。

其一,体验是主体与客体的统一。体验就是人的自觉活动或心灵的自觉活动,它并没有分离研究主体与研究客体,也没有分离研究者与研究对

① Markus, H. R. & Kitayama, S. Culture and the self implications for cognition, emotion, and motivation. *Psychological Review*, 1991(2): 224-253.

象。体验不同于西方心理学早期研究中所说的内省。严格说来,内省仅仅是对内在心理的觉知活动。这是分离开的心理主体对分离开的心理客体的所谓客观把握。这只不过是把对外部世界的观察活动转换成为对心理世界的观察活动。实际上,体验就是心理的自觉活动,通过心理体验把握的是心理自身的活动。

其二,体验是客观与真实的统一。实证的科学心理学一直强调研究的客观性,强调把心理学的研究对象当作客观的对象。为了做到这一点,甚至不惜把人的心理物化。这种所谓的客观性常常是以歪曲或扭曲人的心理体现出来。体验实际上强调的不是客观,而是真实。真实性在于反对以客观性来物化人的心理行为。体验是客观性与真实性的统一。客观性是对虚构性和虚拟性的排斥,而真实性是对还原性和物化性的排斥。体验通过超越个体的方式来达到普遍性。

其三,体验是已成与生成的统一。原有的实证心理学的研究是把人的心理看作是已成的存在,或者说是已经如此的存在。心理学的研究不过就是描述、揭示和解说这种已成的存在。实际上,人的心理也是生成的存在,是在创造和创新中变化的存在。体验不仅仅是对已成的心理进行的把握,而且是促进创造性生成的活动过程。正是通过体验,人能够创生自己的心理生活。

其四,体验是个体与道体的统一。人的心理存在是直接以个体化的方式存在的。个体的心理是相对独立和完整的。但是,在心理学的研究中,这种个体化或个体性变成一种基本原则,即个体主义的原则。这在很长的时段中支配了心理学的研究,包括支配了对人的群体心理和社会心理的研究。实际上,人的心理的存在就内含着整体的存在。这在中国本土的心性心理学看来,道就隐含在个体的心中,这就是心道一体的学说,这就是心性的学说。

其五,体验是理论与方法的统一。体验是建立在特定理论的基础之上的,是由特定的理论提供的关于心理的性质和活动的解说。这种特定的理论又是一种特定的改变或转换心灵活动的方法。理论与方法是统一的。人在心理中对理论的掌握,实际上就是心理对自身的改变。心理学理论的功能也就在于能够在被心理掌握之后改变人的心理活动的内容和方式。

其六,体验是理论与技术的统一。技术活动是发明、创造和使用工具的活动。对于心理学来说,人的心理生活作为观念的活动,理论观念就变成一种塑造技术。体验本身就是理论的活动,或者说就是建立在理论的基础之上的。所以,这样的理论就不是纯粹的认知的产物,就不是纯粹的认知把握。心理学的理论包含认知、情感和意向的方面,以及对心理的形成、改变和发展的影响力。

其七,体验是方法与技术的统一。体验本身是一种验证的活动,是验证的方法。体验带来的是对理论的验证,通过体验可以验证理论的性质和功能。同时,体验又是一种软技术。通过特定的体验方式,可以内在地改变人的心理活动的性质、内容、方式和结果。这就决定了体验实际上也是体证的活动,可以证明理论的性质和功能。体验也是心理活动的基本方式,可以构建、改变和生成人的心理生活。

总之,在心理学的研究和发展中,体证和体验都是值得重视和关注的研究方式和研究方法。在现代科学心理学的诞生和发展过程中,内省的方法有过从占支配性地位到因科学性而受到排斥的遭遇。可以说,科学心理学在相当长的发展时期里,一直对与内省有关的方式和方法持排斥和反对的态度。这就是从主观到客观,从心性到物性的转换。科学心理学家要么不齿于谈论和研究,要么害怕地回避和躲避。其实,内省有完全不同的文化根基、学术内涵、方式方法和结果结论。体证和体验就是独特的研究方式和研究方法。因此,正视和重视体证与体验的方法,挖掘和开发中国本土文化资源中的心理学传统,创造性、发展性地运用这样的研究方式和方法,从而去开辟中国心理学发展的创新道路,这就是研究和探讨体证与体验方法的最根本目的。

第三章　本土心理学的界定

本章导言　本土心理学的扩展

本土心理学有着特定的学术含义、学术框架和学术思路,也有着自己独特的存在方式和水平。本土心理学是与实证心理学相对应的,并与实证心理学有着重要的分野和关联。在中国本土的心理学中,可以划分出传统形态的心理学和科学形态的心理学。西方的实证心理学与中国的心性心理学可以进行学术的比较,中国心理学有着科学化和本土化两大主题。心理学中国化有着自己的演进历程和学术目标。

中国本土心理学的发展和演变应该立足、提取和运用本土的资源。这也就是在本土文化的基础上,在本土文化的传统中,在中国文化的背景下,在中国文化的资源内,来建构特定的心理学,创造本土的心理学。这是近些年来中国心理学努力的方向。在中国本土文化的基础上来建构中国本土的心理学,也是当前中国心理学研究者追求的目标。回到中国本土文化,挖掘中国本土文化中的心理学资源,已经成为许多中国心理学研究者的自觉行动。虽然不同研究者着眼的焦点不同,关注的内容不同,思考的方向不同,但是心性说或心性论应该就是中国本土心理学传统中根本或核心的部分。怎样理解本土心理学与实证心理学之间的关系,怎样看待两者之间的分野和关联,从而来比较实证心理学与心性心理学,考察心理学的科学化与本土化,把握中国心理学的演变与进程,已成为本土心理学探索的重要内容。本土心理学的扩展就在于对心理学学科的扩展、对心理学探索的扩展、对本土心理学自身的扩展,也就在于对中国心理学未来发展空间的扩展。这关系到对本土心理学的界定。

第一节　本土与实证的分野

本土的经验心理学是经典形态的心理学,是对心理生活的直观经验的理解,以及在此基础上的哲学理论阐述和精神修养方式。实证的科学心理学是现代形态的心理学,使用科学的研究方法和遵守科学的基本规则。本土的经验心理学与实证的科学心理学并未能彼此替代或取消对方,而是各有自己存在和发展的理由、不足和特征。它们的关系亦正在从相互的对立和排斥走向相互的借鉴和补充。

德国心理学家艾宾浩斯(Hermann Ebbinghaus,1850—1909)曾说过:心理学有一个很长的过去,但只有一个很短的历史。自从人类开始有了对自身的认识,就有了心理学的思想,这经历了漫长的历史发展。直到19世纪中后期,心理学才成为一门独立的实证科学,至今只有一百多年的学科发展史。如果按照科学心理学的标准来看,心理学在很长的过去存在的形态是非科学的或前科学的,那么科学心理学的诞生是不是这种非科学或前科学心理学的终结呢,或者说科学心理学是否不可避免地替代了这种非科学或前科学心理学的地位和功能呢? 按照许多科学心理学家的观点来看,答案应该为"是",但实际上答案应该为"否"。尽管科学心理学在短短一百多年的历史中取得了长足进步,但因其科学性质本身的某些限制,使之无法在科学研究中容纳人的主观意识经验,这无疑给非科学或前科学的心理学留下了余地,使其仍旧与科学心理学并驾齐驱,成为科学心理学必须面对的一类心理学解释。这在近十几年来兴起的本土心理学的研究中得到了反映。这表明存在两类心理学,即本土的经验心理学和实证的科学心理学。探讨这两类心理学的性质和关系,必然会增进对人的心理生活以及对科学心理学的理解。

一、本土的经验心理学

本土的经验心理学属于心理学"很长的过去",是经典形态的心理学,是对心理生活的直观经验的理解,是在此基础上的哲学理论阐述和精神修养方式。实际上,自从有了人类,有了人类的意识开始,人就有了对自身的心理行为的直观理解和解释。而且特别重要的是,普通人对自身的心理行为有什么样的理解和解释,便会有什么样的心理生活。哲学家、宗教学家和社会理论家则基于对人的心理经验的概括和总结,提出了对人的心理生活的理论化的理解和解释。这一切便构成了独特的心理文化,即使在科学心理学诞生之后也没有被替代和终结。

不同的人对自身的心理行为会有不同的理解和解释,同样,不同的种族、文化也会有对其心理生活的不同理解和解释,或者说存在不同的心理文化。正是在这个意义上,才把这一类心理学称为本土心理学。目前,在非西方甚至非美国的文化圈中出现了把西方或美国的科学心理学本土化的研究趋势。许多人混用本土心理学和本土化心理学的概念,实际上这两者之间存在重要区别。本土心理学是对人的心灵、心理生活的一种经验的解释,这有别于实证的解释,因此也可以称为经验心理学。有的时候,实证心理学(empirical psychology)被译成了经验心理学,实际上,经验心理学(experiencial psychology)是与之不同的概念。"empirical psychology"应译成实证心理学,而"experiential psychology"则应译成经验心理学。本土的经验心理学有时也被称为民俗心理学(folk psychology)、常识心理学(common-sense psychology)、素朴心理学(naive psychology)、哲学心理学(philosophical psychology)。这些名称的含义不尽相同,但它们从不同的角度描述了本土的经验心理学的不同方面。

对本土的经验心理学的关注还是近十几年来的事情。科学心理学在诞生后便与本土的经验心理学划清了界限,并反对和打击任何形式的经验心理学。尽管在现实生活中本土的经验心理学占据着重要的地位和发挥着重要的功能,但是它从科学心理学的视野中消失了。近年来,情况发生了改变。1981 年,英国学者希勒斯(Paul Heelas)和洛克(Andrew Lock)主编出版了一部重要的著作《本土心理学》。这开启并带动了对本土心理学的关注和探讨。①

---

① Heelas, P. & Lock, A. *Indigenous psychologies: The anthropology of the self*. New York: Academic Press, 1981: 3 - 17.

对于什么是本土心理学,希勒斯的定义是"它似是关于心理学论题的文化的观点、理论、猜想、分类、假设以及体现在社会习俗中的观念喻示。这些心理学陈述的是人的本性及其人与世界的关系。它们包含着对人的行动和感受方式以及人怎样能在生活中求取幸福和成功的劝告和禁戒。"①在定义本土心理学的时候,希勒斯还把本土心理学与专家心理学作了对照。在他看来,专家心理学的专家指的是喜好科学实验的学院心理学家,喜好抽象论证的哲学家和发展了深奥理解的宗教家。

把本土心理学仅仅看成是习俗的理解而不包含哲学思辨水平的理解,或者说把哲学心理学混同于实证的科学心理学,这是很难令人赞同的。本土心理学一方面应该指属于不同文化圈的文化心理学,另一方面则应该指前科学的心理学。这不仅是先于科学心理学而存在的心理学,也是指现存的不具有现代科学特征的心理学。这样的心理学应该包括哲学心理学。当然,希勒斯把哲学心理学与科学心理学归为一类也有一定道理。西方现代哲学与东方古典哲学有着重要的区别,前者立足科学,而后者则立足日常的直观经验。因此,西方现代哲学的心理学可称为心理学哲学,与科学心理学为一类;东方古典哲学的心理学则可称为哲学心理学,属于前科学的心理学。

本土的经验心理学可划分为常识心理学和哲学心理学两个不同的水平。常识心理学是日常生活中人的心理经验常识,哲学心理学涉及人类心理的哲学理论阐述和精神修养方式。

常识心理学是普通人对自身的心理生活及其与他人的关系、对他人的心理行为及其与自己的关系的主观素朴的理解和解释。普通人虽然不是科学意义上的心理学家,却是经验常识意义上的心理学家。德国心理学家苛勒(Wolfgang Köhler,1887—1967)把常识心理学称为"外行的想法",②乔恩逊(Robert B. Joynson)称之为"外行对心理的理解",③但这类心理学自发地、直接地、一己地与心理生活相通。常识的"心理学理论"使用的是像感

---

① Heelas, P. Introduction: Indigenous psychology. In P. Heelas & A. Lock (Eds.), *Indigenous psychologies: The anthropology of the self*. New York: Academic Press, 1981: 3–17.

② Kohler, W. *Gestalt psychology*. New York: Liveright, 1947.

③ Joynson, R. B. *Psychology and common sense*. London: Routledge & Kegan Paul, 1974.

受、愿望、意图、信念、希望、担忧、快乐等日常语言。斯梅斯隆（Jan Smedslund）便把常识心理学定义为与心理现象相关的、体现在日常语言中的概念网络。他指出："社会化为人包括掌握一种模糊的心理学，这是个体无法超越的。"①常识心理学与文化背景密切相关，生活在不同环境中的人会有不同的心理生活，并形成不同的常识理解。不同的文化、不同的环境有不同的常识的本土概念。这样，常人思考他们的心理生活的出发点就会有很大差异。

每个人都有理解自己和他人的能力。科学心理学家为了维护心理学的科学性质，要么忽略常识心理学的重要性，要么否认外行的理解值得认真对待，但是也有一些心理学家例外。格式塔心理学的代表人物、德国心理学家苛勒早在半个多世纪前就向心理学家提示外行理解的重要性："外行声称具有的那类经验在现代的科学心理学中几乎无容身之地。我觉得我必须站在外行的一边，在此，外行而不是我们的科学意识到了基本的真理。外行的理解很可能会成为未来的心理学、神经科学和哲学中的主要问题。"美国格式塔心理学家海德（Fritz Heider，1896—1988）也曾指出："科学心理学可以从常识心理学中学到很多东西。"②在当代心理学中，已有一部分心理学家开始尝试通过常识心理学来了解人的心理生活。

哲学心理学则是由哲学家建立起来的，是对经验常识的概括和总结，并提供了对人的心理和精神生活更深入、更系统、更符合逻辑的理解。这在传统的心灵哲学特别是东方的心灵哲学中得到了表达，但与现代的心理学哲学有区别。心灵哲学依据对人的心理的直观经验理解，心理学哲学则基于现代科学心理学的实证知识。

哲学心理学与常识心理学的不同之处在于，哲学的理解使用明确的概念来描述和解释人的心理生活，注重阐述概念的含义和建立概念体系，带有逻辑性和系统性。此外，哲学心理学不仅描述和解释心理生活，而且构成一种独特的精神文化。它超出了个体的生活范围，是更广泛的对社会心理生活的文化协调和约束。它通过独特的精神修养途径，引导出本土文化独特

---

① Smedslund, J. Bandura's theory of self-efficacy: Aspect of common-sense theorems. *Scandinavian Journal of Psychology*, 1978(19): 1 – 14.
② Heider, F. *The psychology of interpersonal relations*. London: Wiley, 1958: 5.

的心理生活样态或方式。中国的古典哲学便是这样一类注重内心世界的学问,它既不是宗教也不是科学,而是对怎样达于幸福生活的内心活动的理论理解和修养方式。

二、实证的科学心理学

实证的科学心理学只有很短的历史,是现代形态的心理学。从它成为独立的实证科学开始,就一直在向当时相对成熟的自然科学学科如物理学、化学和生理学看齐,力求使用科学的研究方法和遵循科学的基本规则。科学心理学家有两个最热切的愿望:一是把心理学建成一门纯粹或真正的实证科学;二是把心理学建成一门完整或统一的科学学科。这两个愿望在实现的过程中不可避免地导致如下两种结果。

其一,科学心理学家,特别是主流心理学家均力求维护心理学的科学性质。为了做到这一点,他们在心理学的研究中十分强调客观观察、统计概括和操作定义,把科学研究的方法,特别是实验的方法当成心理学探讨的决定性方面。在实际的研究中,心理现象被看成是与其他自然现象同样的存在。结果,一方面,有许多心理现象因其私有性和主观性,很难或无法以现有的科学方法加以研究,便被排斥在心理学的研究领域之外。最明显的例子就是,行为主义把人的内在心理意识从心理学的研究对象中逐了出去,造成心理学家在很长一段时间里对人的内在心理意识的漠视。另一方面,还有许多心理现象的社会特性和文化根源受到忽视,而其一般性的特点得到强调,特别是西方的科学心理学根源于西方的文化,它常常把对西方文化圈中许多心理现象的研究得出的结论,当作一般规律推广用来解释其他文化圈中的心理现象。

其二,科学心理学家,特别是主流心理学家均力求统一整个心理学。在科学心理学的发展中,学派林立,观点繁杂,至今仍缺乏统贯心理学的理论基础。为了统一心理学,科学心理学家试图建立一套科学理论的标准和求取共识的范式。在实际的研究中,由于许多心理学理论源于不同的文化,基于不同的理论建构,很难用统一的标准加以衡量,而被排斥在心理学的科学理论的范围之外。它们或者受到科学心理学家的轻视,或者受到他们的敌视。

实际上,正是由于心理现象的复杂性和研究复杂心理现象多种可能的途径,使实证的科学心理学本身对心理现象持有不同的认识,对不同心理学理论抱有不同的态度。当代的学术心理学存在两极的主张,即科学的主张和人文的主张。罗杰斯(Carl Ransom Rogers,1902—1987)将其称为"两种背驰的趋向"。[①] 金布尔(Gregory A. Kimble,1917—2006)则称其为当代心理学中的"两种文化"。[②] 近些年来,许多心理学家都注意到心理学中存在相对立的价值、相分离的定向和相冲突的文化。

行为主义心理学和认知心理学属于科学的主张,先后成为西方科学心理学的主流(可称为主流心理学或学院心理学)。当主流心理学在试图把自身建设成独立的科学学科的时候,接受了自然科学的观点,即宇宙中的所有过程包括心理过程都遵循着自然规律,而对自然规律的揭示只有立足客观的观察和实验。

行为主义心理学被认为是主流心理学中第一个统一了心理学研究大部分领域的科学范式。行为主义反对由冯特创始的意识心理学,反对意识心理学使用的内省主义的研究方法。在行为主义心理学家看来,意识经验无法成为心理学的研究对象,因为它不具有公开性和客观性。内省的方法仅仅是被试对自身心灵的内观,因此不是一种科学研究的方法。极端的行为主义观点否定了像意识、思想、感受、动机、计划、目的、想象、知识、自我等概念在心理科学中存在的合理性,使心理学在大约五十年的时间里抛开了对内在心理的探索。

大约在1955—1965年,主流心理学的研究范式发生了重大转折,认知心理学开始取代行为主义成为心理学的主流,这被称为心理学中的认知革命。认知心理学重返对人的内在心理的研究,不仅关注施加于有机体的刺激和有机体对刺激的反应,而且关注有机体的内在过程,认为对心灵的内观是十分必要的。认知心理学家赞同行为主义者这样的主张,即心理学的研究应具有公开性和客观性。因此,认知心理学家在其实验和理论工作中必然面临着这样的困难,即怎样处理客观性的实验与主观性的经验之间的关系。

----

① Rogers, C. R. Two divergent trends. In R. May (Ed.), *Existential psychology*. New York: Random House, 1969: 84 - 92.
② Kimble, C. A. Psychology's two cultures. *American Psychologist*, 1984(8): 833 - 839.

人作为心理学的研究对象是拥有意识的，人不仅能观察自身的感知、情感、思想等，而且能构造观念和理论去解释自身的心理行为。当行为主义心理学把人的意识经验从心理学中排除出去后，它就一直存在于经验心理学的领域，而认知心理学想要发展自己，就必然面临着来自经验心理学的挑战。瓦雷拉（Francisco Javier Varela，1946—2001）等人曾指出，认知科学是个两面神，具有前后两个面孔，分别朝向路的两端。一面朝向自然，把认知过程看作行为；另一面朝向人的世界，把认知看作是经验。实际上，当代的认知心理学遮住了朝向经验世界的面孔，而醉心于对人的心灵的客观化。①

精神分析、人本主义心理学和超个人心理学则属于心理学中人文主义的主张。该主张反对自然一元论和还原机械论，而强调人的精神、价值、自由和尊严，寻求建立探索人的存在、人的潜能、潜能实现等内容的心理学。正如罗洛·梅（Rollo May，1909—1994）在介绍存在心理学的时候所谈到的，存在的研究定向并不是要回到思辨的安乐椅中，而是努力按照一些预先的假定来理解人的行为和经验，这些假定是我们的科学和我们的关于人的想象的基础。它努力把人理解为经验着的和承受经验的。②

一方面，尽管沿循人文倾向的科学心理学家反对心理学中的科学主义弊端，但他们仍力图保持研究的科学性质。他们着重临床观察、个案史研究等科学方法，系统地研究和探索人的内在主观经验和心理生活。他们把经验着的人看作是心理学研究的客观对象，同时又把研究所得返还给经验着的人，使之成为一种科学的主观经验方式。因此，心理学中的人文主张仍被许多心理学家看成是科学心理学的一种形态，这恐怕也是其与本土的经验心理学相区别的一个重要方面。另一方面，科学心理学中的人文倾向也与本土的经验心理学有着相通之处，即并不贬低和排斥经验心理学，而总是不断吸取经验心理学中的各种思想。因此，尽管精神分析、人本主义心理学、超个人心理学等力图行走在科学心理学的轨道上，但许多科学心理学家仍把这些心理学派别排除在科学心理学之外，并对其采用的方法和得出的结论的科学性表示怀疑。

----

① Varela, F. J., Thompson, E., & Rosch, E. *The embodied mind: Cognitive science and human experience.* Cambridge, MA: The MIT Press, 1991.
② May, R. *Existential psychology.* New York: Random House, 1969：49-57.

实证的科学心理学总是把心理学家当成是人的心理经验的抽象了解者,把人的心理经验当成是客观的自然现象。它使用科学的方法收集资料,运用科学的语言构造理论,采用科学的技术改变行为。这就有可能使实证的科学心理学与人的实际或真实的心理生活之间存在距离。在极端的情况下,纯粹客观的方法无疑在肢解着人的心理生活的原貌,科学的语言则变得与日常语言格格不入,而科学的技术则把人看成没有或不应有自由与尊严的被动受控体。

行为主义心理学对心理学发展产生的影响导致科学心理学的三个缺陷:一是把一般的机制与特定的内容割裂开来,把人怎样觉知、怎样思考和怎样行动与人觉知什么、思考什么和做什么分离了。二是贬低背景在规定对象中的作用,特别是社会和文化的背景,心理行为按同样的解剖方式分解成了一些碎片。三是放弃了对心理现象的描述,走向通过科学方法积累资料,并直接解释资料。显然,这样的科学心理学不可能终结有过一个长期过去的前科学的心理学,而给常识心理学、思辨心理学留下了很大的回旋余地。被科学心理学替代和排除掉的此类心理学仍然是人的心理生活中不可分割的构成部分,并正在引起科学心理学家的关注。

三、两类心理学的特征比较

经验和科学均为人类理解和控制自身与世界的重要方式。经验是自然的、主观的,基于日常生活实践。科学则是实证的、客观的,是基于科学的特别是实验的方法。本土的经验心理学与实证的科学心理学是人理解和控制自己的心理生活的不同方式。它们分别具有不同的特点,这些特点亦形成鲜明的对照。

其一,经验心理学属于内求的学说,而科学心理学属于外求的科学。前者具有如下一些特点,即存在的、主观的、个人的和价值定向的;而后者的特点则为分析的、客观的、非个人的和非价值定向的。经验心理学把人看作是体验和行动着的主体。它对心理生活的理解和解释均可以化为内在的修养和心理生活定向。它不是把人放在实验室中,而是把实验室放在人的内心。科学心理学则把人看作是被观察和探究的客体,可以把人放在实验室中去进行研究,以收集客观资料,并对资料进行没有价值定向的解释。内求的学说与外求的科学的划分，使后来有一些心理学家常用此来说明本土的经验心理学与实证的科学心理学的重要区分。

其二，经验心理学属于实践理性，科学心理学则属于理论理性。经验心理学与科学心理学都是对心理现象或心理生活的理性把握。经验心理学是对心理经验的总结，得出的是具体的普遍性。它的普遍原则和真实性只有依据个人的直觉体悟才能被掌握。因此，它更突出地不是作为心理生活的知识，而是作为心理生活的智慧，不是作为对心理生活的理论解释，而是作为心理生活的实在方式。科学心理学则是基于对人的心理行为的实证研究，得出的是抽象的普遍性。它的普遍原则和真实性只有依据明晰的概念和理性的逻辑分析才能被掌握。因此，它提供的是关于心理现象的科学知识和对心理生活的纯粹理论解释。它对心理生活的干预是通过相应于理论知识的技术手段。

其三，经验心理学着重心理活动的内容，科学心理学则着重心理活动的机制。经验心理学主要描述心理行为的表现形态，阐明其在现实生活中的功能和意义。这使之对心理的解释很少涉及心理的内在机制，而更多地涉及内容联系。因此，经验心理学家很少深入到心理现象的背后，而更多地超越心理现象本身，去探寻与之相联系的能够生成意义的方面。这是整体主义的观点。科学心理学则主要研究心理现象背后或深层的机制，试图摆脱心理现象的特定内容的限制，从而把人们怎样思考、感受和行动与人们思考什么、感受什么和做什么分离开来。科学心理学家很少超越现象，而更多深入到现象背后去寻求对机制的明确揭示。这是还原主义的观点。

其四，经验心理学以解决生活中的问题为中心，而科学心理学则以对心理现象进行研究的科学方法为中心。按照经验心理学的方法论，心理学理解和解释的合理性在于它能否解决心理生活中的问题。因此，所有形形色色的心理现象，无论其多么复杂多变，都可以探索。所有的方法和技术都是附属于理论的，并可按理论的要求来探求和改变人的心理生活。没有合理的理论，就不可能有合理的方法和手段。按照科学心理学的方法论，心理学理解和解释的合理性在于它是否为科学的研究方法所证实。因此，只有确定了科学的研究方法，才能建立合理的理论。没有科学的方法，就没有科学的理论。科学的方法被认定是客观的方法,这无疑使许多尚难用科学方法加以探索的主观心理经验被排斥在心理学的研究范围之外。

其五,经验心理学的立场是人本化的、价值定向的,科学心理学的立场则是非人本化的、非价值定向的。经验心理学主要关心人自身的现实存在和心理幸福,主要涉及人的活生生的心理体验以及人在现实世界中的生存和发展。经验心理学家总是把常识与价值统一在一起,他们关心的真理不是事实真理而是价值真理。因此,其理论不仅是对事实的解释,而且是对生活样式的价值评判。科学心理学则在把心理现象客观化的时候,对人的心理生活进行了非人本化的处理,人的主观体验变成冷冰冰的数据资料。科学心理学家总是把知识与价值分离开,强调事实真理和非价值定向的探索。因此,它总是试图提供关于心理生活的客观知识体系而不是主观的价值评判。

尽管科学心理学家承认科学心理学有其深远的历史渊源,但自从心理学成为独立的实证科学开始,心理学长期的过去和短期的历史便划开了一道深沟,或者说经验心理学与实证心理学便形成相互的对立和排斥。一方面,科学心理学家为了保持心理学的科学性质而反对和排斥任何形式的经验心理学。他们要么把常识心理学说成是江湖心理学,等同于江湖术士的骗术,要么把哲学心理学说成是安乐椅中毫无用处的冥想,等同于一堆作为思辨产物的思想垃圾。实证心理学认为,在人类利用科学技术改造周围世界取得了巨大进步的今天,人类对自身的了解和改变却很少有什么进步。主要原因就可以归结为经验心理学的弊端,并称其为心灵主义的解释,即总是按人的观念、欲求、本能、情感、意识、人格来解释人的行为,并假定了内在自主的人具有自由和尊严,这限制了科学心理学的发展和进步。另一方面,经验心理学则沉醉于对人的主观经验世界的理解和解释,十分反感科学心理学把人的心理现象非人本化和客观化的研究定向,认为科学心理学把人的完整心理生活变成一堆数据、割裂成一些碎片的研究对于理解人是毫无价值的。因此,经验心理学一直远离科学的探索,使科学心理学与现实心理生活之间的距离难以弥合。

时至今日,经验心理学与实证心理学正在从相互的对立和冲突走向相互的借鉴和补充。科学心理学已意识到,包容活生生的主观心理经验对于发展科学心理学、克服其强调客观性带来的局限具有重大意义。一些科学心理学家开始去探索常识心理学的性质、根源、功能,开始去了解哲学心理学提供的心理生活解释和精神修养方式,特别是亚洲乃至中国的哲学心理学。同样,经验心理学也在自发地吸收科学心理学的研究成果和技术手段,这不但扩充和改造了常识心理学,而且通过与哲学心理学的衔接,塑造和变更着心理文化,从而提高了社会心理生活的质量。

第二节　本土与实证的关联

科学心理学与本土心理学的分界,早期是前者要排斥、埋葬和替代后者,现在是前者要重新认识、借鉴和吸收后者。[①] 本土心理学也是一种系统的心理学探索,但在了解、解释和干预心理生活方面独辟蹊径。主流的认知心理学可借助本土心理学切入人的主观意识经验,非主流的人本主义心理学可借助本土心理学达于个体心灵的超越。本土心理学的理论价值在于,常识心理学对意向性的关注可成为认知心理学的理论借鉴,哲学心理学对圆满的心灵和超越的心灵的探索可成为科学心理学的有益启示。

一、心理学的多元存在

19 世纪中后期,在西方或欧洲文化的背景中,科学心理学从哲学的怀抱中脱离出来,成为一门独立的实证科学。早在那时候起,实证的科学形态心理学就与本土的传统形态心理学划清了界限。为什么今天重又提出两者的分野问题呢？最根本的原因在于,早期的分界是科学心理学对传统心理学的排斥、埋葬和替代,而现在的分界则是科学心理学对传统心理学的重新认识、借鉴和吸收。科学心理学在诞生和早期的发展中力求自己与其前科学形态的心理学区别开来,把自己建设成为一门与其他较成熟的自然科学相同的科学门类。在此之前的传统形态心理学则被当成再没有什么生命力的

---

① 葛鲁嘉.本土的经验心理学与实证的科学心理学的分野[J].吉林大学社会科学学报,1993(5): 64-70.

东西弃掉了,就好比是心理学新生之后蜕下的壳。然而,随着科学心理学一百多年里长足的发展,它自身也显露出许多自我局限导致的不足。传统心理学则没有因为科学心理学的产生而消失,它依然存在,并在特定的心理生活中发挥着特定的作用。当科学心理学回过头来,就会看到有许多弥补自身不足的可能性反而就在于重新审视传统心理学。

心理学的任务是完整地揭示人类的心理生活,但科学心理学仅仅涉及一部分而不是全部的人类心理生活。在科学心理学视野之外的那部分人类心理生活,则在本土心理学中得到了某种程度的了解、解释和干预。这可从三个方面来看。首先,科学心理学分割了人的心理活动的特定内容和一般机制,也就是分割了人觉知什么、思考什么和做什么与人怎样觉知、怎样思考和怎样行动。科学心理学忽视了心理活动的特定内容,而着重探索心理活动中的一般机制。本土心理学则缺乏科学的方法和手段,难以揭示心理活动的机制,只是着重心理活动的特定内容。其次,科学心理学分割了心理现象与心理现象的社会根源和文化背景。这与前一点密切相关。科学心理学强调揭示心理现象的内在机制,将其看作是普遍适用的。因此,科学心理学贬低了背景在规定心理现象中的作用,忽视了心理现象的社会根源和文化背景,认为科学本身是跨越文化界限的。本土心理学涉及的是心理现象的内容,将其看作是特定社会和文化的产物,因而深入到特定的背景之中。最后,科学心理学分割了较简单的、较低级的心理现象和较复杂的、较高级的心理现象,倾向于使用科学的方法去考察前者,而把得出的规律推广用来解释后者,实际上无异于放弃了后者。本土心理学则以其独特的方式切入和说明了较复杂、较高级的心理现象。

这就是为什么要重提本土心理学与科学心理学的分野。之所以有必要重新考察两者之间的分野,还有一个科学心理学当代发展中出现的重要契机。20世纪初期,行为主义心理学崛起,这是第一个统一了心理学大部分领域的研究范式,但行为主义为此付出的代价则是把人的内在意识经验从心理学的研究对象中清除了出去。极端的经典行为主义后来发展出了两个不同的取向:一是斯金纳的操作行为主义;二是引入了认知、需求等中介变量的新行为主义学说。但占主导地位的仍是前者,即对人的内在心理存而不论。这使心理学在大约50年的时间里抛开了对人的内在心理的考察。但是,被主流心理学弃掉的大部分重要的心理现象，依然在本土心理学中得到了探索。到了 20 世纪中期，认知心理学兴起，开始取代行为主义心理学，成为统一心理学大部分领域的新的研究范式。认知心理学在重返对人的内在心理的研究之时，面临的是将近 50 年的离弃造成的知识荒漠，迎接的反而是本土心理学对人的主观意识的丰富理解和解释。尽管认知心理学使用特定的科学方法探索人的内在心理，但要更全面深入地揭示人的内在心理，以本土心理学作为理论启示也许就是有益的。这成为一个十分重要的契机，使科学心理学家开始关注本土的传统形态心理学，以促进科学心理学可能的新发展。

二、心理学的本土传统

科学心理学显而易见是一种系统的心理学探索，那么本土心理学是不是一种系统的心理学探索呢？如果是的话，本土心理学与科学心理学的根本区别在哪里？科学心理学诞生之后，就被当成是唯一系统的心理学探索。在许多科学心理学家看来，来自文化历史而不是来自科学实证的那些心理学的解释，至多不过是一些零散的心理学思想，是科学心理学的幼稚前身和历史遗迹。因此，不属于科学心理学就不属于系统的心理学探索。其实，这完全是一种误解。在科学心理学自己限定的范围之外，仍然存在系统的心理学探索，这种探索具有鲜明的整体特点和典型的文化色彩。科学的心理学是试图建立普遍适用的客观知识体系，因而是跨文化的或超本土的；本土心理学则是源出于特定的文化历史，因而是在特定文化圈的心理生活中占据着重要位置和发挥着重要功能。

在中国文化的土壤里没有生长出实证的科学心理学，但这绝不等于说中国本土就没有心理学。实际上，中国本土的传统形态心理学是非常有价值和成系统的心理学探索。遗憾的是，在此之前的中国古代心理学史的研究却没有反映出这一点。通行的观点主要如下：一是按科学心理学来衡量，在中国文化历史的长河里就没有心理学，而只有散见的和零星的心理学思想；二是认为心理学史是科学史，有关心理的具有明显科学性的思想才应该算是心理学思想。[①] 结果，在研究中仅在于按科学心理学切割和筛淘我国古

---

① 高觉敷.中国心理学史[M].北京：人民教育出版社，1985：1－2.

代思想家的思想,仅在于为从西方引入的科学心理学提供某些经典的例证和历史的说明。如果放弃这种参考的构架,就会看到,像儒家心理学、道家心理学和佛家心理学等中国本土的传统形态的心理学,完全可以看成是了解、解释和干预人的心理生活的自成系统的心理学探索。其实,就连某些西方心理学家也承认,在非西方的文化中也发展出不同于西方科学心理学的对人类心理生活的系统解释。①

那么,是不是"系统的"心理学探索,就在于是不是同时具备三点,即了解心理生活的途径,解释心理生活的理论和干预心理生活的手段。也正是在了解、解释和干预这三个方面,本土心理学与科学心理学存在根本的区别。本土心理学对心理生活的了解和认识是通过经验直观,对心理生活的理解和解释是通过使用日常语言的理论建构,对心理生活的影响和干预是通过直觉体悟的精神修养方式。科学心理学对心理现象的了解和认识是通过使用科学方法特别是实验方法的经验实证,对心理现象的理解和解释是通过使用科学语言的理论建构,对心理现象的干预和改变是通过使用特定的技术手段。本土心理学和科学心理学分别具有自己的不同特征,这些特征也形成了鲜明的对照。

本土心理学有自己独具的长处,但也有难以克服的短处。长处在于直入人的内心,着眼于人的直观体验,构筑了理想的精神境界,并给出了达于这一境界的修养方式。短处则在于诸多的价值歧义,模糊的内心感悟,神秘的迷信色彩。这使传统形态的心理学混杂着哲学的明辨、人生的智慧、神鬼的迷信和江湖的巫术。同样,科学心理学也有其独具的长处和难以避免的短处。长处在于方法的严密、理论的明晰和技术的精确,强调客观观察、统计概括和操作定义,提供了有关心理现象的客观知识,消除了歧义、模糊和迷信的东西。短处则在于与人的真实内心生活的隔膜。在极端的情况下,科学实验的方法很易于肢解人的心理生活的原貌,科学语言变得与日常语言格格不入,科学技术则把人当成被动的受控体。

----

① Pedersen, P. Non-Western psychology: The search for alternatives. In A. J. Marsella, R. G. Tharp, & T. J. Ciborowski (Eds.), *Perspectives on cross-cultural psychology*. New York: Academic Press, 1979: 64 – 100.

三、心理学的现实需求

无可否认，科学心理学在短短一个多世纪的学科历史中取得了长足的进步。那么，时至今日，科学心理学有必要回过头去重新审视本土心理学，是为了从本土的心理学中获取什么呢？这可以通过考察科学心理学的发展来确定。

在科学心理学诞生之前，对人的心理行为的解释存在两种不同水平：一是前科学的心理学解释，像普通人依据经验常识的理解；二是科学的生理学的解释，像科学家依据神经生理的理解。美国哲学家塞尔（John Rogers Searle，1932—　　）曾指出，在前一水平（他称为祖母心理学或意向性心理学）和后一水平（他称为神经生理学）之间，就好像存在一道间隔或空隙。科学心理学则自命是在努力弥补这个间隔或空隙。① 其实，科学心理学成为独立的实证科学之后，就从来没有统一过，其中包含各种不同的尝试。当代西方的科学心理学也存在两极不同的研究定向，即科学主义的定向和人文主义的定向。科学主义的定向是主流，主流心理学接受的是自然科学的观念，把心理现象类同于其他的自然现象，其早期的理论主张带有明显的还原论倾向，因此与神经生理学的解释水平有着千丝万缕的联系。人文主义的定向是非主流，非主流心理学反对自然一元论和机械还原论，把心理现象看成是人主观经验着的整体，强调人的存在、人的价值、人的精神和人的潜能实现。这是按照特定的人文价值去构筑人的心理生活，因此与前科学心理学的解释水平有着千丝万缕的联系。

从西方主流心理学的发展来看，20 世纪初期兴起的行为主义心理学是主流心理学的第一次革命。行为主义心理学致力于对人类行为的客观揭示，尽管成绩斐然，但也付出沉重的代价，即把人的内在心理意识排除在心理学的研究对象之外。因此，后来的许多研究者均认为，行为主义心理学不是科学心理学十分成功的尝试。20 世纪中期兴起的认知心理学则是主流心理学的第二次革命。认知心理学重返对人的内在心理的探索，关注人的认知活动的心理机制。这较好地克服了原有把心理活动的机制归结为生理或

---

① Searle, J. Minds and brains without programs. In C. Blakemore & S. Greenfield (Eds.), *Mindwavea*. Oxford: Basil Blackwell, 1987: 209 – 233.

神经机制的还原论倾向。但是，认知心理学在深入揭示人的内在心理的进程中，还是把认知看成客观的自然过程，而不是看成主观的经验世界。认知心理学的探索在由前者向后者逼近，只是仍存在难以逾越的障碍。这可以从认知心理学的理论进展来看。20 世纪 70 年代占主导性理论地位的是认知主义(cognitivism)，或称为符号的研究定向；20 世纪 80 年代再兴的是联结主义(connectionism)，或称为网络的研究定向。① 这可以从中看到一个清晰的思想脉络。认知主义的符号定向是以计算机的符号加工系统作为理论启示，或者说是通过计算机的物理操作来类比人的认知活动，把作为媒介的符号及符号的运算看成是认知加工。联结主义的网络定向则是以神经的网络加工系统作为理论启示，或者说是通过脑的生物活动来类比人的认知活动，把作为基础的单元及单元的联结看成是认知加工。这显然更加贴近人的真实认知过程。但是，认知主义和联结主义揭示的均是计算的心灵(computational mind)，而与体验的心灵(experiential mind)尚有相当的距离。有研究者就曾指出，认知心理学目前的研究，在心身关系问题之外又引出一个心心关系问题，即计算的心灵与现象的心灵(或经验意识)之间的关系问题，而这是人的完整认知的两个方面。② 因此，认知心理学乃至认知科学下一步的发展，就可以把本土的传统形态心理学作为理论启示，使揭示的人的认知活动能够吻合人的意识经验。当然，这还仅仅是一个有待开创的研究设想，但可以肯定十分有价值。

非主流的人本主义定向对主流的科学主义定向持批判的态度。非主流心理学反对把人的心理现象等同于其他的自然现象，坚持人的心理或精神活动具有独特的性质、功能和价值。非主流心理学也反对把人的心理现象分解为一些碎片，坚持人的心理或精神活动是经验着的整体，具有不可分割的完整性。非主流心理学并不反科学，并把自己的探索也看成是科学的事业。非主流心理学要扩展主流心理学的科学边界，选取更适当的科学方法去系统地研究人的主观经验和心理生活。正因为如此，非主流心理学才受到主流心理学对其科学性的非议和批评。应该承认，属非主流的心理学流

---

① 葛鲁嘉. 联结主义：认知过程的新解释与认知科学的新发展[J]. 心理科学，1994(4)：237－241.
② Jackendoff, R. *Consciousness and the computational mind*. Cambridge, MA: The MIT Press, 1987：1－3.

派,像人本主义心理学,均是按西方的社会人文价值去探索和构筑人的心理生活。西方的社会人文价值的核心可以说是个人主义。个人是最终的实在,个人的心理经验是独特和完整的。但是,马斯洛(Abraham Harold Maslow,1908—1970)等人本主义心理学家在考察个人的心理成长中发现,当个人进入自我实现的境界时,他就不是把自己与其所处的世界分开,而是在心理上与之融为一体。这就是为什么马斯洛在创立超越行为主义和传统精神分析的人本主义心理学这一第三思潮之后,又积极地倡导和发起了第四思潮,即超个人心理学。超个人心理学关注的是人类的最高潜能,是认识、理解和实现统一的、神圣的和超越的意识状态。[①] 首先,超个人心理学着重对超个人过程、状态和价值的科学研究。其次,超个人心理学相通于大众文化中对心灵成长的追求,不仅吸纳常识中的理解,而且提供满足的途径。最后,超个人心理学求助起源于不同文化的哲学和宗教的心理学体系,特别是东方的思想。非主流心理学已经通过超个人心理学把一只脚跨入本土的传统形态心理学,跨入东方的或中国的心理学传统之中。

四、心理学的互动价值

最后的问题则在于,本土的传统形态心理学可以为实证的科学形态心理学的发展提供什么,也就是其具有什么样的理论功能和研究价值。其实,本土心理学也是一种系统的心理学求索,为科学心理学所放弃、忽略和不齿的人类心理生活的许多方面,都在本土心理学中得到不同程度的探讨。本土心理学并不是一种超本土的努力,而是根源于特定的文化历史,是对本文化圈的心理生活的独有的理解和构筑。但也不能否认,其中可以蕴含着超越本土界限的、具有普遍意义的启示。从本土心理学中能够区分出常识心理学、哲学心理学等多种不同的水平。简单说来,常识心理学是普通人手中的心理学,可以使常人能够理解自己和他人的心理生活,并有可能达成交互的心理沟通和行为影响。哲学心理学则是哲学家、宗教家和社会理论家手中的心理学,并有可能更深入系统地理解人的内心和精神活动,并更广泛全

---

① Lajoie, D. H. & Shapire, D. S. Definitions of transpersonal psychology. *The Journal of Transpersonal Psychology*, 1992(1): 79-98.

面地构筑、规范和协调大规模的社会心理生活。

可以分别就常识心理学和哲学心理学来看本土心理学的理论启示的功能。常识心理学是普通人在日常生活中,对自己和他人的心理活动作出的意向性推论以及与心理内容有关的因果解释。常识心理学使用了大量说明心理生活的日常用语,像信念、欲望、感受、喜欢、害怕、意图、打算、思考、想象等。行为主义心理学排除了人的意识经验,也就把常识心理学扔进了垃圾箱。认知心理学替代行为主义心理学之后,使科学心理学重又回到探讨人的内在心理。因此,认知心理学必须面对常识心理学的解释。目前,常识心理学和认知心理学的关系问题,成为许多哲学家和心理学家关注的焦点。认知心理学兴起之后,采纳了信息加工的观点,把人的心理意识看作是内在表征,即由表征着外在事物的符号和符号运演的规则构成的信息加工系统。德国哲学家、心理学家布伦塔诺(Franz Brentano, 1838—1917)早就谈到过,心理现象与物理现象的根本区别在于其意向性。常识心理学恰好因其对人的心理活动的意向性推论而被称为意向性心理学(intentionalistic psychology)。因此,许多研究者认为,常识心理学可以有益于认知心理学的理论建构。一种观点主张,常识的理解突出了心理学解释的自主性,可以避免把认知活动还原到认知的装置和硬件上去。另一种观点认为,尽管常识的观念并没有告诉人们心灵是怎样运作的,但如果要考察心灵的运作,常识的观念则提供了怎样去看待心灵。还有一种观点较为彻底,持有这一观点的被称为意向实在论者(intentional realists)。他们提出,常识心理学的框架从根本上来说是正确的。认知加工不仅是符号的句法的关联,同时也是语义的关联,常识心理学便通过意向性推论给出对此的模糊解释。因此,常识心理学不仅启迪了认知科学,而且终将被吸收和归并于认知科学。正如福多(Jerry Alan Fodor, 1935—   )所说:"我们没有理由怀疑,科学心理学有可能证实常识的信念或愿望的解释。"有持相反观点的人,他们被称为意向消除论者(intentional eliminativists)。他们认为,常识的观念是错误的,因而不可能在认知科学中占有一席之地。但即便如此,对常识心理学是否就一无是处,意向消除论者亦认为现在下结论为时尚早。

哲学心理学是哲学家、宗教家和社会理论家对日常心理生活经验的总

结和概括,其对人的内心或精神活动的揭示要比常识心理学更明晰、深入和
透彻。有一些研究者认为,相对于常识心理学而言,哲学心理学反而没有什
么价值。常识心理学与普通人的心理生活融为一体,哲学心理学则仅只是
安乐椅中关于心灵的玄想。有必要在此区分西方的哲学心理学与中国的哲
学心理学。在西方文化中,理智的观念形态的探索与情感的实践体验的处
理分属于哲学和宗教。前者由于既缺少科学的验证,又缺少践行的充实,故
很易于堕为玄想。但在中国文化中,哲学心理学则融化和贯穿了理智的观
念形态的探索与修行的体悟印证的功夫。因此,中国古代哲人对心理或精
神生活的阐述,就不仅仅是思想观念体系,同时也是心理或精神生活的践行
方式。中国传统哲学提供的对人的内心生活的探索是极为有价值的,至少
可以体现在两个方面。

其一,认知心理学只是把心灵当成是一种假定的存在,而心灵的过程和
状态则是经验上可以分解的,能够为现有的科学方法所确定。这很容易把
较低级的缺失性认知从完整的认知活动乃至从圆满的心灵中分离出来。中
国的儒家心理学、道家心理学和佛家心理学则都是把心灵的圆满当成是一
种精神的境界,这不仅在认识理解上可达,在体认印证上也可及。科学心理
学的探索把经验实证范围之外的都看成是超验的思辨,而中国本土的哲学
心理学则通过独特的精神修养,把西方文化中或西方实证心理学中分割开
的经验的存在和超验的存在变成了活生生的整体。

其二,人本主义心理学只是把个体当成是一种假定的实在。个体心理
经验的独立性和完整性在于与外界和与他人的分离或分隔。这很容易把个
体的分离性存在与超越个体的整体性存在分隔开来。中国本土的心理学传
统则是把道的整体性存在看成是根本性的或基础性的。因此,人类个体与
个体之间,个体心理与个体心理之间,个体与社会之间,个体心理与社会心
理之间,就不是相互分离或分隔的,而是统一的、共生的。中国的儒家心理
学强调个人的心理意识对义理之道的开放和容纳,道家心理学强调个人的
心理意识对自然之道的开放和容纳,而佛家心理学则强调个人的心理意识
对菩提之道的开放和容纳。这才有个体人生的永恒和完美。

瓦雷拉等人在探讨认知科学与人类经验的关系时,就东方的思想说过
这样一段发人深省的话:“我们的论点是,对亚洲哲学特别是佛学传统的重

新发现,是西方文化历史中的第二次文艺复兴,其潜在地与欧洲文艺复兴时对希腊思想的重新发现具有同等的重要性。"[1]

第三节　实证与心性的比较

对于西方的心理学传统和中国的心理学传统,有许多研究都是按照一个尺度和标准进行的。但是,由于文化的基础、历史的传统、思想的设定、理论的构想等差异,西方的心理学传统与中国的心理学传统有着十分重要的不同。这特别体现在西方的实证心理学与中国的心性心理学在核心理念上的区别和不同。因此,有必要对这两者进行比较。

一、实证与心性的理念

西方实证心理学和中国心性心理学在各自不同的发展和演变过程中,创造和运用了大量的心理学概念,这些概念汇总成为一些重要的心理学概念范畴。这些重要的心理学概念范畴包括实证与体证、实验与体验、心理与心性、人格与人品、生理与生活、性格与品格、感觉与感受、感知与感悟、知觉与知道、思维与思考、情绪与情理、情感与情义、思想与思念、本能与情欲、心境与心情、动机与欲望、意志与意念。对西方心理学和中国心理学的概念范畴进行比较研究,会促进科学心理学的发展和中国心理学的创新。

追踪心理学的源流、演变和发展,可以根据不同的线索。[2] 其中,非常重要的就是文化的线索。西方的科学心理学可以称为实证心理学,这是起源和发展于西方本土文化的心理学传统。中国的传统心理学可以称为心性心理学,这是起源和发展于中国本土的心理文化传统。其实,在西方的科学心理学或西方的实证心理学中创建和运用了大量的心理学术语和概念,这些术语和概念有其特定的含义和使用的范围。同样,在中国的本土心理学或

---

[1] Varela, F. J. , Thompson, E. , & Rosch, E. *The embodied mind: Cognitive science and human experience.* Cambridge, MA: The MIT Press, 1991: 22.

[2] 葛鲁嘉. 追踪现代科学心理学发展的十个线索[J]. 心理科学,2004(1): 159 - 160.

中国的心性心理学中也创建和运用了大量的心理学术语和概念,这些术语和概念的含义与西方的科学心理学有着根本的、明显的不同。① 关于西方心理学的研究,特别是关于西方心理学史的研究,已经有了较长时间的积累。关于中国心理学思想史的研究,也有了很好的基础。② 研究者也已经意识到,对西方的心理学传统与中国的心理学传统进行比较是非常重要的研究工作。③ 其中,比较西方实证心理学与中国心性心理学的概念范畴,对科学心理学的发展和我国心理学的创新会有十分重要的意义和价值。

筛选心理学探索和研究中的重要概念,包括西方科学心理学和中国本土心理学中的重要概念,并不是一件很容易的事情,但是可以采纳五个基本原则,通过这五个原则筛选出来的心理学概念,应该能够反映出心理学探索和研究基本的核心内容:一是代表性原则,即筛选出来的这些概念或概念范畴是心理学研究或探索中具有代表性的概念。这些概念或概念范畴代表了西方科学心理学和中国传统心理学的基本立场、基本主张、基本思想、基本理论、基本内容、基本观点、基本方法、基本技术,等等。二是典型性原则,即筛选出来的这些概念或概念范畴是心理学研究或探索中能够揭示和说明研究对象的,以及能够代表和体现研究方式的。任何的心理学探索都可以体现在针对研究对象和研究方式这两个基本方面。关于研究对象和研究方式的理解,分别决定了其在心理学研究领域中能够确立的性质、内涵、构成、特征等。三是核心性原则,即筛选出来的这些概念或概念范畴在心理学的研究或探索中起着核心的作用。这就是所谓的核心概念。心理学中的核心概念实际支撑着整个的理论构想、理论探索、研究方式、研究方法、应用技术、干预手段等。其实,心理学的理论、方法和技术正是围绕着这些核心的概念或概念范畴构建起来的。四是功能性原则,即筛选出来的这些概念或概念范畴起到和发挥的作用,这包括在学术研究和现实生活中。在学术研究中,这些概念和概念范畴支配了研究者的探索方向、思想取向、考察内容、理论构想、理论假设、理论构造,等等。在现实生活中,这些概念和概念范畴支配

① 杨鑫辉.心理学通史(第一卷)[M].济南:山东教育出版社,2000:33－39.
② 燕国材.中国心理学史[M].杭州:浙江教育出版社,1998:2.
③ 葛鲁嘉.心理文化论要——中西心理学传统跨文化解析[M].大连:辽宁师范大学出版社,1995:47－48.

了普通人的日常思考、日常想象、日常解说、日常看法,等等。五是对应性原则,即筛选出来的这些概念或概念范畴是分别从属于西方的科学心理学和中国的本土心理学,这些概念具有明显的相互对应的特性,或者说是关于相同内容领域的不同描述和不同概括,是关于相同研究范围的不同偏重和不同探索。正是可以从这些相互对应的概念和概念范畴中得出不同的结论、获取不同的启示、形成不同的延伸。

西方的科学心理学是在西方文化传统中诞生和发展起来的,其在早期一直是隐身在西方哲学中。到了近代,心理学才从哲学中分离出来成为独立的科学门类。西方的科学心理学创造了大量的心理学术语或概念来描述和说明人的心理行为。中国本土文化中并没有产生出西方意义上的科学心理学,但是其中也蕴含着一种独特的心理学,一种系统的心理学探索。中国本土的心理学传统有自己的一套理论阐释、探索方法和技术手段。当然,西方的科学心理学与中国的本土心理学有不同的研究内容和研究方式。

西方的科学心理学继承了实证心理学的传统,提供了一整套理论、方法和技术,特别是提供了一系列的心理学的概念和概念范畴。例如,实证、实验、心理、人格、生理、性格、感觉、感知、知觉、思维、情绪、情感、思想、本能、心境、动机、意志,等等。这些概念和概念范畴都有其明确的含义或定义。中国本土的心理学传统也可称为心性心理学的传统,其在长期的历史演变和发展中形成了自己独特的一整套理论、方法和技术,同样也提供了一系列的心理学概念和概念范畴,[①]例如体证、体验、心性、人品、生活、品格、感受、感悟、知道、思考、情理、情义、思念、情欲、心情、欲望、意念,等等。

二、核心概念相互对应

西方科学心理学与中国本土心理学涉及的重要心理学概念和概念范畴都可以匹配成对。但是,因为文化基础的差异,文化传统的区别,文化资源的分离,西方的心理学传统与中国的心理学传统有着重大的差异或不同。许多核心的概念范畴的含义有着重要的区别,并形成了鲜明的对应。

其一,实证与体证相对应。实证与体征都是证实的方式或证实对象的

---

① 高觉敷.中国心理学史[M].北京:人民教育出版社,1985:421-425.

方式。实证的方法是建立在研究客体与研究主体相分离的基础之上的。研究者对研究对象的考察是通过感官的感知印证。体证的方法则是建立在研究客体与研究主体相统一的基础之上的。研究者对研究对象的把握是通过意识的自觉,是通过心灵的体验,是通过身体的践行。①

其二,实验与体验相对应。实验与体验都是考察的方法或考察对象的方法。实验的方法立足感官观察的研究,是通过对研究对象的定量把握来获得关于研究对象的认识。体验的方法则立足心灵自觉的研究,是通过对研究对象的定性把握来获得关于对象的理解。实验的方法取决于研究者与研究对象的分离化,研究者不能把自己的意向投射给研究对象。体验的方法则取决于研究者与研究对象的一体化,两者通过心灵的自觉活动而统合为一体。

其三,心理与心性相对应。心理与心性都是心理学的研究对象或考察对象。心理也可以称为心理现象,是研究者的感官把握到的。心性也可以称为心理生活,是生活者的心灵自觉到的。心理现象与心理生活尽管都是对人的心理的概括,但在性质、内涵、构成、演变等方面都有所不同。心理现象是研究者感知到的,而心理生活则是生活者体验到的。

其四,人格与人品相对应。人格与人品都是关于人的心理整体特性的描述与说明。但是,人格更多的是关于个体心理特性的描述与说明,或者说是关于个体差异的心理学研究,是横向比较的结果。人品则更多是关于个体融入集体的心理品行的描述与说明,或者说是关于精神境界的心理学研究,是纵向比较的结果。人格有不同,人品有高下。这就是人格与人品的最根本的不同或区别。

其五,生理与生活相对应。生理与生活都是关于人的心理基础或者心理根源的描述与说明。生理是人的心理行为的自然基础,而生活则是人的心理行为的社会基础。人是自然生物的存在,也是社会关系的存在。所谓心理生理和心理生活完全是着眼于不同的基础,并且有着不同的内涵。心理学的研究原来更着重心理生理的研究,而忽视心理生活的考察。

---

① 葛鲁嘉.体证和体验的方法对心理学研究的价值[J].华南师范大学学报(社会科学版),2006(4):116-121.

其六,性格与品格相对应。性格与品格都是关于人的心理特性的描述和说明。性格涉及的是人的态度和行为方式中独特而稳定的心理特征的总和,是个体对现实的稳定的态度和习惯化的行为方式。品格涉及的则是人的精神境界、道德品性,是个体与他人和社会的融入程度,是个体对他人和对社会的实际奉献。

其七,感觉与感受相对应。感觉与感受都是对现实对象或生活现实的觉察。感觉更多着眼于实际的对象,而感受则更多着眼于实际的体验。感觉是依据感觉者的感官,如视觉是依据感觉者的眼睛,听觉是依据感觉者的耳朵,等等。感受则是依据感受者的意识自觉或意识体验,如美好是依据感受者的审美体验,崇高是来自感受者的意义评判,等等。

其八,感知与感悟相对应。感知与感悟都是对实际事物或事件历程的心理把握。但是,感知是取决于感知的对象,而感悟则是取决于感知的主体。感知的来源是现实的对象,没有对象的存在,就没有人的感知。感悟的来源则是主体的理解,没有理解的加入,就没有人的感悟。感知是认识,而感悟是体验。感知是事实的评判,而感悟则是价值的评判。

其九,知觉与知道相对应。知觉与知道都是对实际对象的认识和理解。但是,知觉是就对象的表面现象的把握,而知道则是就对象的内在道理的把握。没有知觉就没有可能达于知道。但是,有了知道才有真正理解了的知觉。知觉是对象推动的,是来自感官把握到的对象。知道则是思想推动的,是来自思维把握到的道理。

其十,思维与思考相对应。思维与思考都是对认知对象的判断和推理的心理过程。但是,思维是理性的心理过程,是与思维的实际内容相脱离的思维的内在心理机制。思考则不仅仅是理性的心理过程,而且是涵纳思考的实际内容的完整心理过程。

其十一,情绪与情理相对应。情绪与情理都是对人的心理的情感过程或情感体验的认识和理解。但是,情绪是指具有情境性的短暂和强烈的心理感受,是附带有生理反应的心理感受。情理则是指具有理性化的弥久和持续的心理体验,是附带有理性思考的心理体验。

其十二,情感与情义相对应。情感与情义都是对心理的情绪感受的描述和说明。但是,情感是人对对象是否符合自己的需要而产生的态度体验,情义则是人对事物是否符合实际的道理而产生的心理体悟。

其十三,思想与思念相对应。思想与思念都涉及的是心理的推论和推想的过程。但是,思想是人的心理的更理性化的过程,而思念则是人的心理的更情绪化的过程,思想是理性的推论,是观念的推演。思念则是情感的附着,是感受的附加。

其十四,本能与情欲相对应。本能与情欲都是对心理动力或心理能量的描述和说明。但是,本能更着重生物性的内在驱力或生理性的内在动力。情欲则是附加了更多的心理性的目标追求或社会性的需要驱动。这更着重心理性的内在动力。所谓的本能是遗传获得的,是生物机体生来就具有的。所谓的情欲则是后天形成的,是心理生活后天才具有的。

其十五,心境与心情相对应。心境与心情都是对心理状态或情绪状态的描述和说明。但是,心境是指由内外刺激引起的比较微弱、相对持久、具有弥散性的情绪状态,有积极心境和消极心境的划分。心境可以持续一段时间,并影响到人的日常活动。心情则是指比较强烈的、相对短暂的、具有指向性的情绪体验。人的心情有好和坏之分。

其十六,动机与欲望相对应。动机与欲望都是指心理行为的内在推动力量。但是,动机更偏重指向目标的心理动力,而欲望则更偏重指向对象的心理意向。动机包含的是心理的能量,而欲望则包含的是心理的导向。动机常常是与心理活动的对象相对应的,欲望则常常是与心理活动的品格相对应的。

其十七,意志与意念相对应。意志与意念都涉及的是人的心理的指向性,是人的心理的目的性,是人的心理的调节性。但是,意志是着重有目的性的支配和调节,是指有意识的指向、朝向和志向。意念则是着重有自主性的想法和打算,是指有意识的念头。意念是人的意识活动的对象性或朝向性的心理启动的过程。

三、比较的学术性价值

比较不是为了分离或分裂西方的科学心理学与中国的心性心理学,而是为了推动科学心理学的学术发展,促进中国心理学的理论创新。正是通过比较,才有可能认识到心理学发展中不同的根源和基础,不同的探索和创造。

其一,关系到心理学研究凭借的文化和社会的学术资源。无论是西方的科学心理学还是中国的心性心理学,都是特定文化社会背景中产生出来和发展延续的思想资源。心理学毫无疑问是立足其社会文化资源的。① 但是,怎样挖掘、提炼、运用和扩展心理学的社会文化资源,是中国心理学的发展必须面对的重大问题。中国心理学的发展在很长的时间里都是复制和模仿西方的科学心理学,因此中国心理学缺少创新、缺少理论的创新。同时,中国心理学也缺乏对创新的文化和社会资源的发掘。其实,正是在中国的文化传统和文化土壤中蕴涵着中国心理学理论创新的资源。

其二,涉及对西方传入的科学心理学的重新认识和理解。中国现代的科学心理学是从西方传入的,中国心理学对西方的科学心理学有崇拜和模仿的历程。这非常容易导致缺乏对西方科学心理学合理正确的认识和理解。但是,要想合理地把握西方的科学心理学,就必须寻找到一个相对应的参照系。这就是与西方的文化相对应的中国文化,与西方的科学心理学相对应的中国本土的传统心理学。②

其三,涉及对中国本土心理学传统的学术性贡献的分辨和考察。这不是按照西方心理学的尺度来否定或否弃中国本土的心理学传统,而是按照中国本土的独特尺度来明确或确定中国本土的心理学传统。在中国本土的文化传统中也有自己十分独特的心理学传统。③ 其中包括有自己独特的心理学阐释的思想和理论,有自己独特的心理学考察的方式和方法,有自己独特的心理学应用的技术和手段。正是可以根据这三个方面,来确定中国的本土文化中有自己的心理学传统。问题就在于,中国本土的心理学传统的独特性在哪里,这就必须与西方的科学心理学进行系统的比较。

其实,在任何的心理学探索中都创造和运用了一系列的心理学的概念和概念范畴。这成为特定的心理学传统的核心内容。如果掌握和理解了这些核心的内容,就可以真正借助这些心理学的遗产,而促进心理学的当代发展。中国的本土文化中并不缺少心理学的资源,但缺少对这些传统资源的

---

① 葛鲁嘉.中国本土传统心理学术语的新解释和新用途[J].山东师范大学学报(人文社会科学版),2004(3):3-8.
② 葛鲁嘉.中国本土传统心理学的内省方式及其现代启示[J].吉林大学社会科学学报,1997(6):25-30.
③ 葛鲁嘉,陈若莉.当代心理学发展的文化学转向[J].吉林大学社会科学学报,1999(5):79-87.

挖掘和阐释。所以,我国文化中可能有丰富的心理学传统资源,但缺乏对这些传统资源的认识;可能有对本土心理学传统资源的认识,但缺乏对这些心理学传统资源的挖掘;可能挖掘了本土的心理学传统资源,但缺乏在此基础上的心理学理论创新。

正因为如此,才有必要立足对西方的实证心理学与中国的心性心理学的概念范畴进行比较研究,而给出一种合理深入的认识和理解,进而为中国心理学发展中的理论创新提供养分充足的土壤,使中国心理学的发展能够为世界心理学的进步作出自己的实际贡献。可以说,心理学的发展并没有固定的恒久不变的模式,但有巨大的学术创新空间。这里的比较研究就是为了拓展这样的学术创新空间,从而促进中国心理学的突破性和创新性的发展。

第四节　科学化对应本土化

中国心理学的跨世纪发展有科学化和本土化两大主题。中国本土文化的土壤中没有生长出科学的心理学,中国现代的科学心理学是从西方传入的,其科学化在早期是通过西方化完成的。目前,中国心理学科学化的努力正在从追求西方化转向追求本土化。中国心理学的本土化应立足突破和变革西方心理学的狭隘科学观,这不仅可以给本土化带来必要的规范,而且可以推动整个心理学科学性的发展,使其成为真正意义上的科学。心理学科学观的变革就体现在对心理学研究对象的重新理解和对心理学研究方式的重新确立上。中国现代心理学的发展,明示了中国心理学科学化和本土化的历程和要义。

一、心理学的科学化和本土化

心理学从哲学中脱离出来成为独立的科学门类之后,心理学家就一直试图确立心理学的科学地位,科学化就一直是心理学家努力奋斗的目标。随着西方科学心理学在世界各地的传播,它的文化适用性逐渐受到质疑,本土化便开始成为世界性的潮流。

中国心理学的发展也面临着科学化和本土化两个重大主题。表面上，两者是矛盾的、冲突的。科学化强调心理学作为一门科学是无国界的，是普遍适用的，因此本土化就是多余的、毫无价值的口号。本土化强调心理学的发展应消除西方心理学的霸权，而寻求和确立本土文化的根基和建立本土的心理学。这是心理学的发展在地域上的转移，而与科学化并无关联。实际上，心理学的科学化和本土化并不是无关的、矛盾的，而是相关的、一致的。强调科学化就是要推进本土化，强调本土化也就是要确立科学化。

心理学的科学化是为了更合理有效地揭示和干预人类心理，包括以文化样式体现的人类心理。心理学的科学化必须通过本土化来完成。心理学曾经靠摆脱、放弃、回避或越过文化的存在来追求自己的科学化，但心理学现在必须靠容纳、揭示、探讨或体现文化的存在来达到自己的科学化。科学心理学早期是排斥文化的存在来保证自己对所有文化的普遍适用性，而目前则应是包容文化的存在来保证自己对所有文化的普遍适用性。

心理学的本土化也是为了更合理有效地揭示和干预人类心理，特别是以文化样式体现的人类心理。心理学的本土化并不是落后国家的心理学家建立自尊的方式，也不是心理学研究在地域上的转移，如从"西方的"转向"中国的"。心理学本土化应该是整个心理学发生的深刻变化，它是对西方心理学传统科学观的挑战。心理学的本土化并不是为了建立地域性的心理学，像中国的心理学等，也不应该是盲目的研究尝试，而应该是确立一种新的心理学科学观，倡导一种新的对心理学科学性的追求。

在中国本土的文化土壤中没有生长出实证科学的心理学，我国现代科学形态的心理学是从欧美传入的。中国现代心理学的学术发展历程，大致上可以区分为西方化时期和本土化时期。

在整个西方化时期，也就是在19世纪后期到20世纪后期，西方科学心理学的传入和中国科学心理学的建立是合一的过程。中国现代心理学的科学化历程实际上就是西方化的历程，或者说中国现代心理学的科学化实际上就是通过西方化来完成的。可以说，中国心理学一直走的就是学习、引进、模仿和改造西方心理学的道路。

只是到了本土化时期,也就是从 20 世纪后期开始,中国现代心理学的科学化才转向通过本土化来完成。中国心理学才开始走向探索、开创、建构和传播本土科学心理学的道路。西方心理学倡导的科学性实际上带有西方文化的褊狭性,而非西方心理学倡导的本土性则应该立足扩展西方心理学的科学性。对科学性的追求,也是中国心理学的本土化摆脱尝试性和盲目性,以及走向理性化和自觉化的保证。

二、西方科学心理学的传入

中国现代的科学心理学是从西方引进的,中国心理学经历了相当长的西方化时期。在这个时期,中国心理学对科学化的追求是通过西方化完成的。在西方化时期,中国心理学既有对西方心理学的引进和模仿,也有对西方心理学的反思和批判。

在中国,翻译、介绍、传播和推广西方的科学心理学有过两次高潮。第一次高潮是在 20 世纪初期,随着早期赴西方学习心理学的中国留学生的回国,中国开始了全面输入西方科学心理学,几乎所有重要的心理学思想流派都得到了介绍,同时也开始使用西方心理学确立的科学方法进行心理学研究。在这个时期,中国的科学心理学还仅仅是西方心理学的复制和模仿。尽管也有一些中国心理学家试图去发掘中国文化中的传统心理学思想和考察中国文化环境中的特定心理行为,但并没有形成有影响的趋势。第二次高潮是在 20 世纪后期,即中国开始改革开放之后,这是中国科学心理学在经过"文革"重创之后的新生时期。此时又进行了新一轮的对西方心理学的翻译和评介,西方科学心理学重又被看作是中国现代科学心理学发展的楷模。然而,中国的心理学家也开始注意到西方心理学本身的一些不足,以及跟随在西方心理学后面全面模仿的局限。

19 世纪末到 20 世纪初,西方工业文明的昌盛和中国封建王朝的衰落形成了鲜明的对照。这迫使中国的知识分子开始引进和吸收西方先进的文化思想和科学技术。许多中国学人奔赴欧美,去寻找能够拯救中国的真理。他们中的一些人留学海外学习的就是西方的科学心理学,他们抱有的目标是改造和建设国人的心理,以使国家民主化和现代化。正是他们把西方的科学心理学引入中国,为中国科学心理学的起步和发展带来了科学的研究方法、理论知识和应用技术。他们回国后,在国内翻译出版了西方心理学的许多重要著作,建立了心理学的实验室,还成立了心理学的教学和科研机构。

在中国现代心理学的早期发展阶段,也有心理学家在两个不同的方向上做过一些独具特色的研究。第一个方向上的努力是试图使中国现代心理学与中国心理文化相关联,如挖掘中国文化传统中的心理学思想,考察中国文化背景中的特定心理现象。中国老一辈心理学家张耀翔先生在 1940 年发表的《中国心理学的发展史略》一文中,就曾探讨了中国古代的心理学。他指出:"中国古时虽无'心理学'名目,但属于这一科的研究,则散见于群籍,美不胜收。"他在该文的最后提出了中国心理学发展的九条建议,其中第一条提出:"发扬中国固有心理学,尤指处世心理学,期对世界斯学有所贡献。"①艾伟等心理学家进行的汉字心理学研究,对提高汉字的学习效能,推动汉字简化以及汉字由竖排改为横排等均作出了重要贡献。不过,这个方向上的研究并没有形成有影响的趋势。

第二个方向上的努力是试图以唯物辩证法作为中国心理学研究的理论指导。当中国的知识分子开始从西方寻找解救古老中国的真理时,他们中的一部分人找到了马克思主义。这也是源出于西方文明,却坚决反对和试图推翻西方盛行的资本主义制度。这给了中国人去建立一个新社会的希望,它能够超过和战胜西方的资本主义社会。当时,以马克思主义为旗帜建立的新社会是苏联。20 世纪 20—30 年代,中国的一些心理学家也开始钻研马列主义,并把苏联的心理学介绍到国内。潘菽在 20 世纪 30 年代就自觉学习马列主义著作,认为这是心理学的出路所在,提出以马克思主义来批判和改造西方心理学,来进行心理学研究。郭一岑于 1934 年编译出版了《苏俄新兴心理学》一书,这是中国较早的一本介绍苏联心理学的译著。曹日昌在 20 世纪 30 年代末就提倡把唯物辩证法作为新心理学的方法。在新中国建立前,这个方向的研究一直很弱小。

新中国建立后,国家政治生活中的"左"倾思潮愈演愈烈。心理学也从

---

① 张耀翔. 中国心理学的发展史略[M]//张耀翔. 心理学文集. 上海:上海人民出版社,1983:201 - 224.

西方化开始走向苏联化和政治化,并开始脱离学术的轨道。那些受西方心理学系统训练的中国心理学家开始接受思想改造。西方心理学受到越来越严厉的批判,甚至一度被看成为"唯心主义的伪科学"。西方心理学的命运江河日下,在早些时候主要试图把西方心理学改造成马克思主义心理学,在晚些时候,也就是"文革"期间则彻底摧毁和抛弃了西方心理学。这是引入西方心理学的一段沉寂的时期,也是中国心理学发展的一段中断的时期。

第二次引进和传播西方心理学的高潮是在 20 世纪 70 年代末以后。从 1978 年开始,中国开始了大踏步的社会改革,并向世界开放了自己的大门。这形成了一个非常适宜的环境,使心理学作为一门学术研究而得到复兴。中国科学心理学的发展遭受的挫折和重创,使之拉大了与西方发达国家科学心理学的差距。因此,西方科学心理学又被看作是中国当代心理学发展的楷模。重新聚集起来的心理学者再一次开始大量地引进、翻译、介绍和传播西方的科学心理学。各种教学和科研机构也在迅速地恢复,而教学的课程内容和科研的基本方式主要还是套用西方的心理学。

正是在这个时期,西方心理学在非西方文化圈中的普遍适用性已开始受到越来越多的质疑,并面临着非西方国家的心理学发展的严重挑战。这一切都使中国的心理学家开始关注如何对西方心理学进行本土化改造,如何使中国当代心理学的发展与中国传统文化相衔接。中国心理学者潘菽明确提出中国心理学要走自己的路,要建立具有中国特色的心理学理论体系。他指出实现这一目标有四个途径:坚持辩证唯物主义思想指导;密切联系我国建设实际;继承我国古代思想中有关心理学的可贵观点、论断和学说;有批判地吸收外国心理学中一切有价值的东西。[①] 随之对这一问题进行了一系列理论研讨。

三、中国本土心理学的兴起

由于对西方心理学的文化适用性的不满,由于对现存心理学的学科局限性的认识,在许多发达和发展中国家出现了日益高涨的心理学本土化的

---

① 潘菽. 论心理学基本理论问题的研究[J]. 心理学报,1980(1):1-8.

呼声和逐渐深入的心理学本土化的努力。

中国心理学也开始从西方化时期转向本土化时期。此后，中国心理学的科学化就从追求西方化开始转向追求本土化。从中国心理学本土化的发展历程来看，可以将本土化时期大致区分为两个阶段：第一个阶段可称为保守的本土化研究阶段，时段大约是从 20 世纪 70 年代末期到 80 年代末期；第二个阶段可称为激进的本土化研究阶段，时段大约是从 20 世纪 90 年代初期到现在。

在保守的本土化研究阶段，中国本土的研究者主要试图扩展西方心理学的研究内容，把研究的内容从考察西方人的心理行为转向考察中国人的心理行为，把研究的背景从立足西方的社会文化转向立足中国的社会文化。但是，这个时期的研究并未能够突破西方心理学的科学观，或者说仍然受西方心理学的研究方式的限制，或者说仍然持有西方心理学的实证主义科学观而没有摆脱这种小科学观的制约。这个阶段的研究是以中国人为被试，但还是采用西方心理学的研究方式。

这个阶段的研究主要涉及两个方面：第一是以中国人为研究被试，以中国人的心理行为作为研究内容，其目的就在于发现那些独特的心理事实，它们并没有包含在被西方心理学家看作是普遍存在的或普遍适用的法则当中。本土化的研究也试图在中国本土的文化背景中去理解和解释中国人的心理。毫无疑问，这重视的是心理行为与文化历史之间的关系，重心放在与文化密切相关的中国人心理的独特性上。这些努力在于确定，西方心理学中有许多理论和法则主要来自对有限的心理现象的研究，以致不具有普遍的适用性。可以说，心理学本土化的研究者想通过研究中国人的独特心理，对有关人类心理的普遍理解作出独特的贡献。然而，这个阶段的研究工具、研究方法、理论概念和理论框架仍然是直接从西方心理学中借用的。这类研究在本土化努力的初期非常多见。第二是不但以中国人为研究被试，把中国人的心理行为置于中国的社会文化背景，而且为了适合考察中国人的心理行为而试图修补西方心理学的研究工具、研究方法、理论概念和理论框架。但是，这类研究并没有改变西方心理学基本的研究性质或研究方式，追求的仍然是西方科学心理学的那种研究的有效性和理论的合理性。

在这个阶段,中国心理学的本土化运动从艰难起步走向茁壮成长,也就是从探讨是否进行心理学本土化的研究走向探讨如何深入进行本土化的研究。本土化的研究课题不断推新和增加,本土化的研究成果也日益积累和丰硕。致力于心理学本土化的中国的心理学家已在积极建立中国人的心理学。当然,心理学本土化的研究并没有停留在理论探讨上,而是更着重进行中国人心理与行为的具体研究上。这类研究涵盖相当广泛的课题,主要包括社会取向、关系取向、权威取向、家族主义、集体主义、面子、人情、缘分、孝道、做人、友谊、悲怨、算命、施与报、道德观、价值观、正义观、公平观、自我观、社会化、控制点、成就动机、宗教心理、汉语心理、组织行为、分配关系、慈善观念、心理病理、体罚现象、古人心理、民族性格、助人行为、古代心理学、中医心理学、气功心理学、书法心理学,等等。

很显然,这一阶段的研究已经积累大量有关中国人心理行为的研究成果。尽管应该承认,这些研究成果有益于对中国人心理行为的理解,但已有的努力还不是非常成功的。这还仅仅在研究的内容上进行了本土性转换,而在研究的方式上仍未能超脱西方心理学的制约。

在激进的本土化研究阶段,中国本土的心理学研究者开始试图扩展西方心理学的研究方式,使中国心理学开始突破西方心理学的小科学观的限制,使本土心理学的研究开始寻求更超脱的多样化的研究方法和理论思想。这个阶段的研究力图彻底摆脱西方心理学,完全舍弃西化心理学,以建立本土心理学。但是,这个阶段的研究目前还是带有相当的盲目性。研究更为多样化,但显出杂乱性。研究更具尝试性,而缺少规范性。

当前显然没有相对一致的衡量和评价研究的标准。正如杨中芳指出的,目前,研究者对如何深化本土心理学研究感到彷徨。研究者各做各事,自说自话,各种研究就像失去了连线的一串落地的珠子。要深入本土心理学的研究,当务之急是要把文化、历史放到研究的思想架构中去,然后去考察中国人的具体心理行为,去引导一系列连贯的研究,去建立中国人自己的心理学知识体系。[①] 但是,杨中芳把文化、历史植入思考架构的努力,是试图使之与中国人现代的心理行为建立起联系,而不是为了改造或重构心理学

---

① 杨中芳.试论如何深化本土化心理学研究[J].本土心理学研究,1993(1):122-183.

的科学观。因此,本土心理学到底是什么样的心理学,仍然让许多学者感到迷惑。显然,重要的是为中国心理学的本土化研究建立或设置规范。杨国枢先生的"本土契合性"的判断标准就是这样的努力,①②但对心理学科学观的变革是更根本性的努力。③④

从保守的本土化研究阶段到激进的本土化研究阶段并没有明显的分界标志,而只是一种逐渐的变化和过渡,反映了心理学本土化研究的趋势。这个趋势就在于一些中国心理学者开始试图放弃西方心理学,以寻求完全本土性的研究;就在于本土化研究开始突破西方心理学实证主义小科学观的限制,而寻求多样化或多元化的研究方法和理论思想。这个阶段的研究也可以分成两类:一类是对西方心理学小科学观带有盲目性的突破,这使多样化变成了杂乱性。现在的一部分研究就缺少必要的规范性,而具有更多的尝试性。另一类则试图有意识地清算西方心理学的实证主义小科学观,而努力建立心理学的大科学观,为中国心理学的本土化研究建立或设置规范,变革和创立新的研究方式。

要想突破西方心理学的小科学观,开创本土心理学新的研究方式,一个重要的方面是挖掘和借鉴中国本土的传统心理学。中国本土的心理文化是由带有文化印记的心理行为和带有文化含义的心理学传统构成的。在保守的本土化研究阶段,仅是把带有文化印记的心理行为分离出来,使之成为科学研究的对象,但没有把带有文化含义的心理学传统看作是探索中国人的心理行为的可供选择的方式。西方心理学在关于人类心灵的科学探索与非科学探索之间划定了截然分明的界线。中国本土的传统心理学显然被归于非科学的探索。无疑,中国的学术心理学强烈地希望能够从属于现代科学的阵营,这使之斩断了与中国本土传统心理学的血缘关联。实际上,中国心理学从本土化走向科学化,完全可以从本土的传统心理学中得到重要的启示。在这方面已经有了一些重要的探索。⑤

①　杨国枢. 我们为什么要建立中国人的本土心理学?[J]. 本土心理学研究,1993(1):6-88.
②　杨国枢. 心理学研究的本土契合性及其相关问题[J]. 本土心理学研究,1997(8):75-120.
③　葛鲁嘉. 心理文化论要——中西心理学传统跨文化解析[M]. 大连:辽宁师范大学出版社,1995:290-295.
④　葛鲁嘉. 心理学研究本土化的立足点[J]. 本土心理学研究,1997(8):187-196.
⑤　葛鲁嘉. 中国本土传统心理学的内省方式及其现代启示[J]. 吉林大学社会科学学报,1997(8):25-30.

可以说,反思和清算西方心理学的小科学观,或者建构和确立心理学的大科学观,是为了使心理学的本土化研究能够符合科学性的要求,或心理学本土化的研究必须依赖于对科学性的追求。但更进一步,中国心理学的本土化不仅在于建立中国本土的心理学,而且在于推动整个心理学的深刻变革。心理学的本土化不仅是心理学研究在地域上的转移,而且是心理学研究真正走向科学化的努力。

四、西方心理学存在的局限

自从西方的科学心理学被引入和运用于非西方的文化背景和社会生活,其所谓的唯一合理性和普遍适用性就一直面临着考验。不仅非西方的心理学家抱怨和批评西方心理学模式的不当,而且许多西方心理学家也关注到西方心理学的种族中心主义。虽然没有人怀疑,西方科学心理学在短短一个多世纪的历史中取得了巨大的进步,西方心理学传入到非西方国家之后对世界各地心理学的发展起到了巨大的推动作用,但是西方科学心理学仍然受到许多批评。

在西方科学心理学的早期发展中,心理学家有两个基本的追求:一是使心理学成为一门严格意义的实证科学;二是使心理学成为一门普遍适用的实证科学。只有实现前一个追求,才可能实现后一个追求。但是,为了实现前者,许多心理学家并不是从心理学研究对象的特性出发,而是简单地模仿其他相对成熟的自然科学门类。他们以物理主义的观点看待心理学的研究对象,以实证主义的原则作为衡量自身科学性的标准。显然,西方心理学把对科学化的追求简化成了对自然科学化的追求。这对心理学的后期发展造成了深远的影响。

自从西方心理学脱离哲学怀抱之后,就一直试图跟随和模仿自然科学传统中的成熟学科,特别是物理学。黎黑将其称为"物理学妒羡"(physics envy),并指出物理学妒羡是 20 世纪美国心理学的标记。[①] 冯特把心理学建成独立的科学分支时,已认识到心理学应有两个传统,即自然科学传统和文化科学传统。作为自然科学传统,心理学是实验的个体心理学。作为

---

① 黎黑.心理学史(上册)[M].李维,译.杭州:浙江教育出版社,1998:41.

文化科学传统，心理学是文化的民族心理学。他确信，实验的个体心理学不可能是完整的心理学。他认识到自然科学取向和实验研究方法的局限性。

但是，西方心理学后来的发展，其主流实际上沿循的是自然科学传统，而根本就放弃了文化科学传统。心理学对自然科学化的追求，使之接受了物理主义的世界观和实证主义的方法论。心理学研究中出现把人的心理类同于其他的自然物和把人的心理还原为生理或物理的研究倾向，人的文化历史的存在和人的心理的文化历史的属性受到排斥。因此，大部分西方心理学家试图超越文化的界限，以寻找人类心理行为的普遍规律。心理学也正是靠排斥或跨越文化历史来保证自己研究的合理性和普遍的适用性。这就使得心理学对科学性的追求和维护是以排除和超越文化为代价的。但是，这忽视了人类心理根本不同于其他的自然现象，也忽视了心理学根本不可能靠自然科学化来保证自己的科学性。

仅把心理学作为自然科学分支是有其局限性的。严格地依附于自然科学传统，阻碍了心理学作为科学的发展。[①] 这就需要对心理学进行重新定向，使之从严格地依附于自然科学的取向，转向也合理地定位于文化科学的传统。关系到对自然科学传统的理论和方法的不适当迁移，一些心理学家强调，本土化的心理学应该属于文化科学的传统，应该揭示人的心理行为的社会文化性质，也应该关注人的心理行为的社会文化背景。其实，当代心理学的发展已经开始了文化学的转向。[②]

西方心理学不但通过对自然科学化的追求来确立自己的追随实证主义的科学地位，而且随着其在世界各地的传播来确立自己的种族中心主义的文化霸权。自从心理学成为科学门类之后，西方心理学特别是美国心理学就一直在世界心理学中占据着支配性和权威性的位置。但是，西方心理学按照自己的科学观在有关人类心灵的科学观点与非科学观点之间划定了一条清晰的边界，把那些植根于和起源于非西方文化的心理学体系都推入非

---

① Kim, U. & Berry, J. W. The indigenous psychologies: Approach and the scientific traditions. In U. Kim & J. W. Berry (Eds.), *Indigenous psychology: Research and experience in cultural context*. Newbury Park, CA: Sage Publications, 1993.

② 葛鲁嘉,陈若莉. 当代心理学发展的文化学转向[J]. 吉林大学社会科学学报,1999(5): 79-87.

科学的一类,结果表现出对来自世界其他地方的心理学研究和贡献的有意忽视和缺乏兴趣。这种状况部分地导致非西方国家对西方心理学的全盘化输入和无批判接受。[①]

实际上,西方心理学的科学观是有问题的。它的研究取向并不是唯一合理的,而只可能是多种可供选择的研究取向的一种。在这些研究取向中,没有哪一种是最好的,也没有哪一种拥有最终的权威性。因此,非西方的学者希望,西方心理学能够开放门户,正视其他不同文化中的心理学贡献。尽管西方心理学把自己看成是普遍适用的心理学,但许多心理学家特别是非西方的心理学家确信,西方心理学是植根于西方的文化传统,不是有关人类心灵的完备知识体系。

大部分正统的西方心理学家都隐含地持有一些基本的假定。[②] 换句话说,西方的心理学理论和流派持有的是西方文化的核心价值。西方心理学中的个体主义,就是把个体当成心理学基本的分析单位。这迥异于非西方的民族精神,如中国的集体主义的文化精神。因此,西方心理学不适合或不适用于非西方的心灵,像中国人的心灵。西方心理学的许多发现都是基于西方的文化价值和出自对西方人的研究考察,所以无法用来描述和解释产生于不同文化背景中的心理行为。西方心理学的理论、方法和技术是植根于西方的文化传统,只适用于研究或揭示人类心灵的某些层面或侧面,而不适用于说明和阐释人类心灵的其他层面或侧面。

为了反抗对其他文化传统中的心理学的忽视,许多心理学家试图去系统发掘非西方文化中的重要心理学思想和理论。尽管科学心理学植根于和源出于欧美文化,但应该承认,对人的心理行为的说明和解释并非只是西方的发明,还存在其他的心理学知识,这些知识出自非西方的社会,可以体现在社会理论、宗教学说和哲学思想之中。例如,近些年来,不仅在东方,而且在西方,佛教心理学都逐渐吸引了广泛的关注。佛教心理学作为一种心理学的理论与实践,不仅提供了对基本心理过程的说明,而且提供了理解心灵

① Ho, D. Y. F. Asian psychology: A dialogue on indigenization and beyond. In A. C. Paranjpe, D. Y. F. Ho, & R. N. Rieber (Eds.), *Asian contributions to psychology*. New York: Praeger, 1988: 53 - 77.
② Tart, C. Some assumptions of orthodox Western psychology. In C. Tart (Ed.), *Transpersonal psychologies*. New York: Harper, 1975: 59 - 112.

的创新和开放的方法论。无可否认,对非西方心理学思想和实践的兴趣正在不断地增长。①

由于现代科学心理学的西方文化色彩,许多心理学家特别是非西方心理学家均告诫,盲目接受西方心理学的发现和理解,对特定文化背景中的心理学发展是有害的。

五、中国心理学本土化的要义

中国心理学对科学化的追求从西方化走向本土化之后,本土化就不仅是心理学的发展在地域上的转移,而且是对西方心理学设定的科学观的突破。正是因为西方心理学在科学观上存在问题,才会有心理学本土化运动的兴起。心理学本土化最终依赖的不是地域的文化,而是心理学研究的科学化。这种依赖有两个基本点:一是为本土心理学的研究建立规范,使其能够有序地发展;二是推动整个心理学科学观的变革,使心理学成为一门真正意义上的科学。

为了给中国心理学的本土化建立规范,对什么是本土心理学,什么是心理学的本土化研究,杨国枢先生提出一个影响广泛的"本土性契合"的标准。所谓本土性契合,是指特定的文化性和生物性因素一方面会影响到当地民众(被研究者)的心理行为,另一方面又会影响到当地心理学者(研究者)的问题、理论与方法。研究者的研究活动及知识体系可以而且应该与被研究者的心理行为之间形成一种契合状态。这样一种当地研究者的思想观念与当地被研究者的心理行为之间的密切配合、贴合、接合或契合,可以称为本土性契合。杨国枢先生将本土性契合看成是衡量本土心理学和心理学本土化研究的标准。他指出:"我们所说的'本土心理学',就是一种能达到本土性契合境界的心理学。心理学研究的本土化,重点即在使心理学的研究能够达到本土性契合的标准。"②

按照本土性契合的标准来看,西方心理学就是一种本土心理学,是从自己

---

① Pedersen, P. Non-western psychology: The search for alternatives. In A. T. Marsella, R. G. Tharp, & T. J. Ciborowski (Eds.), *Perspectives on cross-cultural psychology*. New York: Academic Press, 1979: 47-76.
② 葛鲁嘉. 大心理学观——心理学发展的新契机与新视野[J]. 自然辩证法研究,1995(9): 18-24.

社会、文化、历史及种族的特征中直接演化而来,因而探讨的现象、采用的方法、建构的理念都是本土性的。这一历程被称为内发性本土化(endogenous indigenization),建立的是内发性本土心理学。"此种本土心理学是以自己的社会、文化及历史作为思想的活水源头,而不是以他国的社会、文化及历史作为思想的活水源头。"西方心理学传输到第三世界国家之后,经过进口加工而形成的是西化心理学。这种历程被称为外衍性本土化(exogenous indigenization),建立的是外衍性本土心理学。"此种心理学是以他国的社会、文化及历史作为思想的活水源头,而不是以自己的社会、文化及历史作为思想的活水源头。"①

杨国枢先生认为,外衍性本土心理学不是真正的本土心理学,只有内发性本土心理学才是真正的本土心理学。但是,西方心理学本身的发展并没有外来的强势心理学的影响,而非西方本土心理学的发展则面对着输入的西方心理学的影响。为了加以区分,杨国枢先生把前者称为本态性内发本土化,把后者称为反应性内发本土化。他认为,经过不断的努力,反应性内发本土心理学可以逐步达到本态性内发本土心理学。发展本土的心理学,最终的目标是建立人类的心理学。

尽管杨国枢先生给出他所说的本土心理学或心理学本土化的方向和道路,但仍存在一些问题值得思考。首先,按照本土性契合的标准,存在两种本土化的研究:一是对输入的西方心理学进行改造,建立适合解说当地民众生活的心理学;二是摆脱西方心理学,舍弃西化心理学,建立纯粹本土的心理学。这两种本土化研究现在共同存在,齐头并进,甚至可以说前一种更具现实性,后一种则更理想化。其次,按照本土性契合的标准,也存在两种本土心理学:一种是中国本土的传统心理学,这与中国民众的心理生活是一体的,共同构成中国本土传统的心理文化。这里的"传统"不仅是指古代的心理学,而且是指古老形态的心理学。这种传统心理学一直存在,并没有因中国现代科学心理学的诞生而终结和绝迹。另一种是中国本土的科学心理学,这是在改造西方科学心理学和超越本土传统心理学的基础上形成的。

这里的关键在于,建立中国本土心理学的努力没有与心理学科学观的

---

① 杨国枢. 我们为什么要建立中国人的本土心理学?[J]. 本土心理学研究,1993(1):6-88.

变革联系起来。关于心理学的本土化研究,无论是改造西方心理学的本土化研究还是舍弃西方心理学的本土化研究,目前都没有考虑到心理学的科学观。前者着眼于研究内容的变换而不是研究方式的变换,后者着眼于本土性而不是科学性。关于本土心理学,中国本土的传统心理学和科学心理学都没有自觉到科学观。前者是前科学的研究。这里的前科学还是指在西方心理学的小科学观的范围之外。后者是居守于西方心理学小科学观的研究。显然,心理学需要一种大科学观。这是心理学发展的新契机和新视野。[①] 科学观的变革必将会有助于中国心理学的发展,以及与其他文化圈中的心理学的沟通和衔接。

心理学本土化的潮流预示着心理学本身正在发生深刻的变化。这就是心理学科学观的变革,变革就体现在对心理学研究对象的重新理解和对心理学研究方式的重新确立上。

尽管心理学是把心理行为作为研究对象,但其早期目标是如何把近代自然科学成功的研究方式移植到心理学中,而很少考虑到心理学研究对象的独特性质。这导致的直接后果,就是按照近代自然科学的方式来理解和对待人的心理行为。心理学研究因此而忽略或无视人的心理行为的文化特性和心理科学的文化特性。心理学当代的目标应该有一个重要的转折,那就是从研究对象的独特性质出发去开创心理科学的独特研究方式,而不是以放弃人的心理行为的社会文化性质和特点去贯彻自然科学的研究方式。

人类心理与自然物理既有关联又有区别。最根本的关联在于,人类心理也是自然的存在,也是自然发生和变化的历程。最根本的区别在于,人类心理具有自觉的性质,这种自觉的心理历程也是文化创造的历程。正是这种特殊的性质,导致人类心理的多样性和复杂性,以及心理学研究在理解人类心理时的困难、局限、分歧、争执、对立和冲突。

在心理学科学化的进程中,西方主流心理学的研究就倾向于把人的心理理解为自然的现象,或具有与自然现象类同的性质。这一方面促进了心理学成为独立的科学门类和使心理学研究越来越精密化,另一方面也使心

---

① 葛鲁嘉. 大心理学观——心理学发展的新契机与新视野[J]. 自然辩证法研究,1995(9):18-24.

理学的研究具有了一定的缺陷。缺陷主要体现在两个方面：一是无文化的研究，或弃除了人类心理的文化性质。像心理学早期的实验研究中运用的刺激是物理的刺激而不是文化的刺激，着眼的反应是生理心理的反应而不是文化心理的反应。二是伪文化的研究，或扭曲了人类心理的文化性质。像在心理学的一些实际研究中，仅把文化看成是一种外部刺激因素，或假定了人类心理的共有机制，文化的内容只是其千变万化的表面现象。这也是心理学研究中还原论十分盛行的一个重要原因，也就是把复杂多样的人类心理还原到生理的甚至是物理的基础上。

对心理学研究对象的理解应该且必须发生一个重要的改变或转折。这就是不仅把心理理解为自然的、已成的存在，而且把心理理解为自觉的、生成的存在。人的心理不仅是能够由研究者观察到的现象，而且是拥有心理的人自觉生成的生活。人的心理生活是通过自主活动构筑的，也是人的心理自觉体验到的。这强调了人与其他自然物的不同，人的心灵具有自觉性，而其他自然物则不具备这样的性质。其他自然物只能成为研究者认识和改造的对象，而不能成为自觉认识和改造的对象。常人的心理生活是常人自主生成和自觉体验到的，这不仅可以成为研究者认识和改造的对象，而且可以成为生活者自己认识和改造的对象。

心理生活的生成历程实际上就是文化的生成历程，所以说心理生活具有文化的性质，或者说文化不过是心理生活的体现。对于人类个体来说，作为人类生活产物的文化可以成为背景或环境。但是，无论是就人类整体还是就人类个体而言，脱离了心理生活的文化产物只能具有自然物理的属性，脱离了人类文化的心理行为也只能具有自然物理的属性。

西方心理学的研究不仅对研究对象的理解忽视了人类心理的文化特性，而且对研究方式的确立也忽视了心理学研究的文化特性。西方心理学的研究方式常常非常盲目地追求有关人类心理的普遍规律性和有关心理科学的普遍适用性。心理学要进行变革，必须对现行的研究方式进行变革。

心理学研究方式的变革说到底是要重新理解和确立心理学的研究对象与研究者之间的关系。自然科学有史以来的研究是建立在研究对象与研究者绝对分离的基础上的，心理学现有的研究也同样是建立在研究对象与研究者绝对分离的基础上的。这对于研究自然的对象来说也许是很必要的、有成效的,但对以心理为对象的研究来说可能就是不完备的或有缺陷的。心理学研究能否建立在研究对象与研究者相对分离或彼此统一的基础上,就要对两者的关系进行重新的思考和确定彼此的关联。以心理为对象的研究无疑对科学的发展提出了重大的挑战。

科学化与本土化就相当于中国心理学的两条腿,如果缺少任何一条腿,都会影响到中国心理学的进步。只有两条腿走路,才会使中国心理学有长足的发展。

第五节　学术的演进与目标

心理学的中国化是指中国心理学发展的本土化。中国现代科学心理学并不是从中国本土文化中产生的,而是从西方文化中引入的,并经历了非常曲折的发展过程,这主要体现为三次大的模仿、复制和跟随,三次大的批判、转折和重建。中国心理学发展的本土化历经了三次大的超越。心理学本土化的热点与难题包括科学观问题、本土契合问题、文化转向问题、多元文化问题、方法论问题、全球化问题和原始创新问题。心理学本土化的演变与趋势涉及不同文化中的本土心理学、本土心理学的隔绝与交流、心理学的文化与社会资源、心理学发展的传统与更新、心理学演变的分裂与融合。心理学本土化的出路与结局就在于将其定位为文化的心理学、历史的心理学、生活的心理学、创新的心理学、未来的心理学。

一、中国心理学的本土化发展史

在中国本土文化中没有产生出现代的科学心理学,中国现代的科学心理学是从西方引入的。中国现代科学心理学经历了三个不同时期的发展,或三个不同阶段的演变。

第一次大的模仿、复制和跟随是在 19 世纪末 20 世纪初。当时,西方工业文明的昌盛与中国封建王朝的衰落形成了鲜明对照。许多中国学人奔赴欧美,去寻找拯救中国的真理。他们中的一些人留学海外,学习的就是西方的科学心理学。他们抱有的目标是改造和建设国人的心理，以实现国家的现代化和民主化。正是他们把西方的科学心理学引入中国，为中国心理学的起步和发展带来了研究方法、理论知识和应用技术，也使中国开始有了科学心理学。这包括有了心理学的教学和科研机构、心理学实验室以及心理学的期刊和著作等文献。第一次大的批判、转折和重建是在新中国建立之后，特别是在 20 世纪 50 年代初期和中期，思想改造运动和反右斗争使得当时的知识分子必须确立自己的政治立场，反对和批判西方资产阶级的东西，接受无产阶级思想的改造，也包括对西方心理学的批判。

　　第二次大的模仿、复制和跟随是在 20 世纪中期。新中国建立后，开始接受苏联的大规模援助，大批苏联专家进入中国，其中一些苏联心理学家进入中国的大学和研究机构。大学心理学教学开始讲授苏联的所谓唯物主义心理学，特别是巴甫洛夫学说。巴甫洛夫的高级神经活动学说也逐渐成为心理学的代名词。第二次大的批判、转折和砸烂是在 20 世纪 60 年代中期开始的“文革”中。当时，心理学被看成是“唯心主义的伪科学”，必须加以清除。由此，随之而来的是解散心理学的教学和研究机构，遣散心理学的教学和研究人员，停止出版心理学的著作和期刊。

　　第三次大的模仿、复制和接受是在“文革”结束之后。中国开始了改革开放，掀起了新一轮翻译、介绍和评价西方发达国家心理学的热潮。西方的科学心理学又被看成是中国现代科学心理学发展的楷模。中国心理学在这个阶段的发展，是全面地介绍和引进西方心理学的研究。大量的心理学教科书和心理学前沿性研究，开始引入到中国心理学的教学和研究中。第三次大的批判、转折和改造是在 20 世纪后期。中国心理学者开始意识到中国心理学中具有的西方心理学的文化印记以及追随西方心理学的不足，并开始了心理学本土化的努力，进而系统审视和评判中国心理学的研究道路、研究内容、研究方式、研究方法、研究工具和研究手段。这是在中国心理学的发展开始进入相对成熟阶段之后的本土心理学探索。

　　中国心理学的本土化运动已经从初期探讨是否要进行心理学本土化的研究，很快转向探讨如何进行本土化的研究、怎样深化本土化的研究。中国本土心理学的研究开始深入到对中国本土的中国人的心理行为的系统考察，也开始深入到对中国本土的心理学理论、方法和技术的创新建构。致力于心理学本土化的中国心理学家,已经开始去积极建立中国人的心理学[①],去关注如何深化中国本土心理学的研究。[②] 当然,目前所谓心理学的中国化包含各种各样的本土化研究成果,其本土化的入手点、着眼点、关注点、突破点、创新点等都有所不同。这些研究成果都已经成为心理学中国化历程中特定的组成部分。有研究者关注研究中国人的心理与行为的理念与方法,[③]有研究者关注从跨学科的视角考察中国人的性格,[④]有研究者探索如何研究中国人,[⑤]也有对中国本土传统的关注,[⑥]有对中国人的人格和社会心理的探讨。[⑦] 实际上,中国本土文化圈中的心理文化是由两方面构成的:一是中国民众带有文化印记的心理行为;二是中国传统带有独特含义的心理学阐释。目前的本土化研究定向是以中国人的心理和行为作为研究对象,但只是把带有中国本土文化印记的中国人的心理行为从心理文化中分离出来放在了科学考察的聚光点上。虽然目前的本土化研究也挖掘中国本土的传统心理学,但只是将其从心理文化中分离出来看作是已被现代心理学超越和取代的历史古董。不过,新的突破已在进行之中。通过中国本土心理学的原创性研究,去构建植根于中国本土的文化土壤、解说中国人的心理行为、构建中国人的心理生活、迎合世界心理学发展潮流的中国化的心理学。这才是心理学中国化的现实追求。

二、心理学本土化的起点与进程

中国心理学的本土化研究在一个很短的时段里,取得了相当数量、相当重要的成果。对心理学的中国化或本土化有不同的总结和概括,也有不同的理解和阐述。[⑧] 纵观心理学中国化的历史演进,可以把中国心理学发展的

---

① 杨国枢. 我们为什么要建立中国人的本土心理学? [J]. 本土心理学研究,1993(1):6-88.
② 杨中芳. 试论如何深化本土心理学研究[J]. 本土心理学研究,1993(1):122-183.
③ 杨国枢,余安邦. 中国人的心理与行为——理念及方法篇[M]. 台北:桂冠图书股份有限公司,1993:319-439.
④ 李亦园,杨国枢. 中国人的性格——科际综合性的讨论[M]. 台北:"中央研究院"民族学研究所,1992:33-35.
⑤ 杨中芳. 如何研究中国人——心理学本土化论文集[M]. 台北:桂冠图书股份有限公司,1997:6-12.
⑥ 高尚仁,杨中芳. 中国人·中国心——传统篇[M]. 台北:远流出版公司,1991:9-43.
⑦ 杨中芳,高尚仁. 中国人·中国心——人格与社会篇[M]. 台北:远流出版公司,1991:9-12.
⑧ 林崇德,俞国良. 心理学研究的中国化:过程和道路[J]. 心理科学,1996(4):193-198.

本土化历程区分为三次大的超越：第一次大的超越是对西方心理学原有研究对象的超越；第二次大的超越是对西方心理学原有研究方式的超越；第三次大的超越是中国本土心理学的原始性理论创新的超越。

第一次大的超越是试图扩展西方心理学的研究内容。这是使中国心理学转而考察中国人独特的心理行为，但是在科学观上并未能超越西方科学心理学，仍然持有西方心理学的实证科学观，没有脱离这种小科学观的限制。这个阶段的研究可以分成两类：一类是以中国人为被试，但研究工具、方法、概念和理论仍然是西方式的。这类研究在本土化研究的初期非常多见。另一类研究不但以中国人为被试，而且试图寻找适合考察和解说中国人心理行为的研究工具、方法、概念和理论。① 但是，这类研究也只是做到了改变研究工具、方法、概念和理论的内容，而没有改变其基本的实证科学的性质或方式，追求的仍然是西方科学心理学的那种研究方法的有效性和理论解释的合理性。

第二次大的超越是试图扩展西方心理学的研究方式。这一阶段与前一阶段并没有明显的分界标志，而只是反映了一种研究趋势。这个阶段的研究开始突破西方心理学实证科学观的限制，寻求超脱的、多样化的研究方法和理论思想。这个阶段的研究也可以区分成两类：一类是对西方科学心理学的小科学观带有盲目性的突破，这使研究的多样化变成了杂乱性。现在的一些研究就缺少必要的规范性，而具有更多的尝试性。另一类研究则试图有意识地清算西方心理学的实证主义科学观，试图建立一种大科学观或开放的科学观，为中国心理学的本土化研究设置新的规范。

第三次大的超越是寻求立足中国本土文化资源的原始性理论创新。心理学的原始性创新是心理学本土化的生命问题。其实，在目前阶段，中国心理学发展最缺少的就是原始性创新。长期的引进和模仿，使中国的心理学研究者习惯了引经据典，习惯了用别人的语言说别人的研究，而缺乏用别人的语言说自己的研究，以及用自己的语言说自己的研究。对中国本土心理学的发展来说，最需要的就是学术创新，而学术的生命就在于创新。当然，创新的努力是非常艰难的。越是全新的突破，就越需要深厚的基础。没有深厚基础的创新，实际上就是胡言乱语、痴人说梦。所以，创新需要积累，学

---

① 翟学伟. 中国人行动的逻辑［M］. 北京：社会科学文献出版社，2001：14.

术的创新需要学术的积累,心理学的学术创新需要心理学的学术积累。心理学的学术创新可以是理论上的创新、方法上的创新,也可以是技术上的创新。

三、心理学本土化的热点与难题

心理学的科学性质是心理学本土化的核心问题。立足西方文化传统的"科学的"心理学,一直就认为自己是唯一合理的心理学。除此之外的心理学探索,或者立足不同文化传统的心理学探索,被归结为"非科学的"心理学。这涉及心理学的科学性质的问题。心理学的科学性质就是心理学的科学观的问题。所谓心理学的科学观,是对如何建设和发展心理科学的基本认识与核心理念。科学观决定着心理学家采纳的研究目标,以及为达成目标而采取的研究策略。心理学的科学观构成了心理学家的视野,决定了心理学家的胸怀。在心理科学的开创和发展中,占主导和支配地位的科学观是小心理学观。这是从近代自然科学传统中抄袭而来的,并广泛渗透到心理学家的科学研究之中。小心理学观在实证的(即科学的)心理学与非实证的(即非科学的)心理学之间划定了截然分明的边界,心理学要想成为科学,就必须把自己限制在边界之内。实证心理学是以实证方法为核心建立起来的,客观观察和实验是产生心理学知识的有效程序。实证研究强调的是完全中立地、不承担价值地对心理或行为事实进行描述和说明。

实证心理学的理论设定是从近代自然科学那里承继的物理主义和机械主义的世界观。这大大缩小了心理学的视野。科学心理学以小心理学观来确立自己,在于其发展还是处于幼稚期。这与其说是为了保证心理学的科学性质,不如说是为了抵御对心理学不是一门严格意义上的实证科学的恐惧。这种小心理学观正在衰落和瓦解,重构心理学的科学观已经成为心理科学研究十分重要的基础性工作。心理学的发展已经进入迷乱的"青春期",并正在经历寻找自己道路的成长的痛苦。心理学的新科学观应该是大心理学观,心理学走向成熟也在于其能够拥有自己的大心理学观。大心理学观,不是要否定心理学的实证性质,而是要开放实证心理学自我封闭的边界。大心理学观不是要放弃实证方法,而是要消解实证方法的核心性地位,使心理学从仅仅重视受方法驱使的实证资料的积累,转向重视支配研究方法和体现文化价值的大理论建树。大心理学观也将改造深植于实证心理学研究中的物理主义和机械主义的理论内核,使心理学从盲目排斥转向广泛吸收其他心理学传统的理论营养。大心理学观无疑会拓展心理学的视野。科学观的问题在心理学中国化的历程中也体现为本土化的标准问题,也就是本土性契合的问题。①

心理学的文化转向是心理学本土化的方向问题。心理学曾经靠摆脱、放弃、回避或越过文化的存在来发展自己,但心理学现在必须靠容纳、揭示、探讨或体现文化的存在来发展自己。② 心理学在成为独立的科学门类之后,在追求自己的科学性的过程中,把科学的客观性和普遍性与文化的建构性和独特性对立起来。心理学早期是排斥文化的存在来保证自己对所有文化的普遍适用性,而目前则是包容文化的存在来保证自己对所有文化的普遍适用性,这是一个历史性的变化。问题在于,如何揭示这一变化的历程及其对发展心理科学的意义和价值。③ 心理学研究中的文化问题主要可以体现在两个方面:一是涉及心理学的研究对象,即人的心理行为的文化内涵的问题;二是涉及心理学的研究方式,即心理学理论、方法和技术的文化特性的问题。这就要摆脱原有的心理学研究把人的心理行为理解为自然现象,而不是理解为文化生活;摆脱原有的心理学探索把心理学的研究确立为自然科学的研究方式,而不是社会和文化科学的研究方式。心理学的中国化就是要把心理学的研究确定在文化传统、文化资源、文化建构、文化互动和文化融合的方向上。

心理学的文化根基是心理学本土化的资源问题。心理文化的概念被用于考察心理学成长的文化根基,探讨心理学发展的文化内涵,挖掘心理学创新的文化资源。文化是心理学植根的土壤和养分的来源。在过去,无论是心理学的发展还是对心理学发展的探索,都缺失了文化的维度。其实,文化是考察当代心理学发展和演变的重要视角。当代心理学的发展越来越重视对文化、心理文化和文化心理的探讨。西方的科学心理学和中国的本土心理学是生长于不同的文化根基,植根于不同的心理生活。起源于西方文化

① 杨国枢.心理学研究的本土契合性及其相关问题[J].本土心理学研究,1998(9):75-120.
② 葛鲁嘉,陈若莉.当代心理学发展的文化学转向[J].吉林大学社会科学学报,1999(5):79-87.
③ 叶浩生.试析现代西方心理学的文化转向[J].心理学报,2001(3):270-275.

的科学心理学,立足实证的研究方法和客观的知识体系,提供了对心理现象某种合理的理论解释和有效的技术干预,但是这仅揭示了人类心理的一个部分或侧面。起源于中国文化的本土心理学也是自成体系的心理学探索,它揭示了具有意义的内心生活并给出了精神超越的发展道路。心理文化概念的提出有利于探明不同文化传统中蕴藏的心理学资源并推进对其挖掘,有利于审视西方心理学的文化适用性并推进对其改造,有利于考察中国本土的心理学传统并推进对其解析。虽然中国现代的科学心理学主要来自西方的科学心理学,但是中国本土也有自己的心理学资源。探查这一资源,就要扩展心理学的视野和设置文化学的框架,将中国本土心理学看成是与西方实证心理学具有同等文化价值的探索。要发展中国的心理学,就有必要追踪中国本土文化中的心理学传统,确定其蕴含的资源、具有的性质、包括的内容和起到的作用。心理文化的探索就是去力图找到和深入挖掘心理学创新的文化根基。中国拥有自己的文化传统、心理文化、心理学探索和创新性资源。①②

　　心理学的研究方式是心理学本土化的方法问题。方法论是任何科学研究的基础。这既是理论的基础,也是方法的基础和技术的基础。因此,心理学的方法论也是心理学研究的基础。方法论的探索是关系到心理学学科发展的核心问题。心理学方法论的原有研究仅仅涉及关于心理学研究方法的探索。其实,心理学研究的方法论应该得到扩展。方法论的探索包括关于对象的立场,关于方法的认识,以及关于技术的思考。③ 心理学的研究应包括三个基本部分:一是关于对象的研究,涉及的是心理学的研究对象,是对心理行为实际的揭示、描述、说明、解释、预测、干预,等等;二是关于方法的研究,涉及的是心理学的研究者,探讨的是心理学研究者持有的研究立场和使用的具体方法;三是关于技术的研究,涉及的是对研究对象的干预和改变。相应地,心理学研究的方法论也应该包括三个基本方面:一是关于心理学研究对象和内容的理解,这是研究内容的确定,力求突破对人的心理行为

---

① 郭永玉. 精神的追寻:超个人心理学及其治疗理论研究[M]. 武汉:华中师范大学出版社,2002:51-55.

② Varela, F. J. , Thomption, E. & Rosch, E. *The embodied mind: Cognitive science and human experience.* Cambridge, MA: The MIT Press, 1991: 23.

③ 葛鲁嘉. 对心理学方法论的扩展性探索[J]. 南京师大学报(社会科学版),2005(1):84-89.

的片面理解；二是关于心理学研究方式和方法的探索，这是研究方法的创新，力图突破和摆脱西方心理学的科学观的限制，为心理学的研究重新建立科学规范；三是关于心理学技术手段和工具的考察，这是干预方式的明确，力争避免把人当成被动接受和随意改变的客体。但是，心理学方法论的传统探讨，主要考察心理学研究运用的具体研究方法，包括心理学具体研究方法的不同类别、基本构成、使用程序、适用范围和修订方法等。随着心理学的发展和进步，心理学方法论的探索必须超越原有的范围，应该包括关于心理学的研究对象、心理学的研究方式和心理学的干预技术等的思考。因此，对心理学方法论的扩展性探索，可以说就是反思心理学发展的一些重大理论问题和方法问题。这些问题的解决不但关系到中国心理学的发展，而且关系到整个心理学的命运与未来。

四、心理学本土化的演变与趋势

在心理学本土化的潮流和进程中，本土心理学一直面对着一系列重大的问题和相应的演变，体现着一系列重要的进步和可能的趋势。因此，心理学本土化不仅要关注过去、历史和传统，而且要关注未来、预见和趋势。这对于中国本土心理学的创建和发展来说，也同样非常重要。

其一，不同文化中的本土心理学。心理学的本土化，是为了建构植根于特定文化土壤中的心理学。文化既是多样性的存在，又是独特性的存在。西方心理学研究者曾一度把自己的心理学当成是唯一合理的心理学，而对其他文化传统中的心理学要么视而不见，要么极力排斥。[1][2] 但事实是，在不同的文化传统和文化历史中，确实存在不同的本土心理学，因此本土心理学是多样化的、多元化的心理学。正是不同的文化背景、文化环境、文化历史、文化传统和文化条件，给本土心理学的发展带来了各种可能和各种形态。

其二，本土心理学的隔绝与交流。心理学的本土化进程导致心理学与本土文化建立起密切的联系。但是，不同社会文化之间的差异和区别，很容易造成不同的本土心理学之间相互隔绝、相互分离，甚至相互对立、相互排

[1]　叶浩生.西方心理学研究新进展[M].北京：人民教育出版社,2003：186.
[2]　郭本禹.当代心理学的新进展[M].济南：山东教育出版社,2003：170.

斥。那么,不同的本土心理学之间的交流就成为重要的任务。其实,任何的交流都要有共同的基础。寻找共同的基础,就成为本土心理学之间进行有效交流的重要任务。多元文化之间的关系实际上也就决定着各种不同本土心理学之间的关系。多元文化之间的隔绝与交流也会直接导致各种不同的本土心理学之间的隔绝与交流。

其三,心理学的文化与社会资源。心理学本土化一个非常重要的目的,就是建立起心理学与文化和社会资源之间的关联,或者说就是使心理学植根于本土文化与社会的土壤。其实,心理学的研究常常是处于资源短缺的状态之中。这并不是说心理学没有或者缺乏相应的社会文化资源,而是说心理学并没有意识到或自觉到自己的社会文化资源,并没有去挖掘和提取自己的社会文化资源。中国文化传统中蕴藏着的丰富的心理学资源,没有得到充分的挖掘和利用。心理学的发展需要资源或文化资源。西方心理学就是植根于西方的文化传统,从本土的文化资源中获取了心理学发展的动力和研究的方式。中国心理学的创新和发展也同样应植根于中国的文化传统,从本土文化资源中获取心理学发展的动力和研究的启示。

其四,心理学发展的传统与更新。任何根源于本土文化的心理学发展,都有自己的历史传统。心理学的生存和演变,不可能完全放弃或脱离自己的传统。心理学的发展和变革都是在传统的基础上进行的。但是,心理学的发展又必须是对传统的超越,必须是基于传统的更新。例如,在中国的文化历史中就有着十分重要的心理学传统,那就是心性心理学。当然,在中国的文化传统中,不同的思想派别有不同的心性学说,不同的心性学说发展出对人的心理的不同解说。中国心理学在新世纪的发展,应该是在汲取中国本土文化资源基础上的心理学创新。在传统的心性心理学基础上的心理学创新,可以将其命名为新心性心理学。新心性心理学是以探讨和揭示心理资源、心理文化、心理生活、心理环境、心理成长和心理科学为目标,是以开创和建立中国本土的心理学学派、思想、理论、方法、技术和工具为己任,是以推动和促进中国心理学的创新、创造、突破、建构、发展和繁荣为宗旨。[1]

---

[1] 葛鲁嘉. 新心性心理学的理论建构——中国本土心理学理论创新的一种新世纪的选择[J]. 吉林大学社会科学学报,2005(5):140-149.

其五,心理学演变的分裂与融合。当代的西方心理学从诞生起就处于四分五裂之中。心理学能否统一和怎样统一是心理学发展面对的课题。心理学的不统一体现在价值定位方面,即心理学是不是价值无涉的科学。价值无涉是指中立和客观的立场,这要求研究者不能把自己的价值取向强加给研究对象。价值涉入则是指价值的导向和定位,这强调研究者与研究对象的一体化,突出人的意向性和主观性,重视人的自主性和主动性。心理学的不统一也体现在理论、方法和技术方面。心理学理论的不统一在于心理学拥有不相容的理论框架、假设、建构、思想、主张、学说、观点、概念等。心理学方法的不统一在于心理学容纳了多样化的研究方法,而方法之间有着巨大的差异和分歧。心理学技术的不统一则在于心理学进入现实社会、引领生活方式、干预心理行为、提供实用手段的途径和方式的多样化。当然,心理学的不统一并不在于多样化,而在于多样化的形态和方式之间相互排斥。随着心理学的进步、发展和成熟,促进心理学的统一就成为重大的问题和目标。心理学有过各种统一的尝试,这包括知识论的统一、价值论的统一以及知识与价值的统一。心理学统一的关键是建立共有的科学观。正是不同的科学观导致或形成了不同的心理学。心理学科学观涉及心理科学的边界和容纳性,理论构造的合理和合法性,研究方法的可信和有效性,以及技术手段的限度和适当性。

五、心理学本土化的出路与结局

心理学本土化的出路与结局是对中国心理学发展的一种本土化定位。这使得中国心理学的发展必然要有自己本土的性质和特征、自己独特的偏重和特色,以及自己强调的内涵和方式。心理学本土化的出路与结局就在于将心理学定位为文化的心理学、历史的心理学、生活的心理学、创新的心理学、未来的心理学。

心理学的本土化是把心理学确立为广义的文化心理学。文化心理学也是通过文化来考察和研究人的心理行为的一个心理学分支。近年来,文化心理学的研究成果受到人们越来越多的关注。有研究者系统考察了文化心理学经历的三个重要的发展时期或阶段。在不同的时期里,文化心理学的知识论立场、方法论主张、研究进路特色和研究方法特征都有着重要的变化。在文化心理学发展的第一个时期,文化心理学的研究目标是在追求共同和普遍的心理机制。那时的文化心理学假定人类有统一的心理机制,从而致力于从不同的文化中去追寻这一本有的中枢运作机制的结构和功能。在文化心理学发展的第二个时期,文化心理学开始关注人类心理的社会文化根源,并转而重视人的心理行为与文化背景的联系,从社会文化出发去考察和说明人的心理行为。这一方面是指,有什么样的社会文化,就有什么样的心理行为模式;另一方面是指,运用特定文化的观点和概念来探讨和说明人的心理行为的性质、活动和变化。在文化心理学发展的第三个时期,文化心理学强调人的主观建构。文化不再是决定人的心理行为的外在存在,而是人的觉知、理解和行动的内在存在。正是人建构了社会文化,人也正是如此而建构了自己特定的心理行为的方式。① 其实,文化心理学不仅仅是心理学的一个分支,而且是心理学研究和发展的一种理论范式。这就会在实际上影响对心理学研究对象的理解和研究方式的确立。

心理学的本土化是把心理学确立为广义的历史心理学。任何心理学的发展都有自己的历史渊源、历史演变、历史传统和历史延续。心理学的本土化也是在为心理学确定其历史的传统。这种历史的传统界定了科学心理学的发展历程、发展道路、发展形态、发展方向和发展可能。其实,所谓的历史心理学,并不是指已过去的心理学、已消失的心理学、被超越的心理学和被扬弃的心理学,而是指心理学的历史根源、历史传统、历史进步和历史道路。更重要的是,心理学应该有自己的历史资源,本土心理学应该成为自身未来发展的历史资源。

心理学的本土化是把心理学确立为广义的生活心理学。中国的学理的心理学有着十分清晰的、引进国外发达国家的心理学的标签,常常与中国本土的生活有着十分重要的、非常清晰的界线。这就把生活本身让给了常人的常识心理学。科学心理学的研究成为象牙塔中少数人的特权。中国心理学本土化一个十分重要的目标,就是能够使科学心理学的研究走入本土文化中普通人的日常生活。科学的心理学能不能成为生活的心理学,就成为心理学本土化一个十分重要的定位。中国本土的心理学应该成为生活的心

---

① 余安邦. 文化心理学的历史发展与研究进路[J]. 本土心理学研究,1996(6):2-60.

理学。这不仅在于说明人的生活中的心理、改变人的生活中的心理,而且在于创造人的生活中的心理。

心理学的本土化是把心理学确立为广义的创新心理学。其实,中国心理学的本土化没有现成的道路好走,没有现成的东西可以继承,没有现成的方式可以照搬。这就决定了中国心理学的本土化历程必须走创新的道路。对于中国的本土心理学来说,原始性创新,包括原始性的理论创新、方法创新和技术创新,应该成为要追求的重要学术目标。然而,对于中国现代的心理学来说,这却是一个非常薄弱的环节。对于许多心理学的研究者来说,引进的才是心理学,创新的却很难被看作是心理学。涉及引进是明确的,涉及创新却是迷茫的。

心理学的本土化是把心理学确立为广义的未来心理学。严格地说,中国心理学的本土化不仅仅就是为了解决心理学发展的历史问题和现实问题,而且是为了解决心理学发展的未来问题。这种未来的心理学应该代表着中国心理学的发展方向、发展可能、发展潜力和发展定位。中国心理学的本土化并不仅仅是要确定自己的发展道路,而且是要提供自己的发展可能。这包括中国本土的心理学应该创立新的学说理论、新的研究方法和新的技术手段。

第四章　本土心理学的基础

本章导言　心理学本土化的理论预设

　　本土心理学有自己立足和发展的基础,本土心理学的研究需要对自己的根基进行明晰化、合理化。这包括关于心理学研究本土化基点的考察,涉及对心理学科学观的探讨。心理学的科学观应该得到变革或扩展,这就是从小科学观到大科学观的变革,从封闭的科学观到开放的科学观的变革。对心理学彰显的、隐含的科学观需要进行哲学的反思,心理学的科学观也决定了心理学的统一观。当代心理学正在经历研究基础的转换,最重要的就是心理学发展的文化学转向。

　　心理学的科学性质是心理学本土化的核心问题。立足西方文化传统的"科学的"心理学一直认为自己是唯一合理的心理学,除此之外的心理学探索,或者立足不同文化传统的心理学探索,都可以划归"非科学的"心理学。这涉及的就是心理学的科学性质问题。对心理学的科学性质的理解,就是心理学的科学观问题。

　　心理学的文化学转向是心理学本土化的方向问题。心理学曾经靠摆脱、放弃、回避或越过文化的存在来发展自己,但是现在必须靠容纳、揭示、探讨或体现文化的存在来发展自己。可以说,心理学在成为独立的科学门类之后,在追求自己的科学性的过程中,把科学的客观性和科学的普遍性与文化的建构性和文化的独特性对立了起来。心理学早期是排斥文化的存在来保证自己对所有文化的普遍适用性,而目前则必须是包容文化的存在来保证自己对所有文化的普遍适用性。这无疑是一个历史性的变化,但还需揭示这一变化的历程及其对发展心理科学的意义和价值。

中国心理学的本土化需要重新设置心理学的科学观,确立心理学的科学性,需要推动心理学的文化学转向,奠定心理学的文化学基础。心理学的科学性问题是受心理学的科学观制约的。正因为西方心理学确立了自身科学性的理论预设,而排斥了其他文化生态环境中的心理学探索和尝试,所以心理学本土化最重要的是要破除和扩展西方心理学设立的科学观。

正是在西方心理学的小科学观和封闭科学观的限制下,中国本土心理学的创新发展受到了制约,所以必须改变心理学的现有科学观,设立本土的大科学观和开放的科学观。正是在西方心理学的无文化及反文化的制约下,中国本土心理学的创新发展就必须促进心理学的文化学转向和确立心理学的文化学基础。这也就需要对心理学的科学观进行哲学反思,否定和剔除对中国本土心理学不合适的思想理论预设,创建和确立有利于中国本土心理学创新发展的思想理论预设,从而为中国本土心理学的创新发展奠定坚实的基础。

第一节　心理学研究本土化的基点

杨国枢先生在关于本土心理学研究评判尺度方面提出了本土性契合的概念,[①]并专门论述了本土契合性问题。这除了使研究者更广泛深入地了解到关于本土化研究评判标准的观点之外,还促使研究者进一步思考了一些深层的问题。其中最重要的是,衡量心理学研究本土化的基点在什么地方。

一、心理学本土化的标准

关于心理学本土化的标准可以从评述本土性契合的思考出发。首先,按照本土性契合的标准,存在两种程度不同的本土化研究:一种是指对输入的西方心理学进行改造,建立适合解说本地民众生活的心理学;另一种是指

[①]　杨国枢. 我们为什么要建立中国人的本土心理学?［J］. 本土心理学研究,1993(1)：6-88.

摆脱西方心理学,舍弃西化心理学,建立纯粹本土的心理学。这两种本土化研究现在共同存在、齐头并进。可以说,前一种本土化更具现实性,后一种本土化更为理想化。其次,按照本土性契合的标准,也存在两种性质不同的本土心理学:一种是中国本土的传统心理学,这与中国民众的心理生活是一体的,共同构成了中国本土传统的心理文化;另一种是中国本土的科学心理学,这是在改造西方实证心理学和超越本土传统心理学的基础上形成的。"这里最关键的问题在于,建立中国的本土心理学的努力没有与心理学科学观的变革联系起来。关于心理学的本土化研究,无论是舍弃西方心理学的本土化研究还是改造西方心理学的本土化研究,目前都没有考虑到心理学的科学观。前者着眼于本土性而不是科学性,后者着眼于研究内容的变换而不是研究方式的变换。关于本土心理学,中国本土的传统心理学和中国本土的科学心理学都没有自觉到心理学的科学观。前者是一种前科学的研究。不过,这里的前科学是指在西方心理学的小科学观的范围之外。后者是一种拘守于西方心理学的小科学观的研究。显然,心理学的研究需要一种大心理学观。大心理学观是心理学发展的新契机与新视野。心理学科学观的变革必将会有助于中国本土心理学的发展,以及与其他文化圈中的心理学的沟通和衔接。"①

虽然杨国枢先生进一步扩展了对本土性契合的阐述,使之变得更加明确和系统,但还是有必要就心理学科学观的问题作进一步讨论。应该说,心理学研究的本土契合性只是一个下设的概念,而心理学的科学观则是一个上设的概念。只有恰当地解决了心理学研究的科学性标准的问题,才有可能恰当地解决心理学研究的本土化标准的问题。

在当代心理学的发展中,实际上有两个主题,即心理学的科学化和心理学的本土化。从时间的历程上看,在20世纪初期,心理学的科学化是热门的话题,心理学家力图把心理学建设成为一门严谨的科学,使之能够在科学家族中占有一席之地。在20世纪末期,心理学的本土化是热门话题,心理学家力图把心理学改造成为一门适用的科学,使之能够在不同的文化传统中占

---

① 葛鲁嘉.心理文化论要——中西心理学传统跨文化解析[M].大连:辽宁师范大学出版社,1995:251.

有一席之地。从文化的分界上看,当代西方心理学着眼的是心理学的科学化,在心理学的研究中全面贯彻实证主义的精神和价值中立的立场,追求方法的精确、概念的合理、技术的有效等,把立足西方文化的科学心理学看作是跨文化普遍适用的。当代非西方心理学着眼的是心理学的本土化,在心理学的发展中力图摆脱西方心理学的宰制,拒绝简单地照搬和模仿西方心理学,寻求从本土文化出发来揭示本土社会文化中独特的心理行为。

在中华文化圈中,心理学的发展也有上述的两个主题。从时间的历程上看,在19世纪末20世纪初,中国从西方引入实证科学的心理学,中国心理学家全面地接受了西方心理学的科学观,他们据此而努力捍卫心理学的科学性。到了20世纪后期,中国的心理学家逐渐感受到西方心理学中蕴涵的文化霸权主义,逐渐意识到照搬和模仿西方心理学的不足,他们因此而开始投身于心理学本土化的潮流。从地域的分界上看,中国大陆与台湾香港的心理学者关注的重心也有所不同。在中国大陆,心理学的发展经历了曲折的过程,其发展水平也相对滞后,许多从事心理学工作的人很少受过严格的实证科学训练。为此,在心理学界更关注的是心理学的科学化或规范化,即如何使心理学的研究更符合科学或更符合规范。在台湾香港,心理学的发展长期追随西方的学术潮流,心理学研究的规范程度也相对较高,许多从事心理学工作的人在西方国家受过严格的实证科学训练。为此,在心理学界更关注的是心理学的本土化,即如何使心理学的研究摆脱西化印记或深入本土文化。

如果单就表面而言,当代心理学发展的这两个主题似乎不是直接相关的,而是并行存在的。实际上,从杨国枢先生的研究中就能够体会到这一点。研究明确涉及的是心理学本土化的问题,或者说是本土心理学的本土性判定标准的问题。杨国枢先生明确提出并系统阐述了本土契合性的概念。按照杨国枢先生的理解:"研究者之研究活动及研究成果与被研究者之心理行为及其生态/经济/社会/文化/历史脉络密切或高度配合、符合及调和的状态,即为本土契合性(或本土性契合)。只有具有本土契合性的研究,才能有效反映、显露、展现或重构所探讨的心理行为及其脉络。"[1]显然,对于

---

[1] 杨国枢.心理学研究的本土契合性及其相关问题[J].本土心理学研究,1998(8):75-120.

杨国枢先生来说,心理学的科学性或科学观的问题并不在其视野中,甚至可以说心理学的科学性或科学观的问题并不成为问题。西方心理学的问题不在于它的科学性或科学观,也不在于它的本土契合性,而在于它的只具有本土契合性的研究成果的跨文化运用。中国本土心理学的问题不在于它的科学性或科学观,也不在于它的外来继承性,而在于它的研究活动和研究成果是否能够具有本土契合性。

二、心理学本土化的基点

与此不同的观点是,心理学研究本土化的基点不仅在于揭示本土的心理行为及其脉络,而且在于怎样才能揭示本土的心理行为及其脉络。这就是心理学的科学观问题,涉及的是什么样的心理学或什么样的心理学研究方式才是合理有效的。对于这个问题的回答,答案就不只是心理学研究的本土契合性,还应该是心理学研究的普遍科学性。心理学的本土化直接关系到心理学的科学化,或者说心理学的本土化实际上取决于心理学的科学化。这可以分解为三个相关联的问题:为什么西方的实证心理学没有成为具有普适性的科学?为什么心理学本土化的发展目前面临建立科学规范的问题?为什么中国本土心理学的贡献还应包括推进心理学的科学研究方式?

其一,为什么西方的实证心理学没有成为具有普适性的科学?在西方实证心理学的早期发展中,心理学家有两个基本的追求:一是使心理学成为一门严格意义上的实证科学;二是使心理学成为一门普遍适用的实证科学。在他们看来,只有实现前一个追求,才有可能实现后一个追求。但是,为了实现前者,许多心理学家并不是从心理学研究对象的特性出发,而是简单地模仿其他相对成熟的自然科学门类。他们以物理主义的观点看待心理学的研究对象,以使用实证方法作为衡量自身科学性的标准。这导致的直接后果是,对心理学研究对象的理解过于贫乏化和简单化,机械论和还原论盛行。正是在这样的基础上,实证心理学家追求心理学的普遍适用性。显然,如此的普遍适用性抽取掉了人的心理行为的许多丰富的内涵。例如,抽取掉了人的心理行为的文化内涵。西方的心理学家是通过排除文化或文化的差异来保证心理学研究的普遍适用性,而不是通过追究文化或文化的差异来达到心理学研究的普遍适用性。后者正是心理学本土化运动追求的目标。西方的实证心理学之所以没有成为具有普适性的科学,表面上看是研究内容中的某种不足或缺陷,但深究起来则是研究方式上的某种不足或缺陷,而这正是根源于西方心理学家持有的实证科学观。这一科学观隐含在具体的心理学研究的背后,支撑着具体的心理学研究的进行。这一科学观又深植于西方文化,是现代西方文化透显出来的生存论的关怀、认识论的原则和方法论的运用。当然,西方心理学家也在反思和修正这一科学观,特别是在后现代的背景下和后现代的思潮中。

其二,为什么心理学本土化的发展目前面临建立科学规范的问题?中国心理学的本土化研究在一个比较短的时期里取得了相当数量、相当重要的成果。从中国心理学本土化的发展历程来看,可以将其大致区分为两个阶段:第一个阶段可以称为保守的本土化研究时期,时段大约是从 20 世纪 70 年代末期到 80 年代末期;第二个阶段可以称为激进的本土化研究时期,时段大约是从 20 世纪 90 年代初期到现在。在保守的本土化研究时期,中国本土的研究者主要试图扩展西方心理学的研究内容,使中国心理学转而考察中国人的心理行为,但在科学观上并未能够超越西方心理学,或者说仍然受西方心理学的研究方式限制。这个阶段的研究是以中国人为被试,但使用的工具、方法、概念和理论还都是西方式的。在激进的本土化研究时期,中国本土的研究者开始试图扩展西方心理学的研究方式,使中国心理学开始突破西方心理学的小科学观的限制,寻求更超脱的、多样化的研究方法和理论思想。这个阶段的研究力图摆脱西方心理学,舍弃西化心理学,以建立内发性本土心理学,但是这个阶段的研究还带有相当的盲目性。研究更多样化,但更具杂乱性;研究带有更多的尝试性,而缺少必要的规范性。当前的研究没有相对一致的衡量和评价研究的标准。正如杨中芳指出的那样,研究者对于如何深化本土心理学研究感到彷徨。[①] 研究者各做各事、自说自话,各种研究就像失去了连线的一串落地的珠子。显然,更重要的是为中国心理学的本土化研究建立或设置规范。杨国枢先生的本土契合性的评判标准就是这样的努力,开创一种科学观则是更高的努力。

---

① 杨中芳. 试论如何深化本土心理学研究[J]. 本土心理学研究,1993(1):122-183.

其三,为什么中国本土心理学的贡献还应包括推进心理学的科学研究方式? 无论是在中国本土心理学研究的保守阶段还是在激进阶段,杨国枢先生都是重要的倡导者和引领者。早在 1975 年,杨国枢先生就开始思考心理学研究中国化的问题,并随之推动了心理学研究中国化的潮流。1988 年,杨国枢先生赴美国访问研究时,痛感建立中国本土心理学的迫切性,进而鼓动摆脱西方心理学和放弃西化心理学,使本土心理学研究从保守阶段转入激进阶段。杨国枢先生也开始着手为本土化研究建立评判标准,进而提出本土性契合的概念。对杨国枢先生前后期的思想变化,杨国枢先生自己也都表示认可。但是,当提出目前的中国心理学本土化研究应确立其科学观时,杨国枢先生则并不认可。杨国枢先生的理由是,没有必要事先确立什么样的研究是科学的或不科学的,而不应该限制或应该允许各种研究的尝试。此后,进一步的研究并没有放弃对心理学科学观问题的探讨,并认为拓展和变革西方心理学的科学观,不但不是对本土心理学研究的限制,反而正是为其拓展了无限发展的空间。这也正是把确立新的科学观称为大心理学观的含义。在本土心理学研究中,重要的和基本的是提出心理文化的概念,并依据这个概念去详尽地考察和比较西方的心理学传统和中国的心理学传统。所谓的心理文化是由两个方面构成的:一是特定文化中的心理行为;二是特定文化中的心理学探索。中国本土有自己的心理文化和心理文化的传统,这同样也符合本土契合性的标准。中国心理学本土化的研究把本土文化中的心理行为纳入了自己的视野,但缺乏对本土传统心理学的研究方式的关注和探索。① 对此,已经有了初步的探索,并打算用以改造西方心理学的研究方式,以及引申用以规范对本土文化中的心理行为的研究。这不仅能够充实心理学的研究内容,而且能够拓展心理学的研究方式。②

当然,这并不主张为心理学本土化研究确立一个更适当的科学观与确立一个本土契合性的标准是不相关的或相矛盾的。但是,可以认为,深入探讨和重新确立心理学的科学观,要比仅仅为心理学本土化研究或本土化研

① 葛鲁嘉.心理文化论要——中西心理学传统跨文化解析[M].大连:辽宁师范大学出版社,1995:28－29,48.
② 葛鲁嘉.中国本土传统心理学的内省方式及其现代启示[J].吉林大学社会科学学报,1997(6):25－30.

究的程度设置本土契合性的标准更广泛、更深切。心理学本土化的问题只能通过心理学科学化去加以解决。杨国枢先生对本土契合性的探讨相当全面系统,对于理解心理学本土化的研究和深化提高本土化的程度都具有重要的指导意义。但是,如果仔细深究的话,就可以发现本土契合性涉及的内涵都可以从心理学科学观中引申出来。心理学的科学观是对如何构造和发展心理科学的基本设定,这可以是隐含的前提,也可以是明确的前提。或者说,心理学家可以是不自觉地在运用,也可以是自觉地在运用。科学观体现为心理学家采纳的研究目标,以及为达成研究目标而采纳的研究策略。或者说,科学观决定着对心理学研究对象的理解,也决定着对心理学研究方式的确定。

三、心理学本土化的预设

从心理学的科学观中可以引申出三个方面的基本内容:一是对心理科学研究对象的基本性质的理论预设;二是对心理科学研究方式的基本性质的理论预设;三是对研究者与研究对象关系的基本性质的理论预设。杨国枢先生所说的本土契合性涉及的也正是这三个方面的基本内容。

其一,对心理科学研究对象的基本性质的理论预设。应该说,心理学研究对象的性质实际上决定着心理学研究活动的性质。心理学家必须从人类心理的独特本性出发,而不是凭空地或随意地从事自己的研究活动。但是,人类心理的本性并不是昭然若揭的,心理学家通常拥有的是对人类心理本性的基本预设。西方心理学的主导科学观接受了传统自然科学中的物理主义和机械主义的世界图景。心理学家也把人的心理行为类同于其他的自然物,将其仅仅看成是客观性的、机械式的存在。这必然导致的结果是:心理学以对待自然物的方式来对待人的心理。这既是西方主流心理学获取科学性的途径,也是其缺乏科学性的根源。杨国枢先生提出的本土契合性的看法,也是立足对人类心理本性的理解。他采用的是文化生态互动观以及人类与环境互动论,从人与环境互动的角度来理解人的心理行为。显然,最重要的是考察心理学学科,并为心理科学制定新的发展方略。但是,这应该是奠基于考察人类心理的本性,应该着手探讨人的心理生活。尽管人与环境是互动的关系,但人之所以能够与环境结成特定的关系,就在于人类心理的特殊性质。人类的心理既是自然的存在,也是自觉的存在。这使人类心理既是客观性的存在,也是主观性的存在。这也同样使人类心理既受自然生态环境的制约,也创造带来自身发展的社会文化历史。

其二,对心理科学研究方式的基本性质的理论预设。应该说,心理学研究方式的性质决定了对人类心理的可能的揭示和干预。心理学家采取什么样的研究方式,就会得出有关人类心理的什么样的研究结果。无论心理学家采取什么研究方式,都会有对该研究方式的隐含或明确的预设。西方心理学的主导科学观倡导的是实证的研究方式,研究者必须原样再现人类心理。这重视和强调的是操作定义的理论概念、客观精确的实验方法和严格控制的技术手段。从表面上看,这是把研究者当成是纯净的、空白的,并割除或阻断了研究者有可能带入研究的社会文化历史的蕴意。但实际上,一方面这种揭示和干预人类心理行为的理论、方法和技术本身就是一种特有的文化方式,另一方面研究者仍然会以各种形式把社会文化历史的含义带入自己的研究。杨国枢先生提出的本土契合性的标准探讨了研究者之日常心理及行为、研究者之本土化研究活动和研究者之本土化研究成果之间的关系。他对研究活动(包括研究方法的设计、理论概念的建构和技术手段的运用等)和研究成果(包括本土化的研究发现)采取了十分宽容的态度,只要能够高度地配合、符合或吻合研究的对象,以及能够有效地反映、显露、展现或重构研究的对象,就都可以采纳。其实,心理学的研究方式可以更开放。这既可以是客观的研究,也可以是与被研究对象共有的构筑活动。这种构筑活动的结果不仅可以展露人类心理,而且可以带来人类心理生活的变化和创造。

其三,对研究者与研究对象关系的基本性质的理论预设。可以说,这种关系的预定性质决定着心理科学研究对象的预定性质,也决定着心理科学研究活动的预定性质。西方心理学的主导科学观分离了研究对象和研究者,或者说分离了研究客体和研究主体。研究客体是已定的存在,是客观的现象。研究主体则是如实描摹的镜子,是冷漠的、中立的旁观者。这样的分离是基于异己的自然物与人作为认识者的区分。但是,心理学的研究对象与研究者却具有共同的性质。两者可以按照研究对象与研究者加以区分,也可以形成超越这种区分的特定联系。杨国枢先生所说的本土契合性则直接涉及的是研究者与被研究者之间的一种密切关联。研究者与被研究者可以处于共同的生态/经济/社会/文化/历史的脉络之中，或者说拥有共同的生活。被研究者的心理行为会随其脉络而有所变化，研究者也会受所处脉络的影响、制约或决定，并将其渗透到实际的研究活动和研究结果中。在心理学的研究中，研究者与被研究者也可以是一体化的，这就是心灵的自我超越活动和自我创造活动。这不仅是个体化的过程，而且是个体超越自身的过程。这不仅是心灵的自我扩展，而且是心灵与心灵的共同构筑。正是在这种共创中，才显现出科学追踪的道体。

当本土化成为中国心理学发展的明确目标之后，为本土化确立一个标准就是十分必要的、重要的。但是，本土化目标的达成，不仅在于本土化，而且在于科学化。中国本土心理学应该内含科学精神，也应该为发展这种科学精神作出贡献。这也正是规范化、科学化或科学观的真正意义所在。

第二节　心理学科学观
从小转向大

心理学从成为一门独立的科学门类开始，就一直存在对自己科学身份的确立和认同问题。这就是心理学科学观的问题。关于心理学科学观的探讨属于心理学的自我反思和自我确认问题。心理学能否成为一门科学？心理学怎样成为一门科学？心理学可以成为一门什么样的科学？心理学能够成为一门什么种类的科学？这些都是关系到心理学的科学地位和未来发展的重大核心课题。所有这些问题都与心理学的科学观有着直接和密切的关联，都应该是心理学科学观决定、引导和导致的结果。

可以毫不夸张地说，心理科学在成为实证科学的一百多年的发展中，一直患有较为严重的"体虚症"，主要原因在于缺乏必要的理论建设，甚至排斥或忽视理论建构。这不仅影响到心理学自身的迅速成长，而且影响到心理学在人类生活中所能发挥的作用。近一段时期里，心理学迎来了一个有利于其理论突飞猛进的合适的发展契机，但问题是，心理学家必须相应地改变自己的小心理学观,去拥有一种大心理学观。

一、不统一的危机

心理学从来就没有摆脱危机的困扰。这种危机就在于,心理学从来就没有真正成为一门统一的学问。当代心理科学的发展也同样面临着这一危机,而且这种不统一正在变本加厉和不断恶化。

一些心理学家对科学心理学的支离破碎和形同散沙深感忧虑。美国心理学家斯塔茨(Arthur W. Staats,1924—　)曾经痛陈心理学面对的这种"不统一的危机"。他认为,除非统一整个心理学,否则心理学就不可能"被认为是一门真正的科学"。[①] 正如他所说,心理学具有现代科学的多产特征,却没有能力去联结自己的研究发现。结果是越来越严重的分歧,形成了越来越多毫无关联的问题、方法、发现、理论语言、思想观点和哲学立场。心理学拥有如此多的四分五裂的知识要素,以及如此多的彼此怀疑、无休争执和相互嫌弃,使得心理学面临的最大问题就是得出一般的或普遍的理论。混乱的知识,也就是没有关联、没有一致、没有协同、没有组织的知识,并不是有效的科学知识。心理学作为一门科学的地位,在很大程度上取决于心理学统一的程度。或者说,心理学要想被看成是一门真正的科学,就必须成就严密的、关联的和一致的知识。不统一的危机已经带来对心理学的科学性质的怀疑。

在美国心理学界,对统一问题的兴趣一直不断地增长,为心理学的进步和发展提供了推动力。美国心理学会的好几个分会都已经突出地强调了统一的目标。美国心理学会的第一分会,即普通心理学分会,还设立了威廉·詹姆斯奖(William James Award),以鼓励为统一工作作出的贡献。1984 年美国心理学会年会上,一个心理学家小组开会讨论了如何推进考察心理学的统一问题。他们决定在 1985 年的年会上组织关于统一的专题讨论会,并于 1985 年发起成立了"心理学统一问题研究会"(Society for Studying Unity Issues in Psychology)。

① Staats, A. W. Unified positivism and unification psychology. *American Psychologist*, 1991(9): 899 – 912.

实际上,心理学家从来就没有放弃过统一心理学的努力,但至今这仍然是个无法实现的梦想。问题在于,研究者并没有从心理学的科学观上去追究不统一的根源。心理学从哲学怀抱中脱离出来成为独立的实证科学之后,就一直以成熟的自然科学学科为偶像。心理学从近代自然科学中直接继承了一种科学观,即实证科学观,可以将其称为小心理学观。小心理学观力求把心理学建设成为一门纯粹的自然科学,并以此来划定科学心理学与非科学心理学的界线,从而把心理学限定在一个非常狭小的世界里。小心理学观与其说是统一心理学的保障,不如说是心理学不统一的隐患。可以这样说,心理学以小科学观来统一自己,统一就永远是个梦幻。如果心理学不放弃自己的小心理学观,就不会成为统一的科学门类。

小心理学观体现为对实证方法(或实验方法)的崇拜,把实证方法看成是心理学研究的核心。心理学的理论知识就来自实证方法,并接受实证方法的检验。西方科学心理学的诞生,研究者通常是以德国心理学家冯特1879年在德国莱比锡大学建立心理学实验室为标志。这反映了以实证方法为核心的主张,结果使心理学的研究方法日益精致,但研究的问题水平却不断下降。小心理学观还体现为反哲学倾向,它割断了心理学与哲学的天然联系,使心理学长期失去了对自己的理论基础的关注和研讨。小心理学观从近代自然科学中继承了物理主义和实证主义的理论框架。只不过,这一理论框架是隐含的,而不是明确的。

正因为小心理学观重方法和轻理论,心理学家重视实证资料的积累,贬低理论构想的创造,导致心理学极度膨胀的实证资料与极度虚弱的理论建设之间的反差日益增大。应该说,心理学发现的支离破碎与心理学缺乏理论建设是两个密切相关的问题。自从美国科学哲学家库恩(Thomas Samuel Kuhn, 1922—1996)指出,成为科学就在于形成科学家共同体共有的统一的理论范式,许多心理学家才开始意识到理论基础的重要性。美国心理学家斯塔茨曾提到,心理学的统一需要有统一的哲学。这个统一的哲学就是统一的实证主义(unified positivism)。[①] 当然,这只不过是把小心理学观的理

---

① Staats, A. W. Unified positivism and unification psychology. *American Psychologist*, 1991(9): 899–912.

论框架由隐含变成了外显,却没有改变导致分裂的基本根源。这也肯定会排斥基于其他理论框架的心理学研究。

从心理学发展史上来看,以物理学为样板,以小心理学观为引导,去建立统一的心理科学的努力是不成功的。行为主义是个典型的例子。行为主义不仅无力涉及人类心理的广阔领域,也无法容纳关于人类心理的已有研究成果。

实证心理学由于科学观的狭隘,而给其他各种不同的心理学探索留下了余地,使之保留了生机。不同的心理学探索涉及了人类心理的不同方面和侧面,共同提供了人类心理更完整的图景。问题在于,如何才能在一个新的基础上消除心理学四分五裂的危机和心理学的科学性质的危机。

二、认知潮的冲击

西方科学心理学主流的发展经历了几次重大的转折。最初占有支配性地位的是内省主义(introspectionism)。在研究对象上,它是以心灵为实在,考察的是人的意识经验,故可称为意识心理学。在方法上,它是实验加内省,但仍然是通过内省的途径来引导研究,故也可称为内省心理学。到 20 世纪初期,行为主义(behaviorism)掀起了一场革命,推翻了内省主义对心理学的统治。在对象上,行为主义反对心理学研究人的意识经验,而代之以可客观观察的行为。在方法上,行为主义清除了内省法,贯彻了客观的观察和实验,以确立心理学的科学地位。行为主义以其自诩的科学性支配了主流心理学的发展,但是它所放弃的人的内在心理意识仍然在其他的心理学传统中得到了考察。

20 世纪 50 年代到 60 年代,心理学又发生了一场认知革命,这场革命推翻了行为主义对心理学的统治。刚一开始,这场革命并不是那么引人注目,许多心理学家都没有意识到,他们的努力为心理学带来了一个重大的转折。只是后来,他们才惊异地发现自己打破了行为主义的禁锢。直到 20 世纪 70 年代初期,认知革命才形成了一股迅猛的洪流,并促成了由认知心理学、人工智能、语言学、神经科学和哲学等跨学科合作的认知科学的诞生。心理学中的认知革命把被行为主义排斥的心理意识、内在经验重新确定为心理学的研究对象,把被行为主义贬低为非科学的那些主题和术语重新纳入心理学的研究视野。这给心理学的新发展带来了重大的改变和注入了无限的生机，其冲击性作用的后效有许多至今仍难以估量。

认知心理学改变了行为主义为心理学确定的学科研究对象，但没有改变行为主义为心理学确立的实证研究方式。为此，有些学者认为认知心理学还是把认知过程当成是行为来加以研究。[①] 的确，心灵的活动常常被看成是神秘的、不可分析的，很难加以实证把握和客观研究。但是，认知心理学采纳了信息加工的观点。信息加工也就是对符号进行的操作。符号具有双重的性质：一是拥有物理的或形式的特征；二是表征着或代表着一定的内容或意义。表征着一定内容的符号可以按照一定的规则进行变换，这就是符号的计算。认知过程便被看成是符号的计算过程，从而使客观揭示心灵的工作原理成为可能。

这种被称为认知主义（cognitivism）的符号研究范式是以计算机作为理论的启示。或者说，这是建立在人工智能与人类心理进行类比的基础上的。尽管人工智能和人类心理分别是由计算机硬件和脑神经系统实现出来的，但两者在机能水平上被认为具有相同的信息加工性质。人的心灵活动没有什么神秘之处，其符号的计算过程完全可以由计算机复制或模拟出来。认知主义的观点不仅支配了认知心理学的研究，而且被许多研究者当成统一认知科学的多学科探讨的理论基础。但是，也有研究者反对将人工智能与人类心理进行类比，认为两者具有截然不同的性质，人工智能的理论语言不足以解释人类心理。[②] 认知主义能否成为统一认知科学的理论基础也受到了怀疑和批评。[③] 很显然，认知主义为认知心理学设定的仍然是小心理学观。

不过，认知革命还是造成了强烈的震撼，这场革命不仅打开了被行为主义关闭了许久的探索内在心灵的门户，而且打开了实证心理学能与其他探索内在心灵的心理学传统进行沟通的门户。尽管认知心理学乃至认知科学走的仍是实证科学的道路，但许多心理学家也开始大胆地复兴和审视

① Varela，F. J.，Thompson，E.，& Rosch，E. *The embodied mind: Cognitive science and human experience.* Cambridge，MA：The MIT Press，1991：11.
② 葛鲁嘉.人工智能与人类心理[J].自然辩证法研究，1994(7)：43-47.
③ 葛鲁嘉.认知科学的性质与未来[J].吉林大学社会科学学报，1995(1)：21-26.

其他不同的心理学传统。他们越来越频繁地涉及在日常生活中由常人掌握的常识心理学，在精神生活中由哲学家和宗教家等建构的哲学心理学，以及在特定文化圈中由两者构成的本土心理学传统。这种对不同心理学传统的关注，反过来已在影响到科学心理学的发展道路。认知心理学及认知科学，仍是把心灵的活动看成是客观的自然过程而不是主观的经验世界，这大大限制了对人类心理的全面揭示和完整把握。本土的心理学传统则不仅有助于丰富实证心理学的研究内容，而且有助于改进实证心理学的研究方式。

认知革命使常识心理学及其心灵主义的用语恢复了活力。认知心理学的兴起是会取代还是会容纳常识心理学，多年来成为心理学和哲学的一个争论热点。认知心理学也使东方思想中的心理学传统恢复了青春。实证心理学无力深入主观的经验世界，日益成为一个大的弱点。中国本土的心理学传统则是从人类心灵的直观体验入手，探讨了人的心灵自觉的内在根据、人的内心生活的意义根源和人的精神境界的提升途径，这提供了十分重要的理论启示性。

显然，心理学发展中的认知革命带来了对其他心理学传统的关注。法国心理学家莫斯科维奇在为两位英国学者主编的《本土心理学》一书所作的序言中，就把重新面对本土的心理学传统称为科学心理学中的一场"回归革命"（retro-revolution）。[①] 这表明，在本土文化的土壤中，那些曾被实证心理学抛弃的心理学传统，为重构心理学的科学观提供了可能和必要。显然，本土的心理学传统对于心理学的进步来说，是非常重要的心理学资源。

三、后现代的精神

在 20 世纪中期，西方发达国家开始由现代工业社会步入后工业社会或信息社会。与之相应，其文化思潮也由现代主义转向后现代主义。后现代主义思潮被看成是西方文化精神和价值取向的重大变革，并很快风靡欧美、震撼学界。科学心理学的发展显然无法脱离开这一大的文化氛围。

---

① Moscovici, S. Foreword. In P. Heelas & A. Lock (Eds.), *Indigenous psychologies: The anthropology of the self*. New York: Academic Press, 1981: vii - xi.

文艺复兴之后，西方社会不仅大踏步迈向现代大工业社会，而且逐步确立起理性至高无上的地位和科学统观一切的权威，并以此构造了西方的现代文明。但是，当今的后现代主义运动则是对现代文明的批判和解构，即着手摧毁理性的独断和科学的霸权，强调所有的思想和不同的文化彼此平等并存发展。正如法国哲学家利奥塔尔（Jean-François Lyotard，1924—1998）主张的，后现代的精神在于"去中心"和"多元化"。①

利奥塔尔对后现代知识状况的分析，对于理解心理学可能的发展具有十分重要的启示性。在他看来，当科学知识（自然科学）与叙事知识（人文科学）从同源母体中分离出来之后，科学知识便一直对叙事知识的正确性和合法性提出质疑和挑战。科学知识认为叙事知识缺乏实证根据，无法证明其合理性。叙事知识则把科学知识看成是叙事家族的变种，而对其采取宽容退让的态度。这造成的是科学的霸权主义扩张。但是，现代科学本身也并不能证明自己的合理性，反而是要借助启蒙运动以来的两种宏大叙事来确定自己的合理性，那就是自由解放和追求本真。自由解放导致的是以人为中心的主体性膨胀，追求本真导致的是理性至上的科学独霸。因此，科学知识在破坏叙事知识基础的同时，也给自己的合理性带来了危机。后现代主义文化思潮带来的就是这种元叙事的瓦解。人们不再需要一个统一的标准去衡量所有产生知识和传述知识的活动，各种知识和文化都可以并行不悖。

的确，近代科学兴起之后，便建立了自己一套理性的真理判据或科学的"游戏"规则，并将其当成唯一的合理性标准。科学知识把不符合这一标准的实践知识和文化传述都看成是原始落后的东西，是应该为实证科学所铲除的垃圾。实际上，人类构建了关于世界的不同阐释。这很难用一个共同的标准去衡量。问题不在于去确定哪一种阐释是唯一合理的，而在于去确定怎样促进各种不同阐释并行发展和怎样在各种不同阐释之间建立沟通。

西方心理学自成为独立学科之后，便发展出两种不同的研究取向，即科学主义研究取向和人文主义研究取向。德国心理学家艾宾浩斯倡导自然科

---

① 利奥塔尔. 后现代状态：关于知识的报告[M]. 车槿山，译. 北京：三联书店，1997.

学的、分析的、解释的心理学,德国哲学家狄尔泰(Wilhelm Dilthey,1833—1911)则倡导人文科学的、描述的、理解的心理学,两者在西方心理学的发展中构成了一种对立和对抗。① 马斯洛将其称为机械主义的科学和人本主义的科学。② 金布尔将其说成是当代心理学中的"两种文化",即科学文化与人文文化。③

当然,这两个研究取向并不是平等的。科学主义研究取向一直占有主导地位,成为主流的心理学。人文主义研究取向则不占主导地位,成为非主流的心理学。主流的心理学一直力求成为自然科学家族中的一员,坚持运用客观的研究方法和遵循科学的基本规则。这确立的是分析的、还原的研究方式,立足的是物理主义或机械论的观点,采取的是霸权扩张的姿态。非主流的心理学则努力引导心理学跃出自然科学的轨道,坚持探索各种可能的心理学研究方法和拓展心理学研究的理论视野。非主流的心理学反对的是分析和还原的研究方式,立足的是心灵主义或现象学的观点。

西方的实证心理学一直把自己看成是超越本土文化的科学努力,也陆续地输入或传入其他文化圈,这为在其他文化圈中建立和发展实证的心理学作出了巨大的贡献。但是,这也在很多时候表现为一种科学帝国主义的入侵。实证主义的心理学对本土的心理文化采取了一种歧视甚至敌视的态度,不仅常常忽略本土具有文化色彩的心理生活,而且极力排斥本土具有文化价值的心理学传统。不过,近来针对实证心理学毫无限制的称霸扩张,出现了两股强有力的反叛力量:一是迅速扩展的对西方实证心理学的本土化改造,试图使之更贴近特定文化圈中的心理行为;二是逐渐升温的对本土心理学的关注,试图使被实证心理学排斥的东西重放光彩。这两个方面不可忽视的努力也出现在我国的心理学界,④其中也许就孕育着我国心理学发展的新的生命。

实际上,西方的实证心理学并未能终结也不可能终结其他的心理学传

---

① 克吕维尔. 现代德国心理学[M]//墨菲,柯瓦奇. 近代心理学历史导引. 林方,等,译. 北京:商务印书馆,1992:768 - 797.
② 马斯洛. 科学心理学[M]. 林方,译. 昆明:云南人民出版社,1988.
③ Kimble, G. A. Psychology's two cultures. *American Psychologist*, 1984(8):833 - 839.
④ 葛鲁嘉. 中国本土的传统形态心理学与本土化的科学形态心理学[J]. 社会科学战线,1994(2):68 - 73.

统。有研究者会认为,我国并非处于后现代社会,也没有后现代的文化氛围。问题在于实证科学的弱小,而不在于实证科学强大到足以侵吞人文精神。但是,我国从西方发达国家引入先进的实证心理学,我国又富有深植于本土文化和社会生活的心理学传统资源,只有避免相互的对立、排斥和削弱,促进彼此的沟通、交流和发展,才会有助于在我国开拓出心理学成长的新道路。

四、心理学的视野

心理学的科学观是对如何建设和发展心理科学的基本认识,科学观决定着心理学家采纳的研究目标和为达成目标而采取的研究策略。心理学的科学观体现在这样一些问题的解决上,如什么是心理科学,什么是心理学的研究对象,怎样确定心理学的研究方法,怎样构造心理学的理论知识,怎样干预人的心理生活。可以说,心理学的科学观构成了心理学家的视野,决定了心理学家的胸怀。

如前所述,在心理科学的开创和发展中,占有主导性和具有支配性的科学观是小心理学观。心理学的这种科学观是从近代自然科学传统中抄袭而来的,并广泛渗透到心理学家的科学研究之中。小心理学观在实证的(即科学的)心理学与非实证的(即非科学的)心理学之间划定了截然分明的边界,心理学要想成为科学就必须把自己限制在边界之内。实证的心理学是以实证方法为核心建立起来的,客观观察和实验是有效产生心理学知识的程序。实证研究强调的是完全中立地、不承担价值地对心理或行为事实的描述和说明。实证心理学的理论设定是从近代自然科学承继的物理主义和机械主义的世界观。这都大大缩小了心理学的视野。

实证主义的科学心理学以小心理学观来确立和规范自己,就在于其发展还是处于幼稚期。这与其说是为了保证心理学的科学性质,不如说是为了抵御对心理学不是一门严格意义上的实证科学的恐惧。但是,这种小心理学观正在衰落和瓦解,重构心理学的科学观已经成为心理科学十分重要的基础性工作。心理学的发展已经进入迷乱的"青春期",并正在经历寻找自己道路的成长的痛苦。

心理学的新科学观应该是大心理学观,心理学走向成熟也在于能够拥有自己的大心理学观。所谓大心理学观,不是要否定心理学的实证性质,而是要开放实证心理学自我封闭的边界。大心理学观不是要放弃实证方法,而是要消解实证方法的核心性地位,使心理学从仅仅重视受方法驱使的实证资料的积累,转向也重视支配方法的使用和体现文化的价值的大理论建树。大心理学观也将改造深植于实证心理学研究中物理主义和机械主义的理论内核,使心理学从盲目排斥转向广泛吸收其他心理学传统的理论营养。大心理学观无疑会拓展心理学的视野。

总之,大心理学观会带给心理学一个大视野。这不是要铲除而是要超越小心理学观,从而使心理学全面改进自己的研究目标和研究策略,重新构造自己的研究方式和理论内核,以全面深入地揭示人类心理,有力有效地参与到社会发展和人类进步的事业中。

大心理学观也可以称为心理学的大科学观。然而,在相关的研究中,它受到一些学者的误读和误解。有研究者是直接套用,提出要建构中国大心理学。其实,严格说来,心理学本身并无大小之分,也不是把心理学的一切原本分离的内容集合起来就汇成了所谓"大"心理学。所谓"观"的问题在于,研究者是用什么来框定心理学的边界,是用什么来约束心理学的范围,是用什么来规范心理学的研究。有研究者则对小心理学观和大心理学观的"小"和"大"的说法嗤之以鼻,认为这完全不属于研究的问题,而只是文字游戏。可以说,这样的研究者根本没有意识到划分小心理学观与大心理学观的基本学术价值,也完全不知道小心理学观与大心理学观的相互对立和对抗的基本学术内涵。这无疑属于十分盲目、特别无知的漠视和排斥。

小心理学观与大心理学观的分离与对立,甚至从小心理学观到大心理学观的更替与接续,并不见得就一定能够很贴切地反映出心理学的学科、思想和理论的演进过程。但是,换一种界定,也许可以更清晰地说明科学心理学设定的边界,可以更形象地表明心理学的当代发展必需的突破。这就是心理学的封闭的科学观与心理学的开放的科学观的分离与对立。心理学早期采纳的是封闭的科学观。这是为了获取心理学的独立的科学地位和科学身份。这种封闭的科学观隔绝了心理学与其他科学门类之间的关系,也大大缩小了心理学的学科空间。心理学需要转换的是开放的科学观。这就在于心理学能够开放自己的学科边界,广泛地吸纳心理学的各种资源,推进心理学研究的原始性的创新。

第三节　心理学科学观从
封闭转向开放

　　心理学的小科学观与大科学观看起来好像是"小"与"大"的规模和数量上的不同或差异,容易引起歧义或争议。不同意小心理学观与大心理学观划分的学者就对"小"与"大"的说法非常反感。实际上,所谓的"小"与"大"还可以进一步理解为心理学封闭的科学观与开放的科学观。这是关于心理学科学观探讨的一个非常重要的推进。

一、封闭与开放的对立

　　在心理科学的开创和发展中,一度占有主导性和具有支配性的科学观是封闭的心理学观,或者说是心理学的封闭的科学观。这是从近代自然科学传统中抄袭和照搬而来的,并且广泛地渗透到心理学家的科学研究之中。封闭的心理学观在实证的(即科学的)心理学与非实证的(即非科学的)心理学之间划定了截然分明的边界,心理学要想成为科学就必须把自己限制在边界之内。实证的心理学是以实证方法为核心建立起来的,客观观察和实验是有效产生心理学知识的程序。实证研究强调的是完全中立地、不承担价值地对心理或行为事实的描述和说明。实证主义心理学的理论设定是从近代自然科学承继的物理主义和机械主义的世界观。这都大大缩小和封闭了心理学的视野。

　　科学心理学以封闭的心理学观来确立自己,就在于其发展还是处于幼稚期。心理学急需确立自己独立的实证科学的身份,急需划定自己专属的实证研究的范围。心理学对自己的学术领地的圈定,对自己的学科范围的限定,对自己的学术影响的界定,都并不是真正为了确定或保证心理学的科学性质,而完全是为了抵御心理学能否成为独立学科的恐惧。但是,这种封闭的心理学科学观正在衰落和瓦解。心理学的发展需要更多样、更丰富的养分,需要整合更复杂、更繁乱的关系。心理学必须开放自己原有封闭的科学观,这已经成为心理科学十分重要的基础性工作。心理学的发展已经进入开放的学科发展境遇中,心理学也就必须转换和拥有开放的科学观。

心理学的新科学观应该是开放的科学观,心理学走向成熟也在于能够拥有自己开放的科学观。所谓开放的心理学科学观,不是要否定已有的心理学的研究,而是要开放实证心理学自我封闭的边界。开放的心理学科学观并不是要放弃实证方法,而是要消解实证方法的核心性地位,使心理学从仅仅重视受方法驱使的实证资料的积累,转向也重视支配方法的使用和体现文化的价值的大理论建树。开放的心理学观也将改造深植于实证心理学研究的物理主义和机械主义的理论内核,使心理学从盲目排斥转向广泛吸收其他心理学传统的理论营养。开放的心理学观无疑会拓展心理学的视野。

开放的心理学观已经在一些心理学理论探索中得到了体现。例如,在西方心理学发展的早期,行为主义心理学是封闭的心理学观的典型代表。行为主义者斯金纳就曾认为,相比较于人对外部世界的了解和控制,人对自身的了解和控制却是微乎其微的,主要的原因就在于那种心灵主义的推测和臆断。① 因此,极端的行为主义者排除了关于人的内在心理意识的研究。然而,近些年来,脑科学家斯佩里(Roger Wolcott Sperry, 1913—1994)认为,心理学新的心灵主义范式使心理学改变了对内在心理意识的因果决定的解释。传统的解释是还原论的观点,即通过物理的、化学的和生理的过程来说明人的心理行为。这是与进化过程相吻合的、由下至上的决定论,他将其称为微观决定论。新的心灵主义范式则是突现论的观点,即人的内在心理意识是低级的过程相互作用突现的性质,这反过来对于低级的过程具有制约或决定作用。他将这种由上至下的因果决定作用称为宏观决定论。斯佩里十分乐观地认为,心灵主义范式在于试图统一微观决定论与宏观决定论、物理与心理、客观与主观、事实与价值、实证论与现象学。②

更进一步来看,在心理学的研究对象方面,封闭的心理学观并未能带来对研究对象的完整认定,从而也未能提供对人类心理的全面理解。开放的

---

① 斯金纳. 超越自由与尊严[M]. 王映桥,等,译. 贵阳:贵州人民出版社,1988:12-21.
② Sperry, R. W. Psychology's mentalist paradigm and the religion/science tension. *American Psychologist*, 1988(8):607-613.

心理学观则有助于克服那种切割、分离和遗弃,有助于提供人类心理的全貌。在心理学的研究方法方面,封闭的心理学观强调方法的客观性和精致化,强调以方法为标尺和核心。开放的心理学观则倡导方法与对象的统一,鼓励方法的多样化,倡导方法与思想的统一,突出科学思想的地位。在心理学的理论建设方面,封闭的心理学观带来了十分严重的理论贫弱和难以弥补的理论分歧。开放的心理学观则有助于推动心理学的理论建设。它容纳多元化的理论探讨,强化对各种理论框架的哲学反思,以促进不同理论基础间的沟通。在心理学的现实应用方面,封闭的心理学观使心理学与日常生活相分离和有距离,而通过技术应用来跨越这一距离。开放的心理学观则在此基础上也倡导那种缩小和消除心理学与日常生活的距离,使心理学透入人的内心的应用方式,以扩展心理学的应用范围。

二、科学观的文化内涵

在科学心理学的发展历程或进程中,心理学追求成为实证科学而持有的科学观,就曾经一度排除了心理学作为文化存在具有的文化属性。在文化重新回归到心理学的研究中之后,怎样使心理学的科学观包容和体现文化的内涵,就成为心理学研究者必须面对的问题。其实,心理学的研究体现并内含着文化的背景、传统、根基和条件。心理学的科学观或心理学研究者持有的科学观,必然具有文化的内涵。心理学的科学观就是特定文化的显现、制约和支配。

在心理学的研究中,文化与心理和心理学的关系非常重要,这两种关系相互贯通,但又有所区别。文化与心理的关系是涉及人的心理行为的性质和特征的根本方面,文化与心理学的关系则是涉及心理学的发展和未来的十分重要的关系。

在考察和探讨文化与心理的关系时,有研究者指出,文化与心理是相互作用的。心理过程影响社会文化的形成与发展,社会文化又给心理过程打上文化的"烙印",使其折射出所在文化的色彩。当然,文化与心理是互动和共生的关系。任何单向的理解,都会使文化与心理的关系受到曲解。文化决定论是片面的,心理决定论也同样是片面的,两者之间是一种动态交互作用的关系。心理学研究者已经开始重视文化的存在和文化的问题,并开始重视关于文化心理和关于文化心理学的研究。在实际的研究进程中,大多数的心理学研究关注的是文化与心理的关系在动态过程中的稳定的部分,通常使用静态的术语使文化概念化,因此加强了对文化的刻板形象,忽视了文化与人类心理过程相互作用的动态的发展变化的一面。为了更充分准确地理解文化与心理之间的关系,在将来的研究中有必要更明确地关注文化与心理的动态交互作用过程。一些研究阐述了考察这个动态交互作用过程的几个策略。其中的一个策略就是考察目前的文化模式如何影响了人际交流过程,而这些人际交流过程又如何对目前文化的发展产生影响。还有的一个策略就是运用动态系统理论中的逻辑与数学工具,来考察人际互动在个体和文化水平上的纵向结果。①

但是,这种关于文化与心理关系的探讨是一种非常简单的相互作用或交互影响的研究定位,实际上不是关于文化与心理学关系的探讨。严格来说,文化与心理的关系同文化与心理学的关系既有关联也有区别。文化与心理的关系是指人类文化与人类心理之间的关联,而文化与心理学的关系则是指人类文化与心理学探索之间的关系。文化与心理的关系涉及的是心理学的研究对象,文化与心理学的关系涉及的是心理学的学科本身,这两个方面都是十分重要的。

文化学的研究是关于人类文化的考察和探索,是对人类文化或社会文化的性质、构成、演变、发展、内涵和功用的研究。文化学是多学科或大学科的研究领域。许多学科都要涉及文化的问题,都要涉足文化的研究。文化学研究与心理学研究的关系,应该是两个学科的研究及研究结果的互涉的问题。

其实,在心理学的研究中,无论是关于人的心理行为的理解和解说,还是关于心理学学科的理解和解说,都与文化产生重要的关联。在心理学成为实证科学的门类之后,心理学的研究曾经以物理学等相对成熟的学科为榜样和楷模,也曾经以生物学等相对亲近的学科为根基和依据。这给心理学力求成为精密科学带来了希望。但是,心理学在这样做的同时,却忽略、

---

① 纪海英. 文化与心理学的相互作用关系探析[J]. 南京师大学报(社会科学版),2007(4):109 - 113.

忽视、歪曲和扭曲了人的心理的文化的性质和内涵。

在心理学的研究中,文化心理学的兴起至少可以关系到两个重要的方面:一是关于心理学研究对象的理解;二是关于心理学学科本身的理解。前者使文化成为研究的内容,后者使文化成为研究的取向。前者是对象化意义上的,后者是方法论意义上的。

心理学的科学观也显现了文化赋予心理学的独特内涵。科学观是科学文化的凝聚或体现,心理学的科学观则是心理文化的凝聚或体现。应该说,心理学研究者持有的科学观就是其身处的科学文化的集中表达。其实,科学与伪科学本身就是文化的争斗。科学文化净化自身的过程,就是去除或削弱伪科学的过程。

在心理学的研究中,贯彻和推行一种特定的科学观,实际上就是贯彻和推行一种特定的文化,包括特定的文化传统、文化含义、文化价值、文化积累和文化发展。心理学研究持有的科学观也表明了心理学研究的文化本性和文化基础。就是在这个意义上来说,心理学无论持有什么样的科学观,其实都是文化的存在和文化的延续。心理学作为科学也不外乎属于科学文化。心理学的性质也就具有科学文化的性质,心理学的发展也就是科学文化发展的一个组成部分。

科学就是文化中的科学,心理科学就是心理文化中的科学。这给了心理学文化的土壤和文化的根基。甚至也可以说,正是科学观的文化内涵赋予了心理学作为一门科学的文化的本性、文化的根基和文化的存在。

三、视野与思路的拓展

关于开放的心理学观或者关于心理学开放的科学观的学术认识和学术主张,也引起了许多的争论和分歧。有一些学者并不理解和认可开放的心理学观的理念,也有的学者反对这种关于心理学的科学观的认识和理解。有的学者宁可从西方文化传统和西方哲学流派中去寻求心理学统一的解决方案。例如,有研究者不赞同大心理学观的主张,"此说一则失之笼统含糊,如何才是'大科学观'? 令人费解;二则亦未能妥善解决心理学中主观与客观的争执,人文主义与科学主义的对立"。该研究者提出的关于心理学统一的观点在于,所谓统一的心理学,应当包括三个层次的研究模式:一是传统的、狭义的诠释研究,着重个案的、质化的分析,其目的是达到对具体的、个人的、临时的对话事件的理解;二是实证的诠释研究,重在抽象、定量的分析,以求作出具有普遍意义的推论和预测;三是广义的诠释研究,是综合以上两种研究策略,即针对同一或同样的心理现象,同时采取个案的、质化的和抽样的、量化的研究策略,既要具体的、个人的现象的丰富性和生动性,又要科学的抽象、量化、推论与预测,既要避免个案研究的局限,又要防止实证的抽象推论造成的对人类经验的割裂和肢解。①

其实,该研究者并没有真正理解和确切把握小心理学观的"小"的含义或者大心理学观的"大"的含义。当然,有部分学者根本就不赞同小心理学观和大心理学观的划分。其实,可以将"小"与"大"的划分转换成为"封闭"与"开放"的划分。显然,目标都是为了开放心理学科的门户。所谓的大心理学观就是开放的心理学观,是为了破除西方实证心理学的自我封闭的边界,解决心理学的不统一的问题,克服西方心理学的主客分离,能够在心道或心性一体的基础上实现中国本土心理学的理论创新,进而实现心理学在新的基础上的统一。

总之,心理学开放的科学观会带给心理学一个更广阔的视野,一个更开放的眼界。这不是要否认西方实证主义心理学的科学贡献,不是要推翻现有的心理学的科学建构,不是要铲除现有的实证主义心理学的学术积累,而是要超越自我封闭的心理学观,开放心理学的学科边界,从而使心理学全面改进自己的研究目标和研究策略,重新构造自己的研究方式和理论内核,以系统深入地揭示人类心理和人类行为的本性,以有力有效地参与社会发展和人类进步的事业。

第四节　心理学科学观的哲学反思

关于心理学科学观的探索和研究,在学术界引起了一些反响。有研究者对把心理学的科学观划分为小科学观和大科学观不以为然,甚至对于批

---

① 童辉杰.广义的诠释论与统一的心理学[J].南京师大学报(社会科学版),2000(4):69-75.

评西方的实证主义的科学心理学也抱有不满。其实，对心理学科学观进行学术考察和哲学反思，是心理学十分重要、非常必要的基础性研究。推进对心理学科学观的反思，是推进心理学发展或本土心理学进步的合理化的步骤。

一、对实证心理学的态度

科学心理学和实证心理学是描述和说明心理学性质的两个重要概念。在心理学的小科学观、实证的科学观或封闭的科学观看来，实证心理学就是科学心理学。这两个概念并没有区别。但是，在心理学的大科学观或开放的科学观看来，实证心理学并不等于科学心理学，科学心理学的边界应该得到扩展。重新认识心理学的科学观问题，正是为了重新认识什么是科学心理学。这就应该对科学心理学有新的理解。

说到实证心理学，应该肯定实证心理学的地位和贡献。西方心理学中的实证科学观为心理学成为现代科学知识门类奠定了基础。它剥去了遮盖人类心灵的神秘面纱和五彩幻象，它清除了围绕人类心灵的无谓争执和痴想妄见，它给心理学带来了清晰性和精确性，它使心理学获取了实证科学的地位和尊严。批评实证心理学的用意不在于贬低实证心理学，而在于指出实证心理学的不足和限度。

很难说实证心理学从诞生起就是完美无缺的，它本身也经历了一个发展过程，关键在于揭示其存在的问题。实证心理学走的是自然科学的道路，在发展的早期以当时相对成熟的近代自然科学为楷模，自然科学从近代到当代发生了巨大的变革，而实证心理学的发展则明显滞后，心理学仍然显示出机械论的观点和还原论的倾向。许多西方的心理学家也已经清醒地认识到这一点，因此这并不是强加给实证心理学的。

实证心理学并不是唯一合理的心理学探索。实证心理学是有其限度的，它仅仅可以揭示人类心灵的一个侧面。实证心理学的"实证"是有其特定含义的，是指通过感官来获取经验事实，即必须由研究者的感官加以印证。这对于研究自然物来说是非常有效的，但是人的心灵与其他自然物既有相同之处又有不同之处。相同之处在于人的心灵也是自然的存在，也是自然发生的过程。不同之处在于人的心灵能够自觉到自身，心灵的自觉是超越感官把握的存在。实证心理学仅能通过某种转译来揭示其一个侧面。实证心理学之外的一些心理学传统则探索了人类心灵的自觉活动,例如中国的心理学传统。但是,实证心理学却将其挡在门外,要么将其看成是思想垃圾,要么将其看成是神秘思辨。

综上所述,主要涉及两个问题:一是科学心理学是否就等于实证心理学?回答是不等于,否则就没有必要对心理学的科学观进行探讨。二是实证心理学是否有其不足和限度?回答是有不足和限度,否则也就没有必要反思实证心理学的性质和演变。有研究者对这样的问题过于敏感。一批评实证心理学,就认为是对科学心理学的攻击,是对实证心理学的贬低。在我国的心理学发展中,这也是很好理解的。因为在我国,科学心理学的发展被寄托在实证心理学身上,而实证心理学又实在太弱小了,现在需要的是扶持,而不是批评。不过,必须清醒意识到的是,在我国应该去大力发展实证的心理学,但不等于说这就是科学心理学探索的唯一途径,也不等于说仍然要重复实证心理学已有的不足和接纳实证心理学现有的缺失。实际上,发展实证心理学的良好愿望,应该与对实证心理学的清醒认识结合起来。只有这样,才有可能避免重复西方心理学家犯过的错误。

二、对实证与思辨的认识

有研究者为实证心理学运用实证方法辩护,认为批评实证心理学,是没有看到实证方法给心理学带来的新生和繁荣。如果说小心理学观是来自近代自然科学,这是没有看到哲学所起的作用。说实证心理学有反哲学倾向是"不公正的、不科学的"。显然,这涉及在心理学的研究中运用实证方法和进行哲学思辨的问题。

其一,心理学研究中运用实证方法的问题。批评西方的实证主义心理学,并不是反对心理学引入实证方法,也不是否定实证方法的有效性,也从来不是要取代和放弃实证方法。"大心理学观,不是要否定心理学的实证性质,而是要开放实证心理学自我封闭的边界。大心理学观不是要放弃实证方法,而是要消解实证方法的核心性地位。"[①]引入实证方法是心理学的重大

---

① 葛鲁嘉.大心理学观——心理学发展的新契机与新视野[J].自然辩证法研究,1995(9):18-24.

进步,心理学不应该也不可能放弃实证方法。超个人心理学家塔特主张,西方正统心理学需要抛弃的是其物理主义的世界观,而不是其强有力的实证方法。①

这里有两个重要之点必须加以澄清。首先,坚持实证方法与坚持以实证方法为中心是有所不同的。以实证方法为中心的含义在于,心理科学的性质决定于它的实证方法,实际上也就是把心理科学与实证方法看作是同义的。它的问题是分离了实证方法与理论构想,片面强调了实证方法的决定性地位。这造成在心理学研究中方法与理论之间的不平衡。马斯洛等人早就指出过这一点。②③ 实证心理学偏重实证方法,轻视理论构想,实证心理学的典型代表行为主义心理学和认知心理学就如此。行为主义心理学仅强调对行为事实的描述,而反对任何进一步的理论解释。赫尔(Clark Leonard Hull, 1884—1952)建立的假设-演绎的理论体系是行为主义心理学最积极、最宏大的理论努力。但该理论体系的迅速衰落,斯金纳归结的原因就是"理论太多了"。认知心理学革命就开始于有说服力的实验,而不在于有说服力的理论。这一点直到认知科学的大学科群兴起之后才得到改变。认知心理学的理论框架,像表征理论和计算理论,并不是心理学家的杰作,而是从信息论和计算机科学中引入的。正是因为轻视理论构想,导致实证心理学研究的问题水平下降。这是指实证心理学更多地着眼于问题的微观细节,而缺少问题的宏观透视。

坚持实证方法与确定实证方法的地位是有所不同的。心理学应该坚持实证方法,但是也应该承认实证方法严格说来是定量研究的方法。为了保证研究者感官经验的可靠性,必须对其进行精确的分解和测定,而使之可公开、可重复。定量研究的方法必须在研究对象性质确定的情况下才是有效的。然而,人的心灵的基本特性就在于是自我定性的,或者说人的心理生活是人的心灵自我构筑的。如何才能确定心灵的性质,这不是有了实证方法就能够解决

---

①　Tart, C. T. Science, state of consciousness, and spiritual experience: The need for state-specific sciences. In C. T. Tart (Ed.), *Transpersonal psychologies*. New York: Harper and Row, 1975: 9 - 58.

②　马斯洛. 科学心理学[M]. 林方,译. 昆明:云南人民出版社,1988.

③　Baars, B. J. *The cognitive revolution in psychology*. New York: The Guilford Press, 1986: 4 - 9.

的问题。所以,实证方法并不是心理学唯一合理、唯一有效的研究方法。

其二,心理学研究中进行哲学思辨的问题。小心理学观是西方心理学从近代自然科学中继承而来的科学观,有研究者认为这不符合心理学的历史事实,因为哲学也是心理学科学观的来源。显然,所谓科学观就是哲学层面上的问题。实证心理学采纳了近代自然科学得以立足的物理主义和实证主义哲学。物理主义是有关世界图景的一种基本理解,把世界看作是由物理事实构成的,物理事实是能由人的感官或作为人的感官延长的物理工具直接把握到的。实证主义是有关知识获取的一种基本立场,认为知识必须依据来自观察和实验的经验事实。这两方面体现在心理学中,则涉及对心理学研究对象的理解和对心理学研究方式的主张。

实证心理学有反哲学倾向。有研究者认为,科学心理学是延续在哲学基础上的,认知心理学对哲学问题的解决帮助越来越大。在这里,有两个重要的方面:一是自觉地采纳与不自觉地采纳哲学的理论基础的区别。实证心理学的反哲学倾向是在自觉的层面上,实证心理学拥有某种哲学基础是在不自觉的层面上。实证心理学从哲学中分离出来之后,就力图把哲学的思辨驱逐出心理学的研究。西方传统的哲学心理学对人的心灵的解说缺乏验证的方法和干预的手段,实证心理学则解决了这样的问题。因此,实证心理学为此而宣判了哲学心理学的死刑。二是心理学研究与哲学研究之间的关系。这里的关键不在于心理学的研究为哲学提供了什么,而在于哲学的研究为心理学提供了什么。对实证心理学的研究者来说,哲学家对人的心灵的解说是多余的。但是,任一心理学理论和心理学流派都有自己的哲学基础。心理学家在从事自己的研究时,均可能自觉或不自觉地采取了一些哲学设定。这些隐含的设定体现在两个方面:关于心理学研究对象的设定,像什么是人类心理的本性;关于心理学研究方式的设定,像什么是"科学的"心理学研究。哲学研究在心理学研究中的地位,不在于直接说明人的心理,而在于揭示和探讨研究者关于心理学对象和心理学科学隐含的设定。这可以使心理学家从盲目走向自觉。对心理学科学观的探讨就属于这样的性质。

三、心理学科学观的反思

所谓心理学观,也就是心理学的科学观。心理学的科学观是有关什么是"科学的"心理学的基本设定。心理学家会自觉或不自觉地贯彻某种特定的科学观。对于什么是"科学的"心理学,心理学家的认识不是一开始就完美无缺的,也不是一成不变的。心理学旧有的科学观是一种小心理学观,新有的科学观则应是一种大科学观。这里的"小"和"大",并不是在"搬弄文字游戏"。如果仅仅是一种文字游戏,就没有必要探讨了。

在此要讨论的,并非是否需要和追求心理学科学观的问题,而是需要和追求什么样的心理学科学观的问题。从小心理学观到大心理学观,是心理学科学观变革的重要特征。这是关系到心理科学进步和发展的重大理论问题。西方心理学原有的科学观是狭隘的科学观,所以将其称为小心理学观。这可以从两个方面来看。

其一,西方心理学的小科学观是来自近代自然科学。这采纳了近代自然科学的物理主义的世界观和实证主义的方法论。体现在心理学的研究中,物理主义的世界观在于把人类心理类同于或等观于其他的自然现象或物理事实,在于把各种现象还原到或统一到物理实在的基础上。实证主义的方法论则在于强调感官把握的经验事实的证实或证伪,在于把科学概念的有效性建立在进行证实或证伪的操作程序的有效性上。这揭示的是人类心理的客观性的侧面。但是,心理学旧有的科学观认为,只有这样的探索才是唯一合理的或科学的。这显然是狭隘的。人本主义心理学就曾批评,把人非人化或物化,否定人类心理的主观性侧面的真实性,才是"不科学的"。

其二,正因为所谓西方"科学"心理学的小科学观,使之在科学性的问题上排斥其他的心理学探索或心理学传统。正是在这个意义上,才会认为实证心理学采取的是霸权扩张的姿态。结果,所谓"科学的"心理学是在一个受到局限的范围之内。通常,"科学的"总是与"进步的""正确的"等是同义的,"不科学的"则总是与"落后的""错误的"等是同义的。因此,当受小心理学观支配的心理学家批评其他的心理学探索或心理学传统是不科学的时候,他们实际上也将其放在"前科学""非科学"或"伪科学"的位置上。在此,对科学性的理解显然是最关键的。有研究者否认科学心理学的发展中有排斥存在,认为不管什么理论框架下的心理学研究,只要"货真价实",就会有一席之地。这里的"货真价实"是个非常含糊的说法。精神分析和人本主义心理学正是在科学性的问题上受到实证心理学的各种责难。在科学心理学之外还有描述心理学,即一种人文科学的心理学。这就更加使人迷惑。描述心理学或人文科学的心理学是不是科学的呢?实际上,只有对心理学的科学观进行变革,才有可能解决这样的问题。

　　心理学的科学观决定着对心理学研究对象的理解和对心理学研究方式的确定。心理学的实证科学观体现在把人的心理看作是客观性的存在,而对人的心理的科学研究就是感官经验的实证。然而,这实际上并没有完全涵盖心理学的研究对象和研究方式。由于人的心理的自觉的性质,它还是主观性的存在,而对它的研究还可以是内省经验的体证。关键的问题有两个:一是客观性存在和主观性存在的真实性问题;二是感官经验和内省经验的普遍性问题。前者涉及心灵的性质,后者涉及科学的性质。心灵的性质在于它是真实性的存在,而不在于它是客观性的还是主观性的存在。科学的性质在于达到经验的普遍性,而不在于它是感官经验的还是内省经验的普遍性。

　　之所以提出心理学的科学观问题,目的在于解决心理学的本土化问题。西方心理学旧有的科学观一直把自己看作是唯一合理的、普遍适用的。在这种科学观的支配下,本土化的努力就是多余的。许多人批评心理学的本土化也是在这个意义上。实际上,西方心理学正是因为科学观的问题,才会受到心理学本土化运动的冲击。中国心理学本土化目前走到这一步上,即不仅使研究的内容从西方人换成中国人,而且必须对西方心理学的小科学观作出变革,从而走出心理学的新道路。挖掘中国本土自生的心理学传统,会对改造西方心理学旧有的科学观具有重要的启示性。西方的心理文化传统割裂了人类心理的客观性和主观性,这造成强调客观性的研究方式和强调主观性的研究方式(即实证立场的心理学和人文立场的心理学)的分裂。中国的心理文化传统则强调在心灵基础上的主客统一性,它有助于矫治实证取向中客观机制与主观经验的脱离,以及人文取向中个体经验与整体经验的脱离,也有助于克服感官经验的唯一性和达到内省经验的普遍性。

第五节　心理学的科学观与统一观

　　心理学的发展取决于心理学科学观的变革。这会导致重新理解心理学的研究对象和改变心理学的研究方式。心理学的研究应该涉及心理现象和心理生活，并应该采取不同的探索途径。心理学的统一应为有差别的统一，也就是建立统一的科学观，为心理学的研究提供统一的规范，容纳不同的心理学探索。

许多心理学家似乎从来就没有怀疑过西方心理学的科学性质，以及带来这一科学性质的心理学科学观，但是这一继承于近代自然科学的狭隘科学观，并没有给心理学的天下带来太平和大同。心理学一直是处于四分五裂和前途茫然的状况。人们也许有理由相信，心理学根本不可能成为单一色调的、完全一致的知识门类。按这样的要求来统一心理学，肯定是不切实际的幻想。但是，这并不等于说心理学就不能够成为统一的科学。人的大脑有两个半球，两个半球的功能存在差异，而两个半球又彼此相连。与此相类似，心理学由于研究对象的特殊性质，也导致心理学必然是一种有差别的知识存在，但又完全可以在其存有差别的知识类别之间建立起联系。这样的心理学也同样是统一的心理学。这样的认识将会导致心理学发展上的变革。

一、心理学科学观的重构

心理学的科学观是对如何建构和发展心理科学的基本认识，涉及心理科学的范围和边界、研究方法的可信性和有效性、理论构造的合理性和适用性、知识体系的评价标准和评价程序、应用技术的效果和限度，等等。在心理学的研究当中，它的科学观常常是隐含的，也就是许多心理学家会不自觉地追随和贯彻某种特定的科学观。

心理学的科学观可以体现在心理学家采纳的研究目标和为达到该目标而采纳的研究策略上。更进一步地说，心理学的科学观决定了对心理学研究对象的理解和心理学研究方式的确定。

西方心理学从哲学的怀抱中脱离出来成为一门独立的科学门类之后，直接继承了西方近代自然科学的科学观。这种科学观一直延续至今，是心理科学传统的旧科学观，或称狭隘的小科学观。通过这种科学观，心理科学接受了传统自然科学中物理主义的世界图景，采取了传统自然科学中实证主义的研究方式。人的心理及行为被类同于其他的自然现象，也属于客观性的和机械式的存在。心理学家与其研究对象是分隔开的,心理学家力图保持与研究对象的距离,使自己成为客观的、冷静的研究者。心理学研究使用客观的研究方法和进行客观的理论抽象,以清洗掉研究者可能带入的主观臆想成分,从而获得心理学家公认的客观知识体系。

西方心理学的这种小科学观为心理学成为现代科学的知识门类奠定了基础。正是小科学观使心理学剥去了遮盖人类心灵的神秘面纱和五彩幻象,清除了围绕人类心灵的无谓争执和痴想妄见,给心理学带来了清晰性和精确性,并使心理学获取了实证科学的地位和尊严。但是,这种小科学观也大大限制了心理学家的眼界和胸怀,并在某种程度上阻碍了心理学的进一步扩展和深入。

心理学的旧科学观必然会面临衰落,也正在走向衰落。科学心理学自诞生之后,其主流就一直力图把心理学建设成为一门严格意义上的自然科学门类。这在科学的(实证的)心理学与非科学的(非实证的)心理学之间划定了一条截然相分的边界。实证心理学借用自然科学的客观的方法,以及接受该方法检验的合理的理论。这被当成是唯一正确的研究方法和唯一合法的知识形式。这也就把不适合该方法进行研究的人类心理和不符合该理论衡量标准的心理学探索,都推到心理学的门外。但是,这种小科学观并未能使心理学获得纯洁和统一,反而使之支离破碎,未来堪忧。

例如,行为主义最彻底地贯彻了小心理学观,并曾经给科学心理学的发展带来了新世纪的曙光,但是实际上也带来了一些相当消极的后果:一是对人类心理的客观化。为了贯彻使用客观的研究方法,行为主义把可以进行客观研究的行为确立为心理学的研究对象。这使心理学成了"无心灵"的心理学。二是对理论构想的轻视。为了排除心理学研究者的主观臆想,行为主义仅主张对行为进行客观描述,而反对进行理论构想和对理论基础的哲学反思。这导致心理学盲目的实证研究和严重的理论贫弱。三是对其他心理学探索和心理学传统的排斥。为了保持心理学知识纯粹客观的性质,行为主义拒绝与其他心理学传统的沟通和交流,这使心理学的发展缺乏博大的包容胸怀、丰富的文化滋养和必要的高瞻远瞩。尽管目前行为主义已经隐退,但它造成的后果还在影响着心理学的发展。

心理学的这种小科学观已经被动摇了。认知革命不仅打开被行为主义关闭许久的探索内在心灵的门户，而且打开实证心理学能与其他探索内在心灵的理论传统进行沟通的门户。西方后现代的文化精神在于反对实证科学对人文精神的侵吞。它使问题从去确定实证心理学是不是唯一合理的、普遍适用的，转向去确定怎样在不同的心理学探索与心理学传统之间建立沟通。因此，已经有必要对心理学的小科学观进行清理和重构，以形成心理学的新科学观或大科学观。大科学观不是要消解心理学的科学性质，而是要开放实证心理学自我封闭的边界，改造其物理主义或机械主义的理论内核，扩展其客观主义或实证主义的研究方式。

西方心理学有主流和非主流之分。西方的主流心理学是实证立场的心理学，并鲜明地体现心理学的小科学观。主流的心理学是立足客观的研究方法以及由此而形成的客观知识体系，并力求成为唯一合理的、普遍适用的心理学。西方主流心理学以成熟的自然科学为楷模，模仿自然科学的研究方式，提供了对心理现象合理的理论解释和有效的技术干预。但是，这仅仅是把人的心理看成为自然现象，从而仅仅揭示人类心灵的一个侧面，忽视了人类心灵的内省自觉和主观体验的侧面。

西方非主流的心理学是人文立场的心理学，试图突破心理学的小科学观，以扩展科学心理学的边界，消除心理学中机械论和还原论的观点。非主流心理学强调人类心理与其他自然现象不同的性质和特点，反对以坚持客观性为名而否弃人的主观性世界的真实存在，提倡把人的心理体验放在研究的中心位置，力求使心理学成为人性化的科学。西方的主流心理学一直对非主流心理学持排斥态度，主要怀疑其研究方法的科学性质和研究结果的科学价值。尽管非主流心理学家踌躇满志，但他们实际上却根本无力填补与主流心理学之间的裂沟。

西方心理学的传统小科学观造成了自己的理论盲点，使之看不到其他心理学传统的长处，使之拒绝吸收其他心理学传统的养分。心理学的小科学观排斥和否定日常生活中的常识心理学，将其简单地当作庸俗之见和荒谬之说。常识心理学是常人心理生活中不可分割的组成部分，是立足常人的心灵内省，流传于常人的日常交往。因此，常识心理学在日常生活中起着不可替代的作用，具有切实的有效性。常识心理学因与人的心理生活具有特殊和紧密的关联性而对心理学的研究有十分重要的启示。这是科学心理学难以跨越的。

心理学的小科学观也排斥和否定其他文化传统中的哲学心理学，像中国文化传统中的哲学心理学，将其简单地当作伪科学的神秘理论和历史垃圾。以西方心理学的小科学观审视和评判中国本土的哲学心理学，必然导致的是歪曲和肢解。这曾经构成了中国心理学思想史研究的基调。中国本土的哲学心理学不同于西方的实证心理学，也是独立的心理学体系，是关于人类心灵和精神生活的独特的理论和实践，有着自己的文化内涵和文化色彩，涉及的是人的心灵的自我修养、自我觉悟和自我提升。

目前，已经有了重构心理学科学观的尝试。现在已经明确提出这一问题，并力图推动这方面的研究。对西方实证心理学进行的本土化改造就应包含这样的努力。作为心理学旧科学观的体现，西方心理学在考察人的心理时忽略了特定的文化背景。为了把文化资源纳入心理学的视野，便有必要对西方心理学进行本土化改造，使之适合特定的文化圈。在中国本土文化圈中，本土化研究还停留在使研究被试由西方人换成中国人，但在研究方式上仍没有什么根本性的改变。中国的本土心理学研究已试图彻底摆脱西方心理学的宰制，但研究存在相当的盲目和混乱。本土化研究还应该使西方心理学能在科学观上有所变革和突破。

心理学科学观的重构需要思想启示。促进西方实证心理学与其他心理学传统的有效沟通，将有助于重构心理学的科学观。一部分西方心理学家已开始对此采取了宽容的态度。中西心理学传统是两类性质不同的心理学，两者各有其存在的合理性，并以完全不同的方式揭示人类心灵的不同层面或侧面。中西心理学传统现在还具有彼此的排异性，并因此而保留了各自的缺陷和不足。但是，这种情况正在得到逐步改变。中国本土的心理学传统可以为改造西方心理学的小科学观提供独特的理论与实践的启示，可以对重新确认心理学的研究对象和缩小心理学与日常生活的距离具有重要的启示性，也可以对破除现有的研究方式的局限和走出还原论的误区具有重要的启示性。

重构心理学的科学观，在于重新理解心理学的研究对象，在于改变心理学原有的研究方式。心理学将从对人性的理解中引申出自己的研究对象，从而全面深入地揭示人的心理。心理学的研究方式也将多侧面化,从而更完整和统一。心理学的新科学观在心理学研究中的贯彻,将导致心理学面貌的改观,包括在研究方法、理论构造和应用技术上的改观,并为把心理学建设成为一门统一的科学学科提供诱人的前景。

二、心理学的分裂和统一

人类心理与自然物理既有关联又有区别。人类心理也是自然的存在,也是自然发生和变化的过程。同时,人类心理能够自觉到自身,这种自觉的经验世界与物理世界有所不同。人类心理的多样性和复杂性,使心理科学的发展充满了分歧、争执、对立和冲突。

人的心理原本是一体的,但是按不同的研究方式来考察,所突出的就是它的不同侧面。人的心理就可以相对地区分为心理现象和心理生活。当然,这种区分不是把人的心理分成两个部分或两个层次。以实证或外观的方式来看,心理生活就成了心理现象;以内省或内观的方式来看,心理现象就成了心理生活。

心理现象是心理学研究者客观观察到的。这取决于心理学对象与心理学研究者之间的分离,心理学对象成为客体,心理学研究者成为主体。心理现象可由研究者的感官或相应的物理工具捕捉到,因此是心理学研究者外观到的。心理学研究者必须超脱出来,与考察的对象保持一定的距离,以保证公开和客观。在这个意义上,心理现象就属于自然现象,或者说在性质上类同于其他的自然现象,都是由人的感官把握到的。这样,心理学必然与心理现象相分离,并保持一定的距离,它有自己的方法和使用自己的语言。当然,心理学也能返回到心理现象,对心理现象施加干预和影响,而这是通过应用技术来达到的。

心理生活则是人的心灵自觉到的,或主观内省到的。这取决于消除心理生活与生活者之间的分离,体验对象和体验者是一体的。心理生活不是由人的感官或相应的物理工具捕捉到的,而是心灵自觉到的,因此是体验者内观到的。这强调了人与其他自然物的不同,人的心灵能够自觉,而其他自然物都不具备这样的性质。心理生活是常人直接体验到的,人不仅能体验到复杂多变的心理生活,而且能通过这种自觉的活动来改变或转换自己的心理生活。人对自己心理生活的了解和认识,不同于他对自然现象的了解和认识。人对自然现象的了解和认识,如果不通过行动和工具,并不能直接地改变自然现象。人对自己的心理生活的了解和认识,却可以直接地改变心理生活,或者说,体悟本身的转换就构成了特定的心理生活的转换。所以,人拥有的常识心理学不同于他拥有的常识物理学和常识化学,等等。科学物理学可以取代常识物理学,而科学心理学却无法取代常识心理学。

通过上述分析可知,实际上有两种心理学的研究对象:一是心理现象;二是心理生活。相应地,也就有两类心理学:一类是考察和探索心理现象的心理学;另一类是考察和探索心理生活的心理学。进一步,也就有两类不同的研究方法和两类不同的理论构造:一类是实证的方法和客观的知识;另一类是内省的方法和体悟的知识。实际上,内省的方法绝不会成为实证的方法。严格地说来,内省也不只是考察内心生活的方法,而且就是人的心理生活的构成。

实证立场的心理学和人文立场的心理学分属于两类不同侧重的心理学,这两类心理学也常有跨过自己界限的时候,使用对方的方法来充实和确证自己。实证立场的心理学通常确信,只有通过实证的研究,才能符合客观地全面揭示人的心理现象。人文立场的心理学则确信,只有通过内省的研究,才能符合人性地深入揭示人的心理生活。

马斯洛常常把自然的物理世界与自我的经验世界平列起来,并坚持认为那种物理学家的抽象世界并不比现象学家的经验世界更真实。马斯洛曾谈到,在心理学的研究中,心理学家可以达到另外一种不同于实证心理学的客观性,即不是冷静的分离,而是身心的投入。[①] 这就像母亲对孩子的了解,就像热恋者对恋爱对象的了解。确切地说,这样获得的了解是使对象成为自己内心生活的重要构成,是消除与对象的分隔和距离,以及在心灵上与之成为一体。

实证立场的心理学认为,人文立场的心理学对人的主观性的研究是诗意心理学和哲学心理学,而不是科学的心理学。人文立场的心理学则认为,

---

① 马斯洛.科学心理学[M].林方,译.昆明:云南人民出版社,1988.

实证立场的心理学是自然科学方法不适当的套用,是歪曲和否定人的主观性,故不可能是科学的心理学。实际上,无论是实证立场的心理学还是人文立场的心理学,都在自己的研究中滤掉了对方的长处。

心理学从来都没有被作为一门统一的学问,这一直是许多心理学家感到忧心忡忡的。现在的问题在于,心理学能否成为一门统一的科学。想要回答这个问题,就必须澄清,统一是什么样的统一。一种统一是无差别性的统一,形成的是一致的、单纯的心理学。这是不可能实现的。实证立场的心理学一直都有这样的梦想,但从事的努力不但没有实现这样的梦想,反而其小心理学观导致心理学四分五裂。另一种统一是有差别性的统一,形成的是多形态心理学的并存和共荣。这是完全有可能实现的。但是,应该怎样达到这样的统一呢? 追踪西方心理学的发展,可以看到其内在的冲突,心理学分裂成了实证立场的心理学和人文立场的心理学。实证立场的心理学主要基于实证论,人文立场的心理学主要基于现象学。两者各自走入极端。这实际上构成了心理学的两翼。但是,目前的西方心理学有"两翼"而无"一体",也就是未能达到一体两翼。两翼是分开的、割断的,任何一翼都无法带来心理学的起飞,有两翼而无"一体"也无法带来心理学的起飞。关键就在于如何建立这"一体"。

实证立场的心理学侧重客观的研究范式,人文立场的心理学侧重主观的研究范式,这正好符合西方文化的特征。因此,在西方的文化中,很难确立起心理学统一的"体"。可以认为,使心理学得到统一的"体"应该是心理学的科学观。但是,这不是实证心理学的小科学观,而应该是一种大科学观。这种大科学观既可以为心理学的研究提供统一的规范,也可以容纳存有差异的、不同形态的心理学。

从某种意义上来说,解决心理学统一问题的关键不在西方文化之内,而在西方文化之外。西方的实证心理学一直自诩为唯一合理、普遍适用的心理学,是超越本土文化的,但实际上是建立在西方文化的基础之上的。目前,西方的心理学正在其他文化圈中(如中国的文化圈中)经历本土化的改造,这也就是对小心理学观的冲击。西方的人文心理学着眼于人的主观心理体验,但除了借助实证方法外,并不能达到像实证科学那样的经验普遍性。其他文化圈(如中国的文化圈)中的某些心理学传统,则可以通过心灵的自我超越和意识的内省训练而达到另一种经验的普遍性。这也就是对小心理学观的挑战。在中国本土,对西方心理学的本土化改造和对中国本土心理学传统的挖掘能够也应该走到一起,不仅建立起中国本土的心理学,而且提供一种合适的科学观,也就是建立连通两翼的"一体"。这样,两翼的展动才能使心理科学起飞。心理学建"体"的工作是十分重要的,这能够带来对心理学一些较为重大问题的解决。

其一,知识论和价值论的关系问题。实证心理学是一种知识论的心理学,而人文心理学是一种价值论的心理学。知识论的心理学强调对心理现象的客观考察,也就是价值无涉的研究立场,把心理现象类同于其他的自然现象。价值论的心理学则重视人的心灵的觉悟,这也是心灵的自我提升和自我超越。心灵的自觉也是生成意义的活动,这是关涉价值的研究立场,把心理生活看作是人的生活。问题在于,知识论的心理学排斥价值,认为价值带有主观性。价值论的心理学则反对关于人的知识是价值无涉的,认为这样的知识具有客观性而远离人性。显然,关键还是在科学观上。心理学的新科学观应能在知识论的心理学与价值论的心理学之间建立起一个中枢。这个中枢可以实现知识论的心理学与价值论的心理学相互容纳、相互过渡。

其二,心理学的学科性质问题。心理学究竟是属于自然科学、社会科学还是属于人文科学。现在最通行的看法是,心理学属于中间或跨界科学,它既属于自然科学,也属于社会科学,也属于人文科学。心理学也许早就过惯了敲敲生理学的门和敲敲哲学的门等沿街化缘的生活。实际上,这正是心理学无"体"的表现。心理学的建"体"应该使心理学成为真正独立的科学门类,它既不属于自然科学,也不属于社会科学,也不属于人文科学,它自立为心理科学。尽管它有一些分支与其他学科门类跨界,但这些分支仍然属于一体的心理学。

目前,心理学仍然没有摆脱分裂和寄生的命运。不过,这仅仅是心理学发展的历程,而绝不是心理学学科的耻辱。那么,如何使心理学不至于因连绵不断的内讧而束缚住自己的前进脚步,不至于因势不两立的分裂而消散在其他学科的影子中,这对于心理学家来说,无疑是激励人心的召唤和历史赋予的使命。

第六节 心理学发展的文化学转向

　　心理学曾经靠摆脱、放弃、回避或超越文化的存在来发展自己,但是现在必须靠容纳、揭示、探讨或体现文化的存在来发展自己。心理学在早期通过排斥文化的存在来保证自己对所有文化的普遍适用性,心理学在目前则通过包容文化的存在来保证自己对所有文化的普遍适用性。当代心理学的发展面临着一个无法回避的重大问题,那就是文化的问题。心理学研究中的文化问题主要体现在两个方面:一是怎样对待人的心理行为的文化内涵问题;二是怎样对待一门独立科学分支的文化特性问题。这两个方面常常紧密结合在一起。

一、历史的考察

　　心理学成为独立的科学门类之后,其对待心理行为的文化内涵和对待心理科学的文化特性的态度和方式曾经有过重大的变化。从开始的力求包容,到其间的极端排斥,再到今日的重新审视,这可以看成是心理学探索的一种曲折发展,也可以看成是心理学探索的一种历史进步。心理学如何才能"科学地"揭示人的心理行为,心理学如何才能成为真正意义上的"科学",心理学显然必须正视文化的问题,或者说文化显然是一个必须登越的阶梯。

　　1. 冯特的创建:两类心理学

　　在西方心理学的发展历史中,德国心理学家冯特被公认为科学心理学的创立者。正是冯特使心理学既不再从属于哲学,也不再从属于生理学,而是成为独立的科学门类。他不仅建构了第一个系统的科学心理学的思想体系,而且是世界上第一位真正意义上的科学心理学家。

　　冯特在自己开创性的心理学探索中也考虑了文化的问题或文化的存在,但也正因为如此,他对人的心理作出的是分离的、双重的理解,他建立的心理学也是两种不同类别的心理学,即个体心理学和民族心理学。个体心理学是把人类个体的心理当成是心理学的研究对象,民族心理学则是把人类种族的心理当成是心理学的研究对象。个体心理学偏重的是生理心理,民族心理学偏重的是文化心理。冯特本人的学术生涯也分成了两个部分。在早期,冯特致力于个体心理学的创立和建设,研究心理复合体的构成元素和形成规律,这被认为是开辟了心理学的实验科学传统。在晚期,冯特致力于民族心理学的创立和建设,研究语言、艺术、神话、宗教、风俗、习惯等文化历史的产物,这被认为是开辟了心理学的文化科学传统。因此,可以这样说,冯特的确力求使心理学能够包容对文化的考察,只不过他对文化的涉猎还存在许多难以克服的障碍。

心理学后来的发展是,走入了实验科学的轨道,而放弃了文化科学的努力。这显然是肢解了冯特建构的双重的、完整的心理学。实证的科学心理学只推进了个体心理学,而忽略了民族心理学。现在经过进一步的研究发现,冯特是以个体心理学和民族心理学的划分来确立实验科学的心理学和文化科学的心理学,这实际上是不合理的。

人的种族属性都是通过个体体现出来的。人的种族属性有两种不同的存在方式和传递方式,那就是自然属性和文化属性。人的自然属性是以生物遗传的方式传递给人类个体的,而人的文化属性则是以社会遗传的方式传递给人类个体的。换句话说,人类个体能够经由生物遗传来体现种族的属性,也能够经由社会教化来体现种族的属性。对于个体来说,个体既可以接受自然的刺激产生自然的反应,也可以接受文化的刺激产生文化的反应。对于种族来说,种族既具有自然性质的共有属性,也具有文化性质的共有属性。问题不在于个体与种族的划分,而在于心理学去追寻人类心理的共有性质和普遍规律时怎样去看待和对待文化的存在。在冯特之后,心理学的发展在相当长的时间里发展和延续了个体心理学的传统,而忽视和放弃了民族心理学的传统。这也就是心理学对文化的漠视,或者说是跨越了文化的差异。这实际上是心理学在寻求成为严格意义上的实证科学的曲折进程中付出的一种代价。

2. 实证的传统:文化的跨越

由冯特开始,心理学从哲学中独立出来,成为独立的实证科学门类。这是心理学发展的一个历史性进步。在心理学诞生之后相当长的时间里,心理学的一个主要奋斗目标就是科学化,使心理学成为一门真正意义上的科学。心理学科学化的努力是以当时已有长足进步和取得巨大成就的近代自然科学为楷模的。心理学家采纳了传统自然科学得以立足的理论基础,即物理主义的世界观。

　　物理主义是有关世界图景的一种基本理解。物理主义的世界观把自然科学探索的自然世界看成是由物理事实构成的,而物理事实也是可以由人的(研究者的)感官经验把握到的物理现象。物理主义理解的自然世界是按照严格的机械式因果规律运行的,自然科学揭示的自然规律的普遍适用性是依据还原主义的合理性。这种物理主义的世界观伴随着近代的科学化历程而得到广泛传播。这在物理科学之后发展起来的生物科学和心理科学中都得到努力的贯彻,并体现为反活力论、反心灵论和反目的论的运动。

　　心理学科学化的努力也曾力求使心理学成为一门自然科学,并采纳物理主义关于世界图景的理解。因此,心理事实不过是一种独特的物理事实,心理现象也在性质上类同于其他的物理现象。尽管心理现象具有高度的复杂性,但也仍然按照严格的因果规律活动。心理科学揭示的心理规律的普遍适用性,也是立足还原主义,使心理规律的解释可以还原为生成心理的物理或生理的基础。这曾经在心理学中演变成为清除非物理的意识论和清除非因果的目的论的运动。经典的行为主义心理学就是如此。

　　当心理学的科学化成了自然科学化,当自然科学化在于接受物理主义的世界观时,心理学就必然出现把人当成物来对待和把人的心理还原为物理或生理的研究倾向,人的文化历史的存在和人的心理的文化历史的属性就受到排斥。心理学也正是靠排斥或跨越文化历史,来保证自己研究的合理性和普遍的适用性。这就使得心理学对科学性的追求和维护是以排除和超越文化为代价的。

　　3. 本土的努力:新兴的趋向

　　心理科学的发展有一个十分明显的特征,那就是社会发展水平越高,心理科学就越发达。不同国家的社会发展水平是不一致的,心理科学的发达程度也就有着地域上的不平衡。现代意义上的科学心理学诞生于19世纪下半叶的德国。从20世纪初期开始,心理科学的研究中心从德国转到美国。发达国家的心理学家从来就把自己的心理学当成具有科学性的或者具有普适性的心理学,是超越了文化的心理学。这种以牺牲心理学的文化品性为代价的科学心理学也越出发达国家的边界,传播到其他不发达的国家。

到了 20 世纪下半叶,世界心理学的发展状况才开始有了巨大的改观。一方面,随着心理科学的进步和发展,心理学家开始去反思心理学研究中把人的属性物化、把人的心理类同于物理、以研究方式来限定研究对象等的缺陷。另一方面,随着不发达国家的心理科学的壮大和成熟,其心理学者也对发达国家的心理学是否就是唯一正确的和普遍适用的提出质疑。20 世纪 80 年代,心理学本土化迅速成为世界心理学发展的一个重要趋势。

但是,心理学本土化潮流的兴起,无论是积极的倡导者,还是冷眼的旁观者,还是坚决的反对者,都更多地把心理学的本土化看成是不发达国家的心理学家对发达国家心理学的霸权主义的反抗,把心理学的本土化看成是心理学的发展在地域界线上的转移。反对心理学本土化持有的理由就包括:心理学本土化仅仅是落后国家的心理学家的呐喊,是一种边缘心态的表达;科学无国界,心理科学不可能也不应该有地域的划分,否则就会出现德国的心理学、美国的心理学、中国心理学,等等。

这显然还仅仅是对心理学本土化一种非常表面化的理解。实际上,心理学的本土化可以说是对西方心理学现行科学观的挑战。从根本上来看,心理学本土化并不是为了扶弱敌强,也不是为了地域保护,而是为了消除"科学的"心理学以其科学性为名,对心理的和心理学的文化特性的轻视、排斥、歪曲等,是为了寻求对心理的和心理学的文化特性的合理的或合适的对待方式。所以,心理学研究本土化的真正立足点应该是心理学的科学化,是心理学科学观的变革。

二、现实的考察

在心理学中,除了上述考察的是否要研究文化的问题,更进一步的就是如何去研究文化的问题。心理学以及与心理学相关的一些分支学科也有专门探讨文化和文化心理的,但研究者却可以采取不同的方式去处理文化的存在。这既有不同研究取向或学科分支之间的差异,也有相同研究取向或分支学科中不同主张和观点之间的差异。

1. 跨文化心理学

跨文化心理学是通过文化的变量来研究人的心理行为异同的一门心理学分支学科,它研究和比较不同文化群体中的被试,以检验现有心理学知识和理论的普遍性,其根本目的是建立普遍适用的心理学或属于人类的心理学。

　　跨文化心理学涉及人的心理行为的文化特性,但是它目前的研究立场和研究方式还存在较大的争议。杨国枢先生是本土心理学研究的积极倡导者和力行者。他就认为,目前的跨文化心理学并不是一种真正的、正常的或应然的跨文化心理学,而是沦为一种以西方心理学为主、以西方化心理学为辅的拟似跨文化心理学。在杨国枢先生看来,形成拟似跨文化心理学的根本原因,就在于西方的心理学者建立了居优势地位的理论和方法之后,想进一步在非西方国家或文化中验证其理论和方法的跨文化有效性,以扩展其跨文化的适用范围。因此,大部分跨文化心理学的研究都是以西方心理学为基调,采纳的是西方心理学的理念、框架、课题、理论及方法等。通过此类研究得出的普遍适用的心理学或全人类的心理学,只能是西方心理学支配的心理学。杨国枢先生给了这种跨文化心理学许多称呼,像"拟似跨文化心理学""西化跨文化心理学""伪装的跨文化心理学""旅游式跨文化心理学研究",等等。①

　　目前的跨文化心理学研究在方法论上的确存在重大的困难与障碍。例如,跨文化心理学有两种不同的研究策略,即主位的研究和客位的研究。按通常的理解,主位的研究是指从本土的文化或某一文化的内部出发来研究人的心理行为,而不涉及在其他文化中的适用性问题。客位的研究则是指超出特定的文化,从外部来研究不同文化中的人的心理行为。显然,大部分跨文化心理学的研究采取了客位的研究策略。但是,这样的研究策略常常是以西方的文化为基础或以西方的心理学为基调。

　　杨国枢先生后来仔细地分析过主位的研究取向与客位的研究取向的内在含义。② 他认为,这两个研究取向有三个对比的差异:第一,研究的现象或是该文化特有的,或是该文化非特有的;第二,在观察、分析和理解现象时,研究者或是采取自己的观点,或是采取被研究者的观点;第三,在研究设计方面,或是采取跨文化的研究方式,或是采取单文化的研究方式。杨国枢

---

① 杨国枢. 我们为什么要建立中国人的本土心理学? [J]. 本土心理学研究,1993(1):6-88.
② 杨国枢. 心理学研究的本土契合性及其相关问题[J]. 本土心理学研究,1998(9):75-120.

先生认为,原有的跨文化心理学研究主要采取的是以研究者的观点探讨非特有现象的跨文化研究。在这样的研究方式中,来自某一文化的心理学者(通常是西方学者,特别是美国学者)将其发展或持有的一套心理行为概念先运用于本国人的研究,再运用于他国人的研究,然后就得出的结果进行跨文化的比较。这种研究方式正在受到批评,一些跨文化心理学者也正在寻求更好的研究方式,如客位/主位组合的研究策略、共有性客位研究策略、离中的研究策略、跨文化本土研究策略,等等。①

2. 文化心理学

文化心理学也是通过文化来考察和研究人的心理行为的一门心理学分支。近些年来,文化心理学有较为迅猛的发展。文化心理学的研究成果正在受到人们越来越多的关注。按照余安邦先生对最近30年来的文化心理学发展历程的考察,文化心理学实际上经历了三个重要的发展时期或阶段。在不同的时期里,文化心理学的知识论立场、方法论主张、研究进路特色及研究方法特征都有重要的变化。②

20世纪70年代之前是文化心理学发展的第一个时期。在这个时期,文化心理学的研究目标是在追求共同和普遍的心理机制。当时的文化心理学假定人类有统一的心理机制,从而致力于从不同的文化中去追寻这一本有的中枢运作机制的结构和功能。研究者通常是采用跨文化的理论概念和研究工具,来验证人类心理的中枢运作机制的普遍特性。

20世纪70年代至80年代中期是文化心理学发展的第二个时期。在这个时期,文化心理学开始关注人类心理的社会文化的脉络。当时的文化心理学转而重视人的心理行为与文化母体的联系,特别是从社会文化的脉络去考察和说明人的心理行为。这就不是从假定的共有心理机制出发,而是从特定的社会文化出发。这一方面是指有什么样的社会文化就有什么样的心理行为模式,另一方面是指运用特定文化的观点和概念来探讨和说明人的心理行为的性质、活动和变化。

20世纪80年代中期之后是文化心理学发展的第三个时期。在这个时

---

① 杨国枢. 心理学研究的本土契合性及其相关问题[J]. 本土心理学研究,1998(9):75-120.
② 余安邦. 文化心理学的历史发展与研究进路[J]. 本土心理学研究,1996(6):2-60.

期,文化心理学强调人的主观建构、象征行动和社会实践的文化内涵。文化不再是外在地决定人的心理行为的存在,而是内在于人的觉知、理解和行动的存在。社会文化的环境和资源的存在及作用,取决于人们捕捉和运用的历程及方式。正是人建构了社会文化的世界,人也正是如此而建构了自己特定的心理行为的方式。此时的文化心理学开始更多地从解释学的观点切入,通过解释学来建立文化心理学的知识。

3. 本土心理学

本土心理学的潮流兴起于对西方心理学唯一合理性和普遍适用性的质疑和挑战。这体现在三个重要的努力方向上:一是反思和批判西方心理学;二是挖掘和整理本土的传统心理学资源;三是创立和建设本土的科学心理学。心理学本土化是一个世界性的潮流,中国心理学的本土化是其中的重要努力。

中国心理学的本土化研究在一个比较短的时期里取得了相当数量、相当重要的成果。正如前面所述,中国心理学本土化的发展大致经历了保守的本土化和激进的本土化两个研究时期。在保守的本土化研究时期(大约从 20 世纪 70 年代末期到 80 年代末期),中国本土的心理学者主要从事的研究在于:反思和批评西方心理学在研究内容上的缺失;检讨和重估西化的中国心理学对解释中国人心理的缺陷;开辟和推动本土化的心理学具体研究。这个时期的主要特征在于,仅仅试图扩展西方心理学的研究内容,使中国心理学转而考察中国人的心理行为。这在科学观上并未能够超越西方心理学,或者说仍然是受西方心理学研究方式的限制。这个阶段的研究是以中国人作为被试,但使用的工具、方法、概念和理论还是西方式的。

在激进的本土化研究时期(大约从 20 世纪 90 年代初期到现在),中国本土的心理学者主要从事的研究在于:反思和批评西方心理学在研究方式上的局限;力图摆脱西方心理学和舍弃西化心理学;尝试建立内发性本土心理学。这个时期的主要特征在于,开始试图扩展西方心理学的研究方式,使中国心理学开始突破西方心理学小科学观的限制,去寻求更超脱的多样化的研究方法和理论思想。

但是,这个阶段的研究还带有相当的盲目性。研究更多样化,但更具杂乱性。研究带有更多的尝试性,而没有必要的规范性。当前研究缺少的是相对一致的衡量和评价研究的标准。正如杨中芳先生指出的那样,研究者对于如何深化本土心理学的研究感到彷徨。① 重要的是,为中国心理学的本土化研究建立或设置规范。杨国枢先生的本土契合性的判定标准就是这样的努力。② 变革和拓展心理学的科学观则是更根本的努力。③

三、理论的考察

心理学的研究是否应该涉及文化问题和如何能够涉及文化问题,这是有关心理学发展重大而关键的问题。可以说,心理学本土化的潮流预示着心理学本身正在发生深刻的变化。这种深刻的变化主要体现在对心理学研究对象的重新理解和对心理学研究方式的积极变革上。

1. 研究对象的性质

尽管心理学是把心理行为作为本学科的研究对象,但是心理学早期的目标是如何把近代自然科学成功的研究方式移植到心理学研究中,而很少考虑到心理学研究对象的独特性质。这导致的一个最直接后果,就是按照近代自然科学的方式来理解和对待人的心理行为。因此,心理学的研究忽略或无视人的心理行为和心理科学的文化特性。心理学当代的目标应该有一个重要的转折,那就是从研究对象的独特性质出发去开创心理科学的独特研究方式,而不是以放弃人的心理行为的某些性质和特点去贯彻自然科学的研究方式。

人类心理与自然物理既彼此关联又彼此区别。最根本的关联在于,人类心理也是自然的存在,也是自然发生和变化的历程。最根本的区别在于,人类心理具有自觉的性质,这种自觉的心理历程也是文化创生的历程。正是人类心理的特殊性质导致人类心理的多样性和复杂性,以及心理学研究在考察和理解人类心理时面对的困难、局限、分歧、争执、对立和冲突。

在心理学科学化的进程当中,西方主流心理学的研究倾向于把人的心理理解为自然的现象,具有与自然现象类同的性质。这一方面促进了心理学成为独立的科学门类和使心理学越来越精密化,另一方面也使心理学的

① 杨中芳. 试论如何深化本土心理学研究[J]. 本土心理学研究,1993(1):122-183.
② 杨国枢. 我们为什么要建立中国人的本土心理学?[J]. 本土心理学研究,1993(1):6-88.
③ 葛鲁嘉. 大心理学观——心理学发展的新契机与新视野[J]. 自然辩证法研究,1995(9):18-24.

研究具有一定的缺陷。缺陷主要体现在两个方面：一是无文化研究，即弃除了人类心理的文化性质。像心理学早期的实验研究中，运用的刺激是物理的刺激，而不是文化的刺激，着眼的反应是生理心理的反应，而不是文化心理的反应。二是伪文化的研究，即扭曲了人类心理的文化性质。像在心理学的一些研究中，仅仅把文化看成是一种外部的刺激因素，或者说假定人类心理的共有机制，文化的内容只是其千变万化的表面现象。这也是在心理学研究中盛行还原论的一个重要原因，也就是把复杂多样的人类心理还原到生理的甚至物理的基础上。

对心理学研究对象的理解应该和必须发生一个重要的改变或转折，那就是不仅把心理理解为自然的、已成的存在，而且把心理理解为自觉的、生成的存在。如此看来，人拥有的心理就不仅是能够由研究者观察到的现象，而且是拥有心理的人自觉生成的生活。人的心理生活是通过心理的自主活动构筑的，也是人的心理自觉体验到的。这强调了人与其他自然物的不同，人的心灵具有自觉的性质，而其他自然物则不具备这样的性质。其他自然物只能成为研究者认识和改造的对象，而不能成为自觉认识和改造的对象。心理生活是常人自主生成和自觉体验到的。这不仅可以成为研究者认识和改造的对象，而且可以成为生活者认识和改造的对象。

心理生活的生成历程实际上就是文化的生成历程，所以说心理生活具有文化的性质，或者说文化不过是心理生活的体现。对于人类个体来说，作为人类生活产物的文化可以成为背景或环境。但是，无论是就人类整体而言还是就人类个体而言，脱离了心理生活的文化产物只能具有自然物理的属性，脱离了人类文化的心理现象也只能具有自然物理的属性。

2. 研究方式的性质

从哲学的怀抱中脱离出来之后，西方心理学直接继承了西方近代自然科学的科学观，或者说直接贯彻了西方近代自然科学的研究方式。正是近代自然科学的研究方式使心理学迈进了科学阵营的门槛，但是这也使心理学的研究受到了局限。这种局限就在于，心理学家是通过贯彻引进的自然科学研究方式来对待人的心理，而不是通过人的心理的独特性质引申出心理学的研究方式。心理学研究揭示了心理学的研究对象与其他自然科学门类的研究对象的类同之处，却恰恰难以或无法揭示两者之间的不同之处。

心理学研究中的自然科学方式主要表现在两个方面：一是追求对心理学研究对象的客观化；二是确立实证方法在心理学研究中的核心地位。

从第一个方面来看，对心理学研究对象客观化的后果，直接导致心理学研究两个方面的误区：一是把心理学的研究对象等同于其他的自然物；二是心理学研究者的价值无涉或价值中立的立场。

科学研究对客观性的追求，是为了消除研究者的主观性臆造或主观性附会，并从对象出发而完全真实地说明对象。这对于自然科学的研究来说无疑是成功的，但在心理学的研究中却引起出人意料的后果。那就是在否弃研究者的主观性的同时，也否弃了研究对象的主观性。或者说，在强调研究对象的客观性的同时，而否弃了研究对象的主观性。物理学中有过反幽灵论的运动，生物学中有过反活力论的运动，心理学中也相应地有过反心灵论或反目的论的运动。这就使得心理学研究对客观性的追求变成了对研究对象的客观化，而客观化甚至导致对研究对象的物化。

科学研究对客观性的追求，强调的是与研究对象相分离的研究者应持有价值无涉或价值中立的立场。价值取向或价值追求是属于人的。正因为自然科学的研究对象是没有价值取向或价值追求的，所以研究者仅需提供纯粹的客观知识，而无须涉及主观价值。心理学的研究对象则是拥有价值追求的人的心理，但心理学的研究者却也同样放弃了对价值的关注。价值中立的立场也使心理学者处于旁观或隐身的位置，使心理科学无法为人提供价值的说明和价值的导向。

从第二个方面来看，确立实证方法在心理学研究中的核心地位，也会直接导致心理学研究的两个后果：一是对研究者感官经验的普遍性的依赖；二是以实证方法作为心理学研究的科学性的唯一尺度。

研究者面对与己分离的研究对象，或者说研究者作为分离的研究对象的旁观者，他对于研究对象的认识应始于他的感官经验。研究的科学性是建立在研究者感官经验的普遍性上。一个研究者通过感官把握到的现象，另一研究者通过相同的感官把握到的也会是相同的现象。这对于自然科学的研究来说也无疑是成功的，但在心理学的研究中也引起出人意料的后果，那就是人的心理也是内在的自觉活动，这通过外在观察者的感官是无法直接把握到的。或者说，依赖于研究者感官经验的普遍性，使心理学无法把握到人的心理的完整面貌。

确立实证方法的中心地位强调的是,为了保证研究者感官经验的可靠性和可信性,只有通过实证的方法来确立心理学的科学性质。心理学的研究运用实证方法是心理学的一个重大进步。但是,运用实证方法和以实证方法为中心具有不同的含义。发展和完善实证方法是十分必要的,而以实证方法为中心则把实证方法摆放到绝对支配性的地位。在心理学研究中,以实证方法为中心导致研究是从实证方法出发,而不是从对象本身出发;实证的方法不是附属于对人的心理的揭示,而是对人的心理的揭示附属于实证的方法。这使得心理学家对实证方法的关注超出对研究对象的关注。

3. 心理科学的转向

心理学科学观的变革,说到底是要重新理解和确立心理学的研究对象与研究者之间的关系。自然科学有史以来的研究是建立在研究对象与研究者绝对分离的基础之上,心理学现有的研究也同样是建立在研究对象与研究者绝对分离的基础之上。这对于研究自然的对象来说也许是很必要的、有成效的,但对于以心理为对象的研究来说可能就是不完备的,或是有缺陷的。心理学的研究能否建立在研究对象与研究者相对分离或者彼此统一的基础之上,这要对心理学研究中研究对象与研究者的关系进行重新思考和确定彼此的关联。显然,以心理为对象的研究无疑对科学的发展提出了重大的挑战。中国本土的心理学传统可以为此提供重要的启示。

文化最根本的性质体现在两个方面:文化是价值追求的导向;文化是创造生成的过程。文化这两方面的根本性质正是根源于人的心理。人类心理最根本的性质是其自觉性,而自觉性带来的就是价值的追求和创造的生成。这也是人的心理与其他自然物的最根本区别。对心理学来说,心理学的考察者是人,心理学的考察对象也是人,所以是人对自身的了解。更进一步来说,去认识的是人的心灵,被认识的也是人的心灵,所以是心灵对自身的探索。这显然决定了心理学也应该成为一门文化科学。心理学不仅要揭示人类心理的自然基础,而且应导引和创造出人类的心理生活。心理学的任务就是把"日常的"心理生活逐步地演变为"科学的"心理生活。

当代心理学发展的文化学转向不是要否弃现有的心理学研究,而是对现有的心理学研究的不合理延展的限制,或是对现有心理学研究的合理部分的延展。现有心理学研究中的研究对象与研究者的关系应该得到改变。要限制绝对的分离，要推动相对的分离。相对的分离是指彼此统一基础上的分离。彼此的统一是指心理学的研究对象与研究者共有的价值追求和共同的创造生成。这就是心理学的文化学要义。

其一，使心理学的研究从对客观性的追求，延展到对真实性的追求。这也就是说，心理学的研究不仅要追求客观性，而且要追求真实性。人类心理不只是客观性的存在，还是主观性的存在、真实性的存在。原有的研究仅仅是把物化或客观化的存在看成是真实的，其实这是对人类心理的真实性的歪曲。从心理学研究对象的角度来看，心理的主观性或自觉性也都是真实性的存在和真实性的活动。

其二，使心理学的研究从价值无涉的立场，延展到价值涉入的立场。这不仅在于肯定人类心理的价值追求的特性和揭示人类心理的价值追求的活动，而且在于使研究者提供价值的关切和参与价值生成的创造过程。心理学的研究不仅要得出有关心理的客观知识，而且要引导和创造人的心理生活。这也是人类心灵的个体性自我超越和整体性自我超越的过程。

其三，使心理学的研究从对感官经验的普遍性的依赖，延展到对内省经验的普遍性的探求。人类心理的基本性质在于其自觉性，这涉及两个重要的问题：一是从研究对象的角度，心理的自觉活动是研究者的感官经验无法直接把握到的；二是从心理都有内省自觉活动的角度，这种内省自觉的活动能否把握到心理的性质和规律。心理的内省经验具有私有化的特征，换句话说，心理的内省自觉具有分离性和独特性。所以，关键在于探求和达到内省经验的普遍性。

其四，使心理学的研究从以方法为中心，延展到以对象为中心。实证心理学曾经有过以研究方法取舍研究对象，甚至以研究方法扭曲研究对象。因此，心理学的研究必须以对象为中心。以对象为中心涉及两点：一是心理学的研究不仅必须如实地揭示人类心理的原貌，而且要生成和创造出人类的心理生活；二是心理学的研究必须从对象的独特性质引导出心理学的独特研究方式。方法是为揭示对象服务的。心理学研究的科学性不在于是否运用了实证的研究方法，而在于是否合理地确立了心理学的研究对象与研究者之间关系的性质，以及是否符合在此基础上确立起来的研究规范。

　　以心理为研究对象不完全等同于以自然为研究对象，但心理和自然都应当是科学研究的对象。人类心理兼具自然、社会和文化的性质，心理科学可以突破原有自然科学的界限，突破自然科学、社会科学和人文科学之间的鸿沟，重塑传统的科学观。这样的工作是非常艰巨的。这也是心理学本土化必须面临的任务，也是当代心理学研究的文化学转向的不懈追求。

第五章　本土心理学的框架

本章导言　本土心理学方法论的新思路

本土心理学的研究、中国本土心理学的研究,有自己的研究框架。这涉及心理学研究的方法论,应该对传统的心理学方法论研究进行扩展。心理学需要生态学的方法论,需要对研究对象和研究方式进行共生的整合。心理学哲学则是对心理学的研究对象和研究方式的理论预设的反思,心理学研究应该有明确的、合理的理论前提。心理学的技术应用有自己独特的应用途径和应用方式,这需要有对心理学技术理念、技术工具和技术手段等的系统深入考察。心理学在学科自身发展过程中也与其他学科有着独特、密切的联系,对这种关系的研究可以为心理学的发展提供重要的参照和资源。在文化心理学的探索中,文化心理学存在多元的学科含义和多样的研究取向,这可以为理解心理学与文化的关系确立重要的依据。

心理学的研究都有特定的方法论和方法。心理学对自身的研究方法论和方法也有着特定的考察和探讨。心理学的方法论不同于心理学的方法学,心理学的方法学是关于心理学的具体研究方法和研究工具的考察。心理学的方法论的探索则涉及关于心理学研究对象的立场、关于心理学研究方法的认识,以及关于心理学应用技术的思考。关于心理学研究方式和研究方法的考察包括体证和体验的方法,也包括定性和定量的研究。在中国本土文化中,传统心理学运用的方法不是实验的方法、实证的方法,而是体验的方法、体证的方法。所谓体证的或体验的方法,就是通过意识自觉的方式直接体验到自身的心理,并直接构筑了自身的心理。实证与体证在心理学具体研究中的体现,就是实证与体证的分离与对应,就是实验与体验的分别与不同。心理学的方法论提供的就是本土心理学的基本框架,中国本土心理学创新进步的基本框架。本土心理学或中国本土心理学需要的是方法论上的新思路。本土心理学的方法论探索涉及对传统的心理学方法论进行扩展,也涉及确立生态学的方法论。这就要对心理学与相关学科之间的关系进行梳理,对文化心理学的方法论意义进行揭示,以及对心理学技术应用的途径与方式进行把握。

第一节　心理学方法论的扩展性探索

　　心理学的研究包括三个基本部分:一是关于对象的研究,涉及心理学的研究对象,是对心理行为实际的揭示、描述、说明、解释、预测、干预等;二是关于方法的研究,涉及心理学的研究者,探讨心理学研究者持有的研究立场、使用的具体方法;三是关于技术的研究,涉及对研究对象的干预和改变。相应地,心理学研究的方法论也应该包括三个基本方面:一是关于心理学研究对象和研究内容的理解,这也就是心理学研究对象的确定,力求突破对人的心理行为的片面理解;二是关于心理学研究方式和研究方法的探索,这也就是心理学研究方法的创新,力求摆脱传统心理学科学观的限制,为心理学的研究建立合理的科学规范;三是关于心理学技术手段和研究工具的考察,这也就是心理学干预方式的明确,力求避免把人当作被动接受随意改变的客体或对象。

　　方法论是任何一门科学研究的学术基础。可以说,方法论既是思想的基础,也是方法的基础、技术的基础,所以心理学方法论的探讨是关系到心理学学科发展的核心性问题或关键性内容。尽管心理学方法论的探索应该成为心理学研究中基础的、根本的方面,但是传统心理学中的方法论研究却主要考察心理学研究运用的具体研究方法,包括心理学具体研究方法的不同类别、基本构成、使用程序、适用范围、修订方法,等等。严格说来,前者是广义的心理学方法论,后者是狭义的心理学方法学。随着心理学的发展和进步,心理学方法论的探索必须跨越原有的狭义的心理学方法学的范围和界限,应该包括心理学研究关于对象的立场,关于方法的认识,关于技术的思考。因此,对心理学方法论的新探索,可以说就是反思心理学发展的一些重大的理论问题和方法问题。① 这不但关系到中国心理学的发展和进步,而且关系到整个心理学的命运与未来。②

一、关于对象的立场

心理学家对心理学研究对象的考察和研究是建立在对心理学研究对象的理论预设的基础之上的,或者说是取决于心理学家对心理学研究对象的基本性质的预先理解。心理学家关于心理学研究对象的理论预设可以是隐含的,也可以是明确的。但是,无论是隐含的还是明确的,这些预设都决定着心理学家对心理学研究对象的理解。有什么样的关于研究对象的理论预设,就会有什么样的对研究对象的理解。心理学家关于心理学研究对象的理论预设可以有两个来源:一是心理学家提供的研究传统。在后的心理学家可以把在先的心理学家的学说理论作为自己的理论前提或理论预设,例如后弗洛伊德的学者都把精神分析创始人弗洛伊德的某些理论观点作为自己关于研究对象的理论预设。二是哲学家提供的理论基础。哲学家对人类心灵的探索也可以成为心理学家理解心理学研究对象的理论前提或理论预设。这包括哲学心理学和心灵哲学的探索。③ 关于对象的研究立场涉及如下十二个重要方面。

其一,自然与自主。人是自然演化过程的产物,人的心理也是自然历史的产物。但与此同时,人的心理也是意识自觉的存在,是自主的活动。所以,人的心理也就是自主创生的结果。这就是自然与自主的内涵。在心理学的研究中,既有心理学家把人的心理设定为自然历史的产物,也有心理学家把人的心理设定为自主创生的结果。这就导致对人的心理行为完全不同的理解和解释,也导致对人的心理行为完全不同的引导和干预。这就是心

---

① 杨中芳.如何研究中国人——心理学本土化论文集[M].台北:桂冠图书股份有限公司,1997:205-207.
② 杨国枢,文崇一.社会及行为科学研究的中国化[M].台北:"中央研究院"民族学研究所,1982.
③ 葛鲁嘉,陈若莉.论心理学哲学的探索——心理科学走向成熟的标志[J].自然辩证法研究,1999(8):35-40.

理学研究中的自然决定和自主决定的区别。

其二,物理与心理。西方科学心理学的诞生直接采纳了近代自然科学得以立足的理论基础。涉及对心理学研究对象的理解,西方科学心理学采纳的是近代自然科学中的物理主义的世界观。物理主义是一个有歧义的提法,在此主要泛指传统自然科学有关世界图景的一种基本理解。物理主义的世界观把自然科学探索的世界看作是由物理事实构成的,物理事实能为研究者的感官或作为感官延长的物理工具把握到。西方心理学的主流采纳了物理主义的观点,把人的心理现象类同于其他的物理现象。尽管心理现象具有高度的复杂性,但却可以还原为构成心理现象的更简单的基础。在自然科学贯彻物理主义的过程中,物理学中有过反幽灵论的运动,生物学中有过反活力论的运动,心理学中也相应地有过反心灵论或反目的论的运动。这就使得西方心理学对研究对象的理解存在客观化的倾向,而客观化甚至导致对研究对象的物化。实际上,人类心理与自然物理之间既有关联又有区别:人类心理也是自然的存在,也是自然发生和变化的历程,但是人类心理具有自觉的性质,这种自觉的心理历程也是文化创生的历程。①

其三,人性与人心。心理学研究的主要是人的心理,心理学家有关人性的主张就会成为理解人的心理的理论前提。或者说,心理学家对人性有什么样的看法,就会对人的心理有什么样的理解。涉及有关人性的主张,可以体现在人性的本质属性和价值定位两个维度上。有关人性的本质属性基本上有三种不同主张,即人性的自然属性、人性的社会属性和人性的超越属性。以人性的自然属性为理论前提,在心理学的研究中就有心理学家通过生物本能来理解人的心理行为。以人性的社会属性为理论前提,在心理学的研究中就有心理学家通过社会环境或人际关系来理解人的心理行为。以人性的超越属性为理论前提,在心理学的研究中就有心理学家通过心理的自主创造来理解人的心理行为。有关人性的价值定位基本上也是有三种不同主张,即人性本善、人性本恶和人性不善不恶或可善可恶。以人性本善作为理论前提,在心理学的研究中就有心理学家把人的心理理解为向善的追

---

① 葛鲁嘉.中国本土传统心理学的内省方式及其现代启示[J].吉林大学社会科学学报,1997(6):25-30.

求。以人性本恶作为理论前提,在心理学的研究中就有心理学家把人的心理理解为向恶的追求。以人性可善可恶作为理论前提,在心理学的研究中就有心理学家把人的心理理解为受后天环境的制约。

其四,客观与主观。人的心理意识和心理行为都可以成为客观的对象。与此同时,人的心理意识和心理行为也可以成为主观的自觉。所谓的客观与主观,是在心理学的研究中研究对象与研究者之间关系的确认。客观的研究从研究对象出发,不加入研究者主观的看法、见解、观点,等等。主观的研究则从研究者出发,主张和强调心理的承载者、表现者、运作者也可以同时成为心理的体察者、体认者、体验者。其实,这是人的心理与物的存在的一个非常重要区别。

其五,被动与主动。人的心理行为可以是被动的,也可以是主动的。或者说,人的心理既可以是由外在推动的,也可以是自己内在发动的。在心理学的研究进程中,有的研究者把人的心理看作是被动的,是受外界条件决定的。环境决定论就是这样的主张。有的研究者则把人的心理看作是主动的,是人的心理自己推动的。心理决定论就是这样的主张。这成为心理学研究中对立的两极。

其六,生理与社会。人的心理行为一方面有其实现的基础——人的神经系统,神经生理的活动是人的心理活动的基础,另一方面有其表演的舞台——人的社会生活。涉及心理与生理的关系,人的心理不仅是为人类个体所拥有,而且是与个体的身体相关联。心身关系或心理与生理的关系一直是困扰着心理学研究者的重大问题。在西方心理学的发展历史中,流行着心身一元论和心身二元论的观点,包括唯物的心身一元论、唯心的心身一元论、平行的心身二元论、交互作用的心身二元论等。这无疑制约着心理学家对研究对象的理解。涉及心理与社会的关系,人的心理不仅为人类个体所独立具有,而且是为人类社会所共同拥有。

其七,动物与人类。人是地球的生物种群中的一种,或者说人也是动物,但人又是超越动物的独特物种。这也就是说,人既有动物的属性,也有超越动物的属性。在心理学的发展历程中,既有过把动物的心理拟人化的研究,或者说是按照对人的心理的理解来说明动物的心理;也有过把人的心理还原为动物心理的研究,或者说是按照对动物心理的理解来说明人的心理。无论是哪一种理解，都是对心理发展和演变的界线的忽视和忽略。生物进化论曾经提供了关于动物心理与人类心理的连续性的科学依据。

其八，个体与群体。对于人的存在来说，人是以个体的方式存在，人都是在身体上彼此分离的独立的个体，同时人又是种群中的个体，是以群体的方式存在。人的心理非常独特的方面在于，每个人都拥有完整的心理，或者说没有脱离开个体的所谓人类群体的心理。反过来，人类群体又拥有共同的心理，或者说不存在彼此隔绝的、截然不同的个体心理。这就给理解心理学的研究对象带来了分歧。在西方心理学的研究中，个体主义的观点十分盛行。这种观点强调通过个体的心理来揭示整体的心理，而否定从整体的心理来揭示个体的心理。这无疑限制了心理学从更大的视野入手去进行科学研究。

其九，内容与机制。人的心理可以内含其他事物于自身。这就是人的心理活动的内容。但是，人的心理又有对内容的运作过程。这就是人的心理活动的机制。人的心理活动是内容和机制的统一体。但是，如何对待心理的内容和机制却有着不同的观点。在心理学的研究历程中，曾经有过研究人的心理内容与研究人的心理机制的对立。例如，内容心理学与意动心理学的对立和争执。相比较而言，心理活动的内容是复杂多样的、表面浮现的。因此，科学心理学的研究常常倾向于抛开内容而去探索心理的机制。这成为心理学研究中一个似乎是定论的研究倾向，但心理学也因此缺失或缺乏关于人的心理活动内容的探索。实际上，心理活动的内容是心理学研究必须面对的十分重要方面。

其十，元素与整体。人的心理是由许许多多的要素构成的，但又是一个相互关联的、不可分割的整体。在关于心理学研究对象的理解中，有着相互对立的元素主义的观点和整体主义的观点。这在西方心理学发展的初期或早期，就有内容心理学学派和完形心理学学派。元素主义是要揭示心理行为最基本的构成元素，以及这些基本元素的组合规律，从而认识人的复杂的心理活动。整体主义则认为人的心理是完整的，如果加以分割就会失去人的心理的原貌，而应揭示、描述和解说人类心理的整体性质、整体特点、整体转换、整体功能。

其十一,结构与机能。人的心理是依照特定原则和特定方式构成的结构,而该结构也具有适应环境和适应生活的特定功能。在心理学的研究中,就有过构造主义心理学与机能主义心理学的对立和争执。构造主义心理学强调研究人的心理结构,包括心理结构的构成要素和构成规律。机能主义心理学则强调研究人的心理机能,包括心理机能的适应环境和应对生活的作用。尽管心理学的发展早已超越构造主义心理学和机能主义心理学的简单对立,但是结构与机能仍然是心理学研究中的核心性问题。

其十二,意识与行为。人的心理有内在的意识活动,也有外在的行为表现。心理学的研究曾经偏重过对意识的揭示,着眼于说明和解释人的内在意识活动。但是,心理学的研究后来也曾经抛弃过意识,把意识驱逐出心理学的研究领域,而把人的行为当成心理学唯一的研究对象。意识论的心理学与行为论的心理学都曾经一度支配了整个心理学的研究。在心理学的发展历程中,意识论的心理学与行为论的心理学早期也有过彼此排斥和相互倾轧,后期也有过彼此相容和相互补充。

二、关于方法的认识

科学的研究是通过科学研究方法来进行的,对方法的认识会决定方法的制定和运用。这也是心理学中方法论和方法学的内容。[①] 有关心理学研究方式的理解涉及的是心理学作为一门科学的预先设定。这个预先设定可以是隐含的,也可以是明确的。无论是隐含的还是明确的,这都决定着心理学家对心理学研究方式的理解和运用。有关心理学研究方式的理论前提有两个主要的来源:一是心理学家对自己从事的科学事业持有的立场或依据。当他们接受了一套心理学科学研究的训练,他们实际上也就确立了关于什么是心理学科学研究的理论设定。二是科学哲学家以科学为对象的哲学探讨,他们提供了什么是科学的研究、什么是科学研究的方法论等基本认识。例如,实证主义的哲学就成为心理学科学研究的基本立场。[②]

在心理学的研究中,心理学家使用的方法总是依据相应的理论设定。

① 陈宏.科学心理学研究方法论的比较与整合[J].东北师大学报(哲学社会科学版),2002(6):107 - 112.
② 陶宏斌,郭永玉.实证主义方法论与现代西方心理学[J].心理学报,1997(3):312 - 317.

西方主流的心理学家坚持了可验证性的原则。这种原则体现在两个重要方面：感官经验的证实；以方法为中心衡量研究的科学性。心理学的研究者作为与己分离的研究对象的旁观者，他对于研究对象的认识应始于他的感官经验。研究的科学性建立在研究者感官经验的普遍性上。因此，心理学的研究总是力图排斥内省的研究方法，极力推崇实验的研究方法。这在某种程度上来说无疑是成功的，但也有不尽如人意的后果。那就是人的心理也是内在的自觉活动，这通过外在观察者的感官是无法直接把握到的。或者说，依赖于研究者感官经验的普遍性，使心理学无法把握到人的心理的完整面貌。确立实证方法的中心地位强调的是通过实证的方法来确立心理学的科学性质。心理学的研究运用实证方法是一个重大进步。但是，运用实证方法和以实证方法为中心具有不同的含义。发展和完善实证方法是十分必要的，而以实证方法为中心则把实证方法摆放到绝对支配性的地位。在心理学中，以实证方法为中心导致研究从实证方法出发，而不是从对象本身出发。

其一，科学与谬误。运用科学方法的一个最重要问题，就是如何区分科学与谬误的问题。科学心理学家正是依据科学的划界区分出所谓科学的心理学、前科学的心理学、非科学的心理学和伪科学的心理学。任何解决科学划界问题的方案都要回答如下四个问题：第一，具体的划界标准是什么？这涉及的是依据什么对科学进行划界。第二，进行划界的出发点是什么？这涉及的是从事科学划界是为了达到什么目的。第三，科学划界的单元是什么？这涉及的是科学划界是针对什么进行的划界。第四，科学划界的元标准是什么？这涉及的是划界理论的预设或前提。在西方科学哲学的探讨中，科学划界的理论大致经历了四个发展阶段：第一个阶段是逻辑主义的绝对标准，这以逻辑经验主义和证伪主义为代表，强调的是科学与非科学的非此即彼的标准，而划分科学的标准或是可证实性或是可证伪性。第二个阶段是历史主义的相对标准，这以范式演进和更替的理论为代表，强调的不是超历史的标准，而是对科学进行历史的分析。所谓的科学实际上就是指科学共同体在共有范式下的释疑活动，而科学的进步就是科学共同体持有的范式的转换。第三个阶段是无政府主义的取消划界，这以"怎么都行"的主张为代表。该主张认为，没有办法也没有必要去划分科学与非科学，科学方法是怎么都行,科学理论是不可通约。第四个阶段是多元标准的重新划界,这强调仍要进行科学划界,但提供的是多元的标准。① 心理学从哲学当中分离出来之后,就一直存在和面对着确立自己的科学身份的问题。② 心理学的科学性质就一直缠绕着心理学的研究者。在心理学的内部,一直持续的是对彼此研究的科学性的相互指责。例如,科学主义取向的心理学对人本主义取向的心理学的指责,就是否认其研究的科学性质。心理学家总是依据自己对科学的理解来对待心理学的探索。

其二,方法与问题。在心理学的研究中,或者说在心理学的发展历程中,方法中心和问题中心是两种不同的立场和主张。所谓的方法中心是指在心理学的研究中,能够起决定作用、能够引导研究的是方法。心理学研究是不是科学的,要看是否采用了科学的方法。所谓的问题中心是指在心理学的研究中,能够起决定作用、能够引导研究的是问题。心理学研究是不是科学的,要看提出问题和解决问题的科学性。

其三,实证与体证。心理学的科学研究有的时候也被称为实证研究,所以科学心理学有的时候也被称为实证心理学。所谓的实证研究,实际上是指研究者感官经验的证实,而不是任意的想象和推测。这被看作是科学研究,特别是广义物理科学研究的基本性质,也就是其科学性的基本保证。心理科学的研究对象有其独特的性质,那就是人的心理意识的自觉性。这种自觉导致人的心理包含着自我体察和自我体验。与实证相对应,人的心理的自我意识、自我引导、自我提升也可以被称为体证。

其四,实验与内省。在心理学的科学研究中,目前实验的方法占据或拥有主导地位。在心理学的历史发展中,内省的方法也曾经占据过主导的地位,或者说,在心理学研究的早期,内省的方法被当成是主导的方法,因为人的心理意识虽无法直接观察到,但人自己可以体察、体验或内省到。在心理学成为独立的科学门类之后,由于内省的个体内在性、不可重复性和无法验证性,内省的方法逐渐地被实验的方法替代。实验的方法也在某种程度上受到实验工具和实验者感官观察的某些限制。内省能否超越个体性,或者

---

① 陈健.科学划界[M].北京:东方出版社,1997:1-2.
② 葛鲁嘉.中国心理学的科学化和本土化——中国心理学发展的跨世纪主题[J].吉林大学社会科学学报,2002(2):5-15.

说通过内省的方法能否达到普遍性,也成为内省方法能否被心理学研究启用的重要问题。

其五,定性与定量。无论是在心理学研究的性质上,还是在心理学研究的方式上,都有定性研究和定量研究之分。定性研究与定量研究也可以称为质化研究与量化研究。定性研究是对研究对象的性质的推论或断定。定量研究则是对研究对象的数量关系的确定和计算。① 在心理学的研究中,既包含着定性研究也包含着定量研究。问题在于对两者优先地位的确定,也就是说,是定性研究占据决定地位,还是定量研究占据决定地位。②

其六,思辨与操作。心理学研究中的所谓操作研究与思辨研究是两种完全不同的研究方式。在心理学的早期形态中,思辨的研究方式占据着主导的地位。所谓的思辨研究,是指研究者根据自己的理论立场和经验常识,预先设定了对象的性质,并通过这种预先的设定来进一步推论对象的活动和规律。在科学心理学的发展中,操作研究后来居上,占据了主导的地位。所谓的操作研究,是指把研究建立在操作程序的合理性和合法性上。

其七,客位与主位。所谓的客位与主位,是关于心理学研究中研究者与研究对象的关系问题。西方心理学的主导科学观分离了研究对象和研究者,或者说是分离了研究客体和研究主体。研究客体是已定的存在,是客观的现象。研究主体则是如实描摹的镜子,是冷漠的、中立的旁观者。在心理学的研究中,这是占有支配性的理论预设。这给心理学带来了巨大的进步,但也在某种程度上限制了心理学研究的发展。例如,这可以导致对心理学研究对象的客观化,也可以导致价值无涉的研究立场。实际上,研究对象与研究者的分离是基于异己的自然物与人作为认识者的区分。但是,心理学的研究对象与研究者却具有共同或共生的性质。两者可以按研究对象与研究者加以区分,也可以形成超越这种区分的特定联系。可以认为,在心理学的研究中,研究者与被研究者也可以是一体化的,那就是心灵的自我超越活动和自我创造活动。这不仅是个体化的过程,而且是个体超越自身的过程。这不仅是心灵的自我扩展,而且是心灵与心灵的共同构筑。

---

① 单志艳,孟庆茂. 心理学中定量研究的几个问题[J]. 心理科学,2002(4)：466-467.
② Ratner, C. *Cultural psychology and qualitative methodology*. New York：Plenurn Press,1997：1-12.

其八，概念与理论。在心理学的研究中，心理学家在运用心理学的概念和通过概念来建立心理学的理论时，总是力求坚持合理性的原则。这种原则体现在两个重要方面：对概念进行操作定义；强调理论符合逻辑规则。心理学中的许多概念常常来自常识或日常语言，对于心理学的研究者来说就存在如何将日常语言转换成为科学概念的问题。心理学中流行过操作主义，许多心理学家都希望借助操作主义来严格定义心理学的概念。操作主义的长处在于保证了科学概念的有效性，也就是任何科学概念的有效性取决于得出该概念的研究程序的有效性。心理学理论的构成则强调逻辑的一致性。这需要的是科学语言的明晰性和科学理论的形式化。

三、关于技术的思考

在心理学的研究中，心理学家不仅要揭示、说明和预测人的心理，而且要通过相应的技术手段影响、干预和改变人的心理。要对人的心理进行技术干预，西方主流的心理学家坚持的是有效性原则。这个原则也涉及两个重要方面：被干预对象的性质；技术干预的限度。显然，心理科学的技术干预对象与其他自然科学门类的技术干预对象有类同的地方，也有很大甚至根本不同的方面。人对其他自然对象的技术干预是为了给人谋福利，对象就具有为人所用的性质。然而，心理科学对人的心理的干预则直接为心理科学的对象谋得福利，技术干预的对象不具有为人所用的性质。这就是人的尊严的问题，或者是人的价值的问题。同样，人可以成为心理科学的技术干预的对象，但人并不是被动的，不是可以任意加以改变的。那么，心理科学的技术干预手段就是有限度的。这就是人的自由的问题，或是人的自主的问题。实际上，心理科学的研究对象是人的心理生活，心理生活是人自主引导、自主创造的生活。关于对人的心理进行技术干预的思考可以涉及如下七个重要方面。

其一，附属与中心。对心理学的研究有两种区分的方式：一种是把心理学的研究区分为基础研究和应用研究；另一种是把心理学的研究区分为理论研究、方法研究和技术研究。基础研究与应用研究的区分主要有研究目的和评价标准两个方面。基础研究的研究目的是说明和解释研究对象，构建和形成知识体系；应用研究的研究目的则是确定和解决问题，改进和提高生活质量。基础研究的评价标准是合理性,即心理学的理论建构、研究方法和应用技术是不是合理的;应用研究的评价标准则是有效性,即心理学的理论学说、研究方法和应用技术是不是有效的。理论研究、方法研究和技术研究的区分涉及不同的研究内容。心理学的理论研究可以是在三个层面上,即哲学反思的层面、理论构想的层面和研究假设的层面。哲学反思、理论构想和研究假设可以涉及学派、学说、理论和概念,也可以涉及范式、框架、假说和模型。心理学的方法研究则可以是在三个层面上:哲学方法或思想方法的层面,这涉及的是方法论与方法;一般科学方法的层面,这涉及的是横断科学的方法,如系统论、信息论、控制论等;具体研究方法的层面,这涉及的是心理学研究的各种具体研究方法,如观察法、实验法、测量法等。心理学的技术研究则可以是在两个层面上:思想层面,包括技术思想的构成、技术设计的思路、技术运用的理念;工具层面,包括技术工具的发明、技术运用的手段、技术实施的步骤,等等。

其实,在心理学的研究构成中,有一个基本顺序或基本次序的问题。德国哲学家康德曾经有一个关于心理学研究性质的基本结论。那就是心理意识只有时间的维度,而没有空间的维度,所以无法测定和量化。为此,心理学只能是内省的研究,而不能成为实验的科学。其实,康德关于心理学的结论具有的含义:一是人的心理是独特的,其完全不同于物理;二是实验的方法是有限度的,不可能无限度地运用。康德的结论给心理学的研究带来了一个难以克服的障碍。这导致在心理学的研究中还原论盛行。心理学的还原论涉及把心理的存在还原为物理的、生理的,如还原为脑组织、神经元、神经系统、遗传基因等方面。其实,在心理学的研究中有一个非常重要的问题,那就是以什么为中心的问题。心理学的研究有过以理论为中心的时期,这在研究中强调的是哲学思辨、理论构想、理论假设和问题中心。心理学的研究也有过以方法为中心的时期,这在研究中强调的是方法决定理论、方法优先问题。那么,方法的科学性就决定了研究的科学性、学科的科学性。

对于心理学的研究顺序应该有新的设想。原有的研究顺序是理论、方法、技术,也就是理论处于优先和决定的地位。原有的研究顺序也有过方法、理论、技术,这也就是方法优先的考虑。其实,心理学应有的研究顺序应该有一个重要的变化,那就是技术、理论、方法的顺序。技术优先的思考涉及价值定位、需求拉动、问题中心、效益为本。技术、理论、方法的顺序也表明,技术应由理论支撑,理论应由方法支撑。那么,对于人的心理生活来说,最重要的就是生活的规划、规划的实施和实施的评估。

其二,干预与引导。对人的生活,也包括对人的心理生活,科学或心理科学可以有两种方式施加或导致影响,那就是干预和引导。所谓的干预是以研究者为主导的过程,所谓的引导则是以生活者为主导的过程。干预或心理干预是使生活者按照心理学研究者的预测和方法而得到改变,引导或心理引导则是使生活者按照自己的意愿和方式,朝着研究者制定的目标变化。这是两种不同的施加影响的方式:干预带有强制性,而引导强调自主性。

其三,问题与目标。心理学的应用是对现实中具体心理问题的解决,所以最重要的就是确定存在的问题。但是,应用心理学对现实生活中问题的解决,还必须确立自己的实际目标。所谓的问题是从现实出发的,所谓的目标是从学科出发的。问题决定了心理学应用的意义,而目标决定了心理学应用的导向。心理学的应用总是针对问题的过程,而心理学的应用又总是实现目标的过程。

其四,工具与程序。心理学的应用要涉及具体运用的技术工具。任何的技术工具都相应配套有具体的使用程序。工具的发明和运用是心理学应用的一个核心方面,也是决定心理学的应用程度和应用效果的一个重要方面。任何工具的运用都要涉及一套具体的应用程序或实施步骤,并且通过具体的应用程序或实施步骤来完成对人的心理行为的改变。因此,应用心理学在现实生活中的应用,就是要通过发明和创造具体的工具,以及制定和确定使用工具的具体程序,来影响或干预人的心理行为。

其五,规划与实施。在心理学的应用过程中,要有对应用方案的规划、设计和制定。在制定应用的规划之后,最重要的就是确定实施方案。对心理学的应用方案或应用程序的制定主要有四个确定:一是确定问题与目标。这包括明确问题情境与实际问题,也包括确定心理学应用的长期目标与短期目标。二是确定原理和原则。这包括确定心理学的原理和原则,也包括确定其他学科的原理和原则。三是确定方式与方法。这包括需要了解的内容范围,也包括需要采纳的研究方法。四是确定技术与工具。这包括参照其他应用的成功案例,也包括拟定所需的合适手段。

其六,评估与修正。心理学应用方案的实施过程中以及实施进行后,还要对实施的结果进行评估。评估过后,还要对原方案进行修正或修订。对心理学应用方案进行评估的种类可以有建构性评估和总结性评估两种。建构性评估主要评估应用方案的基本构成;总结性评估主要评估应用方案的实施结果。对心理学应用方案的评估内容涉及四个方面:应用方案的目标;应用方案的构造;应用方案的作用;应用方案的效率。

其七,投入与效益。在心理学的应用过程中,还有一个非常重要的方面就是要关注投入与效益,也就是怎样以最小的投入来获得最大的效益。心理学的应用是对现实生活中人的心理行为的改变,这是按照应用设定的目标,应用心理学的理论、方法、技术、工具,对人的心理行为的改变。心理学应用的投入可以包括物力、人力、资金、资源等。心理学应用的效益则包括应用取得的预期改变,对现实生活的实际影响,对目标群体或目标个体的心理行为的干预效果。

第二节　心理学研究的生态学方法论

生态学不仅是一个新学科,而且是一种新的思考方式。生态学与心理学的结合形成了一个新生的学科,也构成了新的研究方法论,这就是生态心理学学科和心理生态学方法论。生态的核心含义是共生。生态的视角是指从共生的方面来考察、认识和理解环境、生物、社会、生活、人类、心理、行为等。在中国的文化传统中,一个非常重要的原则性主张就是天人合一。这是原初的生态学方法论,是强调人与天的合一、我与物的同一、心与道的统一,这应该成为中国本土心理学研究的重要方法论原则。

一、生态学和心理学的交叉

生态学的出现是对生态问题的科学考察和研究。生态学强调的生态,其核心含义是指共生。所谓的共生不仅是指共同生存或共同依赖的生存，而且是指共同发展或共同促进的发展。其实，生态学的含义不仅是指生物学意义上的，而且包含着文化学、社会学和心理学的意义。生态学的含义在一开始的时候，更多的是在生物学意义上的理解。随着生态学的进步和发展，其意义才开始扩展到其他学科领域，才开始进入到人类生活的各个方面。正是因为有了生态的含义，才使得科学的研究和学术的思考有了更宽广的域界。

人的生存和人的心理具有的含义是多样性的，不应该也不可能被限定在某一个特定的方面。多样化地理解人的生存和心理的含义，或者说统合性地理解人的生存和心理的含义，是非常必要的。人的生存和成长并不仅仅是物理意义的、生物意义的和社会意义的，而在很大程度上是心理意义的。任何一个人都同时既拥有个体的生命，也拥有种族的生命。这就是所谓的性命和使命的含义，即个体背负着种族的性命和道义的使命。生命最直接的含义是个人或个体的生存，这是人最现实的、最基本的形态。在西方和中国的文化中，对个体存在的指称是不同的。西方文化中的个体是按照心来划分的，不同个人的心是相分离的。中国文化中的个体则是按照身来划分的，个体之心可以与道心相体认，个体之身才是分离的。个体的生命是有限的、短暂的，但个体的生命却可以与种族的延续关联在一起。这就使个体的生命成为无限的、永恒的。种族的延续是由个体汇聚而成的，而个体的发展不过是种族历史的重演。关于发展可以有多种多样的理解。其实，无论是变化、变迁、演变、流变、生长、成长等，都与发展有着某种关联。发展的含义可以被理解为扩展、升级、多样化、复杂化。

生态学的出现既是一个新兴学科的诞生，也是一种思考方式的形成。[①]这种新的思考方式突破了传统上分离的、孤立的、隔绝的思考，建立了当代系统的、联结的、共生的思考。这种方式带来了对世界和事物的理解上的变化，也带来了研究者的视野和思路的扩展，还带来了对待世界和改变生活的方式和行动的变化。这是导致生态和谐和繁荣的非常重要的思想或理论

---

① 薛为昶. 超越与建构：生态理念及其方法论意义[J]. 东南大学学报(哲学社会科学版)，2003(4)：36-41.

前提。

生态学诞生之后,就与心理学有了非常重要的结合。这形成了全新的学科领域,提供了特殊的研究定向。这就是作为学科的生态心理学和作为方法论的心理生态学。这是十分重要的学科,是有着发展前景的学科,是应该得到贯彻的方法论,是改变人类生活的方法论。无论是生态心理学还是心理生态学,都是人类为了解决心理与环境关系的问题,都是人类为了解决环境的健康发展与人类的心理成长的问题所作的努力。目前,生态心理学和心理生态学都正在以非常快的速度发展和壮大。作为新兴起的学科门类,作为具有重要生活意义和学术价值的科学研究,生态心理学就在于考察生态背景下人的心理行为,研究环境问题、环境危机、环境保护等背后的心理根源,探索生态环境对人的心理问题的解决、对人的心理疾病的治疗的价值。① 因此,生态心理学是从生态学出发的研究,去探讨生态环境和生态危机中人的心理行为问题。② 心理生态学则是从心理学出发的研究,按照生态整体性的原则去考察心理与生态的关系问题。这是把人的心理生活看成是包容性的、完整性的生态系统。

当生态学的研究迅速地成为研究界的显学,生态学就不仅是一个新兴学科的出现,而且是一种研究方法论的形成。这种方法论不仅可以带来理解世界的特定思考方式上的变革,而且可以带来特定学科的基本研究视野上的扩展。有的研究者就认为,生态心理学本身目前还并没有一个统一的研究范式。把生态心理学看成是一种研究取向,要比将其看成是一个具体学科更合适,更能反映生态心理学本身的现状。③

生态心理学一方面试图去寻找导致生态危机的人类心理行为的根源,另一方面则试图去寻求导致人类心理危机的生态学的根源。这其实表明,正是因为人类毫无节制地、最大限度地满足自己的需求,而消耗和破坏了自然的、生态的链条。正是因为人类人为地割断了自己与自然的有机联系,从而导致自身的生理和心理的失衡和疾病。自然的和生活的生态系统的平衡,决定了人的生活的实际质量,也决定了人的心理生活的实际质量。对生

态系统的破坏不仅导致人的生活环境的恶化,而且导致人的心理生活的损害。

在西方科学心理学诞生之后,完形心理学和机能心理学是导致和促进生态心理学产生和发展的重要心理学派别。① 这两个心理学派别强调的整体不可分割和心理对环境的适应,就是后来生态心理学的整体主义和共生主义的基本主张和观点。但是,生态心理学的研究反对完形心理学把人的心理看成是自足的系统,也反对机能心理学把环境看成是自足的存在。生态心理学强调环境与心理是交互依存的。在认知科学和认知心理学的演变和发展过程中,也有研究者主张采纳生态学的研究方法论,反对把人的认知活动从人的生活活动中分离出来后放到实验室中进行孤立的研究。这就是认知研究中强调的生态维度。这重视的是对人的生活认知的考察。②

心理学研究中的生态学方法论反对传统心理学的二元论的思想前提或哲学设定,反对把心理与环境、把个体与社会看成是分离、分裂的存在,反对把生理与心理、把认知与意向看成是分离、分裂的存在。心理学研究中的生态学方法论强调的是贯彻整体主义和共生主义的观点和主张。近些年来,越来越多的心理学家通过多元的、互动的观点来理解人的心理,来理解人的心理与环境的关系。③ 生态学理解的生态系统,把系统中的存在看成是相互依赖、相互制约、相互促进、共同生存、共同成长、共同繁荣的。如果人为地割断人类与自然的联系,就会导致人的生活失调和人的心理障碍。"生态心理学将深层生态学与心理学和治疗学相结合,一方面探寻人们的环境意识和环境行为背后的心理根源,为解决生态危机开辟新的途径,另一方面研究自然对人类的心理价值,在保护生态的更深层次上重新定义精神健康和心智健全的概念。"④按照生态心理学的理解,人类与自然有着天然的联结。这体现在人类心理方面,就是所谓的生态潜意识。这是人的天性或本性。然而,这种生态潜意识在后天很容易受到压抑、排斥和扭曲。目前,人类正面

---

① 易芳.生态心理学之背景探讨[J].内蒙古师范大学学报(教育科学版),2004(12):24-28.

② Neisser, U. The future of cognitive science: An ecological analysis. In D. M. Johnson & G. Emeling(Ed.), *The future of the cognitive revolution*. New York: Oxford University Press, 1997:245-260.

③ 傅荣,翟宏.行为、心理、精神生态学发展研究[J].北京师范大学学报(人文社会科学版),2000(5):109-114.

④ 刘婷,陈红兵.生态心理学研究述评[J].东北大学学报(社会科学版),2002(2):83-85.

临着严重的环境危机,也正面临着严重的精神危机。生态心理学则是要解除对人的生态潜意识的压抑,使人在意识层面上与自然达成和谐。生态心理学也是要促进人的生态自我的建立,这会使人合理地面对环境,合理地满足需求。在良好的生态环境中,可以使人增进心理健康、消除心理压力、治愈心理疾病、促进心理成长、形成健康人格。显然,生态心理学为理解人类与环境的关系提供了新的视野和方法。

二、生态学的视角及方法

生态学的视角是指从共生的方面来考察、认识和理解环境、生物、社会、人类、生活、心理、行为等。这否定的是割裂的、片面的、分离的、孤立的认识和理解,而强调的是联系的、系统的、动态的、发展的认识和理解。生态学的方法论是指以生态的或共生的观点、手段和技术来考察、探讨和干预生活世界、生活过程和生活内容。这也就是说,生态学的方法论对于人和人的生活来说,既可以是考察的方式和方法,也可以是解说的方式和方法,还可以是干预的方式和方法。

生态学给出的是看待世界、看待事物、看待社会和看待人生的特定视角。人的认识或人的认知常常是开始于朦胧的、模糊的、笼统的了解。但是,随着人的成长,随着人的认知的发展,人又去分析、分解和分离不同的事物。这会使人形成一种特定的认知习惯,那就是对事物进行分门别类的定位,把事物按照其构成单元来理解。生态的视角则与此不同或相反,而试图把事物理解成为相互关联的整体,彼此互惠的整体,共同促进的整体。如此看来,分离的部分、分解的存在、分开的理解就要让位于整体的互动、互动的整合、整合的理解。

其实,生态学的方法论提供的是整体观、系统观、综合观、层次观、进化观、同生观、共生观、互惠观、普惠观等一些重要思路。这可以改变原有心理学研究中盛行的思想方法和研究方式。整体观是通过整体来理解部分,或者是把部分放到整体中加以理解。系统观是把系统的整体特性放在优先的位置上。综合观是相对于分析观而言的,是把构成的或组成的部分统合或统筹地加以理解。层次观把构成的部分看成或分解成不同水平的、不同层次的、不同阶梯的存在。进化观是从发展的方面、接续发展的方面、上升发展的方面、复杂化发展的方面、多样化发展的方面等,去理解和把握事物的进程、进展、优化和优胜。同生观把生命或生物的生长和发展看成是相互支撑的、互为条件的、互为因果的、互为前提的。共生观把发展看成是彼此促进的、协同发展的、共同生长的。互惠观把自身的发展看成是对其他发展的促进,同时又反过来推动自身的发展和进步。普惠观则把个体的成长和发展看成是整体成长和发展的不可或缺的条件,一个整体中的个体的变化和发展都是具有整体效应的。生态学的方法论可以带来心理学研究中理解对象或心理的重大改变,可以带来心理学研究中理解心理与环境关系的重大改变,也可以带来心理学研究中理解心理学研究方式的重大改变。

生态学既是作为一门学科出现的,也是作为一种方法论出现的。生态学作为一门学科是考察和研究生态现象的。生态学作为一种方法论则是看待世界、理解对象、提出问题、提供思考、给出结果、提供方案的特定方式和方法。生态学方法论是指以共生的主张、观点、方式、方法、手段和技术来考察、探讨、影响和干预人的生活世界、生活过程和生活内容。这也就是说,生态学方法论既可以是解说的方式和方法,也可以是考察的方式和方法,还可以是干预的方式和方法。在生态学的研究中,也有学科自身运用的方法。生态学的方法可以包括野外观察和实验观察两大类。但是,这里所说的生态学方法论,重心并不在于生态学的研究使用的方法是什么,关键在于生态学的研究为心理学的研究提供的方法论层面的重要改变。这种生态学带来的方法论的改变包括哲学思想方法的改变,包括一般科学方法的改变,也包括具体研究方法的改变。

生态学方法论就是一种生态学的整体观、发展观、科学观、历史观、心理观。这对于心理学的学科、心理学的发展、心理学的研究来说,都是非常重要的改变。这是眼界视野的开阔,进入思路的扩展,研究方式的变革,探索途径的转向,考察重心的挪移,以及关注内容的丰富。生态学方法论使心理学家有可能在相互关联的、相互制约的、相互促进的、相互构成的方式下去理解人的心理行为,去理解人的心理行为与环境的关系,去理解心理学学科与其他学科之间的关系,去理解心理学的研究应该包含的内容,去理解心理学研究者能够看到的生活。这也就是生态学方法论的根本含义所在。科学心理学的研究一直在寻求自己的研究内容的定位,一直试图从纷繁复杂的人的生活中去分离出自己的研究对象。这常常带来分离、分割的考察和理解，而不是关联、互惠的考察和理解。但是，生态学方法论则可以提供那种关联性、互惠性的考察视野和理解方式。

三、文化学的含义及原则

在中国的文化传统中，一个非常重要的原则性主张就是天人合一。中国的文化传统并没有区分和割裂主体与客体或主观与客观。中国的文化传统强调的是道，道是浑然不分的、自然一体的、生灭不息的、演生万物的。按照中国思想家的理解，道并不是在人心之外，而是在人心之内。这就是所谓的心道一体，就是心性论的思想。人对道的把握，并不是到人心之外去寻找。所谓的道，就是人的本心。但是，人在现实生活中常会蒙蔽、迷失和放弃自己的本心。例如，人会受到自己的欲望驱使，人会受到自己的贪念引导，人会受到外界的刺激干扰，人会受到外界的多种诱惑。因此，人就会随波逐流、得过且过、见利忘义、泯灭良心。这就会偏离正道，误入歧途。

人的生活或人的心理生活，实际上都是寻找和追求意义的生活。对意义的理解、把握和创造就是人的心理生活。人的心理生活是建立在人的意识觉知的基础上的，是形成和发展于生存的体验和生活的创造，是对生存意义的体验和对生活意义的创造。有意义的生活就是有道理的生活，那么有意义的心理生活就是有道理的心理生活。人的心理生活都应该是寻求道理、合乎道理、具有道理的生活。生活的道理就在于适应和创造。人可以在心理上接受自己的生活赋予自己的意义，并按照这样的意义来理解和接受自己的生活。这就是个体对生活的适应。人还可以在心理上改变自己的生活具有的意义，并创造新的意义来赋予和充盈自己的生活。这就是个体对生活的创造。

对于人的心理生活来说，非常重要的是适应。适应就是人改变自己或改变自己的心理行为，来顺应环境的条件和达到环境的要求。没有适应，就没有人的正常生活。在人的现实生活中，有着许多对环境的适应问题。不适应环境的就会被环境淘汰。对于人类的个体来说，个体是从一降生就开始对外界、对环境、对社会、对他人的适应过程。个体必须适应自己所处的生活世界，他才能够生存和发展。对于人的心理生活来说，更重要、最根本的是创造。创造是人改变自己的生活环境、现实境遇、心理行为,创造是人建构自己的心理生活、人生命运、未来发展。

人的心理生活并不是单一个体的封闭生活,而是群体性或社会性的生活。在群体性或社会性的生活中,重要的不仅在于生活空间上的接近,而且在于对生活意义的共同理解和沟通。对于人的生活来说,非常重要的是理解。人要通过理解而达到和解,通过和解而达到和谐。人与物的分隔,或者是物与我的分隔,是在人具有意识、具有主体意识、具有自我意识之后才开始有的。当人能够把自己的存在、身体、心理与外界、他物、他人区分开之后,就是所谓主体意识、独立意识、自我意识的产生。这表明独立个体的成长、成熟、自立、自主,这也意味着个体可以把自己与外界、与事物、与社会、与他人区分开。但是,这种区分也带来了分割和分裂,那也就是主与客的分裂、心与物的分裂、我与他的分裂。分裂带来的是,在主体之外的存在,在人心之外的存在,在个体之外的存在,就是外在影响人的存在,就是与人心对立的存在,就是异于个体的存在。对人来说,要么就是人受物的压迫,要么就是物受人的支配。或者说,要么就是物影响了人,要么就是人利用了物。对于心理学的研究来说,要么是环境决定论的观点,即环境塑造了人的心理和行为;要么是心理决定论的观点,即心理改变了环境的性质和条件。这就是人物与事物的对立、主体与客体的对立、自我与他人的对立、主我与客我的对立。任何的分裂和对立,都意味着一种被占有和占有、被征服和征服、被消灭和消灭。这就是一种原始的关系、原始的关联、原始的关切、原始的关涉、原始的关注。这也就是一种你死我活的关系、你消我长的关联、你失我取的关涉、你无我有的关注。

在中国的文化传统中,重要的、重大的、重视的,是人与天的合一、我与物的同一、心与道的统一。人在自己的心理成长过程中,经历了逐渐把自己与外界、与环境、与社会、与他人分离开的过程。这是人的成长历程和成熟过程。在这个过程中,人也很容易把与自己分离开的对象看成是自己的对立面,是自己要征服、要占有、要利用的外界对象。这样,人也就孤立、隔绝、膨胀和放纵了自己。实际上,在人的成长过程中,最重要的就是消除我与物的分裂,就是促进物与我的融通。这就是中国的文化传统的核心内涵,强调的是统一的、和谐的、容纳的文化。在这样的文化背景或文化环境中,重要的就不是分离和分裂、征服和占有、索取和利用，而是和谐和统一、融会和融通、容忍和容纳。

四、心理学的追求及目标

天人合一、心道一体是指在根源上和发展中人与天、心与性是一体的。这里的天不是指自然意义上的天、宗教意义上的天，而是指生活意义上的道理、心理意义上的本心。天道是指自然演化、生物进化、人类生活、心理生活过程中的道理。这里的人不是指自然意义上的人，也不是指生物意义上的人，而是指创造意义上的人。天人合一的含义就是指人的心理行为与人的生活环境的共生关系。如果单纯说环境创造了人是不完整的。环境决定论把人看成是被动地承受环境的影响、制约和塑造。那么，人就会成为环境的奴隶和附属，就会成为环境任意宰割和挤压蹂躏的对象。同样道理，如果单纯说人创造了环境，也是不完整的。主体决定论把人看成是无所不能的主宰者，人可以任意妄为和无所不为。那么，人就成为不受约束的主人，成为破坏的源头，成为自然的敌人，成为自毁前程的存在。人与环境是共生的关系，是共同成长的历程。人正是通过创造环境而创造自己。或者说，环境通过改变人而改变自身。人与环境是要么共荣要么共损的关系，是或者共同成长或者共同衰退的历程。

天人合一的基本体现就是心道一体。道是容含的总体，但道又不在人心之外，而在人心之内。人心可以包容天地、包容天下、包容世界、包容社会、包容他人。这就是人在自己的内心中体道的过程，也是人在自己的践行中证道的过程。但是，人在生活中却常常会失去自己的本心，被利欲蒙蔽，从而背道而驰、倒行逆施、见利忘义、为富不仁。那么，怎样才能复归本心、明心见性、仁爱天下，这就是体道的追求、证道的工夫、践道的过程、布道的行为。

当然，心道一体可以有许多不同的理解和特定的含义。首先，心道一体的重要含义在于，道并不是存在于人心之外，道并不是外在的对人心的奴役，也不是人迫不得已接受的外在限制，也不是人无可奈何接受的外在存在，也不是人力不及的天生存在。其实，道就是心，心就是道。道是人心的根本、根基和根源。人只要觉悟到内心道的存在，只要遵循着内心道的引导,就能够达到随心所欲、创造世界、"无中生有"、促进新生。其次,心道一体的重要含义在于,心与道是共生的,是共同创生的。心迷失了,道就会迷失自己生长的根基,道离开了心,就会失去自己演出的舞台。正因为人心中有道,才会有心正、心善、心诚、心真。道为正,道为善,道为诚,道为真。人心可以包容天下,正是因为人心中有道。所以,在人的生存中、生存境遇中,在人的生活中、生活追求中,在人的心理中、心理生活中,也就是对于人心而言,心正而正天下,心善而善天下,心诚而诚天下,心真而真天下。最后,心道一体的重要含义在于,道创生了万物,创造了世界,而心同样是创生了生活,创造了人生。道是万物演生的根本,心则是人生演化的根本。人通过自己的心来体认道的存在,来创造自己的生活,来建构社会的生活。人可以通过心理资源、心理文化、心理生活、心理环境、心理成长、心理科学来建构自己生活和心理的根基和平台,来生成自己的生活和心理的意义和价值。这是人体认道的根本方面。

这就是人的资源、人的心理资源、人的可以转用的心理资源。这就是人的文化、人的心理文化、人的创造形成的文化、决定了人的生活和环境的文化。这就是人的生活、人的心理生活、人的有质量的心理生活、人的有追求的心理生活、人的有成长的心理生活、人的有成就的心理生活。这就是人的环境、人的心理环境、人的有和谐的心理环境、人的有建构的心理环境、人的有意义的心理环境。这就是人的成长、人的心理的成长、人的无止境的心理成长。这就是人的科学、人的心理科学、人的有创造的心理科学。对于社会个体来说,心理资源、心理文化、心理生活、心理环境、心理成长和心理科学都是其安身立命的根本。对特定社会来说,心理资源、心理文化、心理生活、心理环境、心理成长和心理科学也都是其必不可少的构成。

新心性心理学就是以探讨和揭示心理资源、心理文化、心理生活、心理环境、心理成长和心理科学为目标,以开创和建立中国自己的心理学学派、思想、理论、方法、技术和工具为己任,以推动和促进中国心理学的变革、突破、创新、创造、发展和繁荣为宗旨。[①] 因此,新心性心理学就应该把生态学

---

① 葛鲁嘉. 新心性心理学宣言——中国本土心理学原创性理论建构[J]. 北京:人民出版社,2008:1-11.

方法论纳入自己的研究视野和研究范围。而且,新心性心理学就是把心理
生态学作为自己的理论、方法和技术的核心内容和核心原则。

第三节　心理学与相关
学科的新关系

　　心理学在成为独立的学科前后,与其他学科一直有着特定的关系。这
种关系决定了心理学的发展和演变。但是,对心理学与相关学科的关系目
前尚缺乏系统深入的探索。心理学与相关学科的关系经历了历史的演变,
从心理学依附于其他学科的发展,到心理学排斥其他学科来保证自己的学
术独立性,到心理学开始寻求与其他学科合作的关系,到心理学与其他学科
建立共生的关系。这标志着心理学学科的成熟,也标志着心理学开始容纳
所有学术的资源。这不仅意味着心理学借助其他学科的发展,而且意味着
心理学可以为其他学科的发展提供可以借用的资源。从不同学科的学术独
立到不同学科的学术共生,这是一个新旧时代重大的学术转换。探讨心理
学与其他相关学科的关系是涉及心理学演变和发展的重大问题。心理学与
其他相关学科的关系,在经历长期的历史演变后也有了当代的重新定位。
这会在极大程度上加快推进心理学的发展,也会为其他学科的发展提供学
术的资源。

一、关系的演变

　　心理学学科在自身演变和发展的过程中,与其他学科门类有着千丝万
缕的联系,形成了十分独特的关系。心理学本身就有着各种不同的历史形
态。在心理学独立之后,其他许多学科也仍以自己独特的方式在涉及和考
察人的心理行为,并且为科学心理学提供了丰富的科学内容。探讨心理学
与其他学科的关系,首先必须探讨这种关系的历史演变。

　　心理学与其他相关学科的关系演变的第一个关键转折点,是心理学作
为独立的学科门类的出现。心理学在成为独立的学科门类之前,心理学依
附于其他学科,以其他学科的形态和方式存在并发展。心理学对人的心理

行为的探索和研究,是按照其他学科的形态和方式来进行的。在心理学成为独立的实证科学门类之后,心理学与其他学科的关系才发生了根本性的改变。此时,心理学才开始有了独立的身份、发展和创造。在学科独立的初期,心理学有过对其他学科的排斥或拒斥,这无疑促进了心理学的自主发展,但是也给心理学带来了许多不利的影响。这种不利的影响就体现在心理学的发展缺少甚至缺失重要的学术性资源。

心理学与其他相关学科的关系演变的第二个关键转折点,是心理学作为成熟的学科门类的出现。心理学在成为成熟的学科之前,心理学与其他学科具有合作的关系,心理学需要借用其他学科的研究来促进揭示和解释人的心理行为。在心理学成为成熟的学科之后,心理学与其他学科门类的关系就转变成为共生的关系。所谓共生的关系就是一荣俱荣、一损俱损的关系。因此,其他学科的进步和繁荣,就会带来心理学的进步和繁荣,反之也是如此。

心理学的发展从独白时代进入对话时代。在新的世纪,对话已经成为时代的中心话语。心理学的研究必须面对时代话语的转换,改变研究范式,从独白走向对话。对话是心理学发展的方向,也是心理学重新树立在社会文化和心理生活中的权威和地位的必经之路。[①] 其实,所谓的心理学的对话时代,就包括心理学与其他学科的对话,包括心理学从其他学科获取发展的资源。心理学需要的是放弃封闭的科学观,构建开放的科学观。心理学的研究也需要去扩展自己的方法论。

二、依附的关系

在心理学学科发展的历程中,心理学与其他学科之间,最初是依附关系。这种依附关系是心理学独立之前的一种依赖关系。在心理学从不成熟走向成熟的道路上,这种依附关系开始表现为从属的关系,后来表现为还原的关系。

在特定的从属关系阶段,心理学没有自己独立的实证科学的形态,而是

---

① 周宁.独白的心理学与对话的心理学——心理学的两种话语形态[M].昆明:云南大学出版社,2005:8-10.

隐身在其他学科的范围之中。心理学成为独立的学科门类仅有一百多年的历史,但是心理学的探索却有着非常漫长的历史。在心理学长期的发展历史中,心理学曾一直栖身于哲学。哲学心理学是最早出现的心理学历史形态之一。在哲学的追问当中,哲学家非常关注人类的心理问题,并不断地在探讨人类心理的基本性质、主要构成和活动方式。哲学心理学是哲学家通过思辨的方式对人的心理行为的说明、阐述和解释,这种思辨的方式带有推测、推论和推断的性质。作为最古老形态的心理学,哲学心理学在历史上存在相当长的时间,而且是历史上对人的心理行为的最具有主导性的解说和解释。

在特定的还原关系阶段,在心理学的研究中盛行的是还原论的研究方式。还原主义曾经在心理学的研究中占据着支配性的地位。物理学看待世界的方式提供了物理世界的谱系,物理学也提供了理解物理世界的还原主义的立场。依据这个立场,处于根基的部分对于其他层面具有决定性的作用。或者说,对其他层面的说明和解释可以还原到基础层面的性质和规律。这导致在心理学的研究中十分盛行对心理的物化的研究,或者按照解释物的方式来解释人的心理行为。这成为心理学发展中的一个痼疾。

还原论在心理学中盛行,很大程度上是因为心理学还缺乏自己独立的研究,而对其他的基础性学科有着严重的依赖性。对于心理学的研究来说,直接借用其他相对成熟学科的研究来解说人的心理行为,正是通过还原论的方式来进行的。心理学的研究就曾经长期地依附于生物学和生理学的研究。[①] 生物还原论曾经长期地滞留在心理学的研究之中。这也就是把人的心理行为的性质、特征、活动机制、变化规律都还原为遗传的特性、生理的特性、生物物理的特性、生物化学的特性,等等。

三、排斥的关系

在心理学成为独立的学科门类之后,心理学急于获取自己独立的科学身份。在这个过程中,心理学也曾经有过对相关学科的排斥。这给心理学带来自立,但也给心理学带来孤立。在对其他科学门类的回避和排斥中,心

---

① 叶浩生. 有关西方心理学中生物学化思潮的质疑与思考[J]. 心理科学,2006(3):520-525.

理学丢失了许多原本可以借用的资源。心理学的独立不应该是心理学的孤立,而应该形成与其他相关学科的新的关系。

如果从心理学独立的意义上说,心理学与其他学科的分离是非常正常的。心理学建立自己的学科边界,划定自己的研究范围,定位自己的对象内容,这都是一个独立的学科门类必需的发展历程和进步道路。但是,分离与排斥是有着根本区别的。分离是指独立或自立的进程或过程,心理学与其他学科门类的分离,是指心理学能够成为独立的学科门类,能够有独立自主的研究。排斥则完全不同。排斥是指割裂和拒绝的进程或过程,心理学对其他学科门类的排斥,是指心理学关闭与其他相关学科进行沟通的门户,割断自己与丰富的学科发展资源的关联。这样,心理学的研究就成为孤芳自赏。

心理学曾经有过对哲学的排斥。在成为独立的学科门类之前,心理学曾经从属于哲学。这就是所谓的哲学心理学的探索。心理学就是依赖于实证研究方法而从哲学中分离出来。在此之后,心理学就一直以实证科学或实验科学自居。在心理学成为独立的科学门类之后,心理学与哲学就曾经有过彼此分离和相互排斥。对于心理学来说,为了维护自己的独立学科的地位,而在相当长的时间里极力排斥哲学,把自己与哲学严格地区分开来,否定自己与哲学有任何的关联。在今天,仍然有许多的心理学家持有这样的态度。这甚至成为心理学家的一种病态反应和病态排斥。心理学家忽略了哲学的反思是心理学明确自身研究的理论前提的十分必要的学术历程。①实际上,理论心理学的研究就包含着哲学反思的层面。

心理学对其他相关学科的排斥,可以体现为拒绝吸取其他学科提供的理论知识,包括必要的理论框架、理论概念、理论建构和理论学说,也可以体现为拒绝借鉴其他学科运用的研究方式和研究方法,包括具体的研究方法和数理方法,还可以体现为拒绝采纳其他学科行之有效的应用技术和应用手段。这种排斥的关系,不仅使心理学的研究视野受到极大的限制,而且使心理学的研究内容、心理学的研究方式、心理学的应用途径都受到极大的制约。心理学的研究范围和研究深度都变得更窄、更浅了。其实,心理学的独

---

① 孟维杰. 关联与互动:20 世纪的科学心理学与分析哲学[J]. 心理学探新,2007(3):7-10.

立并不意味着心理学的孤立。心理学的独立也并不意味着心理学对其他学科研究的排斥。

四、合作的关系

在心理学的研究中,有的分支或取向侧重与自然科学分支的关联,有的分支或取向侧重与社会科学分支的关联,而有的分支或取向则侧重与人文科学分支的关联,所以现代心理学有自然科学的传统,也有社会科学的传统,也有人文科学的传统。[①] 心理学与一系列重要的自然学科、社会科学和人文科学门类形成了特定的关系。这包括教育学与心理学的关系、[②]历史学与心理学的结合、[③]数学与心理学发展的关系、[④]现代物理学与当代心理学发展的关联,[⑤]也包括以物理学作为心理学的榜样,[⑥]也导致现代心理学具有的自然科学性,[⑦]也包括心理学与社会学之间的关联。[⑧] 此外,心理学与其他学科的合作也体现在与各种横断科学的密切联系中。在现代科学的发展进程中,横断科学是在概括和综合多门学科的基础上形成的一类学科,是从众多学科的研究对象中抽出某一特定的共同方面作为研究的内容,其研究横贯多个甚至一切领域,对具体学科往往能起到方法论的作用。信息论、控制论和系统论就是传统的横断科学。耗散论、协同论和突变论则是新兴的横断科学。相变论、混沌论与超循环论则是所谓更新的横断科学。无论是旧三论、新三论还是新新三论,都与心理学的研究有着密切的联系。心理学与之形成的是合作的关系。

信息论的研究涉及信息的接收、编码、变换、存储和传送。受信息论的启发,一些心理学家也把人看作是接收、加工和传送信息的装置。信息加工的认知心理学是以信息加工作为理论框架,把人的认知看作是信息加工的

① 韩忠太,张秀芬.学科互动:心理学与文化人类学[J].云南社会科学,2002(3):60-65.
② 刘慧群.教育学还在与心理学对话吗——教育理论研究中教育学和心理学关系的再寻找[J].教育科学研究,2002(11):43-46.
③ 郑剑虹.历史学与心理学的结合[J].社会科学,1997(5):68-71.
④ 刘新学.数学与心理学的发展[J].赣南师范学院学报,2004(4):31-34.
⑤ 张婷,张伟.现代物理学与当代心理学[J].临沂师范学院学报,2007(3):117-120.
⑥ 郭永玉.论物理学作为心理学的榜样[J].教育研究与实验,2002(4):41-43.
⑦ 孟维杰.现代心理学自然科学性探析[J].南京师大学报(社会科学版),2007(5):86-90.
⑧ 徐冰.心理学与社会学之间的解释学进路[J].中国农业大学学报(社会科学版),2007(3):167-176.

系统。正是运用信息加工的观点,认知心理学试图揭示人的内在心理机制,将其看作是信息的获取、储存、复制、改变、提取、运用和传递等加工过程。认知心理学的研究涉及人的感知、注意、记忆、心象、思维、语言等。人的认知作为信息加工系统,能够通过认知来表征现实世界或外部对象,能够通过认知的操作和计算来变换其表征的现实世界或外部对象。心灵作为信息加工系统依赖于神经基础,却不必归结于神经系统。因此,同样的信息加工过程可以在物理系统或生物系统等完全不同的基础上实现出来。脑科学的研究与心理学的研究已经有了越来越密切的关联。① 对意识与大脑多学科的探索,也已经为心理学的研究奠定了新的发展基础。② 认知神经科学的研究则为心理学研究的深入提供了必要的前提和基础。③

控制论涉及调节、操纵、管理、指挥、监督等方面。控制论研究一切控制系统(包括生命系统、社会系统)的信息传输和信息处理的特点和规律,研究用不同的控制方式达到不同的控制目的。心理控制论是运用控制论的原理和方法研究人的心理的科学,是心理学与控制论相互渗透而形成的学科。这是20世纪70年代以来形成的学科。心理控制论认为,人总是居于一定的系统之中,成为一定系统的子系统,并与其他子系统构成一定的控制关系。心理控制论包括如下基本研究内容:同系统相适应的人的心理状态(认同性、积极性、相容性、适应性),系统中人的心理控制(指令控制、诱导控制、监督控制、自我控制等)。心理控制论的诞生,为传统的心理学研究提供了新的途径和方法,而且在人的各种活动领域中都有重要的实际意义。

系统论的研究表明,系统是由若干要素以一定结构形式联结构成的、具有某种功能的有机整体,包括要素、结构、功能。整体性、关联性、时序性、等级结构性、动态平衡性是系统共同的基本特征,其核心思想是整体观念,系统不是各个部分的机械组合或简单相加,系统的整体功能是各要素在孤立状态下没有的新质(整体大于部分之和)。研究系统的目的就在于调整系统结构,协调各要素关系,使系统更加优化。从系统理论来看,人是处于物理系统、生物系统、社会系统的交叉点上。物理系统是人的自然属性的基础,

① 商卫星.脑科学与心理学研究[J].医学与哲学(人文社会医学版),2007(1):5-7.
② 汪云九、杨玉芳,等.意识与大脑——多学科研究及其意义[M].北京:人民出版社,2003:1-17.
③ 郭本禹.当代心理学的新进展[M].济南:山东教育出版社,2003:359.

生物系统是人的生物属性的基础,社会系统是人的社会属性的基础。人的心理是一个多层次、多水平、多维度的复杂系统。

耗散论的观点认为,一个处于非平衡态的开放系统,通过不断地从外界环境中获取物质和能量而带进"负熵流",可以从原来无序状态转变为有序状态,使系统形成具有某种功能的新的层次结构。这种非平衡态下的有序结构就称为耗散结构。一个开放型的耗散结构系统(如人体系统等)从外界环境吸收物质和能量而带进"负熵流"的功能特性可称为系统的耗散性。耗散结构论是关于系统自组织的理论,自组织就是进化。耗散结构论认为,生物体是非平衡有序的结构系统,系统的形成和延续只能是在系统不断与环境进行物质、能量、信息交换的条件下进行。非平衡有序结构的特点是,一方面是有序,另一方面是耗散,系统是在物质和能量的不断耗散中形成和维持。人的心理也是一个自组织的有序系统,心理发展和心理活动要通过不断地同外界环境进行物质、能量和信息的交换来实现。耗散结构论也影响到现代心理学。① 费斯廷格的认知不协调理论,斯腾伯格的智力三元理论等,基本精神都与耗散结构论相一致。

协同论是应用广泛的现代系统理论,该理论在自然科学与社会科学之间架起了一座桥梁。协同论认为,一个系统从无序向有序转化,不在于是否处于平衡状态,也不在于偏离平衡有多远,而在于开放系统内各子系统之间的非线性相干作用。这种相干作用将引起物质、能量等资源在各部分的重新搭配,即产生涨落现象,从而改变系统的内部结构及各要素间的相互依存关系。一个由大量子系统组成的复杂系统,在一定条件下,其子系统之间通过非线性相干作用就能产生协同现象和相干效应。该系统在宏观上就可以形成具有一定功能的自组织结构,出现新的时空有序状态。协同论是关于系统内部复杂自组织行为的理论。协同论的原理符合人的心理系统的特性。心理系统虽然受环境影响,与环境相互作用,但决定心理系统发展和变化的还是其自身的变量。

突变论涉及不连续的现象。突变论研究的过程本身是连续的,但连续的原因造成不连续的结果,这种现象称为突变。突变论力图揭示造成这种

----

① 李仲涎. 耗散结构论与心理学[J]. 湖南师范大学社会科学学报,1989(5):36-41.

不连续性的一般机制。突变的本质是系统从一种稳定状态经过失稳向另一种稳定状态的跃迁,是自然界和生物界进化的内在动力之一。自然界中有许多与不连续性有关的现象。这种不连续性既可以体现在时间上,如细胞分裂,也可以体现在空间上,如物体的边界或两种生物组织之间的界面。这种不连续性使人们在用连续性的数学方法处理问题时,面临着巨大数量的状态变量的难题,而突变理论可解决这一难题。当处理复杂系统时,只要观察到某些突变特征,就可选择合适的状态变量和控制变量并用突变模型来拟合观察结果。突变论既可运用于自然科学,也可运用于心理科学。例如,在研究攻击行为、决策心理、语言识别、心理顿悟方面,突变理论都显现出自己的优势。

当代的科学发展,又有相变论、混沌论与超循环论等新新三论的出现。新的研究进展带来新的学科的探索,也带来对心理学研究的新的启示。心理学可以从中获得新思想、新方法和新技术。相变论主要研究平衡结构的形成与演化,混沌论主要研究确定性系统的内在随机性,[①]超循环论主要研究在生命系统演化行为基础上的自组织理论。[②] 新新三论对心理学研究具有的价值和意义,或者说心理学与新新三论可以形成的关系,还值得进一步考察和探讨。

五、共生的关系

20 世纪 90 年代初期,在认知科学和认知心理学的研究中出现一种独特的研究取向,即共生主义研究取向(enactive approach)。这一取向超越了认知主义和联结主义,是其连贯和接续的发展。瓦雷拉等人在 1991 年主编出版了学术专著《具体化的心灵——认知科学与人类经验》,这可以看成是共生主义研究取向的一部代表作。该书的作者认为,认知主义的隐喻是计算机,联结主义的隐喻是神经系统,而共生主义的隐喻是人的生活经验。[③] 共生观点强调,认知并不是先定的心灵对先定的世界的表征,而是在人从事的

---

① 乐国安,管健. 混沌理论研究对心理学研究的介入[J]. 自然辩证法通讯,2005(1):106 - 110.
② 周慧琴. 超循论对生命复杂性与有序性的揭秘[J]. 系统辩证学学报,1994(2):64 - 67.
③ Varela, F., Thompson, F., & Rosch, E. *The embodied mind: Cognitive science and human experience*. Cambridge, MA: The MIT Press, 1991:5 - 9.

各种活动历史的基础上心灵和世界的共同生成。立足共生的观点，尽管近年来对心灵的科学研究进展很快，但很少从日常的生活经验来理解人的认知。这导致的是脱离日常生活经验的科学抽象，结果使心灵科学落入客观主义和主观主义的窠臼。这也就是把心灵与作为对象的世界分离开，假定内在心灵的基础和外在世界的基础，所以也可称此为基础主义。如果把认知主义、联结主义、共生主义看作认知心理学或认知科学的三个连续阶段，那么基础主义随着上述理论框架的变化而逐渐地衰退和崩解了。

认知心理学乃至认知科学要采取共生主义研究取向，就必须包容人类的经验。佛教对心灵觉悟的探索和实践，是对人的直接经验极为深入的分析和考察，不仅强调人的无我的心灵状态，而且强调空有的世界。因此，有必要在科学中的心灵与经验中的心灵之间建立一座桥梁，在西方的认知科学与东方的佛教心理学之间进行对话。这有助于克服西方思想中占优势的主客分离和基础主义的观点。引入佛学传统是西方文化历史中的第二次文艺复兴。总之，认知心理学研究范式的演化正在从一开始立足抽象的、人为的认知系统，转向立足生动的、具体的人的心灵活动。

生态的核心含义就是指共生。所谓的共生不仅是指共同生存或共同依赖的生存，而且是指共同发展或共同促进的发展。生态学的含义不仅是指生物学意义上的，而且包含着文化学、社会学和心理学的意义。当然，生态学的含义在一开始的时候，更多是在生物学意义上的理解。随着生态学的进步和发展，其意义才开始扩展到其他的学科领域，进入到人类生活的各个方面。其实，正因为有了生态的含义，才使得科学的研究和思考有了更宽广的域界。生态学的出现不仅是一个新的学科的诞生，而且是一种新的思考方式的形成。这种思考方式突破了传统分离的、孤立的、隔绝的思考，建立了联结的、共生的、和谐的思考。这种思考方式不仅带来对事物的理解上的变化，而且带来研究者的眼界和胸怀的扩展。

生态学的方法论提供的是整体观、系统观、综合观、层次观、进化观、同生观、共生观、互惠观、普惠观等一些重要的思路、思想和思考。这可以改变原有心理学研究中盛行的思想方法和研究方式。[1] 整体观是通过整体来理

---

[1] 葛鲁嘉.心理学研究的生态学方法论[J].社会科学研究,2009(2):140-144.

解部分,或者把部分放到整体中加以理解。系统观是把系统的整体特性放在优先的位置上。综合观是相对于分析观而言的,把构成的部分或组成的部分统合或统筹地加以理解。层次观是把构成的部分看作或者分解成不同水平的、不同层次的、不同阶梯的、不同构成的存在。进化观是从发展的方面、接续发展的方面、上升发展的方面、复杂化发展的方面、多样化发展的方面等去理解事物的进程、进展、优化和优胜。同生观是把生命或生物的生长和发展看作是相互支撑的、互为条件的、互为因果的、互为前提的。共生观是把发展看作是彼此促进的、协同发展的、共同生长的。互惠观是把自身的发展看作是对他方发展的促进,同时又反过来促进自身的发展和进步。普惠观则是把个体成员的成长和发展看作是对整体的不可或缺的条件,在一个整体中,个体的变化和发展都是具有整体效应的。

生态学和共生论给理解心理学与其他学科的关系提供了重要的方法论。心理学与其他学科的关系就是共生的关系。涉及如何理解心理学的研究与其他学科的研究之间的关系,生态学和共生论就可以和应该成为重要的方法论框架。心理学与其他相关学科都是彼此不可或缺的文化资源、思想资源、学术资源、学科资源和理论资源。

第四节 文化心理学的多元含义与取向

文化心理学的多元取向涉及以下方面:心理学研究对象的文化属性,即怎样对待人的心理行为的文化内涵问题;心理学研究方式的文化属性,即怎样对待一门独立科学门类的文化特性问题;心理学研究领域的文化分支,如文化心理学、跨文化心理学、本土心理学等;心理学研究取向的文化多元。文化心理学的兴起意味着心理学本身正在发生深刻的变化。这主要体现为对心理学研究对象的重新理解,对心理学研究方式的积极变革,对心理学理论、方法和技术的原创性建构。

在心理学的当代发展中,文化心理学作为心理学研究的一个分支、一门学科、一股潮流、一种取向,正呈现热议的态势。对文化心理学的关注和研究,是心理学研究者不可忽视、不容轻视的热点。当然,如何理解文化心理学及其演变,其中涉及多重含义与多元取向。有研究者论述了文化心理学的内涵,文化心理学的发展与启示,文化心理学对心理学方法论的突破。在研究者看来,文化心理学具有双重内涵:一种内涵可以表达为"文化心理"学,关注研究对象的文化特征,以文化心理为主要研究内容;另一种内涵可以表达为文化"心理学",强调研究者的文化负载,以心理文化为主要研究内容。当前文化心理学的研究未能有效整合文化心理与心理文化,这妨碍了对文化心理学的整体理解。[1] 作为心理学研究的一种重要视角,文化心理学蕴涵着对心理学的研究对象、研究方法、研究目标和学科性质的独特理解。由于文化心理学兴起的时间较短,它必然还要不断汲取各种养分,实现内部取向的不断整合,提出更加明确的研究纲领。[2] 文化心理学作为一种新的心理学研究取向,在方法论上对主流心理学有很大的突破。它突破了主流心理学研究的还原论、简化论范式,突出生态学研究方法,重视在实际语境中研究;突破了主客二分的范式,强调主位研究;超越了文化中立、价值中立范式,重视同文化研究;重视解释学方法,用本体论解释学突破或替代精神分析的方法论解释学。[3]

一、研究对象的文化属性

尽管心理学是把心理行为作为本学科的研究对象,但是心理学早期的目标是如何把近代自然科学成功的研究方式移植到心理学中,而没有考虑到心理学研究对象独特的性质。这导致心理学按照近代自然科学的方式来理解和对待人的心理行为。心理学的研究因此忽略和无视人的心理行为的文化特性,也忽略和无视心理科学的文化特性。心理学当代的发展应该从研究对象的独特性质出发,去开创心理科学的独特研究方式,而不是以放弃人的心理行为的某些性质和特点去贯彻自然科学的研究方式。

人类心理与自然物理既彼此关联又彼此区别:人类心理也是自然的存在,也是自然发生和变化的历程;人类心理具有自觉的性质,这种自觉的心

① 田浩.文化心理学的双重内涵[J].心理科学进展,2000(5):795-800.
② 田浩,葛鲁嘉.文化心理学的启示意义及其发展趋势[J].心理科学,2005(5):1269-1271.
③ 李炳全.论文化心理学在心理学方法论上的突破[J].自然辩证法通讯,2005(4):40-45.

理历程也是文化创生的历程。正是人类心理的特殊性质,导致人类心理的多样性和复杂性,也导致心理学研究在理解人类心理时的困难、局限、分歧、争执、对立和冲突。

在心理学科学化的进程当中,西方主流心理学的研究倾向于把人的心理理解为自然的现象,或者说具有与自然现象类同的性质。这一方面促进了心理学成为独立的科学门类和使心理学越来越精密化,另一方面也使心理学的研究存在一定的缺陷,即出现无文化的研究和伪文化的研究。无文化的研究弃除了人类心理的文化性质。心理学早期的实验研究中,运用的刺激就是物理的刺激,而不是文化的刺激,着眼的反应就是生理心理的反应,而不是文化心理的反应。伪文化的研究扭曲了人类心理的文化性质。在心理学的一些研究中,仅仅把文化看作是一种外部的刺激因素,或者说假定了人类心理的共有机制,文化的内容只是其千变万化的表面现象。

因此,对心理学研究对象的理解必须发生相应的转变:不仅把心理理解为自然的、已成的存在,而且把心理理解为自觉的、生成的存在。这样,人拥有的心理就不仅是能够由研究者观察到的现象,而且是拥有心理的人自觉生成的生活。人的心理生活是通过心理的自主活动构筑的,也是人的心理自觉体验到的。这强调了人与其他自然物的不同,人的心灵具有自觉的性质,而其他自然物则不具备这样的性质。其他自然物只能成为研究者的认识和改造的对象,而不能成为自己的认识和改造的对象。心理生活是常人自主生成和自觉体验到的,它不仅可以成为研究者的认识和改造的对象,而且可以成为生活者自己的认识和改造的对象。

心理生活的生成历程实际上就是文化的生成历程,所以说心理生活具有文化的性质,或者说文化不过是心理生活的体现。当然,对于人类个体来说,作为人类生活产物的文化可以成为背景或环境。但是,无论是就人类整体而言还是就人类个体而言,脱离了心理生活的文化只能具有自然物理的属性,脱离了人类文化的心理也只能具有自然物理的属性。

二、研究方式的文化属性

由冯特开始,心理学从哲学中独立出来,成为独立的实证科学门类。这是心理学发展的一个历史性进步。那么,在心理学诞生之后相当长的时间里,心理学的一个主要奋斗目标就是科学化,也就是使心理学成为一门真正意义上的科学。心理学科学化的努力是以当时已有长足进步和取得巨大成就的近代自然科学为楷模的。心理学家采纳了传统自然科学得以立足的理论基础,即物理主义和实证主义。

物理主义是有关世界图景的一种基本理解。物理主义的世界观把自然科学探索的自然世界看作是由物理事实构成的,而物理事实也是可以由感官经验把握到的物理现象。物理主义理解的自然世界是按照严格的机械式因果规律运行的,自然科学揭示的自然规律的普遍适用性是依据还原主义的合理性。这种物理主义的世界观伴随着近代科学化的历程而得到广泛传播。这在物理科学之后发展起来的生物科学和心理科学中都得到努力的贯彻,并体现为反活力论、反心灵论、反目的论的运动。

心理学科学化的努力也曾力求使心理学成为一门自然科学,也采纳了物理主义关于世界图景的理解。因此,心理事实不过是一种物理事实,心理现象也在性质上类同于其他的物理现象。尽管心理现象具有高度的复杂性,但也仍然按照严格的因果规律活动。心理科学揭示的心理规律的普遍适用性也是立足还原主义,使心理规律的解释可以还原为生成心理的生理和物理的基础。这曾经在心理学中演变成清除非物理的意识论和清除非因果的目的论的运动。经典的行为主义心理学就是如此。

当心理学的科学化成了自然科学化,当自然科学化在于接受物理主义的世界观,心理学中就必然出现把人当作物来对待和把人的心理还原为生理或物理的研究倾向。显然,人的文化历史的存在和人的心理的文化历史的属性就受到排斥。心理学也正是靠排斥或跨越文化历史来保证自己研究的合理性和普遍的适用性。这就使得心理学对科学性的追求和维护是以排除和超越文化为代价的。

心理学跨入了实证科学的阵营,但这也使心理学的研究忽视了人类心理的文化特性,也使心理学家忽视了心理学研究的文化特性。心理学常常是非常盲目地追求有关人类心理的普遍规律性,非常盲目地追求有关心理科学的普遍适用性。那么,心理学的研究方式就要面临着变革,这也是心理学现行科学观的变革。这种变革就体现在如下三个方面。

第一个方面是使心理学研究从对客观性的追求延伸到对真实性的追

求。这也就是说,心理学的研究不仅要追求客观性,而且要追求真实性。人类心理的性质不在于它是客观性的存在还是主观性的存在,而在于它是真实性的存在。原有的研究仅仅是把物化或客观化看作是真实的,其实这是对人类心理的真实性的歪曲。从心理学研究对象的角度来看,心理的主观性或自觉性也都是真实性的存在,也都是真实性的活动。

第二个方面是使心理学研究从对感官经验的普遍性的依赖延伸到对内省经验的普遍性的探求。人类心理的基本性质在于其自觉性,这涉及两个重要问题:从研究对象的角度,心理的自觉活动是研究者的感官经验无法直接把握到的;从研究者与研究对象不加分离的角度,心理都有内省自觉的活动,这种内省自觉的活动能否把握到心理的性质和规律。显然,心理的内省经验具有私有化的特征,换句话说,心理的内省自觉具有分离性和独特性,所以关键在于探求和达到内省经验的普遍性。

第三个方面是使心理学研究从以方法为中心转向以对象为中心。实证心理学曾以研究方法来取舍对象,甚至以研究方法扭曲了对象,因此心理学的研究必须以对象为中心。以对象为中心涉及两点:心理学的研究必须如实地揭示人类心理的原貌;心理学的研究必须从对象的独特性质引申出心理学的独特研究方式。方法是为揭示对象服务的。心理学研究的科学性不在于是否运用了实证的研究方法,而在于是否合理地确立心理学的研究对象与研究者之间关系的性质,以及是否符合在此基础上确立起来的研究规范。

所有上述三个方面的转变,最终都体现为要重新理解和确立心理学的研究对象与研究者之间的关系。心理学现有的研究都是建立在研究对象与研究者分离的基础之上。这对于研究非心灵的对象来说是必要的、充分的,但对于以心灵为对象的研究来说可能就是不完备的或有缺陷的。那么,心理学的研究能否进一步建立在研究对象与研究者不分离的基础之上?以心灵为对象的研究无疑对科学的发展提出了挑战。中国本土的心理学传统可以为此提供重要的启示。当然,这样的工作是非常艰巨的。这也是心理学本土化必须面临的任务,是当代心理学研究的文化学转向的核心部分。

三、研究领域的文化分支

在心理学的众多研究领域中,文化心理学、跨文化心理学、本土心理学等研究分支,都是涉及文化的重要的心理学研究分支或取向。

文化心理学是通过文化来考察和研究人的心理行为的一门心理学分支。近些年来,文化心理学发展较为迅猛,研究的成果正在受到人们越来越多的关注。按照余安邦先生对文化心理学发展历程的考察,文化心理学实际上经历了三个重要的发展时期。在不同的时期里,文化心理学的知识论立场、方法论主张、研究进路特色和研究方法特征都有重要的变化。①

文化心理学发展的第一个时期是在 20 世纪 70 年代之前。在这个时期,文化心理学的研究目标是在追求共同和普遍的心理机制。当时的文化心理学假定了人类有统一的心理机制,从而致力于从不同的文化中去追寻这一本有的中枢运作机制的结构和功能。研究者通常是采用跨文化的理论概念和研究工具,来验证人类心理的中枢运作机制的普遍特性。

文化心理学发展的第二个时期是在 20 世纪 70 年代到 80 年代中期。在这个时期,文化心理学开始关注人类心理的社会文化的脉络。当时的文化心理学转而重视人的心理行为与文化母体的联系,特别是从社会文化的脉络去考察和说明人的心理行为。这就不是从假定的共有心理机制出发,而是从特定的社会文化出发。这一方面是指有什么样的社会文化,就有什么样的心理行为模式,另一方面是指运用特定文化的观点和概念来探讨和说明人的心理行为的性质、活动和变化。

文化心理学发展的第三个时期是在 20 世纪 80 年代中期之后。在这个时期,文化心理学强调人的主观建构、象征行动和社会实践的文化意涵。文化不再是外在地决定人的心理行为的存在,而是内在于人的觉知、理解和行动的存在。社会文化的环境和资源的存在和作用,取决于人们捕捉和运用的历程和方式。正是人建构了社会文化的世界,人也正是如此而建构了自己特定的心理行为的方式。此时的文化心理学开始更多地从解释学的观点切入,通过解释学来建立文化心理学的知识。

跨文化心理学是通过文化的变量来研究人的心理行为异同的一门心理学分支学科。该学科研究和比较不同文化群体中的被试,以检验现有心理学知识和理论的普遍性,其根本目的是为了建立普遍适用的心理学或人类

---

① 余安邦. 文化心理学的历史发展与研究进路[J]. 本土心理学研究,1996(6):2-60.

的心理学。显然,跨文化心理学涉及人的心理行为的文化特性,但它目前的研究立场和研究方式却仍然存在较大的争议。杨国枢先生是本土心理学研究的倡导者和力行者。他就认为,目前的跨文化心理学并不是一种真正的、正常的或应然的跨文化心理学,而是沦为一种以西方心理学为主、以西方化心理学为辅的拟似跨文化心理学。① 在杨国枢先生看来,形成拟似跨文化心理学的根本原因,就在于西方的心理学者建立了居优势地位的理论和方法之后,想进一步在非西方国家或文化中验证其理论和方法的跨文化有效性,以扩展其跨文化的适用范围。正因为如此,大部分的跨文化心理学研究都是以西方心理学为基调,采纳的是西方心理学的理念、框架、课题、理论和方法等。那么,通过此类研究得出的普遍适用的心理学或全人类的心理学,就只能是西方心理学支配的心理学。

目前的跨文化心理学研究在方法论上存在重大的困难与障碍。例如,跨文化心理学有两种不同的研究策略,即主位的研究和客位的研究。通常的理解认为,主位的研究是指从本土的文化或某一文化的内部出发来研究人的心理行为,而不涉及在其他文化中的适用性问题。客位的研究则是指超出特定的文化,从外部来研究不同文化中的人的心理行为。大部分的跨文化心理学的研究采取了客位的研究策略。但是,这样的研究策略常常是以西方的文化为基础或以西方的心理学为基调。杨国枢先生仔细地分析过主位的研究取向与客位的研究取向的内在含义。他认为,这两个研究取向有三个对比的差异:在研究的现象方面,或是该文化特有的,或是该文化非特有的;在观察、分析和理解现象时,研究者或是采取自己的观点,或是采取被研究者的观点;在研究的设计方面,或是采取跨文化的研究方式,或是采取单文化的研究方式。杨国枢先生认为,原有的跨文化心理学研究主要采取的是以研究者的观点探讨非特有现象的跨文化研究。在这样的研究方式中,来自某一文化的心理学者(通常是西方学者,特别是美国学者)将其发展或持有的一套心理行为概念先运用于本国人的研究,进而再运用于他国人的研究,然后就得出的结果进行跨文化的比较。这种研究方式正在受到批评,一些跨文化心理学者也正在寻求更好的研究方式,如客位与主位组合的

---

① 杨国枢. 我们为什么要建立中国人的本土心理学?[J]. 本土心理学研究,1993(1):6-88.

研究策略、共有性客位研究策略、离中的研究策略、跨文化本土研究策略，等等。

本土心理学的研究和潮流兴起于对西方心理学唯一合理性和普遍适用性的质疑和挑战。这体现在三个重要的努力方向上：反思和批判西方心理学；挖掘和整理本土的传统心理学资源；创立和建设本土的科学心理学。心理学本土化是一个世界性的潮流，中国心理学的本土化是其中的重要努力。可以将中国心理学的本土化发展历程作为论述的对象。中国心理学的本土化研究在一个比较短的时期里取得了相当数量的、相当重要的成果。中国心理学本土化的发展大致经历了三个阶段：保守的本土化研究时期，时段大致是从 20 世纪 70 年代到 80 年代；激进的本土化研究时期，时段大致是从 20 世纪 90 年代到 21 世纪 10 年代；原创的本土化研究时期，时段大致是从 21 世纪 10 年代后期。

在保守的本土化研究时期，中国本土的心理学研究者主要从事的是反思和批评西方心理学在研究内容上的褊狭，检讨和重估西化的中国心理学对解释中国人心理的缺陷，开辟和推动本土化的心理学具体研究。这是一个保守的时期，其基本特征在于仅仅试图扩展西方心理学的研究内容，使中国心理学转而考察中国人的心理行为。这在科学观上并未能够超越西方心理学，或者说仍然受西方心理学的研究方式的限制。这个阶段的研究是以中国人作为被试，但使用的工具、方法、概念和理论还是西方式的。

在激进的本土化研究时期，中国本土的心理学者主要致力于反思和批评西方心理学在研究方式上的局限，力图摆脱西方心理学和舍弃西化心理学，尝试建立内发性本土心理学。这是一个激进的时期，其主要特征在于开始试图扩展西方心理学的研究方式，使中国心理学开始突破西方心理学的小科学观的限制，寻求更超脱的、多样化的研究方法和理论思想。但是，这个阶段的研究还带有相当的盲目性；研究更多样化，但更具杂乱性；研究带有更多的尝试性，而缺少必要的规范性。当前的研究没有相对一致的衡量和评价研究的标准；研究者对于如何深化本土心理学研究感到彷徨；研究者课题各异，方式多样，缺乏沟通。显然，重要的是为中国心理学的本土化研究建立或设置规范。杨国枢先生本土契合性的判别标准就是这样的努力，但开创一种科学观是更高的努力。

在原创的本土化研究时期,本土心理学的研究者开始寻求理论、方法和技术的原始性创新。其中,最重要的就是为本土心理学的原创性研究寻找和确立本土的根基和资源。新心性心理学的创建,就属于中国本土心理学的原创性理论建构。①

从保守到激进再到原创,这应该是中国心理学本土化发展的必然过程,也应该是中国本土心理学探索的唯一出路。

四、研究取向的文化多元

心理学的发展在当代还面对着多元化的文化。对多元文化的存在、对多元文化的价值的肯定和推崇,这就是多元文化主义的潮流。异质文化或不同的文化资源会给心理学提供什么样的发展根基,是心理学的研究者必须面对的重大问题。单一文化霸权的削弱,多元文化格局的形成,必然会极大地影响心理学的发展、演变和未来。

20世纪60年代,多元文化的风潮和多元文化主义在美国、加拿大和澳大利亚等西方发达国家广泛兴起。在几十年的时间中,迅速成为世界性的文化潮流、文化思潮和文化趋向。就多元文化兴起的背景而言,主要涉及三个重要方面。首先,就在于种族的、民族的、国家的文化多样性的迅速显露和快速发展。有学者在研究中指出,在过去的几十年中,世界范围内的现代化运动是最显著的社会文化变迁。所谓现代化运动是由现代化理论引导的。但是,研究者在研究中发现,经典的现代化理论有着一个非常致命的弱点,那就是对文化多样性或对文化多元性的忽视。应该说,人类的文化多样性与自然的生物多样性一样,对人类自身和人类社会的发展都是至关重要的。因此,为了人类社会能够可持续发展,就应该在不同民族、不同文化相处时,倡导文化多样性和文化多元性的原则。② 其次,民权运动在全世界范围内的广泛兴起,弱势的少数民族要求承认和争取平等的呼声日益高涨。最后,世界范围内的种族和文化的同化政策普遍失败,种族纯洁与文化同质

---

① 葛鲁嘉.新心性心理学宣言——中国本土心理学原创性理论建构[M].北京:人民出版社,2008:84-88.
② 钟年.不同民族不同文化的相处之道——现代化问题与文化多样性[J].世界民族,2001(6):31-35.

的建国理想破灭。

多元文化主义的兴起不仅是一种思想潮流,也被世界性组织落实为全球的一种社会发展政策。在1995年,联合国教科文组织的一个项目组完成了《多元文化主义——应对民族文化多样性的政策》这一重要文件,该文件对多元文化主义的开展进行了总体性评估。在同一年,世界文化与发展委员会提出以多元文化主义作为处理民族文化多样性的基本原则。多元文化随后成为人们关注的重心和中心。1998年,在瑞典斯德哥尔摩召开的"文化发展政策政府间会议"也认可了多元文化的原则。2000年,联合国教科文组织编写了《2000年世界文化报告》,集中地讨论了"文化的多样性、冲突和多元共存"。2001年,联合国教科文组织在巴黎举行的会议上,发表了《世界文化多样性宣言》。宣言指出:"尊重文化多样性、宽容、对话及合作是国际和平与安全的最佳保障之一。"2005年,联合国教科文组织第三十三届大会以压倒性多数通过《保护文化内容和艺术表现形式多样化公约》。该公约确认了"文化多样性是人类的一项基本特征""是人类的共同遗产""文化多样性创造了一个多彩的世界"等一系列有关人类文化的基本理念,强调各国有权利"采取合适的措施"来保护自己的文化传统和文化遗产。①

多元文化论或多元文化主义(multiculturalism)是流行于现代西方社会科学的一种文化潮流、文化转向、学术思潮和学术探求。多元文化论强调文化的多样性,反对把欧美的白人文化看成是世界文化强制统一的标准和唯一合理的尺度,反对单一文化的霸权,强调所有的文化群体和各种类型的文化价值观的多元性和平等性。所谓的多元文化主义则是把文化的多元化存在和文化的多元化发展,看作是文化的历史进步和文化的演变趋势。多元文化的探索是把文化多元性的现实和文化多元性的原则,体现和贯彻在不同的学术领域和学术研究之中。

在当今世界的发展中,与经济全球化相对应的就是对文化多样性的强调,就是对文化多元性的认可。这已经成为文化发展和文化研究的一个十分重要的课题。文化的发展与进步导致的是文化多样性的现实和文化多元化的发展。对于许多的研究者来说,全球的一体化和文化的多元化是现实

① 杨洪贵.多元文化主义的产生与发展探析[J].学术论坛,2007(2):75-77.

发展的两极。这成为社会发展、科学发展包括心理学发展必须面对的文化现实。亨廷顿等人在其主编的著作中就曾指出,经济全球化和全球一体化正在接受文化多元化的挑战。文化的多样性实际上就是全球化过程的文化动力。① 有研究者认为,亨廷顿的理论存在多元文化主义的悖论。这是指既主张文化的多元性和文化是多元的,又认为文化的多元化是不可行的,是必须反对的。②

有研究者界定和区分了多元文化、文化多元主义和多元文化主义三个不同的概念,认为这三个概念既彼此联系也相互区别。③ 所谓多元文化,是人类社会生活中存在的一种客观事实,是当今世界各国的一种文化现实。特别是在美国这样一个多种族、多民族、多文化的社会中,多种或多元的文化共同存在。文化多元主义和多元文化主义则是指在民族理论的演进过程中,在不同阶段去应对多元文化社会客观现实的两种不同理论思潮。文化多元主义是世界范围内对美国化的抵制,是对在不同文化传统中发展自身文化的呼声。文化多元主义反对贯彻文化的一元性,鼓励文化的多样性。在美国的社会中,则更强调互不联系的不同社会集团的独特经历与贡献,更强调移民或少数族裔集团的无法同化的部分,寻求和要求的是白人社会(或欧洲文明)内部各种文化之间的平等地位和价值。但是,这还没有或极少涉及那些人口少的非白人民族集团的文化和利益问题。多元文化主义则不仅明确地认识到决定不同国度社会生活多元化的各种不同种族、族裔和文化集团的存在,而且还将这种多元文化之间的关系同引起社会变化的其他因素联系起来加以考察。

心理学中的多元文化论者认为,心理学就其本质来讲是西方主流文化的产物,因此应该摆脱心理学对西方主流文化的单一依赖性或盲目依附性,把心理学的理论和实践建立在多元文化论的基础上,建立一种多元文化的心理学。④ 有研究者则认为,西方心理学中的多元文化论思潮是继行为主

① 亨廷顿,等.全球化的文化动力:当今世界的文化多样性[M].康敬贻,等,译.北京:新华出版社,2004:引言:全球化的文化动力,1-15.
② 黄力之.多元文化主义的悖论——对亨廷顿理论的再评价[J].哲学研究,2003(9):36-42.
③ 韩家炳.多元文化、文化多元主义、多元文化主义辨析——以美国为例[J].史林,2006(5):185-188.
④ 叶浩生.关于西方心理学中的多元文化论思潮[J].心理科学,2001(6):680-682.

义、精神分析和人本主义心理学之后心理学中的第四种力量,或心理学的第四个解释维度。①

在心理学的研究中有所谓的普适主义,也可称为通用主义。这是主张在心理学的研究中,寻求单一的研究原则和研究标准,追求普遍适用的方法和技术,强调对心理行为的唯一描述和解说。这成为心理学研究的支配性与核心性通则。从反对心理学的普适主义出发,多元文化论的持有者和传播者也对西方心理学中民族中心主义的一元文化论提出了强烈的批评。认为民族中心主义的一元文化论显然是从自己的民族或种族的文化背景出发,以自身的标准衡量和判断来自其他文化条件下的人,这种文化霸权主义必然会扼杀本应丰富多彩的世界心理学。研究者也实际指出,多元文化论的以文化为中心的观点,促进了心理学家对行为与产生这种行为的文化环境之间的关系的认识,促使心理学家重视行为同本土文化关系的研究,强调心理学研究要紧密联系本土文化的实际,考虑本土文化的特殊需要,研究本土特殊文化条件下的人的心理特征等。这就有助于心理学同社会文化之间建立紧密联系,对于心理学在世界范围内的发展是有着积极意义的。

有的研究者主张,无论是单一的西方文化还是单一的东方文化,都无法独立地解决目前心理学面临的问题,这就必须在全球化与本土化互动之间重新建构一种多元文化的现代心理学观。② 西方科学心理学已经面临重重危机,这从其文化自身内部无法根本地加以解决,一些西方心理学家也已明显地意识到这一问题,开始关注文化的影响。心理学本土化运动的兴起是对西方科学心理学的反叛,但更是一种启示和补充。全球化时代的到来使不同文化之间的交流成为可能,为建构多元文化的现代心理学观提供了历史的契机。但与此同时也出现一些新的问题,这些问题用单一文化已经很难加以解释,例如有关移民的文化适应问题,因此就非常迫切地需要一种多元文化的心理学观。后现代心理学秉承后现代的思想精神和理论精髓,试图解构现代科学心理学的中心化地位和合法性身份,倡导从文化、历史、社

① Pedersen, P. (Ed.). *Multiculturalism as a fourth force*. Washington DC: Taylor & Francis, 1999: 3 - 9.
② 陈英敏,邹丕振. 在全球化与本土化之间:建构一种多元文化的现代心理学观[J]. 山东师范大学学报(人文社会科学版),2005(3): 132 - 135.

会和环境等方面考察人的心理和行为,提倡研究视角的多样化和研究方法的多元化,反对把西方白人的主流文化看成是唯一合理和正确的,强调所有的文化群体和各种类型的文化价值观的平等性。这些观点为建构一种多元文化的心理学观提供了理论上的支持。

在有的研究者看来,多元文化论与本土心理学是完全可以在人类心理学的理论前景中相遇的。[①] 这至少包含三种历史的、逻辑的根源:多元文化论与本土心理学都是心理学文化转向的组成部分;本土心理学尚缺乏坚实的理论基础,多元文化论则缺乏现实的知识支撑;文化特殊性与文化多样性之间的内在逻辑关联,将多元文化论与本土心理学变成了一个问题。它们不得不面对根本上相同的问题。这一问题表达为互相牵制的两个方面:心理学必须同时考虑多元化、多样化的文化现实,不能陷入任何形式的文化中心主义;心理学必须面对和表达文化的特殊性,必须能够居于特定文化的主位立场。这两个方面的辩证统一,逻辑地要求某种"去文化"的多元文化论立场。对于本土心理学来说,这种立场意味着多元理论的文化基础;对于多元文化论来说,这种立场则是知识学的具体途径。正是在这个意义上,"去文化"的多元文化论可能意味着心理学中某种研究范式或知识类型的转移。

在心理学的研究中,多元文化主义心理学的出现和滥觞,给了心理学的发展和演变一个重要的转机和提示。心理学的发展也就不再具有唯一标准和唯一尺度,也就不再具有唯一根源和唯一基础。把多元文化纳入心理学的研究视野,多元文化就会成为心理学的研究基础。把多元文化汇入心理学的研究内容,就会在各个层面或侧面改变心理学的实际研究进程。这在心理学研究中凸显的是文化的存在、文化的功能、文化的性质和文化的价值。

第五节　心理学技术应用的
基本途径

心理学的技术应用就是通过具体的技术理念、技术思路、技术工具和技

---

① 宋晓东,叶浩生.本土心理学与多元文化论——在人类心理学理论前景中的相遇[J].徐州师范大学学报(哲学社会科学版),2008(1):112-116.

术手段,对人的心理行为进行干预、引导、塑造和影响,以改变人的心理行为的现状,提高人的心理生活的质量。[①] 心理学的技术应用途径是指,心理学的应用者通过什么方式来干预、引导、影响和改变人的心理行为。这就包括消除干预者与被干预者的间隔性,消除被干预者的被动性,确立生活的尺度,进行自主的引导,促进体验的生成,发明应用的技术,增进生活的质量。这都会扩展心理学在现实生活中的影响和作用。但是,在传统的心理学应用过程中,常常把心理学的应用对象看成是被动地由心理科学任意干预的,看成是由心理科学的技术手段实际改变的。其实,人的心理最重要的性质就是其具有的主动性和自主性,或者人的心理是可以自我理解的、自我改变的。因此,应用心理学就可以存在两种完全不同的应用途径。这两种应用途径具有不同的前提假设、实施方式和现实结果。但是,如何使传统的心理学应用途径得到扩展,如何使心理学的应用能够更加适合人的本性或人的心理的本性,就必须去探索心理学实际应用可能的新途径。这也是中国心理学科学化和本土化的重要任务。[②]

一、消除间隔性

心理学应用的一个非常重要方面是消除间隔性。起源于西方文化的科学心理学或实证心理学,有着一个非常重要的研究预设或理论前提,那就是研究主体与研究客体的割裂或分离。[③] 心理学原有的应用研究是以干预者与被干预者的分离为前提的,或者说干预者与被干预者是有间隔的。研究者或者应用者是主动的一方、施加的一方,而被研究者或被改变者则是被动的一方、接受的一方。

这种研究主体与研究客体的分离导致两者之间是有巨大间隔的,是彼此隔离或相互隔绝的。研究者作为研究主体是价值无涉的,是冷漠无关的,是客观描述的,是外在干预的。所谓科学心理学的研究,就是客观的描述、

① 葛鲁嘉.心理学应用的理论、方案和领域研究[J].河南师范大学学报(哲学社会科学版),2004(6):169-172.
② 葛鲁嘉.中国心理学的科学化和本土化——中国心理学发展的跨世纪主题[J].吉林大学社会科学学报,2002(2):5-15.
③ 葛鲁嘉.心理文化论要——中西心理学传统跨文化解析[M].大连:辽宁师范大学出版社,1995:52.

解说和干预。因此,当心理学的研究对象被确定为心理现象时,就是建立在把心理学的研究对象与心理学的研究主体彼此分离的基础之上。心理学的研究者是与心理学的研究对象无关的存在,只能通过感官的客观观察来旁观把握心理现象,来客观描述心理现象。心理学的应用也就在于,应用者通过工具的技术手段和技术程序,对应用对象的心理行为进行的外在干预或外在改变。

如果把心理学的研究对象从确立为心理现象转变成确立为心理生活,那心理学的应用就会有根本性的转变。[①] 心理生活的概念最重要的方面就是消除了研究者与被研究者、干预者与被干预者之间的分离或间隔。因此,所谓的觉知者与被觉知者、观察者与被观察者、干预者与被干预者,都是一体化的存在和实际的生活者,都在现实的生活进程之中。

对于心理生活的体验者来说,重要的是觉知、觉解、觉悟。通过觉知、觉解、觉悟,生活者了解了自己的生活,建构了自己的生活,创造了自己的生活。这是心理学研究和应用中一个非常重要的变化,那就是从把人的心理物化转向为把人的心理人化。所以,消除心理学研究和应用中的研究者与被研究者之间的间隔性,是心理学的应用研究和应用实践的最根本性改变。

所谓的研究者与被研究者是可以分离开的,但是原有的或传统的分离是绝对的分离。消除间隔性的努力并不是否认研究者与研究对象之间的区分,而是试图将原有绝对的分离改变成相对的分离。所谓相对的分离仅仅在于研究的目的与生活的目的有所不同。但是,对于心理学研究者来说,一个非常重要的任务或应用任务就是能够贯通研究与生活,能够贯通研究的目的与生活的目的。

二、消除被动性

心理学应用的一个非常重要方面是消除被动性。其实,消除了心理学的研究主体与研究客体之间的间隔性,也就没有了对心理学的研究客体作

---

① 葛鲁嘉.心理生活论纲——关于心理学研究对象的另类考察[J].陕西师范大学学报(哲学社会科学版),2005(2):112-117.

为被动者与研究主体作为主动者的区分。在原有的心理学应用研究中,在原有的心理学实际应用中,在原有的心理学应用技术的运用中,研究者都是主动的,而被研究者都是被动的。研究者一方是主动的干预者,而被研究者一方是被动的接受者。对于研究者来说,可以通过自己的科学研究和科学干预来主动地改变人的心理行为。人的心理行为作为被干预的对象,只能是被动地承受或接受外在的干预。

但是,对于新心性心理学的研究创造和运用的心理生活的概念来说,其中内含着非常重要的原则,那就是重视和强调研究者与研究对象的一体化,这就消除了所谓的被动性的一方,实际上也就消除了人的心理行为的所谓被动性。在人的生活中,心理生活的承受者实际上也就是心理生活的构筑者,心理生活的体验者实际上也就是心理生活的创造者。人在觉知、觉解和觉悟自己的心理生活时,实际上也就是在主动地构建、构造和构筑自己的心理生活。

因此,对于人的心理生活来说,尽管人也许会失去或者放弃对自己的心理生活的主动权,但是这并不等于人的心理生活就是被动的,就是被动的适应、被动的接受和被动的改变。消除人的心理生活的被动性,不仅对心理学学科的应用研究来说非常重要,而且对生活中每一个体的生活来说也非常重要。

在传统的心理学应用研究中,存在把人看成是被动的,是被动地接受改变的,是应该按照研究者的方式来存在的。这给心理学的应用研究带来了严重的问题,也给心理学的应用研究带来了严重的障碍。这样做的结果,就是将人的心理等同于物理,就是将人的心理等同于接受物理的刺激,就是将人的心理的改变等同于物理的改变。如果消除了人的心理的被动性,人的心理也就可以自主改变。人不仅可以创造或构筑自己的生活,而且实际创造或构筑了自己的心理生活。

在传统的心理学研究中,人的心理的存在是已成的存在,是自然天成的,是被动呈现的。对于新心性心理学的研究来说,人的心理生活的存在就不是已成的存在,而是生成的存在。生成的存在是一个演变、构建和创造的过程,是一个具有各种可能和没有最终结局的过程,是一个生活者不断有全新体验和心理成长的过程。

三、生活的尺度

心理学应用的一个重要方面是确立生活的尺度，或者说确立生活的标杆。如果消除了干预者与被干预者的区分，那么人的生活，也包括人的心理生活，其引领者就是生活的榜样和模范。所谓的榜样或模范，就是生活的尺度，就是生活的标杆。榜样或标杆可以成为社会现实中人们去跟随、模仿、学习和超越的对象。因此，生活的尺度也就是生活的示范。生活的标杆也就是生活的榜样。

在西方科学心理学的研究中，人的存在就是个体的存在，心理学的研究也就是以个体为单位的。个体主义的原则在于，每个个体都是等价的，个人的价值是平等的。个人的存在或个体的心理有着各自不同的特点或特性。这在心理学的研究中体现为个体差异的研究。这也是心理学人格研究的起点，或者说人是有横向尺度的差异。这不是高下和等差的区分，而是横向和平等的特性。因此，在西方科学心理学的研究中，人格心理学的研究也就与个体差异心理学的研究是等同的。这体现的就是西方文化的价值取向和价值标准。

中国本土的文化中也有自己的心理学传统。这种本土的心理学传统常常只被看成是一些古代的心理学思想。[①] 或者，中国本土的心理学传统仅适合在历史的框架中加以考察。[②] 但是，中国本土文化中的心理学也是独特的心理学传统。对这种独特的心理学传统有着不同的学术理解。[③] 有研究者从亚洲对心理学的贡献去考察中国本土的心理学传统。[④] 有研究者则从佛教思想理论的视角，包括亚洲的佛教思想理论，去探讨对认知科学未来发展的冲击性影响。[⑤] 在中国本土的心理学传统中，人的存在不是等价的存在。中国的文化传统强调的是纵向的价值等级。在价值等级的高低排列中，最低级的就不是人，而是畜生。最高级的则不是普通的人，

---

① 高觉敷. 中国心理学史[M]. 北京：人民教育出版社，1985：1-3.
② 杨鑫辉. 中国心理学思想史[M]. 南昌：江西教育出版社，1994：9-10.
③ 葛鲁嘉. 对中国本土传统心理学的不同学术理解[J]. 东北师大学报（哲学社会科学版），2005（3）：133-137.
④ Paranjpe, A. G., Ho, D. Y. E., & Rieber, R. W. *Asian contributions to psychology*. New York：Praeger, 1988：2.
⑤ Varela, F. J., Thompson, F., & Rosch, E. *The embodied mind: Cognitive science and human experience*. Cambridge, MA：The MIT Press, 1991：21.

而是圣人或神人。所以,人是有不同的价值地位的,或者说人是有纵向尺度的差异。①

在人的价值等级的排列中,在价值等级高端的可以成为或应该成为价值等级低端的榜样。榜样的作用就在于处于价值高端的对处于价值低端的有引导、引领、示范、模范的作用。所以,在中国的文化传统中,在中国的社会现实中,在中国的生活领域中,树立生活的榜样,或树立工作的榜样,或树立职业的榜样,或树立人格的榜样,就成为最基本的社会任务和社会导向。所谓的先进、模范、优秀、尖子、典型、标杆、样板等,都是基于价值等级高低排列的基础。

如果从心理学应用的视角去看,心理学的应用显然可以通过确立生活的尺度或生活的标杆来进行。生活质量高的,心理生活质量高的,就可以成为引领的方向和引领的力量。对生活质量低的,对心理生活质量低的,就可以有导向的作用和引领的作用。生活质量低的,心理生活质量低的,就应该参照和学习高端的榜样,去努力地提升自己的生活质量或心理生活的质量。这也是建构人的心理生活的过程,通过建构出高质量的心理生活,就可以去提升人的实际的心理生活。人的生活、人的心理生活,就成为一个不断登高的过程,就成为一个连续提升的过程。这就是中国文化传统中心理境界的提升过程,中国现实生活中心灵品质的优化过程。

四、自主的引导

心理学应用的一个重要方面是确立自主的引导。人的心理生活的引导者不是外在的,也不应该是外在的。对于每一个生活中的个人来说,从来就没有什么救世主,一切都要靠人自己。这就是自主的引导。当然,这种自主不是为所欲为、任意妄为,而是对现实的遵循,与环境的共生,与社会的共同成长。

人的心理具有的一个非常独特、十分重要的特征,就是所谓的觉的性质,如觉知、觉察、觉悟、觉解,等等。所谓觉,就是自主的明智、自主的把握、

---

① 葛鲁嘉. 中国本土传统心理学术语的新解释和新用途[J]. 山东师范大学学报(人文社会科学版),2004(3):3-8.

自主的决定、自主的活动和自主的创造。觉带来的是人的价值取向和价值定位,人的意义寻求和意义创造,人的生活品质的追求和生活品位的提高,以及人的心理生活和现实生活的追求自主和自主追求。

首先,自主的引导最为重要的是价值的定向。什么是重要的,或者什么是不重要的。什么是有价值的,或者什么是没有价值的。什么是值得去追求的,什么是不值得去追求的。这就是人的心理生活的价值定向的过程。个体一旦确立自己的价值定向,也就确定自己的生活的性质和内容。所谓的价值定向也包括人的心理上的赋值的活动。什么是重要的,什么是不重要的,看重的是什么,不看重的是什么。

其次,自主的引导非常重要的是决策的活动。所谓的决策活动是指活动的目标、活动的程序、活动的步骤、活动的方式、活动的手段、活动的结果等的制定过程。尽管有许多的生活者在自己的生活中是随波逐流的、听天由命的、放任自流的,但是他们依然在不同的程度上有对自己生活的自主心理引导,因此自主的引导就有着程度上的区别和差异。无论是什么程度上的自主性,都有生活者对生活或对心理生活的创造或建构,所以人都是在创造自己的心理生活。

最后,自主的引导同样重要的是行动的执行。自主的引导最终会落实在行动上。人的活动要引起变化的结果。最重要的变化结果就是环境的改变和心理的改变,也可以是两者的共同改变。这就是共生的历程,是共同的演变和共同的发展。这种共生的历程就是心理与现实的一体化的历程,就是心理与世界的共创性的历程。每一个人都是生活中的行动者,每一个人也都是行动中的执行者。

五、体验的生成

人的心理不是已成的存在,而是生成的存在。已成的存在是指,人的心理就如同是自然天成的产物,是现成如此的存在,是客观不变的对象。生成的存在则与之有所不同。生成的存在是指,人的心理不过是后天建构的结果,是朝向未来的存在,是共同合成的结果,是不断变化的过程。

如果从生成的方面来看,人的心理生活就与人的心理现象有着根本的不同。心理生活是人自主建构的、自主创造的,所以心理生活是生成的。心理现象则是被动变化的、生来如此的、自然天成的,所以心理现象是已成的。生成心理生活的根本方式就是人的心理体悟或心理体验。心理体悟或心理体验不是现成接受的结果,不是对已有现实的被动体悟和体验,而是无中生有的历程,是对可能未来的主动创造和建构。

实证与体证是相互对应的,实验与体验也是相互对应的。这也就是说,现代科学心理学中实证的方法是与本土传统心理学中体证的方法相对应的,现代科学心理学中实验的方法是与本土传统心理学中体验的方法相对应的。正是在西方科学心理学诞生之后,实证的方法和实验的方法就成为确立和保证心理学科学性的最基本准则。这成为心理学中小科学观的基本体现。[①] 这也成为当代心理学的一个重要原则。[②] 这也是心理学发展中最值得关注的方面。[③] 有研究者从文化与自我的关系去考察人在心理上对文化的自主把握。[④] 这包括对文化心理的研究和考察,也是盛行着实证的方法和实验的方法。[⑤] 其实,在文化重新成为心理学研究中的主题之后,通过文化来从事心理学的研究就成为基本的要求,[⑥]也就非常有必要对心理学现有的方法论进行扩展。在西方心理学的发展中,除了实证和实验的方法,其他的方法或内省的方法就被抛弃到非科学的范围之中。受到连带的影响,体验和体证的方法也就没有存在的根基。因此,发展中国心理学十分重要的任务是对心理学研究的方法论进行扩展。[⑦]

在中国本土的文化传统中,倡导的是天人合一或心道一体的基本理论设定。所谓的天人合一或心道一体,强调的是不要在人之外或心之外去寻求所谓客观的存在。道就在人本身之中,就在人本心之中。人不是到身外或心外去求取道,而是返身内求。所以说,人就是通过心灵自觉或意识自觉的方式,直接体验到并直接构筑了自身的心理。中国本土文化中的心理学

① 葛鲁嘉. 大心理学观——心理学发展的新契机与新视野[J]. 自然辩证法研究,1995(9):18-24.
② 郭本禹. 当代心理学的新进展[M]. 济南:山东教育出版社,2003:176-177.
③ 叶浩生. 西方心理学研究新进展[M]. 北京:人民教育出版社,2003:18.
④ Markus, H. R. & Kitayama, S. Culture and the self: Implications for cognition, emotion and motivation. *Psychological Review*, 1991(2):224-253.
⑤ Rather, C. *Cultural psychology and qualitative methodology*. New York: Plenum Press, 1997:26-27.
⑥ Shweder, R. A. *Thinking through cultures: Expeditions in cultural psychology*. Cambridge, MA: Harvard University Press, 1991:35.
⑦ 葛鲁嘉. 对心理学方法论的扩展性探索[J]. 南京师范大学报(社会科学版),2005(1):84-89.

传统确立的是内省的方式。① 这种内省方式强调了一些基本原则或基本方面。严格说来,西方实证心理学中的内省与中国本土心理学中的内省在含义上并不相同。西方实证心理学传统中的内省是指内在感知或内在觉察,中国本土心理学传统中的内省则是指体验和体证。体验和体证的进行也是实践或践行的过程。这成为理解体证或体验方式和方法最为重要且无法忽视的内容。这涉及对一系列重要关系的理解,其中包括内省与外在、修性与修命、渐修与顿悟、觉知与自觉、生成与构筑。关于体验和体证方法在第二章第四节有详细阐述。

六、应用的技术

心理学的应用技术并不是对心理学研究对象任意的改变和塑造。这就使心理学的应用技术与其他科学分支的改造自然物的应用技术既有着特别相同和相近之处,也有着十分重要的区别和不同。在心理学的历史发展中出现过不同形态的心理学传统②,不同的心理学传统创造和提供了各种不同的应用技术。其实,心理学的应用技术可以包括心理学的硬技术和心理学的软技术两大类。

心理学的硬技术是指通过实际的或有形的技术工具和技术手段,对人的心理行为的改变。心理学的应用是技术工具和技术手段的发明和创造。在科学心理学的发展过程中,大量的心理学技术工具的发明,有效地促进了心理学的社会应用。心理学的硬技术显然与其他科学门类的技术手段和技术干预有相同或相通之处。心理学的硬技术也需要有心理学的应用技术发明、应用技术装备和应用技术工具。

心理学的软技术是指通过无形的或心理的技术方式、技术手段和技术工具,或者说是指通过心理意念、心理观念、心理理念等方式,是指通过语言沟通、行为引导、心理体悟等方式,对内在心理和外在行为的改变和塑造。所谓的软技术也可以称为体证与体验的方式和方法。体验是值得心

---

① 葛鲁嘉.中国本土传统心理学的内省方式及其现代启示[J].吉林大学社会科学学报,1997(6):25-30.
② 葛鲁嘉.心理学的五种历史形态及其考评[J].吉林师范大学学报(人文社会科学版),2004(2):20-23.

理学研究重视的内容。① 体验是人构建自己的心理生活的重要方式和手段。体验的重要特点或特征包括：理论与方法的统一，理论与技术的统一，方法与技术的统一。关于体验的这三个重要特点或特征在第二章第四节有详细阐述。

---

① 瓦西留克.体验心理学[M].黄明,等,译.北京：中国人民大学出版社,1989：1,8.

第六章　本土心理学的创新

本章导言　新本土心理学

中国本土心理学的学术创新是能够在本土的心性学说的基础上创建新心性心理学。新心性心理学是原始性的理论创新,有着自己的基本理论建构和核心理论构成。这涉及心理资源论析、心理文化论要、心理生活论纲、心理环境论说、心理成长论本和心理科学论总。这六个部分的内容涉及心理学的学科资源、心理学的文化基础、心理学的研究对象、心理学的环境因素、心理学的对象成长和心理学的学科内涵。

本土心理学一直在寻求突破和创新。新本土心理学就是本土心理学的新发展和新建构。新本土心理学的探索涉及非常广泛的内容。本土心理学的研究起源涉及本土心理学的内涵、兴起、扩展、演变和走向。对本土心理学的研究突破包括心理学文化资源的突破、心理学理论根基的突破、心理学哲学思想的突破、心理学学科性质的突破和心理学应用方式的突破。世界性的本土心理学包括本土心理学的思潮、各国的本土心理学和本土心理学的目标。本土心理学研究的判断标准包括科学心理学的标准、本土契合性的标准和心理学研究科学观。心理学科学观的变革涉及心理学的小科学观、心理学的大科学观、心理学的封闭科学观和心理学的开放科学观。心理学研究对象的本土化包括对一系列重要的心理行为的研究课题,如本土动机心理研究、本土人格心理研究、本土知觉心理研究、本土思维方式研究、本土心理成长研究和本土变态心理研究;心理学研究方式的本土化包括本土的理论建构、本土的方法构造、本土的计算工具、本土的思想原则和本土的研究方法论。国别的本土心理学可以包括美国的、英国的、日本的、韩国的、加拿大的和菲律宾的本土心理学。中国本土的心理学涉及心理学的西方化、心理学的中国化、本土心理学传统和本土心性心理学。本土心理学研究涉及的关系包括与文化心理学的关系、与跨文化心理学的关系、与社会心理学的关系、与心理学历史的关系和与心理人类学的关系等。本土心理学的应用包括本土应用的目标、思想、理论、技术和工具等。本土心理学的创新则包括心理学的原始创新、理论创新、方法创新、技术创新和工具创新等。

第一节　新心性心理学

对本土心理学的关注是从所谓自我人类学的考察开始的。[①] 而且，在不同的文化背景中，心理学的本土化发展已经成为世界性的潮流。[②] 从理论心理学的视角，对中西心理学的交汇的探讨也成为研究的热点。[③] 对亚洲心理学的关注，以及重视亚洲对心理学发展和研究的贡献，也成为心理学本土化研究中的一个热点。[④] 把佛教心理学的内容引入认知科学的探索，也给了认知心理学的突破以有力的支撑。[⑤] 中国心理学在 21 世纪的发展面临着一个非常重要的选择，那就是从对西方或外国心理学的模仿中解脱出来，植根于中国本土心理文化的传统。新心性心理学就是一种植根于本土文化资源的创新努力，试图开辟中国心理学自己的新世纪发展的道路，新心性心理学有其基本的内涵和主张，对于心理学研究对象的理解和对于心理学研究方式的确立有一个基本变化。

① Heelas, P. & Lock, A. *Indigenous psychologies: The anthropology of the self*. New York: Academic Press, 1981.
② Kim, U. & Berry, J. W. (Eds.). *Indigenous psychologies: Research and experience in cultural context*. Newbury Park, CA: Sage Publications, 1993.
③ Paranjpe, A. C. *Theoretical psychology: The meeting of East and West*. New York: Plenum Press, 1984.
④ Paranjpe, A. C., Ho, D. Y. F., & Rieber, R. W. *Asian contributions to psychology*. New York: Praeger, 1988: 1 - 3.
⑤ Varela, F. J., Thompson, E., & Rosch, E. *The embodied mind: Cognitive science and human experience*. Cambridge, MA: The MIT Press, 1991: 21 - 23.

一、新心性心理学的提出

心理学需要创新,本土心理学更需要创新。任何一个学科的发展都是建立在学科不断创新的基础上的,都依靠学科研究者创新的精神、创新的意识和创新的研究。在心理学的研究中,有心理学的理论、方法和技术的划分。尽管方法和技术在心理学研究中是非常重要的方面,但是理论却具有定向、导引、规范的作用。在心理学的思想探索和理论研究中,心理学的基本理论是核心的部分,因此心理学的创新或原始性创新就应该集中在基本理论创新的方面。

理论心理学成为心理学的学科分支,既是心理科学的发展历程,也是学科不断完善的标志。理论心理学的兴起表明,心理学已开始拥有自己的理论框架,已开始寻求自己的理论根基,已开始致力于自己的学科统一,已开始确立自己的学科地位。建构理论心理学的内容体系,应该汇聚心理学学术研究的理论资源,迎合心理学学术发展的历史潮流,扶持高素质的理论心理学家,开展更深入的理论研究,推动更活跃的理论创新,确立本土理论心理学的发展道路,建构本土理论心理学的基本框架。

心理学作为一门学科,一直都有自己的理论学说、理论建构和理论发展。但是,把心理学的理论探索汇聚在理论心理学的学科门类之下,并支撑心理学的学术体系,这是心理学学科成熟的重要标志。作为一门新兴的心理学分支学科,理论心理学是以理论思维的方法对心理学研究中的基本问题进行探索。这些问题不仅包括心理现象发生、发展的一般规律,而且包括心理学自身的学科问题,如心理学的学科性质,心理学与其他学科的关系,心理学的方法论问题,等等。前者是理论心理学的理论建构的层面,即关于意识和心理的特性以及各种具体的心理现象和心理过程的理论;后者则是理论心理学的理论反思的层面。建构理论心理学体系,应同时包括理论建构和理论反思两部分。

在心理学的众多学科分支中,理论心理学研究最基本的、最直接的功能,是对当代心理科学发展的引导和促进作用。这可以包括四个基本的方面:构建心理学的理论基础,强化心理学的基础研究;促进心理学的理论创新,搭建心理学的创新平台;推动心理学的学科统一,提供心理学的统一前提;强化心理学的应用研究,实现心理学的社会价值。①

---

① 葛鲁嘉. 理论心理学研究的理论功能[J]. 山西师大学报(社会科学版),2005(4):1-5.

中国本土心理学的基本理论创新是需要自己的文化、历史、学术、思想、理论等资源的。或者说,中国本土心理学的基本理论创新应该有自己的深厚根基,应该是在本土的文化传统中生长出来的。在延续自己的文化传统中进行基本理论的创新,才是中国本土心理学的根本之道。在中国心理学的发展道路中,其基本理论基本上都是复制和抄袭西方的心理学,也曾经有过对苏联的心理学的全盘照搬和接受,也曾经有过按照意识形态的要求对心理学的批判和改造。从历史的创痛和悲剧中脱离出来,中国本土的心理学需要走自己的道路,需要在自己的道路上迈向国际化。因此,翻译、引进、介绍、复制和照搬,都不是合理化的心理学发展道路,而只有学术创新才会带来中国本土心理学的发展。在心理学的创新中,基本理论的创新是最根本的、最重要的,甚至决定着心理学的研究方法创新和技术工具创新。

中国本土文化中的心理学传统就是心性论,这实际上是一种古老的哲学。这种心性论包含一种独特的心理学传统,这也可以称为心性心理学,但这仅仅是传统意义上的古老的心理学。中国本土心理学在新世纪的发展并不是要回复到原有的老路上去,而是在汲取中国本土文化资源基础上的创新,所以称其为新心性心理学。

二、新心性心理学的主张

新心性心理学应该是一种全新、独特的心理学的探索,是一种立足传统又超越传统的学术追求,是一种学术的创新和创造的活动。对于中国当代心理学的发展来说,引进、翻译、介绍、解释、评价、引申等都不是其根本任务。只有在传统资源基础上的创新和突破,才是中国本土心理学的必由之路。新心性心理学的主张包括如下五个方面。

其一,新心性心理学对心理学学科的理解有一个基本变化。心理学从成为独立的学科门类开始,就一直按照西方文化中的科学观来约束自己,把只有符合这一科学观的心理学研究看作是唯一合理的心理学。[1] 如果按照这样的标准,在中国本土的文化中就没有心理学,或者说中国的文化创造中

---

[1] 葛鲁嘉.大心理学观——心理学发展的新契机与新视野[J].自然辩证法研究,1995(9):18-23.

没有自己的心理学传统。新心性心理学则力图变革心理学原有的实证主义的科学观，即打破原有的小科学观，而确立一个大科学观，即破除原有的封闭的科学观，而确立一个开放的科学观。心理学的大科学观就是心理学的开放的科学观，就是要开放心理学的边界，使心理学的发展能够吸纳更广泛的资源，从而为心理学的创新性发展确立新的规范。

其二，新心性心理学使得心理学的研究次序有一个基本变化。心理学原有的研究次序是基础研究和应用研究，也就是说先有基础研究，然后才有应用研究。或者说，在研究方法、理论建构、技术干预三个方面的次序上，是先有研究方法，然后才有理论建构，最后才有技术干预。这就是传统的心理学研究次序。新心性心理学则反转了上述的次序。心理学的研究应该是先有应用研究，然后才有基础研究；或者说是先有技术干预，然后才有理论建构，最后才是方法检验。这种新的研究次序就在于，新心性心理学强调的是创造和创生，是人的心理的创造和创生。人的心理是创造性生成的过程，这种创造也是无中生有的历程。心理学的技术、理论和方法是按照人的心理行为的创造性生成的性质来确定的。

其三，新心性心理学对心理学研究对象的理解有一个基本变化。在心理学成为独立的学科门类之后，就把心理学的研究对象确立为心理现象。无论是把心理现象理解成为意识，还是理解成为行为，所谓的心理现象都是同样的含义。这种含义就在于，所谓的心理现象是由心理学的研究者的感官捕捉到的、把握到的。这至少基于两个前提假设：一是假定研究对象与研究者的绝对分离，研究对象是与研究者无关的存在，或者是独立于研究者的存在；二是假定研究者感官经验的真实性、确证性和无疑性。这就是说，只有能够被心理学研究者感官把握到的，才能够成为心理学的研究对象。在心理学的发展历史中，就出现过行为主义学派把人的心理意识排除出心理学的研究对象，而把人的行为当作心理学的研究对象。其中的原因就是，人的意识无法被研究者的感官捕捉到，而只有人的行为才能够被研究者的感官捕捉到。但是，人的心理有一个基本的性质，那就是觉。无论是觉知、觉察、觉悟、觉解，还是感觉、知觉、警觉、自觉，都体现人的心理的这一最基本的性质。觉是心理学研究中最难以把握的。觉是只有时间的维度，而没有空间的维度。或者说，觉不占有空间，只会随着时间而流变。所以，在心理学诞生为独立的学科门类之前，德国哲学家康德就曾经断言，心理学不可能成为实证的科学，就因为人的心理不占有空间，只是随着时间而流逝或变化，无法被研究者的感知完整地把握到。新心性心理学则将心理学的研究对象理解为心理生活，心理生活的核心特征就是创生性，是创造性生成的活动和过程。这也是觉的最根本的性质。

其四，新心性心理学对于心理学的研究方式的确立将有一个根本变化。这包括重新确立心理学的研究立场、重新构造心理学的研究纲领、重新思考心理学的概念理论、重新组合心理学的研究方法、重新打造心理学的技术手段。这是对心理学进行全新改造的一种大胆尝试。当然，任何的学术研究都应该有自己的学术根基、学术资源、学术传统、学术空间和学术目标。新心性心理学也同样是如此。在中国心理学的本土化历程中，最艰难的过程就是能够在心理学的研究方式上促成重大的变革。当然，这不是要否定原有的研究方式和研究传统，也不是要否定原有的研究积累和研究历史。这实际上就是要寻求新的可能、新的视野、新的尝试、新的创造。这是对心理学的研究方式的一种扩展，去重新定位心理学的学科位置和学科追求，去重新确定心理学的学科性质和学科身份。

其五，新心性心理学对于心理学的研究目标有新思考和新设定。心理学的学科存在和学术研究，不仅是关于研究对象的描述和说明，而且是关于人类心理和心理科学的全面的建构、创建、生成的活动。新心性心理学的理论建构是要生成新的心理生活，是要生成新的心理学科，是要生成新的发展道路，是要生成新的创造平台。心理学的学术目标、学科目标、研究目标、发展目标，都应该在一个新的基础上重新构想。这就是在整体思路和框架上，为本土心理学设计和设想一个更适合中国的成长目标和前行路径。把心理学的研究确定为创造性的或创新性的活动，会给心理学的研究或探索提出更高的要求。这会使中国心理学的发展去追求创新性、创造性，去追求原始性的创新、原始性的创造。

三、新心性心理学的核心

新心性心理学论及六个部分基本的内容：心理资源论析、心理文化论要、心理生活论纲、心理环境论说、心理成长论本和心理科学论总。这六个部分的内容涉及心理学的学科资源、心理学的文化基础、心理学的研究对象、心理学的环境因素、心理学的对象成长和心理学的学科内涵。心理资源论析是对心理学立足的资源的考察。心理文化论要是对西方的心理学传统和中国的心理学传统的跨文化解析。心理生活论纲是对心理学研究对象的一种新视野、新认识和新理解。心理环境论说是对心理与环境关系的一种新的思考和分析。心理成长论本是对人的心理超越了发展变化的考察和认识。心理科学论总是对心理学的科学性质和学科发展的理解和探讨。这六个部分的内容属于新心性心理学的核心。

第二节　心理资源论析

心理学的发展有着自己的文化历史资源。心理学有着十分不同的、长期演变的形态。所有的不同心理学形态都是心理学的发展可以借用的文化历史资源。心理学资源可以体现为不同的心理学历史形态、心理学现实演变和心理学未来发展。这包括常识形态的心理学、哲学形态的心理学、宗教形态的心理学、类同形态的心理学、科学形态的心理学、资源形态的心理学。当代科学心理学的发展不应该抛弃其他历史形态的心理学，而应该将其当作自己学术创新的文化历史资源，从而扩大自己的视野，挖掘自己的潜能，丰富自己的研究，完善自己的功能。

一、心理资源的概述

所谓的心理资源是指可以生成和促进心理学发展的基础性条件，如心理学的成长要有自己植根的社会文化土壤，这就是心理学的社会文化资源。心理资源既可以成为心理生活的资源，也可以成为心理科学的资源。心理学面临着如何理解、看待、保护、挖掘、提取、转用资源的问题。

科学心理学只有很短的一百多年的历史，但是心理学的探索有着久远的过去。通常认为，心理学的发展只是连续的线性更替关系，现代的科学心理学淘汰和取代了原有的传统形态的心理学。实际情况却并非如此。科学心理学诞生之后，其他不同形态的心理学仍然与其并存着，仍然各自发挥着自己的功能。通常还认为,历史上只有哲学心理学和科学心理学。科学心理学从哲学的母体中脱胎之后,就取代了哲学心理学,成为唯一合理、合法的心理学。其实,历史上出现过多种形态的心理学。这些不同形态的心理学并没有随着现代科学心理学的出现而消亡,而是依然存在于现实生活和学术研究之中,并在不同的生活领域和学术领域中发挥着重要的作用。如果从人类文化史的角度来看,共出现和具有六种不同形态的心理学,即常识形态的心理学、哲学形态的心理学、宗教形态的心理学、类同形态的心理学、科学形态的心理学和资源形态的心理学。①② 解读这些不同形态的心理学,考察科学心理学与其他形态心理学之间的关系,对科学心理学的发展有着至关重要的作用。

人的心理生活是生成性的和创造性的,生成与创造的过程则需要特定资源。所谓心理资源的一个含义就是指人的心理生活建构的基础、生成的养分和拓展的依据。人的物质生活需要自然资源,而人的心理生活则需要文化资源、社会资源、历史资源和现实资源。心理资源具有自己独特的存在方式和存在形态。任何一个学科的生成、发展、进步、拓展,都需要文化、社会、历史和现实的资源。心理学也同样如此。

例如,心理学的发展和研究与文化有着十分密切的关系,这已经成为当代心理学发展的主题。在当代心理学的发展中已经形成文化学的转向。③这也在西方心理学的发展中得到了体现。④ 在心理学的研究中,与文化相关的分支学科也在快速地扩展和成长,如文化心理学和跨文化心理学的研究,等等。心理学与文化的关系是指心理学在自身的研究、发展和演变过程中,与文化的背景、文化的历史、文化的根基、文化的条件、文化的现实等产生的和具有的实际关联。心理学与文化的关系经历了文化剥离、文化回避、文化转向、文化回归、文化定位等一系列的变化过程。心理学与文化的关系在心理学具体分支学科的实际研究中,得到各种各样不同的体现。这不仅涉及

---

① 葛鲁嘉.心理学的五种历史形态及其考评[J].吉林师范大学学报(人文社会科学版),2004(2):20-23.
② 葛鲁嘉.心理资源论——心理学的历史、现实和未来的形态[J].陕西师范大学学报(哲学社会科学版),2008(6):107.
③ 葛鲁嘉,陈若莉.当代心理学发展的文化学转向[J].吉林大学社会科学学报,1999(5):79-87.
④ 叶浩生.试析现代西方心理学的文化转向[J].心理学报,2001(3):270-275.

文化心理学、跨文化心理学、本土心理学、后现代心理学的研究,而且涉及心理学的单一文化背景和心理学的多元文化发展。例如,文化心理学就为心理学的发展提供了启示意义。① 本土心理学发展的趋势也突出了文化与科学的关系。② 心理学与文化的关系定位将会带来心理学的新视野、新领域、新理论、新方法、新技术和新发展。

再如,心理学在成为独立的学科门类前后,与其他学科一直有着特定的关系,这种关系决定了心理学的发展和演变。但是,学术界对心理学与相关学科的关系缺乏系统深入的探索。心理学与相关学科的关系经历了一种历史的演变过程,心理学从依附于其他学科的发展到排斥其他学科来保证自己的学术独立性,再到寻求与其他学科的合作关系,并与其他学科建立起共生的关系。这既标志着心理学学科的成熟,也标志着心理学开始容纳所有的学术资源,意味着心理学不仅借助其他学科来发展自身,而且为其他学科的发展提供了可用的资源。从不同学科的学术独立到不同学科的学术共生,这是一个新旧时代的重大学术转换。

无论是哪一种心理学的资源或形态,在心理资源的视角中都是具有特定价值的资源,都是可以开发利用的资源。这是非常宝贵的资源,而不应该随便加以抛弃和践踏。拥有资源或拥有丰富的资源,是本土心理学未来发展或创新发展的重要基础。

二、心理资源的考察

心理学无论是对人的心理行为的研究,还是对心理学自身的反思,都需要挖掘、提取和转用自己的资源。这就是关于心理资源的考察。

第一,对心理资源的考察涉及考察的视角。这是指研究者的研究立场和研究根基。对于心理资源,不同的研究者可以有自己看待和理解问题的出发点和立足点,可以有自己揭示和解释问题的着眼点和着重点。即便否认、忽视和歪曲心理资源的存在,也是对待或看待心理资源的一种特定视

① 田浩,葛鲁嘉.文化心理学的启示意义及其发展趋势[J].心理科学,2005(5):1269-1271.
② Kim, U. Culture, science, and indigenous psychologies: An integrated analysis. In David Matsumoto (Ed.), *The handbook of culture and psychology*. New York: Oxford University Press, 2001: 54-58.

角。考察的视角决定了研究者获取的关于心理资源的内涵和内容。眼界与视域的不同,都决定着研究者捕捉到和提取出的心理资源的差异。关于心理资源的考察视角可以有历史主义的考察视角、现实主义的考察视角和未来主义的考察视角,也可以有哲学的考察视角、历史学的考察视角、社会学的考察视角、文化学的考察视角,也可以有心理学史的考察视角、理论心理学的考察视角、普通心理学的考察视角、文化心理学的考察视角。

第二,对心理资源的考察还涉及考察的学科。心理资源是文化的存在、社会的存在、历史的存在、生活的存在和人性的存在。这就给不同的学科分支提供了多学科交叉和交汇的研究内容。由于不同学科有不同的研究领域和研究方式,对心理资源的揭示和解释也有所侧重与不同。例如,哲学、社会学、人类学、历史学、政治学、文学、文化学等学科对心理资源的考察,都会有不同的视角与方法。

第三,对心理资源的考察还涉及考察的内容。心理资源具有非常丰富的内涵、思想、解说与积累。分离和分解心理资源,解释心理资源的基本性质,确定心理资源的基本方面,追踪心理资源的演变发展,说明心理资源的特征特点,等等,都是考察心理资源最基本的内容。如何定位、分析、揭示、解释、说明和借用心理资源,可以有不同的方式,既可以是哲学反思的方式,考察关于心理资源作为心理学研究的思想前提和理论设定,也可以是实证研究的方式,通过实证科学的手段来定性和定量地分析和考察心理资源的存在和变化,还可以是历史研究的方式,通过历史定位、未来定向来揭示和解释心理资源的演变演化。

心理资源的考察结果可以成为人理解自身存在的重要内容,也可以成为发展关于人的心理研究的重要学术内容。人的心理生活的创造、建构和拓展需要资源的支撑。提供心理资源不仅对丰富人的心理生活、提升心理生活质量是必需的,而且是心理科学进步与发展必须依赖的基石。不同形态的心理学对当代心理学发展的实际意义和基本价值主要体现在如下四方面。

一是提供了考察和透视人的心理行为非常独特的角度、视域、视界。这为全面深入地理解人的心理行为带来了可能。任何一种心理学传统都是在特定方面或特定层面去理解人的心理,尽管带有片面性但具有独特性。不同的心理学形态给出的都是系统化的关于人的心理行为和关于心理学探索的解说和理解。这无疑会在许多不同的层面或侧面去启发或启示科学心理学的探索。

二是提供了说明和解释人的心理行为非常独特的概念、理论、思想。不同形态的心理学都形成了一系列独特的基本概念、理论解说和思想框架,其中有着多样的说明人的心理行为的内涵和意义。这些内涵和意义都是在人类长期的生活实践、生活解说、研究探索和思想探索中累积和积淀起来的。这以各种不同的方式进入到关于人的心理行为和关于心理学探索的理解之中。这些概念、理论、思想和学说,就成为心理学发展的重要理论资源。

三是提供了了解和揭示人的心理行为非常独特的方式、方法、方略。中国文化传统中的儒家、道家和佛家都提供了特有的心灵内省的方式和方法,或者说都提供了体证、体验和体悟的方式和方法。这不仅是心灵认识和理解自身的方式和方法,而且是心灵改变和提升自身的方式和方法。心理学的研究需要自己的方式和方法,并通过这些方式和方法来认识和改变自己的研究对象。

四是提供了影响和干预人的心理行为非常独特的技术、工具、手段。任何一种心理学的传统或形态,都有其改变或提升人的心灵的技术、工具、手段。这些技术、工具、手段也为人类掌控自己的心理行为提供了可能。尽管这些独特的技术、工具或手段有着非常复杂的产生和存在的理由和根据,但是都有可能实现着对人的心理行为的影响和改变。

从上述来看,心理学的发展其实拥有非常丰富和深厚的文化历史资源、思想理论资源和学术创新资源。丢弃、放弃、抛弃和舍弃这些资源,是心理学自身发展的一种不幸。任何的心理学创新,都不是简单地空想,而应该广泛地获取重要的资源,也应该更多地吸收可能的营养。这是心理学创新的必由之路。中国的心理学发展不仅缺少创新,也缺少创新的根基,也缺少对创新根基的认识、理解和把握,也缺少对创新资源的挖掘、提炼和再造。这就是探讨心理学各种形态的基本价值和实际意义。

三、心理资源的分类

心理资源可以区分出六种不同的心理学形态。这六种形态的心理学不仅反映着心理学多元的历史、现实和未来的演变,而且构成了心理学独特的文化、学术和思想的资源。可以说,把不同的心理学形态看成为心理学的资源,这是心理学研究的重大进步。

其一,常识形态的心理学。这又可以称为民俗心理学、素朴心理学等。这是普通人在日常生活中创建的心理学,是存在于普通人生活经验中的心理学。常识心理学有个体化和社会化两个存在水平。个体化的存在水平是个体在自己的生活经历和经验中获得的,是个人对心理行为独特的认识和理解。社会化的存在水平是不同个体在交往和互动的过程中共同形成和具有的,个体可以在社会化过程中接受和掌握隐含于社会文化的心理常识。常识心理学既是普通人心灵活动的指南,也是普通人理解心灵的指南,也是科学心理学发展的文化资源。①

其二,哲学形态的心理学。在科学心理学诞生之前,心理学就寄生在哲学之中,是哲学的一个探索领域。哲学心理学最重要的研究方式是思辨和猜测。正是通过思辨和猜测,哲学心理学探索了人类心理行为大部分重要的方面。当心理学成为科学门类之后,哲学心理学在哲学研究中转换成为心灵哲学的研究,在心理学研究中转换成为心理学哲学的探索。心理学哲学的研究在于去反思心理学研究中关于对象、方法和技术的理论前提或思想预设。②

其三,宗教形态的心理学。宗教心理学可以有两种不同的含义:一是科学的含义或是科学传统中的宗教心理学,是科学家运用科学方法对宗教心理的研究。这是科学心理学的一个分支。二是宗教的含义或是宗教传统中的宗教心理学,是宗教家按照宗教的方式对人的心理行为的说明、解释和干预。后者既是宗教活动提供的传统文化资源,同时也是现代科学心理学的传统历史资源。宗教中的心理学提供了关于人的信仰心理方面的重要阐释,以及干预人的心理皈依的重要方式。这为科学心理学的发展和进步提供了非常丰富和重要的心理学思想理论、研究方法和干预技术。心理学的

---

① 葛鲁嘉.常识形态的心理学论评[J].安徽师范大学学报(人文社会科学版),2004(6):715 - 718.
② 葛鲁嘉.哲学形态的心理学考评——心理学的五种历史形态考察之二[J].河北师范大学学报(教育科学版),2005(4):76 - 79.

创新就必须去提取宗教心理学中的资源。①

其四,类同形态的心理学。所谓类同形态的心理学,是指在与心理学相类同或相类近的科学分支或科学学科中,也有关于人类心理行为的相关研究和研究成果。这是在与科学心理学相类同或相类似的其他科学分支中的心理学思想、理论、方法和技术。这些研究和成果也在特定的角度、特定的方面或特定的层次上,以特定的方式、方法或技术揭示和阐释了人类的心理行为,并为心理科学的诞生和发展提供了十分重要的、不可忽视的基础和内容。因此,这些相关的或相近的学科门类也都与科学心理学有着非常密切的关联。② 并不是只有心理学才关注对心理行为的研究,其他学科也有对人的心理行为的多维度、多视角、多方面、多层次的探索。蕴含在不同学科门类中的心理学探索,得出了关于人的心理行为的不同的思想学说、理论阐释、影响方式和干预技术。这种对人的心理行为分门别类的研究给科学心理学提出了一个重要任务,就是怎样使科学心理学不至于分解、分裂、消失和消散在其他类同学科中,以及怎样使科学心理学去吸取、提炼、接受、消化和融会类同形态的心理学研究。

其五,科学形态的心理学。心理学作为科学是通过科学的理论、方法和技术来描述、说明和干预心理行为。科学形态的心理学虽然在短时间之内取得了飞速的发展,但依然面临着重大的问题。科学形态的心理学从诞生之日起,就存在物理主义和人本主义、实证论和现象学两种不同研究取向,并一直处于四分五裂的状态,统一是其一直不懈的努力。科学心理学既有基础研究和应用研究的分类,也有理论、方法和技术的分类,关键是心理学研究类别的顺序。科学心理学的研究方式和方法存在实验和内省的地位和作用之争。③

其六,资源形态的心理学。资源形态的心理学是科学形态的心理学的进步、扩展和提升。所谓资源形态的心理学是把心理学的资源和各种学术性资源的开发、累积、运用等作为心理学的核心性任务。心理学的研究不仅揭示和解释人的心理行为,而且为人的心理生活寻找、提取和提供心理学的

---

① 葛鲁嘉.宗教形态的心理学述评[J].华中师范大学学报(人文社会科学版),2007(1):134-138.
② 葛鲁嘉.类同形态的心理学总评[J].西北师大学报(社会科学版),2005(3):95-98.
③ 葛鲁嘉.科学形态的心理学议评——心理学的五种历史形态考察之五[J].华东师范大学学报(教育科学版),2005(4):42-46.

资源,为心理学学科的发展和进步积累、确立和输入资源。心理学的研究就是在挖掘资源、提取资源、创造资源、运用资源和生成资源。资源会成为心理学研究和心理学发展的根本性方面,也会成为人的生活和人的心理生活的根本性方面。心理资源的稀缺、心理资源的丰富、心理资源的汇聚、心理资源的生成,这应该是心理学面对的重要现实。资源形态的心理学可以汇聚心理学发展和进步必需的文化、历史、社会、思想、学术、学科等不同来源的心理学资源。心理学关于资源形态的心理学的探讨可以使这些资源进入心理学的领域,成为心理学的基础,推动心理学的壮大。

四、心理资源的提取

在当代心理学的发展中,后现代社会和后现代文化是心理学研究者所处和面对的历史时代、历史阶段、当代风潮和当代思潮。如何理解后现代的来临,如何面对后现代的问题以及如何引领后现代的发展,是心理学的发展必须经历的。20世纪中期,西方发达国家开始由现代工业社会步入后工业社会或信息社会。与之相应,其文化思潮也由现代主义转向后现代主义。后现代主义思潮被看作是西方文化精神和价值取向的重大变革,并很快风靡欧美、震撼学界。科学心理学的发展显然无法摆脱这一大的文化氛围。文艺复兴之后,西方社会不仅大踏步迈向现代大工业社会,而且逐步确立起理性至高无上的地位和科学统观一切的权威,并以此构造了西方的现代文明。但是,当今的后现代主义运动则是对现代文明的批判和解构,是对理性独断和科学霸权的摧毁,它强调所有的思想和文化平等并存的发展。后现代精神在于去中心和多元化。这无疑打破了西方心理学的独霸地位,带来了不同心理资源的互惠互利。

心理学的本土化是心理学发展过程中的一种思潮、定位和寻求。[①] 中国心理学的本土化就是心理学的中国化的学术演进历程。[②] 从提出关于本土心理学的研究开始,心理学的本土化就经历了不同的历程并体现出不同的

---

① 葛鲁嘉.中国心理学的科学化和本土化——中国心理学发展的跨世纪主题[J].吉林大学社会科学学报,2002(2):5-15.

② 葛鲁嘉.心理学中国化的学术演进与目标[J].陕西师范大学学报(哲学社会科学版),2007(4):118-123.

目的。心理学本土化有五个目的：一是对科学心理学或正统心理学之外的其他心理学探索的关注和考察。这是所谓的本土心理学的最基本目的，也是本土心理学最初的基本含义。二是对西方实证心理学的霸权地位的挑战。三是对根源于本土社会文化的心理行为和研究方式的探索。四是对本土心理学资源的挖掘和创造。五是对心理学研究原始性创新的追求。希望能够在心理学的理论、方法和技术等方面有新的创造。

当今世界正面临着日益突出的国际化趋势，国际社会的联系日益紧密，地球已经成了"地球村"，同时也面临着越来越多的全球化的经济问题、社会问题和环境问题等。这些问题已经不单单是某一国家或民族各自的问题，而是整个人类共同的问题。全球化既是产生全球性问题的历史前提，同时又孕育着解决全球性问题的可能性。不同学科视野中的全球化概念是不同的。在这样的背景下，心理学正经历着一场转变，即由只关心单一文化背景转向多文化的融合，由方法中心论转向问题中心论，由单一理论转向复合理论。心理学不能回避现实问题。要使心理学的研究具有现实性，必须以研究的问题为中心，抛开传统的理论派别之争，摒弃对抗，一切围绕解决现实问题展开。这就是心理学全球化的内涵。

在中国本土传统文化的框架中并没有诞生出现代意义上的科学。中国的现代科学是从西方传入的。同样，在中国的本土文化中也没有诞生出西方现代意义上的科学心理学。中国现代的科学心理学也是从西方传入的，也带着西方文化传统的印记。在中国发展自己的科学心理学时面临的一个非常重要的问题就是，中国的本土文化中有没有自己的心理学传统。如果有，这种本土的心理学传统具有什么性质，包含什么内容。如果有，应该如何去理解、解说、阐释和对待这种本土的心理学传统。可以肯定的是，在中国本土的文化传统中也有自己独特的心理学传统。最重要的问题在于，中国本土的心理学传统能否成为中国科学心理学发展和创新的有益资源。所以，如何理解中国本土的心理学传统，就成为决定中国心理学未来发展的一项基础性和发展性的研究任务。

中国心理学的跨世纪发展面临着一个重要的选择，那就是从对西方或外国心理学的模仿中解脱出来，去寻找和挖掘中国本土的心理资源。新心性心理学就是一种植根于本土文化资源的创新努力，试图开辟中国心理学自己的新世纪发展道路，新心性心理学对心理学研究对象的理解和心理学研究方式的确立有一个基本的变化。① 新心性心理学涉及心理资源、心理文化、心理生活、心理环境、心理成长和心理科学。这探讨的是心理学的学术资源、文化根基、研究对象、环境背景、对象成长和学科演进。心理资源论析是关于心理学发展中文化历史资源和文化历史形态的考察。心理文化论要是关于西方的心理学传统和中国的心理学传统的跨文化解析。心理生活论纲是关于心理学研究对象的一种新视野、新认识和新理解。心理环境论说是关于心理与环境关系的一种新的思考和分析。心理成长论本是超越了心理发展的基于心性基础的心理扩张或扩展。心理科学论总是对心理学学科自身发展的命运与前途的全景考察。

　　总之，心理学的未来发展应该把自己建设成为能够对资源进行合理开发和有效利用的新型学科。心理学的未来形态就是资源形态的心理学，也可以将其称为心理学的第六种形态。这是立足心理资源的开发和利用的心理学形态。

第三节　心理文化论要

　　心理文化概念的提出，是用以考察心理学成长的文化根基，探讨心理学发展的文化内涵，挖掘心理学创新的文化资源。心理学本身的起源、产生和发展都出现在特定的文化圈，都立足特定的文化条件，都属于特定的文化历史。或者说，文化是心理学植根的土壤和养分的来源。在过去，无论是心理学的发展还是对心理学发展的探索，都缺失了文化的维度。其实，文化是考察当代心理学发展和演变的重要视角。当代心理学的研究和发展越来越重视对文化环境、心理文化、文化心理的探讨。②③④

① 葛鲁嘉. 新心性心理学宣言——中国本土心理学原创性理论建构[M]. 北京：人民出版社，2008：77-83.
② 葛鲁嘉，陈若莉. 当代心理学发展的文化学转向[J]. 吉林大学社会科学学报，1999(5)：79-87.
③ Shweder, R. A. *Thinking through cultures: Expeditions in cultural psychology*. Cambridge, MA：Harvard University Press, 1991：73-76.
④ Cole, M. *Cultural psychology*. Cambridge, MA：Harvard University Press, 1998：1-3.

一、心理文化的存在

对于心理学研究来说,心理学的考察者是人,心理学的考察对象也是人,所以是人对自身的了解。更进一步地说,去认识的是人的心灵,被认识的也是人的心灵,所以是心灵对自身的探索。人类的心灵既是自然历史的产物,也是人类创造的文化历史的产物。分开或分别来看,得到考察的心灵活动展示的是文化的濡染,进行考察的心灵活动透显的则是文化的精神。合起来看,成为对象的心理行为与阐释对象的心理学探索是共生的关系。不仅对特定心理行为的把握就是特定的心理学传统,而且特定的心理学传统构筑的就是特定的心理行为。两者共同形成的就是心理文化(mental cultures)。不同的文化圈产生和延续的是独特的心理文化。那么,特定文化圈拥有的心理文化就会与其他文化圈拥有的心理文化存在很大的差异。这表现为心理行为上的差异,也表现为心理学性质上的差异。

人类的心理行为不仅具有人类共有的性质和特点,而且具有文化特有的性质和特点。冯特在创立科学心理学时就构想了两部分心理学,即个体心理学和民族心理学。个体心理学通过对个体心理意识的考察,探讨人类心理行为共有的性质和特点。民族心理学通过对民族文化历史产物,像语言、神话、风俗等的分析,了解人类心理行为的文化特有的性质和特点。但是,科学心理学后来的发展,只推进了个体心理学,而忽略了民族心理学。这揭示给人们的似乎是只有唯一的心理学,那就是实验的个体心理学,它揭示的是人类心理行为共有的性质和规律。无论是实证科学意义上的还是其他意义上的心理学家,都生活在特定的文化圈中。在他们的探索中隐含着的理论框架或理论设定无不体现其独特的文化精神。心理学家了解和认识心理行为或心理生活的途径,解释和理解心理行为或心理生活的理论,影响和干预心理行为或心理生活的手段,都属于相应的文化方式。所以,可以将心理学看作是文化历史的构成,是文化历史的传统。

文化历史中的心理学与其涉及的心理行为或心理生活是一体的。对心理行为或心理生活的研讨是心理学家的任务,在此主要考察心理学的文化蕴含。

正统的西方心理学体现了西方科学文化的主旨。它跻身于自然科学之列,强调自己的普遍适用性。它突出自己的跨文化性质,也的确跨文化广泛传播至其他文化圈。所以,可将实证心理学与其他本土的心理学传统相对照来讨论。

西方心理学并不是一个统一的整体,人本主义心理学等便属于非正统的西方心理学。人本主义心理学反对心理学的自然科学化,批评正统的西方心理学把人降低为物理客体或生物客体等自然物,抵制用自然科学的方式来研究和控制人。人本主义心理学承继了西方文化中的人道主义传统,强调人的地位和尊严,确信人的自由本质和创造能力,探索人的生活体验和生命意义。人本主义心理学也强调科学的研究方法的重要性,但力图将科学研究方法与其实证主义和机械主义的元理论相分离,将科学研究方法与自己的人本主义和人性哲学的元理论相统一。因此,人本主义心理学在方法上更接近科学心理学,而在思想上更接近其他的本土心理学传统。人本主义心理学的两只脚,一只跨在实证心理学中,一只跨在本土心理学中。

本土心理学是由本土文化延续着的对人的内心生活的基本假定和说明。实际上自从有了人类和有了人类的意识,人就有了对自己的心理生活的直观了解和把握,有了对自己的心理生活的主动认定和构筑。这作为心理文化积淀下来和传承下去,成为植根于本土文化的心理学传统。那么,特定文化背景中的社会个体就能够通过掌握本土文化中的心理学传统,来了解、认定和构筑自己的心理生活。本土心理学不仅在不同的文化存在差异,而且在同一文化的不同历史境况中也存在差异。

中国本土文化有其对人的心灵活动或心理生活的基本设定。例如,中国文化的精神是强调普遍的统一性,即道。儒家的义理之道,道家的自然之道和佛家的菩提之道均究此理。但是,道并不是外在于人的心灵,与之相分离,而是内在于人的心灵,与之相一体。心灵内在地与宇宙本体相贯通。人类个体只有返身内求,把握和体认道,才能获取人生的真实和永恒。这必须通过精神修养来不断提升自己的精神境界和完善自己的人格,从而相融于天道。这给探求和构筑人的心理生活提供了特定的文化基础。

二、心理文化的比较

西方科学心理学和中国本土心理学有不同的文化根基,植根于不同的心理生活。起源于西方文化的科学心理学,立足实证的研究方法和客观的知识体系,提供了对心理现象的某种合理理论解释和有效技术干预,但它仅揭示人类心理的一个部分或侧面。起源于中国文化的本土心理学也是自成体系的心理学探索,它揭示具有意义的内心生活和给出精神超越的发展道路。心理文化概念的提出有利于探明不同文化传统中蕴藏的心理学资源和推进对其挖掘,有利于审视西方心理学的文化适用性和推进对其改造,有利于考察中国本土的心理学传统和推进对其解析。中国现代科学心理学主要来自西方科学心理学,问题是中国本土也有自己的心理学资源。探察该资源,就要扩展心理学的视野和设置文化学的框架,将中国本土心理学看作与西方实证心理学具有同等文化价值的探索。要发展中国的心理学,就有必要追踪中国本土文化中的心理学传统,确定其蕴藏的资源、具有的性质、包括的内容和起到的作用。心理文化的探索力图找到和深入挖掘心理学创新的文化根基。中国有自己的文化传统、心理文化、心理学探索和创新性资源。

中国的文化传统中蕴藏着丰富的心理学资源,问题是没有得到充分挖掘和利用。心理学的发展需要文化资源。西方心理学植根于西方的文化传统,从本土的文化资源中获取心理学发展的动力和研究方式。中国心理学的创新和发展同样应植根于中国的文化传统,从本土文化资源中获取心理学发展的动力和研究启示。中国的文化传统中并没有专门研究和探讨人的心理行为的学科。中国心理学的发展长期以来是引进和模仿西方心理学,中国现代的科学心理学是外来的、传入的。尽管有学者去发掘中国历史上和文化传统中的心理学思想,但他们持有的框架、衡量的标准、提取的内容、评价的尺度等,仍是西方科学心理学提供的。按照西方心理学的筛子去筛淘,研究者得出的是如下结论:一是中国的文化传统中没有自己的心理学,只有零碎的、片段的心理学思想,所以无所谓"中国的心理学传统"。二是中国的文化历史中的心理学思想具有思辨猜测、主观臆断的特点,缺乏科学的依据和证明。这样的心理学思想只具有历史的意义,而不具备现实的意义;只具有哲学的意义,而不具备科学的意义。中国古代思想家提供的不过是安乐椅中的玄想,是无法确证或无法证实的推论。三是中国文化思想中包含的心理学可以按照西方科学心理学的尺度来分类和梳理,从中分离出所谓的普通心理学思想、教育心理学思想、社会心理学思想、生理心理学思想、发展心理学思想等。结果,充斥在中国心理学思想史研究中的是贴标签式的方法,得出的是奇怪的结果。

如果按照西方科学心理学的标准来衡量,中国并没有自己的心理学。一些学者就此认为,在中国古代的典籍中,在古代思想的演变中,在思想理论的论述中,只有一些零散的心理学猜测。[①] 但是,抛开西方心理学的衡量标准来重新认识中国的文化传统就会发现,其中也有独特、系统的心理学。在中国的文化传统中,思想家提供了对心理行为进行解说的概念和理论、进行考察的方式和方法、进行干预的技术和手段。当然,中国的心理学家还没有把中国本土的心理学传统当作创新和发展的资源。中国心理学思想史的研究还是按照西方心理学的尺度,来衡量中国古代思想家的所谓心理学思想,去筛淘中国古代思想家的所谓心理学建树。[②] 例如,孔子是中国古代思想家、儒家创始人、儒学奠基者。按某些中国心理学思想史研究者的理解,孔子也提供了心理学的思想,其中包括普通心理学的思想、教育心理学的思想、发展心理学的思想、人格心理学的思想、社会心理学的思想等。[③] 这就是按照西方建立的科学心理学的分类去切割孔子的思想。其实,儒家提供的是一种心性学说,是心道一体的理论假设,是内省体道的心理历程,是心灵境界的提升途径,是心理生活的构筑方式。同样,道家和佛家也都提供的是独特的心性学说。

如果放弃西方心理学的框架,从中国本土文化出发重新确立一个更合理、更适用的参考系,就可以得出完全不同的结论。中国本土文化中不仅有零碎、片段的心理学思想,而且有独特、系统的心理学。有没有系统的心理学,可按三个标准衡量:有没有一套心理学的概念和理论,可用来说明和解释人的心理行为;有没有一套心理学研究的方式和方法,可用来考察和揭示人的心理行为;有没有干预心理行为的手段和技术,可用来影响和改变人的心理行为。由此来看,中国文化传统中也同样有并不是西方科学心理学意义的系统心理学。中国本土传统心理学有独特的理论概念和理论解说。例如,中国思想家所说的心、心性、心理,行、践行、实行,知、觉知、知道,情、心

① 高觉敷. 中国心理学史[M]. 北京:人民教育出版社,1985:425.
② 杨鑫辉. 中国心理学思想史[M]. 南昌:江西教育出版社,1994:11-12.
③ 杨鑫辉. 心理学通史(第一卷)[M]. 济南:山东教育出版社,2000:105,163.

情、性情，意、意见、意识，思考、思想、思索，体察、体验、体会，人格、性格、品格、人品，道理、道德、道义、道统等，都有其独特的含义。中国本土传统心理学也有独特的验证理论假说的方式和方法，而不仅只是思辨和猜测。虽然中国文化中并没有产生出西方科学意义上的实证方法或实验方法，但是中国古代思想家却提出知行合一的原则，即践行或实践的原则。理论解说的合理性要看能否在实践中获得预期结果，或行动实现的是否为理论的推论。这是验证理论的不同途径。中国本土传统心理学也有独特的干预心理行为的手段和技术，并成为对人的心理生活的引导、扩展和提升。

由于原有的研究在抽取和摘引中国古代思想家思想的过程中，是按照西方科学心理学的标准，结果就是一些破碎的片段和摘引的语录。这等于是打碎了一个完整的东西，又把碎片按西方心理学的标准进行了重新组合。这种片段破碎和语录摘引的理解，出示的仅是中国古代思想家以肤浅的形式或幼稚的话语表达的某种前科学的猜想。按西方科学心理学的标准，这些萌芽形态的心理学思想只具有历史遗迹的意义，而没有现代科学的价值。这仅表明中国文化历史中有过某些关于心理行为的零星猜想和思辨推论。这种方式的对中国古代心理学思想史的研究程序，就是从古代典籍中寻找说明和解释心理行为的话语，然后把古代文言文翻译成现代白话文，然后按照科学心理学去理解其中的含义，然后去评价对科学心理学的意义和价值。这甚至仅是为了证明中国古代心理学猜想的久远和古老，高明和伟大，深刻和奥妙。这样的研究方式常常会进一步演变成为非常肤浅的文字游戏、语言游戏、智力游戏、思想游戏、猜测游戏、组装游戏、想象游戏和学术游戏。

三、心理文化的资源

植根于西方文化历史的现代心理学，一直被作为世界的心理学。随着西方心理学的壮大和成熟，它也传播到世界各地。但是，西方心理学家创立的心理学是否就是唯一合理的、普遍适用的，近年来正受到非西方国家特别是发展中国家心理学者的质疑。针对西方心理学毫无限制的扩张，针对非西方心理学者对西方心理学十分盲目的模仿，目前兴起了影响深远的两大研究趋势：一是对本土心理学传统资源的挖掘，试图使被西方心理学排斥的东西重放光彩；二是对西方心理学的本土化改造，试图使被非西方心理学家效仿的东西更适用。目前的研究正相应于上述最新的发展，并致力于开辟新的研究视角和思路。

对中西心理学传统进行跨文化解析，需要一种宏大的理论视野。这就必须开创性地揭示西方心理学的科学观问题，突破小心理学观的限制，设置一个更宏观的文化历史框架，从而将西方实证心理学和中国本土心理学看作具有同等价值的探索。对西方实证的心理学传统，研究者通常总是迷陷于它制造的大量文献资料之中。因此，进一步的研究应力图对西方心理学进行深刻的理论透视，以把握其发展的进程和内在的症结。对中国本土的心理学传统，研究者通常总是按西方心理学的标准进行衡量和切割。进一步的研究则应力图将其看作是独立的心理学体系，揭示其独具的合理性贡献。涉及中西心理学传统的跨文化交流，目前还缺乏总括性的考察和更深入的理解。进一步的研究则将从心理学的研究对象和研究方式上，对心理学的新发展进行阐述，以推动我国心理学的新创造，开辟我国心理学的新道路。

在中国本土文化中，如果是完整、系统、深入和全面的理解，就可以看到一种独特的心理学传统。这并不是西方实证意义的科学心理学，但是也属于系统的心理学探索。中国古代思想家提供的心性学说就是独特的心理学，是对心理学事业的独特贡献。在中国文化传统中，不同的思想派别有不同的心性学说，给出对人的心理的不同解说。首先是儒家的心性学说。儒学的重心在社会，在个体与社会的关系。儒家强调的是仁道。仁道不在人心之外，而潜在于人心之内。个体的心灵活动就是扩展自身，体认内心的仁道。觉悟到仁道，按仁道行事，就可以成为圣人。这就是内圣外王的历程。其次是道家的心性学说。道学的重心在自然，在个体与自然的关系。道家强调的是天道。天道也不在人心之外，而潜在于人心之内。个体可以通过扩展心灵而体认天道的存在，并循天道而达于自然而然的境界。再次是佛家的心性学说。佛学的重心在人心，在个体与心灵的关系。佛家强调的是心道。心道相对于个体而言是潜在的，是人的本心。个体可以通过扩展自己的心灵而与本心相体认。心理学的研究有自己的方法。西方科学心理学运用的是实证的方法。中国本土心理学运用的则是体证的方法。体证就是通过意识自觉，直接体验到和构筑出自身的心理。体证的重要特点是意识的自我觉知和自我构筑。中国本土心理学强调知行合一的原则,主张内在对道的体认和外在对道的践行。这就是所谓的内圣外王。内修要成为圣人,体道于自己的内心。外为要成为王者,行道于公有的天下。因为人心与天道内在相通,所以个体的修为就是体认天道。天道贯注给个体,就是人的性命。对天道的体认就是修性与修命。个体的修为或体悟有渐修与顿悟的不同。渐修在于修道是逐渐的,是点滴积累的。顿悟在于道只能整体把握和突然觉悟。这是体道的不同途径和方式。

从认为中国本土文化中没有自己的心理学传统,到认为有自己独特的心理学传统,这是一个根本性的进步和变化。但是,当心理学学者去挖掘、梳理和阐释中国本土的传统心理学时,常常是仅限于传统和解释传统。限于传统和解释传统就是回到传统和遵循传统。也许承认中国传统文化中有自己独特的心理学,这是一种进步,但是,如果仅仅限于传统和解释传统,那也是一种倒退。承认中国本土文化传统中有自己独特的心理学,不是要放弃现代科学心理学,不是要证明现代科学心理学的学术贡献早在中国文化历史中就已经完成,而是要立足传统,借用本土传统的心理学资源。任何的发展都需要资源,心理学的发展也是如此。文化和文化传统就是一种有益的学术资源,但是资源是需要利用和转化的,文化资源是需要筛选和提炼的。重新发现、仔细解读、详尽分析和系统阐释古典文献,这不是心理学研究的最终目的。对中国本土传统心理学进行研究,就是要奠定创新的基础、明确创新的立场、启动创新的程序。

中国本土的传统心理学可称为心性心理学,在此基础上的新探索和新发展可命名为新心性心理学。心性心理学仅是传统和古老的心理学。新心性心理学不是重走老路而是力求创新。只有从发展和创新的视角去理解,中国本土的传统心理学才有现代的意义和价值,才能成为学术的资源和资本。新心性心理学试图重新把握心理学的研究对象和研究方式,并通过学术创新来吸纳中国本土的心性心理学。当代心理学的发展重视未来前途和前景,而轻视文化历史和资源。任何心理学的学术创新都不是横空出世和独来独往的,而必须植根于文化和历史的土壤,从中获取自己成长的动力和养分。从新心性心理学的视角去理解,可以确定中国本土心性心理学探索的贡献:一是提供了透视人的心理的特定角度,这为全面深入地理解人的心理带来了可能。二是提供了解释人的心理行为的独特概念、理论和思想。其中有着多样的说明人的心理行为的内涵和意义，而这都是在长期生活实践中累积起来的。三是提供了揭示人的心理行为的非常独特的方式与方法。例如，中国文化中的儒家、道家和佛家都提供了心灵内省的途径，这不仅是心灵认识和理解自身的方式与方法，也是心灵改变和提升自身的方式与方法。四是提供了影响和干预人的心理行为的技术与手段。中国本土的心性心理学有其改变或提升心灵境界的手段和途径。

第四节　心理生活论纲

西方科学心理学一直将心理学的研究对象确定为心理现象。心理生活的探索则将心理学的研究对象确定为心理生活，这就必须改变研究者与研究对象的绝对分离，改变科学心理学现有的关于研究对象的分类标准和分类体系。中国的本土文化传统提供了独特的解说心理生活的心性学说。心理生活是基于人的心理的觉的性质，觉的活动是一种生成意义的活动，实际上就是一种创造性生成的活动。心理生活有其基本的内涵和体证方法。心理学的研究就在于揭示心理生活，引领心理生活，创造心理生活，提高心理生活的质量。

一、引言：研究对象的转换

现代科学心理学产生于西方的文化传统。心理学在成为独立的科学门类之后，就有了自己相对明确的研究对象和研究领域。西方的科学心理学把研究对象确定为心理现象，即心理学是研究心理现象的科学。但目前这种关于心理学研究对象的理解是否就是唯一正确和合理的，还值得进一步思考。随着心理科学的发展和进步，关于研究对象的理解也在不断深入和更加全面。[1][2] 心理学成为独立学科的时间很短，其对研究对象的认识

① 葛鲁嘉.心理文化论要——中西心理学传统跨文化解析[M].大连：辽宁师范大学出版社，1995：295-298.
② 郭本禹.当代心理学的新进展[M].济南：山东教育出版社，2003：184-185.

也并不合理和不完善。心理学独立后,就一直在向相对成熟的自然科学特别是物理学靠拢。如同自然科学对自然现象的理解和物理科学对物理现象的理解,心理科学把研究对象理解为心理现象。所谓的心理现象是建立在两个基本设定上的:研究者与研究对象的绝对分离,研究者仅仅是旁观者、观察者,是中立的、客观的;研究者必须通过感官来观察对象,而不能加入思想的臆断推测。实证的科学心理学关于心理现象的分类,分离了人的心理过程和个性心理,分离了智力因素和非智力因素。这种分类标准和分类体系,导致对人的心理的理解和干预,特别是对青少年心理的培养和教育,出现了严重的问题。这必然迫使科学心理学去重新理解关于研究对象的定位和分类。

中国的本土文化提供了对人的心理完全不同的理解。这就是本土的心性学说,就是本土的心性心理学,就是文化的心理学资源,就是新心性心理学创新的基础。新心性心理学把心理学的研究对象确立为心理生活。所谓的心理生活也是建立在两个基本设定上的:研究者与研究对象彼此统一;生活者通过心理本性的自觉来创造心理生活。心理生活的性质是觉解,方式为体悟,探索在体证,质量是基本。这说明心理生活就是自觉的活动,就是意识的觉知,就是自我的构筑。人的意识自觉能否成为心理学的研究对象,在心理学发展中一直是有争议的问题。中国心理学的创新发展有必要去重新理解和思考心理学的研究对象,以开拓心理学发展的新方向和新道路。心理学的变革就体现在,对研究对象的重新理解和定位,以及对研究方式的重新思考和确立。把心理学的研究对象从心理现象转向心理生活,是根源于本土文化的对研究对象的另类考察。

二、资源:本土的心性学说

中国本土的心理学资源就是心性学说。原有的中国心理学思想史的研究认为,中国本土文化中并没有产生出心理学,而只有一些散见于古代典籍或古代思想家言论中的心理学思想。这实际上是按照西方心理学的样式或标准来切割和筛选中国的文化。中国本土的心理学思想就成为西方心理学的一种历史佐证。其实,中国本土文化中也有自己的心理学传统。

中国古老和悠久的文化中蕴含的特定心理学传统就是心性学说。[①] 这也是一种非常重要的心理学资源。[②] 可以把体现在心性学说中的这种心理学称为心性心理学。[③] 这是中国本土文化中非常独特、特别重要的心理学理论贡献。中国本土的文化中有不同的心性学说，也是对心理的不同的解说。首先是儒家的心性学说。儒家学说的重心在于社会，或者在于个体与社会的关系。儒家强调的是仁道。仁道不是外在于人的存在，而是人心内在的存在。这是个体的本心，是人心的本性。个体的心灵活动就是扩展的活动，是对内心仁道的体认。只有觉悟仁道，践行仁道，就可以成为圣人。其次是道家的心性学说。道家学说的重心在于自然，或者在于个体与自然的关系。道家强调的是天道。天道也不是外在于人的存在，而潜在于个体的内心。个体可以通过扩展自己的心灵而体认天道，并循天道而达于自然而然的境界。再次是佛家的心性学说。佛家学说的重心在于人心，或者说在于个体与心灵的关系。佛家强调的是心道。心道对个体而言是潜在的，是人的本心。个体可以通过扩展自己的心灵而与本心相体认。

中国心理学在新世纪的发展并没有现成的路好走，而必须走自己的道路。在 21 世纪，对中国心理学的发展来说，只有创新，只有原始性创新，才能够使中国的心理学摆脱跟随、复制和模仿西方心理学的命运。其实，中国本土的心性学说或心性心理学有非常重要的学术价值。在不同的文化传统中，有不同的心理学传统。问题是怎样把不同文化中的这种心理学的传统转换成心理学创新的资源。[④] 这可以是在理论心理学的研究中去面对东方与西方的相遇，[⑤]也可以专注于考察亚洲文化对心理学的贡献。[⑥] 新心性心理学就是立足本土心性心理学资源的理论创新，所谓"新"，是对传统资源的理论创新，试图开辟中国心理学新的道路，新心性心理学有其基本的内涵和

① 葛鲁嘉.常识形态的心理学论评[J].安徽师范大学学报(人文社会科学版),2004(6)：715-716.
② 葛鲁嘉.中国心理学的科学化和本土化——中国心理学发展的跨世纪主题[J].吉林大学社会科学学报,2002(2)：5-15.
③ 葛鲁嘉.本土心性心理学对人格心理的独特探索[J].华中师范大学学报(人文社会科学版),2004(6)：125-130.
④ 葛鲁嘉,陈若莉.当代心理学发展的文化学转向[J].吉林大学社会科学学报,1999(5)：79-87.
⑤ Paranjpe, A. C. *Theoretical Psychology: The meeting of East and West*. New York：Plenum, 1984.
⑥ Paranjpe, A. C., Ho, D. Y. F., & Rieber, R. W. *Asian contributions to psychology*. New York：Praeger, 1988：79-108.

主张,在于对心理学研究对象的理解和对心理学研究方式的确立应有一个基本变化。新心性心理学在早期涉及三部分基本内容:心理文化、心理生活和心理环境。这三个部分的内容涉及心理学的学科基础、心理学的研究对象和心理学的环境背景。新心性心理学以探讨和揭示心理文化、心理生活和心理环境为目标,以开创和建立中国自己的心理学理论、方法和技术为己任,以推动和促进中国心理学的创新、发展和繁荣为宗旨。

三、觉解:心理生活的性质

实证的心理学现有对研究对象的分类可以说是研究性分类,而不是生活性分类。研究性分类系统是为了学术研究的方便对研究对象进行的分割。生活性分类系统则强调生活原态或生活本态,是按照生活的实际样式进行的分类。原有实证的心理学对心理的研究是对心理基础的研究。所谓的心理基础是指构成人的心理生活的基础,而不是人的心理生活本身。这包括对心理的生物基础、生理基础和社会基础的研究。新心性心理学对心理生活的考察则是对基础心理的研究。所谓的基础心理是指人的心理生活的本真样式,没有经过分解和还原。

人的心理行为作为心理学的研究对象,可以为心理学研究者的感官所把握或证实,这就如同自然科学的研究对象可以为自然科学研究者的感官所把握到一样。自然科学研究者的感官把握到的研究对象就是自然现象,心理科学研究者的感官把握到的心理行为就是心理现象。心理科学独立之后,就被确立为研究心理现象的科学。按照目前对心理学研究对象的理解,所谓心理现象包括心理过程和个性心理。两者的划分就在于心理过程相对不稳定和随时间流逝而变化,个性心理则相对稳定和较长时间不变。心理过程由认识过程、情感过程和意志过程构成。认识过程包括感觉、知觉、记忆、表象、思维、想象等。情感过程包括情绪和情感,如喜、怒、哀、乐、悲、恐、惊等情绪,如理智感、道德感和审美感等情感。意志过程则是指自觉确定目的并支配行动的心理过程,包括采取决定的阶段和执行决定的阶段。个性心理由个性倾向和个性差异构成。个性倾向包括需要、动机、兴趣、价值观和世界观等,个性差异则包括气质、性格、能力等方面的差异。

新心性心理学理解的心理生活是心与性一体的,其基本性质就是心理本性的自觉体验和创造。人不是自己心理被动的承载或呈现者,而是主动的创造和生成者。人的心理本性在于人的心理的觉的性质。觉是人的心理活动的基本特征。这就是人们日常语言中常说的觉悟。人的心理基本的存在方式就是有意识的存在,是意识的觉知和觉悟。这包括以外部事物为对象的觉知,也包括以个人自身为对象的觉悟。在人的心理生活中,觉的活动是生成意义的活动,也是创造构筑的活动。任何的觉悟都是对觉的对象的创造性把握。当说到要提高觉悟的时候,实际上也就是要增进对觉的对象的创造性把握的程度。人的生活是人的生存、发展和创造的过程。因为人不仅是自然的存在,而且是自觉的存在,所以人的生活也是自觉体验到的、自觉创造出的。心理生活是人的生活中的主导部分。这就是自主的含义。人会失去自主,成为环境或他人的奴隶,成为任人宰割和随波逐流的存在。但是,只要人意识到生存的状态,确立起生活的目标,施加了意志的努力,人就会成为自己生活的主导者。所以,心理生活是人的生活的核心内容和创造主宰。也许根本就无法理解没有心理生活的人的生活,人的生活都是由人的心理生活构造出来的。人的独特之处就在于,人能够体验和创造生活。

　　因为心理生活在人的实际生活中处于核心的地位,所以心理生活就应该成为心理科学关注的中心。其实,心理生活一直为人们所关注。这里的人们包括普通人、哲学家、宗教家、文学家、史学家等。心理科学诞生之后,为了使之成为科学,许多心理学研究者力求使其向相对成熟的自然科学看齐,这使得心理学把心理现象定位为研究对象,而放弃或忽略了心理生活的意义和价值。更重要的是,这使得人们已经习惯按西方心理学设立的标准来衡量和建设心理学。当放大研究的视野,特别是从中国本土文化的视角出发,对心理学研究的对象就会有完全不同的理解。因此,心理生活应该在心理科学中占有重要的位置,应该在当代人的生活中占有重要的地位。

四、体悟：心理生活的方式

　　个体的心理是完整的整体,也是自主的整体,这就是心理学的研究涉及的人格与自我。人格与自我都是指人的心理的整体特性。人格是相对于他人的心理特性,或是由他人观察到的心理行为特点。自我则是相对于自己的心理特性,或是由自己体察到的心理行为自身。个体心理作为整体的、自主的基本活动方式就是体悟。体悟是包含体察、体认、体念、体会、体验和体味的心理生活的最基本内涵。

体察和体认是人的心理生活的觉知和觉解。体察和体认的概念与西方心理学的认知概念有所不同。在西方实证心理学的研究中,所谓的认知仅仅是认识的过程,这种认识的过程是与情感的过程相分离的,也是与意向的过程相互分离的,这就使得在认知研究中最困难的就是考察和解释认知与情感、认知与意向的关系。体察和体认则与认知和认识有所不同。体察和体认没有区分也没有分离人的认知与情感,也没有分离人的认知与意向。体察和体认就是心灵的一体化的活动。这种一体化的体察和体认就是人的心理的存在方式。

体念和体会是人的心理生活的特性和特点。在人的心理生活中,体念和体会都是心理的意向活动,都是内隐的过程,都是无法直接观察的。实证心理学一直缺乏可行的方法去揭示心理的意向性,意向性就很少被涉及。尽管如此,意向性仍是解说人的心理生活的重要内容。意向性决定了心理生活的一体性。人的心理包含许多层面,但它们不是支离破碎的而是一体化的,使人的心理成为统一整体的,就是意向性。人的心理不是被动的,不是任由决定的,而具有自主性或主导性,这种自主性或主导性就是通过意向性实现的。心理的意向性最突出的体现就是人的信仰。人通过信仰理解和关注对象。实际上,缺少了信仰的生活是随波逐流的生活,是没有精神追求的生活。当然,信仰并不一定就是单一的,或人的意向并不就是指向单一的对象。人可以有不同的信仰,这不仅是对不同的人而言,也可以是对同一个人而言,这导致的就是信仰与信仰的内心冲突。意义是人的心理生活的基本追求,它最基本的心理单元就是观念。人通过观念来区分意义、组织意义、体察意义、把握意义和转递意义。人的心理意识活动是通过观念或依赖观念进行的。心理观念的来源:一是现实的事物,观念是有所指向的,观念是以心理的形态而容含现实的事物;二是心理的含义,即观念融入人的心理需求、心理特征、人格品性等。观念有双重的存在方式:一是个体心理内在的存在方式,是个体心理活动的基本构成部分;二是社会生活外在的存在方式,是个体现实生活的基本构成部分。这也可以概括为内化的方式和外化的方式。观念不是一成不变的,而是不断变化的。个体拥有的观念会随着个体的成长和变化而发生改变,文化拥有的观念也会随着历史的发展演变而发生改变。

体验和体味是人的心理生活的表现和实现。体验和体味指的是人的心理生活中的感受、感悟、觉解、觉悟、思想、思念、体察、体会等。在科学心理学的研究中,认知与情感、认知与意向是有区分的,这种区分为心理学的研究带来了方便,但也造成了对人的心理的分离的认识和干预。例如,对智力因素与非智力因素的划分,对智力因素的过度重视以及对非智力因素的忽视,都造成十分严重的社会后果。人的需求与情感是人的心理体验的重要构成,也是心理生活不可缺少的动力。其实,人的认识是附属于人的需要和情感的,或者是由人的需要和情感带动的。人的心理体验和体味具有即时的或当下的性质和特点。随着事过境迁,体验和体味也在流变。但是,人的体验和体味并不就是浮萍,而是可以扩展的,即可以变得更宽广、更深厚。体验和体味也是人的心理生活的基本评判。这也是价值的取向。价值可以是追求的目标,可以有超越的品性,所以人的心理成长是无止境的。人的生活是有价值追求的,人的心理是有价值定向的,但是,人的价值追求并不是随波逐流的,也不是随遇而安的,而是指向终极的目标或追求终极的价值。经验的追求是有形的,而形上的追求是无形的。价值就是形上的追求,就是意义的追求。这使人既有形下的生活,又有形上的向往。自我的成长是一个不断超越自我的进程。人的自我是一种当下的体验,但又不是局限于此的体验,而是一个寻求自我超越的历程。这种自我超越也是心灵的不断充实和不断扩展的历程。

五、体证：心理生活的探索

心理学的研究有其研究方法,科学心理学运用的方法就是科学的研究方法。但是,在特定科学观的限定下,所谓科学就是实证的或实验的科学。实证科学运用的是实证方法或实验方法。心理学成为独立科学门类之后,就力图以实证主义的科学观来衡量自己的科学性。这样,是否运用实证或实验方法,就成为心理学研究是否科学的一个根本尺度。但是,中国本土文化中的心理学运用的不是实验或实证的方法,而是体验或体证的方法。① 所谓体验或体证的方法,就是通过意识自觉直接体验自身心理,直接构筑自身心理。

西方的科学心理学是建立在研究者与研究对象的相互分离的基础之上的。相对于研究对象来说,研究者仅是毫不相干的旁观者。无论是价值无涉的立场还是价值中立的主张,都是西方科学心理学基本的研究出发点。中国本土心理学传统则强调的是统一性或一体化,是主观与客观的一体化,是主体与客体的一体化。这种对一体化的强调,重视的就不是旁观的认识和客观的方法,而是心灵的自觉和典范的引导,也就是身体力行和心灵超越。②

心理学对研究对象的原有定位必须进行重要的转换。这就要重新理解心理学研究对象的基本性质、核心特征和主要内涵。人的心灵的一个最基本特性就是其自觉性。觉是一个具有丰富内涵的概念。无论是普通人还是研究者,都对觉的使用习以为常了,如"感觉""知觉""自觉""觉悟""觉醒""警觉""觉察"等,但是研究常常只涉及"感""知""自"等,而忽视或放弃了"觉"。人的心理生活的一个核心特性就是创生性。其实,没有一成不变的心理意识,没有生来如此的心理行为。此外,人的心理意识也不是被外部推动的,即没有被动应答的心理行为。人的心理行为是通过意识觉知、觉解和构筑而自我创生的。创生性的另一说法就是自主性。当然,人的心理意识不是封闭的、孤立的,而是具有共生性,并与自己所处的环境,或与自己创造的环境具有共同的演变历程。

新心性心理学的研究会走出以实证方法为核心的困境。心理科学以往的研究追求的是客观性,即在研究中不能加入研究者主观的倾向,否则会歪曲或误解研究对象。但是,如果从共生的基础出发,心理学的研究就不能是追求客观性,而应该是追求真实性。尽管创造的历程是无中生有的历程,但它是真实的历程。在科学心理学的成长历程中,无论是方法的确立、理论的建构还是技术的发明,心理学追求的都是普遍性。心理学在历史上曾经极力排斥内省的方法,就是因为内省的私有化特性。中国本土心理学传统提

---

① 葛鲁嘉. 中国本土传统心理学的内省方式及其现代启示[J]. 吉林大学社会科学学报,1997(6):25-30.
② Varela, F. J., Thompson, E., & Rosch, E. *The embodied mind: Cognitive science and human experience.* Cambridge, MA: The MIT Press, 1991:122-123.

供的是独特的内省方法,是体悟的方法。这同样可以达到普遍性。这就是心灵自我超越的活动,是内心体道的过程,也是超越个体的私有性而达到普遍性的过程。心灵的体悟既是觉知的过程,也是构筑的过程。体悟不仅可以知晓、了解和把握内心的活动,也可以调节、改变和构筑内心的活动,所以体悟实际上是知行合一的内心活动。在原有的研究中,行只意味着外显的肢体行动或可见的身体活动。在新心性心理学的研究中,行是指人的意向或意动。正是心灵的体悟活动,构筑了人的内心生活,构成了人的内心世界,构想了人的生活目标,构造了人的生活现实。

心理学的应用就是运用心理学的技术、方法和理论通过对人的心理行为的干预或影响,以改变人的心理行为,提高人的心理生活的质量。但是,心理学的应用常常把心理学的对象看作是被动的,是被技术手段干预或影响的。其实,人的心理也是主动的、自主的,或者说人的心理是可以自我改变的,这就给心理学的应用提供了新的途径。心理学原有的应用是以干预者与被干预者的分离为前提的,或者说干预者与被干预者是有间隔的。心理生活的概念则消除了研究者与被研究者、干预者与被干预者之间的分离或间隔。觉知者与被觉知者、干预者与被干预者,都是一体的。同样,消除了间隔性,就没有主动者和被动者的区分。在原有的心理学应用中,研究者是主动的,而被研究者是被动的。一个是主动的干预者,而另一个是被动的被干预者。但是,心理生活强调的一体化则消除了被动者,也就消除了被动性。心理生活的承受者也是心理生活的构筑者,没有了干预者与被干预者的区分,人的生活包括人的心理生活的引领者就是生活的榜样。榜样可以成为人们模仿、学习和超越的对象。其实,人的心理生活的引导者不是外在的,而是自主的引导。当然,这种自主不是为所欲为,而是与环境的共同成长和发展。

六、目标:心理生活的质量

自从有了人,有了人的生活,有了人的意识,有了人的创造,就有了人的心理生活。人的心理生活是人创造的,是人体验的,是人拥有的。但是,人的心理生活不应该是盲目的,而应该是在科学的引导之下。人的心理生活也不应该是神秘的,而应该是在开明的引领之下。人的心理生活也不应该是抽象的理论条目,而应该是具体的现实过程。因此,科学地创造和揭示人的心理生活就是十分必要的、非常重要的。把人的心理生活导向自觉、导向开明和导向具体,就是要追求心理生活的质量。这是新心性心理学的根本目标。

其一,从盲目到自觉。科学研究使人的心理生活从盲目走向自觉。盲目的心理生活是缺少光明和没有质量的,科学则给心理生活带来自觉或觉悟。自觉的人生和觉悟的生活是充满光明的人生和生活。当然,这种自觉和觉悟应该是科学的研究带来的,而不是蒙昧和无知的信仰带来的。因此,心理生活的质量实际上是由科学引导的人的心理生活的自觉决定的。没有自觉的、十分盲目的心理生活不可能是有质量的心理生活,可以说,只有通过科学地揭示人的心理生活,才能给提高人的心理生活的质量带来可能。原有的西方实证心理学的研究遗留了很多的空白和盲区,由于理论原则的引导和研究方法的问题,使所谓科学心理学的研究无力或无法去探索人的日常心理生活。这无疑使心理学的研究很容易沦为象牙塔中的摆设。对心理生活的探索是使人的心理生活达到科学自觉的根本途径。高质量的心理生活必然是达到科学自觉的生活。

其二,从神秘到开明。科学的研究给人的生活带来的最重要变化,就是使人的生活从神秘走向开明。对人的心理生活的了解,如果没有科学的介入和参与,那就常常会是神秘的。许多外在于人的事物是人能够直接把握到的,但人的内在心理生活却常常无法被客观地把握到,这成为个体最隐秘的部分,成为人们最难了解的部分,从而也就成为人的生活中最神秘的存在。但是,只要通过对人的心理生活的科学研究和探索,就可以更加全面深入地了解和掌握人的心理生活,从而使人的心理生活更加开明。只有开明的心理生活,才有可能是高质量的心理生活。

其三,从抽象到具体。人们并不缺少对心理生活的直观和抽象的认识和理解。西方心理学的研究也常有对人的心理行为的抽象考察。但是,问题在于怎么能够使对人的心理生活的了解和理解从抽象走向具体。科学的研究或理论的研究是一种抽象的过程。心理学的研究就是通过抽象的方式和通过理念的形式来描述、说明、解释和重现人的生活或心理生活。但是,这种科学的抽象还是科学家观念中的东西,还有必要回到现实生活之中,成为人的实际生活的内容和形式。这也就是具体化的过程。对心理生活的考察，就是试图使心理学的研究进入到人的内心生活中，使之能够具体化为人的心理生活现实。只有心理学的研究具体化到人的心理生活现实，才能够使心理学生活的质量得到提高。

心理生活是人的生活，人的生活是要讲求质量的。在我国现代社会生活中，人们已经开始寻求物质生活的质量，而且在某种程度上已经达到或实现一定水平的物质生活质量。但是，伴随着这个进程，心理生活的质量就开始凸显出来。或者说，心理生活的水平和质量也已经在开始制约着现有的生活质量。目前更重要的问题就是，要进一步地持续不断地提高心理生活的质量。换句话说，物质生活的质量应该与心理生活的质量相匹配。

人的心理生活有质量的差异或质量的高低。较低的心理生活质量会使物质生活质量受到制约和局限，反过来，较高的物质生活质量应该带动或推动心理生活质量的提升，因此人的心理生活必须讲求质量。当心理学的研究涉及人的心理生活时，这不仅是个体的或孤立的心理生活，人的心理生活也具有类的属性，所以，要理解个体的心理生活，就必须理解人类的心理生活；要提高个体心理生活的质量，也必须提高社会群体或社会整体的心理生活的质量。同样，要想使社会整体的心理生活质量得到提升，就应该大力促进物质生活质量与心理生活质量的匹配。人的心理生活是在心性基础上生成的，没有脱离心性的人的心理生活。要想理解人的心理生活，就必须理解人的心性。西方的实证心理学研究曾经是分离性地理解人的心理，这包括研究者与研究对象的分离，研究对象中的心理行为与其所处环境的分离。但可以肯定的是，人的心理生活是发生、融贯在社会、文化和历史之中的。[1] 人的自我、人的认知、情感和动机，都是与文化相吻合的。[2] 文化心理学的研究也会通过特定的方法或质化的方法来进行。[3] 在文化心理学的研究中，通过文化的思考就是文化心理学的探索。[4] 因此，可以通过社会、

[1] Cole, M. *Cultural psychology*. Cambridge, MA: Harvard University Press, 1998: 1-7.
[2] Markus, H. R. & Kitayama, S. Culture and the self: Implications for cognition, emotion and motivation. *Psychological Review*, 1991(2): 224-253.
[3] Ratner, C. *Cultural psychology and qualitative methodology*. New York: Plenum Press, 1997: 59-63.
[4] Shweder, R. A. *Thinking through cultures: Expeditions in cultural psychology*. Cambridge, MA: Harvard University Press, 1991: 73-110.

文化和历史来理解人的心理生活，也可以通过人的心理生活来理解社会、文化和历史。

第五节　心理环境论说

环境是心理学研究中的重要内容。心理学家常常把环境理解为外在于人的存在，是客观的、独立的、自然的。对于心理、意识、自我意识的存在来说，环境不仅是物理意义的、生物意义的和社会意义的，而且是心理意义的。心理环境就是被觉知到、被理解为、被把握成、被创造出的环境。心理环境对人来说是最切近的环境。这种环境超出物理、生物和社会意义上的环境。环境决定论和心理决定论都无法真正揭示人的心理发展的实际过程。从心理环境去理解，环境的演变就是属人的过程，是人对环境的把握、人对环境的作为、人对环境的创造。环境与心理是共生的过程。这不仅是环境决定或塑造了人的心理，而且是心理理解或创造了人的环境。心理与环境的这种共生关系，就是中国文化传统中的天人合一。

一、概念的确立

环境历来是心理学家关注的研究内容。心理学研究者在涉及人的心理行为时，总是要考虑影响人的心理行为的环境因素。心理学研究中涉及的环境常常是被弱化了的环境，仅仅是与具体的心理行为相关联的情境。[1][2]在心理学的发展历史或历程中，虽然心理学家对环境的性质、构成、作用等有不同的理解，但基本上都把环境理解为外在于人或外在于人的心理的存在。相对于人的心理行为而言，环境是外在的、客观的、独立的、自然的和不可抗拒的。相对于这样的环境而言，人的心理行为则只能是内在的、主观的、被动的、受制的和十分渺小的。但是，随着心理学研究的发展和深入，也有研究者开始意识到上述理解的不足和缺陷。

---

[1]　谷传华,张文新. 情境的心理学内涵探微[J]. 山东师范大学学报(人文社会科学版),2003(5):99-102.
[2]　王亚南. 情境心理学的若干问题[J]. 心理学动态,1996(4):34-38.

完形心理学或格式塔心理学就对环境作出了新的理解,但是对环境的这种理解并没有给心理学带来根本性的变化。随着完形心理学的衰落,这种理解也就变成"化石",被埋藏在历史的矿藏中。今天重新挖掘这一矿藏,会使之成为心理学发展的有益资源。完形心理学家提供了一个典故,正好说明了对环境完全不同的理解和环境对人的实际作用。这个典故说的是在冬天,天下过了雪,四处白茫茫的。一个人经长途跋涉来到一片平坦的雪原上。当他吃力地走过雪原来到一户人家时,那家人非常惊讶,问他是从哪里走过来的。跋涉者说,我是从这片覆盖着雪的大草原上走过来的。那家人告诉他,这并不是什么大草原,而是康斯坦丁湖。跋涉者听完极度惊恐,突然倒地身亡。[①] 这个典故说明许多对心理学来说是非常重要的道理,那就是如何理解人,如何理解人的心理,如何理解人的生存发展,如何理解人的生存发展的环境,如何理解环境与人的心理行为的关系,等等。

完形心理学是西方心理学的一个重要派别,在西方心理学的发展史上占有十分重要的地位。完形心理学强调集合的整体而不是分离的部分,强调主动的理解而不是被动的反应,这给心理学研究带来了新的视角。在完形心理学产生之前和产生的同期,心理学研究盛行分析的、元素的观点和立场。这种观点和立场总是把人的心理分解成为最小的基本元素,然后寻找基本元素合成的规律。完形心理学则强调整体大于部分之和,或者说整体具有了新的性质。这在一个非常重要的层面上揭示人的心理的基本特性。完形心理学区分了物理环境与心理环境,[②]认为物理环境是独立于人而存在的自在的环境,而心理环境则是被人觉知和理解的环境。这种心理环境会对人的心理行为产生十分重要的影响。

对心理学研究来说,如何理解环境,决定了如何理解人的心理行为和人的生存发展。对人来说,物理环境仅仅是外在的、间接的,只有心理环境才是内在的、直接的。心理学研究应该重视环境因素对人的心理行为的作用和影响,人的心理行为显然不是孤立的存在,也不是封闭的存在。但是,在心理学的发展历史中,心理学家却很少去系统深入地考察和分析环境,也很

① 勒温. 拓扑心理学[M]. 竺培梁,译. 杭州:浙江教育出版社,1997:63.
② 葛鲁嘉. 心理文化论要——中西心理学传统跨文化解析[M]. 大连:辽宁师范大学出版社,1995:296-297.

少去全面透彻地理解和解释环境。也许,心理学直接面对的是人的心理行为,环境并不是心理学应该关注的内容。但是,随着心理学的成熟和发展,随着对人的心理行为的了解和理解的深入细致,心理学的研究领域也在扩展和放大。对环境的理解和解释也就必然要发生变化。因此,有必要对环境进行重新的思考和全新的理解,有必要对环境进行心理的理解,提出或建构一个重要的心理学概念——心理环境,就成为必然。

二、环境的含义

心理学对人的心理行为的研究显然要涉及人的心理行为所处的环境。怎样对待环境的影响对心理学家来说十分重要,怎样理解环境的含义对心理学家来说同样也十分重要。

环境在通常意义上被理解为物理环境,或者说是物理意义上的环境,是指物理的存在、物理的刺激。物理环境是可见的、直接的,它成为心理学家最关注的对象,甚至成为环境的唯一的含义。许多心理学研究中涉及的环境因素就是指物理环境。物理环境仅仅是最基础意义上的环境。涉及心理行为,就必然要涉及有机体,也就是生物意义上的存在。那么,与生物有机体直接相联系的环境并不是物理意义上的环境,而是生物意义上的环境。生物意义上的环境是直接关系到有机体生存和发展的环境,或者说对于生物有机体来说具有最直接生物学意义的环境。例如,食物对生物有机体来说,就不仅只具有物理意义,或是物理的存在,而且还具有生物意义,或是生物的存在。在心理学研究中,有许多研究者把人理解为生物意义上的存在,进而涉及与生物有机体有关的环境就是生物环境。生物环境是对生物有机体来说的环境。对于心理的存在、意识的存在,特别是对于自我意识的存在来说,环境不仅是生物意义上的,而且是社会意义和文化意义上的。人是社会和文化中的存在,是人构建了社会现实和文化历史,这又反过来决定着人的心理生活。环境不仅是社会和文化意义上的,而且是心理意义上的。这就是所谓的心理环境,也就是被人的心理觉知到的、被人的心理理解到的、被人的心理创造出的、被人的心理把握到的环境。心理环境对人来说是最切近的环境,这种环境已经超出物理意义和生物意义上的环境。心理环境对人的影响是最直接的。人可以在心理上分离出自己所处的环境,并针对这样的环境调整或调节自己的心理行为。所以说，意识觉知到的或自我意识到的环境是人构造出来的环境。当然，心理环境加入了人的创造性活动，这就使得心理环境的含义远远超出物理、生物和社会环境的界限。人的创造性活动主要体现在两个方面：意识的创造性构想，可以突破环境的限制；意识支配下的创造性行为，可以实际改变物理环境或生物环境。

人的心理并不是一成不变的，而是不断发展变化的。心理变化也不是凌乱纷杂的，而是系统有序的。能够说明这种系统和有序变化的术语是成长或心理的成长。与心理成长相关联的另一个重要的心理学术语是心理扩展或心理丰满。这也就是说，人的心理发展是没有止境的，不断地成长就是不断地扩展或不断地丰满，所以心理的成长是终身的。心理学的原有研究对心理发展的理解是有很大缺陷的。一个缺陷是仅仅把发展理解为在个体的早期就完成的，是伴随着个体的机体发育过程而进行的，当个体完成机体的发育，心理的发展就停止了。现在的研究已开始强调一生的发展。再一个缺陷是把发展理解为个体的发展，而将其与人类文化、人类社会和人类群体的发展分离开来，没有将其看作是一个共同的过程。

心理成长在某种意义上都是环境影响的结果。心理行为不是在真空中存在的，也不是随心所欲的结果。环境对于人或者人的心理行为来说，具有决定性的意义。但在心理学的研究中，如何理解环境的含义，如何确定环境的作用，研究者的看法十分不同。在心理学发展史上，既有环境决定论的观点，认为只有理解环境的作用，才可以理解心理的发展变化；也有自主决定论的观点，认为心理是自主发展的，是自我决定的。

心理学的研究对象是人的心理行为。相对于人的心理行为，环境只是外在的影响或干预。问题在于，人们已经习惯于把环境看作是外在干预，是不依人的意志为转移的客观力量。那么，环境就成为异己的力量，成为强加于人的奴役，是无法摆脱的神谕。环境就是天意，就是强权，人的心理行为就是环境任意所为的对象。

把人的心理行为与环境的影响作用分裂开来，显然不利于对环境的合理理解，无法完整地理解环境的内涵和作用。应该把环境与心理理解为一种交互作用的过程。这种交互作用既是环境对人的心理的影响，也是人作用于环境的结果。如果进一步去分析，就会发现，这种交互作用实际上就是一体化的过程,即共同生长的历程,也就是任何一方的演变或发展,都会带来另一方的演变或发展。心理环境的概念就是对这种共生历程的最好描述。

三、心理的建构

对心理学的研究对象,研究者已经习惯的定义是人的心理现象或人的心理行为。[①] 这样的定义建立在两个基本假设的基础上:研究者与研究对象的绝对分离;研究者的感官获取的经验是最基础的资料。这两个假设忽略了一个最重要的事实,那就是人的心理具有觉的特性,即人们在日常生活中常常涉及的,如"觉知""自觉""觉悟",等等。所谓觉,表明意识者与意识对象不是绝对分离的,而是相对分离的。这不是以感官获取的经验为基本,而是意识对自身的把握,是超越感官限制的意识的自我提升。[②]

觉的活动使人的意识成为有指向的活动。意识的自觉指向就是人的目标,意识正是围绕着目标被组织起来的,进而人的行为也是围绕着目标被组织起来的。因此,人的生活是自主创造的,而生活创造指向的就是生活的目标。其实,人的生活的最基本性质就是具有目标,只有设立了目标的生活才是人的生活。意识活动的一个重要特征在于其目的性。意识的觉悟就是指在目标形成之后,人通过目标来确定自己活动的意义。

围绕着生活目标组织起来的心理生活是具有生活意义的,生活意义是超出物的含义的心理预期的结果,所以人的生活无法以物的累加来说明,只能通过意义的有无和大小来说明。人的生活是追求意义的生活,没有意义的生活是人无法忍受的生活。可以说,人是意义的创造者,也是意义的追求者。追问生活的意义不仅是哲学家的作为,也是普通人的作为。

任何心理活动都直接造成一种心理后果,而心理后果直接改变人的心理生活,包括心理生活的内容和性质等。对心理生活来说,最重要的改变是对心理意义的改变。意义的改变虽不会改变客观的或现实的环境,但却可

---

① 葛鲁嘉. 心理文化论要——中西心理学传统跨文化解析[M]. 大连:辽宁师范大学出版社,1995: 296 - 297.

② Varela, F. J., Thompson, E., & Rosch, E. *The embodied mind: Cognitive science and human experience*. Cambridge, MA: The MIT Press, 1991: 23 - 26.

以改变人对环境的理解和把握。

人的心理的一个重要性质就是创造性。当然,这种创造性并不是随心所欲、凭空妄为的,而是有前提的,它体现在客观性和自主性两个重要方面。创造的生成体现在物理世界和心理生活的改变这两个方面。对于人来说,无论是物理世界的改变还是心理生活的改变,都是一枚硬币的两面。创造的生活就是人的心理生活,这可以体现为物质生活的丰富,但物质生活的丰富最终应落实为心理生活的丰满。个体创造的汇集就构成历史。历史既是过去的累积,也是未来的走向。人并不是生活在片段的、零碎的、偶然的延伸之中,而是生活在连续的、完整的、必然的延伸之中。所以,人是历史的存在,人必然融于自己创造的历史之中。

社会是人的共同体,是通过人与人之间的互动而构成的整体。如何理解这个整体,如何理解这个整体的性质、内涵、构成等,是非常重要的。社会可以是指社会制度、社会形态、社会分工,也可以是指社会意识、社会心理等。任何社会都是一个演变和发展的过程,社会作为共同体会成为个人生活的塑造者。生活在社会中的人不可能脱离开社会的影响。社会不仅是个体生活的背景和依据,而且是个体生活的方式和内容。

在社会生活中,正是人际互动构成大于个体的新的整体。从社会心理学角度来看,人际互动就是人与人之间的相互作用和相互影响的过程。这种互动包括观念的交流、情感的联结、行为的对应。正是在人际互动的过程中,人与人之间结成特定的关系。所谓人际关系就是人与人之间的关联性,这包括不同的层面,如社会层面就是所谓的社会关系,社会关系包括血缘关系、经济关系、法律关系、契约关系等。人际心理与个人心理不同。当然,他人的存在可以有完全不同的含义。他人的存在可以是真实的存在,也可以是观念的存在,也可以是虚拟的存在。无论是什么样的存在,他人的存在都会对个人心理产生重要影响。

人是独特的存在者,这种独特性就在于人有自觉性、自主性和自为性。人不仅可以设定自己的目标和远景,而且可以确定达成目标的手段和通路。人既可以决定自己实现目标的努力程度,也可以随时调整自己完成任务的策略。当然,自为并不是随心所欲,为所欲为。任何自为都应该是合乎条件、合乎道理、合乎规律的作为。自为实际上是生成的过程、创造的过程,而且由于其受到限制,所以只能是循序渐进的生成和创造的过程。自为是对自发的发展。自发是盲目随意的、无所作为的,而自为则是目标明确的、有所作为的。个体从自发到自为的发展,是他最重要的心理成长。

人生并不仅仅是物理意义、生物意义或社会意义上的,在很大层面上,人生也是心理意义上的。任何一个人既是一个个体的生命,同时也是一个种族的生命,这就是所谓的性命和使命的含义。生命的最直接含义是个人或个体的生存,这是人的最现实的形态。在西方和中国文化中,对个体存在的指称是不同的。在西方文化中,个体是以心来划分的。在中国文化中,个体则是以身来划分的。个体的生命是有限的、短暂的,但个体的生命却可以与种族的延续关联在一起,这就使个体的生命成为无限的、永恒的。其实,种族的延续是个体汇聚的过程,而个体的发展不过是种族历史的重演。

环境决定论和心理决定论都认为人的心理行为是发展变化的。环境决定论认为,环境是外在于人的、强加于人的存在。人的心理行为是被环境决定和塑造的。对环境的这种理解使心理发展成为被动和役使的过程。心理决定论把心理发展看作是完全自为和自主的过程,这样环境就成为十分多余、无足轻重的存在。人的心理发展就变成任意妄为、没有任何限制的过程。无论是把环境看作是主导的环境决定论,还是把人自己看作是主导的心理决定论,都无法真正理解人的心理的发展,无法真正揭示人的心理发展的实际过程。其实,人的环境与人的心理是一个共生的过程。这种共生过程不仅是环境决定或塑造了人的心理,而且是人理解或创造了他的环境。任何单一的理解,都会带来对环境和心理的片面理解。环境并不是完全独立于人的存在。同样,人也不可能是独立于环境的存在。人与环境应该是协同发展的。有了环境,才有依附于环境的人的心理行为;同样,有了人的心理行为,才有归属于人的生活环境。

四、共生的关系

环境与人的关系是共生的关系。按中国文化传统的理解,共生就是天人合一。天人合一是指,天与人不仅在根源上是一体的,而且在发展中也是一体的。这里的天不是指自然意义上的天，也不是指宗教意义上的天，而是指生活意义上的道理或规律。天道则是指自然演化过程中、生物进化过程中、人类实践过程中的规律。这里的人也不是指自然意义和生物意义上的人，而是指创造意义上的人。所谓天人合一，就是指人的心理行为与人的生活环境的共生关系。如果单纯说环境创造了人，这是不完整的。同样，单纯说人创造了环境，那也是不完整的。

人的生活实际上是寻找和追求意义的生活。对意义的理解、把握和创造，就是人的心理生活。人的心理生活建立在人的意识觉知的基础之上，形成和发展于生存的体验和生活的创造，或者说是对生活意义的体验和创造。文化就是意义的体现。文化心理学的研究就直接涉及文化体现的意义及其对人的心理的影响。①②③ 本土心理学的探索，正在于揭示特定的文化心理。④⑤

人的心理与人的环境的关系，根本在于适应和创造。没有人的心理对环境的适应，就没有人的正常的心理生活。同样，没有人的心理对环境的创造，也就没有人的合意的心理生活。心理对环境的适应就是人改变自己的心理行为，来适合环境的条件，达到环境的要求。心理对环境的创造则是人在心理中建构了环境，人在现实中改造了环境。人可以通过改变自己的现实境遇，来把握自己的命运，确立自己的未来。

目前，在心理学研究中出现的生态学取向，已经成为心理学研究一种非常重要的方法论。⑥ 生态心理学旨在重新认识和理解人类心理与生态环境的关系。它是一门环境哲学、生态学和心理学的交叉学科。⑦ 生态学的兴起，生态学方法论的贯彻，生态学基本原则在心理学研究中的体现，使人们对环境的理解、对人的理解、对人的心理的理解、对环境与人的关系的理解、

① Cole, M. *Cultural psychology*. Cambridge, MA：Harvard University Press, 1998：5-6.
② Ratner, C. *Cultural psychology and qualitative methodology*. New York：Plenum Press, 1997：11.
③ Shweder, R. A. *Thinking through cultures: Expeditions in cultural psychology*. Cambridge, MA：Harvard University Press, 1991：59.
④ 葛鲁嘉. 中国心理学的科学化与本土化——中国心理学发展的跨世纪主题[J]. 吉林大学社会科学学报, 2002(2)：5-15.
⑤ 葛鲁嘉, 陈若莉. 当代心理学发展的文化学转向[J]. 吉林大学社会科学学报, 1999(5)：79-87.
⑥ 易芳, 郭本禹. 心理学研究的生态学取向[J]. 江西社会科学, 2003(11)：46-48.
⑦ 刘婷, 陈红兵. 生态心理学研究述评[J]. 东北大学学报(社会科学版), 2002(2)：83-85.

对心理与环境的关系的理解等,都发生了重要转折。生态学研究视角是从共生方面来考察、认识和理解环境、社会、人类、生活、心理、行为等。生态学方法是以共生的观点、手段和技术来考察、探讨和干预生活世界、生活过程和生活内容。可以说,生态学方法既是解说的方式和方法,也是考察的方式和方法,还是干预的方式和方法。当然,生态环境与心理环境并不是等同的概念。生态环境是指现实中的环境,而心理环境则是指心理中的环境。生态学方法论为理解心理与环境的关系提供了全新的视角。

生态学视角或生态学方法最核心的含义就是同生、共生,就是普惠、互惠。同生和共生不仅是指共同生存或共同依赖的生存,而且是指共同发展或共同促进的发展。普惠和互惠不仅是指互相弥补和互相支撑的弥补,而且是指互为前提和互为条件的成长。这就为重新理解心理与环境的关系提供了方法论的前提。其实,心理与环境就是共生的关系,这也就是中国文化传统中的天人合一。

生态学的出现不仅是一个新的学科的诞生,而且是一种新的思考方式的形成。这种思考方式突破了传统上分离的、孤立的、隔绝的思考,建立了一种联结的、共生的、和谐的思考。这种思考方式不仅带来对事物理解上的变化,而且带来研究者的眼界和胸怀的扩展。其实,生态学的含义不仅是指生物学意义上的,而且包含着文化学、社会学和心理学的意义。当然,生态学的含义在一开始的时候,更多地是在生物学意义上的理解,只是随着生态学的进步和发展,其意义才开始扩展到其他的学科领域,才开始进入到人类生活的各个方面。正因为有了生态的含义,才使得科学的研究和思考有了更宽广的域界。

对人的心理与人的环境的关系的考察,对人的心理环境的性质、内涵、功能的探讨,是新心性心理学的理论创新的一个十分重要的构成部分。新心性心理学是中国本土心理学新世纪发展的创新性构想。[①] 最早提出的新心性心理学包含着心理文化论要、心理生活论纲和心理环境论说三个基本的理论构成部分,后来扩展的新心性心理学则最终包含六个基本的理论构

---

① 葛鲁嘉. 新心性心理学的理论建构——中国本土心理学理论创新的一种新世纪的选择[J]. 吉林大学社会科学学报,2005(5):140-149.

成部分,这就是心理资源论析、心理文化论要、心理生活论纲、心理环境论说、心理成长论本、心理科学论总。可以说,无论是心理资源、心理文化、心理生活、心理环境、心理成长和心理科学,都是理解人类心理和心理科学,或者创新性地理解人类心理和心理科学的最重要的内容领域。

第六节　心理成长论本

心理成长的概念是对心理发展的概念的超越。发展心理学提供了关于人的心理发展的学说,但发展心理学的研究一直存在重要的缺失。用心理成长概念去替代心理发展概念应该成为考察人的心理行为的一个重要的理论转换,新心性心理学则实现了这一重大的研究范式的转换。这种范式转换包括:将着重生物和生理转向着重心理和心性,将着重成熟和发展转向着重成长和提升,将强调心理的直线发展转向全面扩展,将强调心理的平面扩展转向纵向提升。心理成长不是孤立的,它与心理资源、心理文化、心理生活、心理环境和心理生成有着重要的关联。人的存在、人的生活、人的心理、人的成长等,可以从个体、群体、民族、社会和文化五个层面来考察。

一、从心理发展迈向心理成长

对心理成长的学术理解是对心理发展的学术理解的超越。以心理成长概念代替心理发展概念,标志着从发展心理学到成长心理学的一个根本性转变。发展心理学本身就经历了一个发展和演进的过程。发展心理学在自己的发展历程初期,主要关注和探讨个体早期心理的发生和发展。因此,早期的发展心理学也被称为儿童心理学。通常认为,人类个体的心理发展是伴随着青春期的结束而完成的。发展心理学确立的研究内容也就仅仅局限在婴幼儿和青少年的心理发展。按照传统的理解,在进入中年期之后,人类个体的心理就体现为停滞和衰退。但是,随着发展心理学的发展,其研究视野开始扩展到个体生命的全程,开始把心理发展看作是贯穿个体完整生命的历程。这就是毕生发展心理学的出现。

　　毕生发展心理学有着自己产生与发展的历程。有研究者指出,从 20 世纪 80 年代以来,毕生发展心理学主要有两种命名:生命全程或毕生发展心理学;人类发展或人类毕生发展心理学。不同的学者对毕生发展心理学研究的侧重各有不同,目前主要涉及四个方面:关于毕生发展方法论的研究;关于认知毕生发展的研究;关于成熟和老化的研究;关于干预问题的毕生发展研究。[①] 从相关研究来看,越来越多的毕生发展的研究改变了过去"进步是发展的唯一特征"的观点,揭示发展是得与失同时发生的变化机制。在生命过程各个时刻的发展都是生长(获得)与衰退(丧失)特征联合表现的结果。生命的任何一个发展性进步都既显示新适应能力的出现,同时也包含过去存在能力的丧失。在整个的生命进程中,得与失的强度并不完全相同,这会随着年龄的增长而有所变化:早期得多于失,后期则失多于得。[②] 有研究者指出,所谓毕生发展心理学,是关于从孕育到死亡的整个生命过程中行为的成长、稳定和变化的研究。毕生发展心理学的核心假设是个体心理和行为的发展并没有到成年期就结束,而是扩展到整个生命过程。[③④] 毕生发展心理学的研究目的是要获得三方面知识,即毕生发展一般性规律的知识、个体发展差异性的知识和个体发展可塑性的知识。

　　个体毕生发展的总体框架是生物和文化共同进化的结构。研究者强调,人的行为是生物的、基因的、社会的、文化的过程与条件共同建构的结果。这一总体框架是毕生发展理论的第一个层次,其中包括三个基本原理。这三个原理从总体上描述了生物和文化在一生中的动力学关系。第一个原理是进化选择的优势随年龄增长而衰退。第二个原理是对于文化的需求随年龄增长而增长。这有两层含义:一方面,不管是身体还是心理,个体要达到更高的功能水平,就必须拥有更丰富的文化资源;另一方面,随年龄的增长,生物功能下降,就需要文化资源来补偿,以产生和维持高水平的功能。第三个原理是文化效能随年龄增加而下降。这一方面是由于生物潜能随年龄增加而衰退,另一方面的原因是类似于学习的曲线或专长的习得。在学

① 任真,桑标. 毕生发展心理学的新进展[J]. 心理科学,2003(4):634-637.
② 张卫. 毕生发展心理学的产生与发展[J]. 华南师范大学学报(社会科学版),1996(4):35-40.
③ 郭卿. 青少年的心理发展:一种生命历程的观点[J]. 社会心理科学,2007(1,2):534-538.
④ 包蕾萍,桑标. 习俗还是发生:生命历程理论视角下的毕生发展[J]. 华东师范大学学报(教育科学版),2006(1):49-55.

习的后期,要达到更高的功能水平,就需要更多的努力和更高的技术。因此,随着年龄的增加,文化的补偿性和个体的可塑性会下降。①

在人的毕生发展中,存在个体发展的三个目标,即成长、保持和调整。②成长是指个体达到更高的功能水平或适应能力;保持是指个体面对新的挑战或潜在损失,维持或恢复正常的功能水平;调整则是指个体因为丧失而无法维持或恢复现有功能,并在较低水平上组织相关功能。在这一理论中,成功的发展被看成是同时获得期望的目标或结果最大化,或丧失不期望的目标或结果最小化,是选择、优化和补偿三个过程交互作用的结果。毕生发展理论的应用性,主要依赖于其关于个体发展整体蓝图的理论观点与关于个体发展的功能、过程和年龄段的微观研究的相符程度。在新近的毕生发展理论研究中,发展并不是建立在生理成熟概念基础上的线性、单维和单向的成长,而是一个多维度、多功能和动态性的系统,强调发展是选择性的适应,即适应能力是随年龄的选择性而变化的。

尽管毕生发展心理学是发展心理学研究的重大变革和进步,但其仍然遗留有研究的关键缺失和不足。毕生发展心理学仍然偏重关注人的生物或生理的改变,而不是人的心理或心性的成长;仍然偏重关注心理的单一功能的变化和发展,而不是心理的关联内容的延伸和扩展;仍然偏重关注心理成熟的目的和目标,而不是心理成长的提升和进程;仍然偏重关注心理本身的演变和演进,而不是心理成长的多样化关联和多层面体现;仍然偏重关注心理的适应性和孤立性的变化,而不是心理成长的创造性和共生性的历程。发展心理学的研究本身也许无法解决或摆脱目前的困境,这就需要重大的学术研究转向和关键的研究范式转换。从心理发展的研究到心理成长的研究的转向,从发展心理学到成长心理学的学术转换,就是立足新心性心理学研究范式的重大、关键的转向和转换。

二、超越心理发展的心理成长

心理成长的概念是对心理发展的概念进行的超越。发展心理学虽然提

① 侯春在.基于文化适应的解释:儿童心理发展的成长论观点[J].教育理论与实践,2005(12):57-60.
② 桑标.描述心理发展的三种途径[J].华东师范大学学报(教育科学版),1997(1):48-53.

供了关于人的心理发展的学说,但是其研究一直就存在重要的缺失。补足这些缺失是发展心理学未来发展的重要学术任务。发展心理学对于人的心理发展的研究主要关注这样几方面:人的早期心理发展,特别是婴幼儿期的心理发展;伴随着身体发育和生理成熟的心理发展;人的分离的认知发展、情感发展、意志发展、个性发展等;个体的心理发生和发展;生物本能和社会环境的决定作用;等等。尽管发展心理学的进步正在逐渐地完善着自己的研究,但是,如何更好地解释人的心理变化和扩展,成为心理学研究非常重要和关键的核心问题。如何才能突破现有的心理发展的研究,特别是在理论框架上重构关于人的心理变化的解说,这已经成为心理学研究至关重要的课题。其实,这一问题的本质就在于:如何才能超越心理发展的概念、理论和研究?可以说,用心理成长的概念去替代心理发展的概念,是实现这一超越的关键所在,这也成为心理学家考察人的心理行为的一个重要的理论范式的转换。

新心性心理学实现了这一重大的理论范式的转换。这种理论范式的转换包括:将着重生物和生理转向着重心理和心性;将着重成熟和发展转向着重成长和提升;将强调心理的直线发展转向强调全面扩展;将强调心理的平面扩展转向强调纵向提升。心理成长的概念涉及心理成长的基础、过程、目标和阻滞。心理成长有着特定的文化内涵、文化创造、文化思想、文化方式和文化源流。心理成长与心理文化的关系就在于探究心理成长的心理文化资源、心理文化差异、心理文化沟通和心理文化促进。心理成长与心理生活的关系就在于考察人的心理生活的含义、扩展和丰富。心理成长与心理环境的关系就在于探索人的心理环境的含义、建构和影响。心理成长与心理资源的关系就在于挖掘心理资源的含义、构成和价值。实际上,心理成长就是心理生成的过程,是生成的存在,是创造的生成。心理成长既关系到个体的心理成长,是个体生活的建构,是心理生活的建构;心理成长也关系到群体的心理成长,是群体的共同成长,是群体的心理互动,是群体的心理关系,是群体的成长方式;心理成长也关系到人类的心理成长,是种族的心理,是民族的成长,是心理的成熟,是生活的质量。

阐释心理成长将会面临如何理解生理与心理的关系问题。这是心理学研究无法回避的研究课题,也是考察和探讨心理成长必须面对的问题。生理与心理的关系是心理学研究中或心理发展研究中最古老的、最重大的和最核心的问题。当然,在心理学的长期发展和传统研究中,所谓生理与心理的关系,也就是心理学研究中的机体与心灵的关系。①② 有关心与身的理论主要有心身平行论、心身交感论和心身同一论。③ 从心理发展转换到心理成长,也是从直线式发展转换为扩展式成长。目前,就流行着所谓的心理拓展训练。心理拓展训练的基本过程一般包括信赖关系、目标设定、挑战极限、高峰体验、幽默愉悦、解决问题等六个步骤。心理成长也意味着从扩展转换为提升,这可以包括心理空间的扩展和精神境界的提升。一般传统的发展心理学家认为,个人心理发展的最高阶段就是达于理性的层面,皮亚杰、科尔伯格等人的发展观就是如此。这是从非理性到理性的发展观。超个人心理学认为,个体发展至理性阶段后,还有继续发展的空间,即超理性阶段,其发展的脉络为从非理性到理性,再到超理性。④

　　因此,重要的就是心理成长的含义,也就是心理成长的概念的含义。以成长来解释儿童的心理发展,目的是要关注在特定文化环境和教化中的儿童向着"成"或"长成"的目标发展的过程,这在中国传统文化中就是"成人"的过程。"成人"依循的是中国传统教化中的从社会到自我的模式,而不同于西方的从自我到社会的模式。从方法论的角度来看,"成人"依循的是中国传统人性论中的渐染说,这也与西方心理学的方法决定论不同。儿童心理发展的成长论观点主张积极有为的发展观。在特定的文化环境和有意识的教化作用下,个体向着"成"的目标去"长"的过程,是一个积极有为的过程。"成人"具有生长、成熟的生物学意义,更有特定文化环境中完整性人格生成的社会化意义。"成人"既是预期的显性的教育过程,也是非预期的自然与社会环境中的潜教育过程。关于心理成长的探讨涉及心理成长的基础、心理成长的过程、心理成长的目标和心理成长的阻滞。

① 刘建榕.从行为遗传学的发展再看人类心理发展[J].福建师范大学学报(哲学社会科学版),
　 2007(2):142-145.
② 董会芹,张文新.发展心理学研究的新视角——进化发展心理学[J].华东师范大学学报(教育科
　 学版),2006(4):63-67.
③ 马欣川.机体与心灵——关于心身关系的思考[J].深圳大学学报(人文社会科学版),2002(1):
　 104-111.
④ 李敏荣.超个人心理学的发展观述评[J].湖南师范大学教育科学学报,2007(4):88-91.

心理成长涉及文化基础的问题。[①] 人的心理成长都是在特定文化基础上实现的,具有特定的文化内涵,因此并不能够脱离文化历史、文化传统、文化环境和文化背景去理解和引导人的心理成长。人的心理成长也就必然属于特定的文化创造。不同的文化会创造和引导出不同的心理成长。人的心理成长既可以依据特定的文化思想,也可以体现为特定的文化方式,也可以显示出特定的文化源流。

心理成长还涉及生态背景的问题。生态学的出现不仅是一个新的学科的诞生,而且还是一种新的思考方式的形成。生态学与心理学是可以彼此交叉的。生态学与心理学的结合形成了一个全新的学科领域,提供了特殊的研究定向,也构成了新的研究方法论,这就是生态心理学的学科和心理生态学的方法论。生态的核心含义是指共生。所谓生态的视角是指从共生的方面来考察、认识和理解环境、生物、社会、生活、人类、心理、行为等。生态学提供了独特的视角和方法。生态学方法论就是指以生态的或共生的观点、手段和技术来考察、探讨并干预生活世界、生活过程和生活内容。这也就是说,生态学方法论对于人的存在和人的生活来说,既可以是考察的方式和方法,也可以是解说的方式和方法,还可以是干预的方式和方法。生态学方法论也具有文化学的含义和原则。在中国的文化传统中,一个非常重要的原则性主张就是天人合一。这是原初的生态学方法论,是强调人与天的合一、我与物的同一、心与道的统一。这应该成为中国本土心理学研究重要的方法论原则。中国传统文化强调,人在自己的心理成长过程中,经历了逐渐把自己与外界、与环境、与社会、与他人分离开的过程。在人的成长过程中,最重要的就是要消除我与物的分裂,就是要促进物与我的融通,这是中国文化传统的核心内涵。这强调的是统一的、和谐的和包容的文化,这也应该成为心理学的追求和目标。天人合一的基本体现就是心道的一体。道是容含的总体,但道又不在人心之外,而在人心之内,所以人心可以包容天地、包容天下、包容世界、包容社会和包容他人。这就是人在自己的内心中去体道的过程,也就是人在自己的践行中去证道的过程。

---

① 李晓文,王晓丽.文化发展心理学方法论探讨[J].华东师范大学学报(教育科学版),2006(4):57-62.

从 20 世纪 70 年代开始,发展心理学研究逐渐重视生态化的研究取向。发展心理学的生态化运动就是探讨个体心理发展问题的一种新兴研究取向。[①]发展心理学研究应当是在自然的环境下,在文化的背景下,以及在社会的境遇下,去考察人的心理发展。在发展心理学的发展中,也就越来越强调心理成长的生态学的含义。美国心理学家布朗芬布伦纳(Urie Bronfenbrenner,1917—2005)就曾提出一个非常具有影响的儿童发展的理论模型,强调研究"环境中的发展"或"发展的生态学",这也就是生态发展观。[②] 生态发展观将环境看作是一个不断变化发展的动态过程,强调发展来自人与环境的相互作用。这突破了以往研究中对环境的限定的局限性,拓宽了关于人的心理发展的研究范围。尽管在生物因素影响及人类发展连续模型等方面的研究需进一步加强,但布朗芬布伦纳的理论对儿童发展的情境影响提供了与众不同的、系统全面的解释。

三、心理成长的五个基本关联

心理成长并不是孤立的、分隔的、单一的,而是与心理资源、心理文化、心理生活、心理环境和心理科学有着重要的关联。心理资源、心理文化、心理生活、心理环境、心理成长和心理科学,就是新心性心理学探索的六个基本主题。心理成长与另外五个部分的关联,就是心理成长的五个基本关联。

其一,心理成长与心理资源有着重要的关联。心理资源既可以成为心理生活的资源,也可以成为心理科学的资源。心理成长的资源是指人的心理生活是生成性的、创造性的,生成与创造的过程是需要特定资源的。所谓的心理资源是指人的心理生活的建构的基础、生成的养分和拓展的依据。人的物质生活需要自然资源,而人的心理生活则需要文化资源、社会资源、历史资源和现实资源。心理资源具有自己独特的存在方式和存在形态。心理资源的价值就在于,在心理学的研究中,考察人的心理行为的生理资源或心理资源,将其作为衡量人的心理或人的认知的重要方面,是心理学研究非常重要的内容。在心理学研究中,考察心理学的传统、现实和未来的形态或

① 朱䓖. 近 50 年来发展心理学生态化研究的回顾与前瞻[J]. 心理科学,2005(4):922 - 925.
② 刘杰,孟会敏.关于布朗芬布伦纳发展心理学生态系统理论[J].中国健康心理学杂志,2009(2):250 - 252.

资源,将其作为心理学发展的重要基础,也同样是心理学研究非常关键的内容。

其二,心理成长与心理文化有着重要的关联。心理文化的概念具有双重含义:作为心理生活的文化资源;作为心理科学的文化资源。在不同的文化中有着不同的心理学传统,有着不同的文化心理,有着不同的心理文化。心理成长与心理文化的关联就在于,心理文化中蕴含着心理成长的方式、方法和方向,这构成了人的心理生活的文化根源和文化滋养。人的心理或人的心理生活是生成性的,或是创造性的。心理成长可以体现心理文化差异,可以依赖心理文化沟通,也可以借助心理文化促进。心理文化也是用以考察心理学成长的文化根基、探讨心理学发展的文化内涵和挖掘心理学创新的文化资源。心理学的产生和发展都立足特定的文化,或者说,文化是心理学植根的土壤和养分。心理学传统与心理成长的联通也是一个互动和共生的过程。

其三,心理成长与心理生活有着重要的关联。心理生活是人直接创造和体验的生活。传统的实证心理学是从研究者感官观察和印证的角度出发,将心理学的研究对象确定为心理现象。在对心理现象的分类中,分离出人的心理过程与个性心理,分离出智力因素与非智力因素。这种分类标准和分类体系导致对人的心理的理解和干预产生非常严重的问题,必然迫使科学心理学重新考虑对研究对象的认识和分类。心理生活应成为当代科学心理学的研究重心。心理学应通过对心理生活的探索,来重新理解研究对象,来寻求开拓新的道路,来引领当代新的生活。人的生活是人的生存、人的发展、人的创造的过程。人不仅是自然的存在,而且是自觉的存在。所以,人的生活是自觉体验到的,是自觉创造出的。心理生活是人的生活中的主导部分。人只要确立起自己的生活目标,施加了自己的意志努力,人就会成为自己生活的主导者。在社会的生活质量中,精神生活质量或心理生活质量是其基本的组成及核心的内容。生活质量问题或心理生活质量问题,现已成为社会普遍关注的问题。如何使物质生活与心理生活协调发展,如何在提升物质生活质量之后提升人的心理生活质量,现已成为重大的社会性课题。

其四,心理成长与心理环境有着重要的关联。心理环境是从人类心理建构的视角去理解和容纳环境。心理学怎样理解环境就决定其怎样理解心理行为。环境对人是外在的、间接的,但心理环境对人则是内在的、直接的。人的心理并不是孤立的、封闭的,心理学应该重视环境的作用和影响,但很少有心理学家去专门考察和分析环境。心理学直面心理行为,却忽视了环境内容。随着心理学学科的成熟、研究的扩展和理解的深入,对环境的把握就会发生变化,就有必要重新考察环境。① 心理环境是人最直接的环境,是超出物理、生物、社会和文化意义的环境。人可以在心理上分离出自己所处的环境,并据此调整或调节自己的心理行为。意识觉知到、自我意识到、自主建构出的环境,其含义已经超出物理、生物、社会和文化环境的界限。人的创造性活动主要体现为意识主导的创造性构想和意识支配的创造性行为。这会突破和改变物理、生物、社会和文化环境的限制。如果单纯认为是环境创造了心理,这是不完整的;同样,如果单纯认为是心理创造了环境,那也是不完整的。心理与环境就是共生的关系,就是共同成长的历程。环境对于人的生存、成长和发展来说,具有非常重要的意义。人不是孤立的存在,人不可能脱离开环境。其实,对人而言,环境是人依赖的。人们可以把环境称为或者理解为情境、境遇、处境等。但无论何种理解,环境在心理学的研究中都被看作是外在于人的存在,是外部的条件,是外部的影响。如果把环境看作是外部的,环境对人的心理具有的意义就是共同的。如果把环境看作是由人的心理理解和把握的,环境对人的心理具有的意义就是不同的。

其五,心理成长与心理生成有着重要的关联。人的心理可以看成是已成的存在,也可以看成是生成的存在。所谓已成的存在是指人的心理是自然和固然如此的,即使是心理发展也是按照先定和固定的模式。所谓生成的存在则是指人的心理是创造生成的,是无中生有的过程。人的心理成长就不是先定的、预定的,而是自主创造的、多向可能的。成长的内涵就应该是创造性的历程。心理行为是通过自身的创造性活动或创造性过程来成长的。创造性的形成、拥有、扩展和提升,也决定了人的心理成长的可能、未来、道路和走向。其实,心理成长的核心就应该是创造、创新、创生和创成。

① 辛自强.心理发展的社会微环境[J].华东师范大学学报(教育科学版),2007(2):42-47.

因此,心理成长并不就是继承、接受、汇聚,而是脱离、分开、独立。

四、心理成长的五个基本层面

对于人的存在、人的生活、人的历史、人的心理、人的成长等,可以从五个基本层面加以考察,这就是个体、群体、民族、社会和文化五个层面。第一,人的最基本的存在方式是个体化的存在方式。或者说,人的存在的最基本单元就是人作为个体。无论是从身的方面还是从心的方面来看,个体都是人的存在的最小的分割单位。第二,在实际生活中,人并不是割裂和隔绝的无关联的个体存在。个体的存在又是群体的存在,作为群体成员,是按照群体的方式生活的。人又可以按照群体来定性和定位。无论是从社会的方面还是从组织的方面来看,群体也是人的存在的最基本单位。第三,人还具有民族和国别的属性,是属于民族的成员和属于国家的公民。因此,人又可以按照民族或国家来进行归属和归位。第四,人还是社会的成员,社会有自己的发展方式,其中就内含着人的心理的成长方式。人在自己的社会生活中,就是按照社会的方式构成和发展自己的心理行为。第五,人也是文化的存在,具有文化的属性。在文化的进程中也包含着文化心理的成长。所以,对于人来说,人的心理成长也就包含以下五个主要层面。

其一,个体的心理成长。个体成长最重要的就是心理成长。个体心理成长也是个体心理拓展的过程。个体在自己的生活中面对的最直接的发展任务,就是个体的心理成长。每个个体的心理成长是独特的、与众不同的。这涉及个体生活的延续、心理生活的建构、个体心理的拓展。心理成长最直接地体现为个体的成长。当然,个体的成长可以包括身体生理的成长、社会经验的成长和职业角色的成长等。但是,个体成长最重要的就是心理成长。

其二,群体的心理成长。人不仅是以个体的方式生存和生活,而且还是以群体的方式生存和生活。人的心理行为不仅是个体的心理行为,而且是群体的心理行为。对于个体的心理行为的拓展,也可以从群体的角度去进行。群体的共同成长涉及群体的心理互动、群体的心理关系和群体的成长方式。要拓展人的心理,就要涉及促进人的交往活动,增进人际关系,改进人的关系性质。要拓展人的心理生活,就要涉及进入群体的现实生活,进化群体的结合形态,进达群体的活动方式,进级群体的价值取向。群体的心理成长需要群体的评价机制和群体的奖惩手段。这与个体的评价和奖惩是不同的,因而是独特的,并导致独特的群体心理。

其三,民族的心理成长。这涉及种族的心理。人类种族的心理成长有两种完全不同的承载方式和传递方式：遗传基因的承载方式以及生物遗传的传递方式；文化产物的承载方式以及文化遗产的传递方式。这也就是说,人类种族的心理特性可以通过生物的遗传来延续,也可以通过社会的文化来延续。这也就是所谓的生物遗传和文化遗传。这是不同路径的遗传方式。民族的心理成长也涉及心理的成熟和质量。生活质量最重要的表现是心理质量。生活者不是自己心理被动的承载者或呈现者,而是主动的创造者和生成者。不同的民族在自身的成长历程中,就必须面对着心理的成长问题。

其四,社会的心理成长。在任何一个社会的发展过程和发展方式中,都包含着人的心理或人的社会心理的成长。社会是由人构成的,人的存在包括心理的存在。无论是社会制度、社会组织、社会生活都会体现在人的心理方面,任何社会或社会的发展都包括人的心理成长的内容。无论是个人、群体和民族都是特定社会中的,都带有特定社会的印记。社会的发展会通过社会的各个方面体现出来的,这包括通过人的心理或人的社会心理方面体现出来。

其五,文化的心理成长。文化是人的存在方式,也是人的生存条件,也是人的创造结果。在文化的构成或结构中也就内含着人的心理、人的文化心理和人的心理文化。在文化的演变和发展中也就自然内含着人的文化心理的层面,也就必然内含着人的文化心理的成长。可以说,人的文化心理的成长就是文化发展或文化进步的重要组成部分。[①] 引导文化的方向,促进文化的发展,也就是引导人的心理的方向,促进人的心理成长。

心理成长是人的存在及人的生活的核心和主导,心理成长也应该在心理科学中占有重要位置,成为心理学研究的核心内容。心理科学应该通过对人的心理成长的探索,来促进人的心理成长。人的心理成长的非常重要

---

① 熊哲宏,李其维. 论儿童的文化发展与个体发展的统一：维果茨基与皮亚杰认知发展理论的整合研究论纲[J]. 华东师范大学学报(教育科学版),2002(1)：1-11.

的方面就是心理拓展问题。心理拓展就是要使人的心理更丰富、更丰满、更深厚。这既是心理科学的目标，也是人类生活的目标。因此，心理拓展就会关系到拓展与心理成长、拓展与心理健康、拓展与生理心理、拓展与社会心理、拓展与文化心理、拓展与生活质量以及拓展与心理质量。拓展是所有这些方面最基本的保证和保障。

第七节　心理科学论总

关于心理学的科学性质的考察和研究涉及心理学的科学划界问题，即心理学研究怎样才能被界定为科学。心理学研究中的方法中心把是否运用实证方法看作是衡量心理学的科学性质的尺度。心理学研究中的问题中心把关于问题的提出和解决看作是衡量心理学的科学性质的标准。科学形态的心理学从诞生起就不是统一的科学门类，而是流派众多、观点纷杂，一直处于四分五裂和内争不断之中。心理学能否成为统一的科学，是心理学发展必须面对的重大问题。当代心理学是否有价值的取向和定位，或者心理学是价值无涉的科学，还是价值涉入的科学，这是心理学研究必须面对的重大问题。心理学应放弃封闭的科学观，而采纳开放的科学观。

心理科学论总是新心性心理学关系到心理科学本身的学术反思、学术突破和学术建构。这可以带来关于如何推进心理学的学术进步、如何扩展心理学的学术空间、如何引领心理学的学术未来、如何确立心理学的本土根基、如何激发心理学的学术创新等一系列方面最重要的学术突破。对于心理科学及其发展来说，最重要的是心理学的科学理念。这涉及心理学的科学观，包括科学观的含义、功能、变革和确立。心理学的科学观存在对立，即小科学观与大科学观的对立，封闭的科学观与开放的科学观的对立。心理学的科学观经历了和经历着演变和变革，其中就包括自然科学的科学观、社会科学的科学观、人文科学的科学观。科学观或者心理学的科学观具有文化的内涵或性质。心理学的科学尺度则彰显着心理学的科学内核和科学标准。这在心理学的研究中有强调和偏重理论中心、方法中心和技术中心的不同。心理学有着自己的科学基础，这包括哲学思想的基础、科学认识的基础、科学技术的基础、科学创造的基础和科学发展的基础。心理学的科学内涵涉及学科的科学性、研究的科学性、应用的科学性。心理学具有自己的学科或科学的资源，这涉及心理资源、文化资源、思想资源和历史资源。心理学的科学发展涉及追踪的线索、心理学的起源、科学心理学的起源、心理学的演变、科学心理学的演变和心理学的发展前景。心理学拥有的科学理论涉及心理学的理论建构、理论构造、理论形态、理论演变和理论创新。心理学的科学方法涉及心理学的方法论、心理学的方法中心、心理学的研究方法、研究方法的科学性、研究方法的多样性和研究方法的适用性。心理学的科学技术涉及心理学的技术思想、技术应用、技术手段、技术工具和技术变革。心理学的科学创新则涉及创新的基础、创新的途径、创新的氛围、创新的方法和创新的体现。

一、科学心理学的划界标准

科学心理学的界定涉及科学的划界问题。心理学的研究怎样才能被界定为属于一门科学，科学心理学怎样才能与非科学的心理学、前科学的心理学划清界限，这都属于科学心理学的界定问题。

在关于心理学的划界问题研究中，有两种不同的着重点：一种是关于心理学的科学性质的划界问题。这导致的是对什么是科学的心理学，什么是非科学的心理学，什么是伪科学的心理学等问题的关注和研究。这可以称为科学的划界问题，是科学划界问题在心理学学科中的体现。另一种是关于心理学的学科性质的划界问题。这导致的是对心理学究竟属于自然科学，还是属于人文科学，还是属于社会科学等问题的关注和研究。这可以称为学科的划界问题，是学科划界问题在心理学学科中的体现。心理学的科学划界与学科划界属于不同的问题，但是这两个问题之间也有彼此相通和相互关联之处。应该说，首先是科学的划界问题，其次是学科的划界问题。心理学的科学属性与学科性质也是有关联的问题。

有研究者在研究中指出，科学划界标准问题一直是科学发展史上争论不休的话题，心理学的科学划界问题也是心理学史上见仁见智的问题。心理学如何进行科学划界，事关心理学的生存与发展的根本，也事关心理学能否获得全面而深刻的理解。至今学界中流行着心理学的自然科学观、人文科学观、边缘科学观、文化观、超科学观、另类科学观等各种不同的观点。心理学家对心理学的不同理解和对心理学划界标准的不同理解,反映了心理学家不同的哲学观、科学观和理智背景,折射出所处时代的社会文化形态,提供了理解心理学的不同视角和侧面。有研究者在研究中试图讨论心理学的科学性质的问题,但实际上讨论的还是心理学的学科性质的问题。这也就是从什么是科学心理学转换到心理学是什么学科性质的问题。显然,这仅仅是看到两个问题的关联,但是没有关注到两个问题的不同。①

还有的研究者讨论了心理学的划界问题,但是其主要关注的不是心理学的科学划界问题,而是心理学的学科划界问题。该研究认为,科学与非科学的划界标准问题是现代科学哲学研究最基本的问题。由于现代科学哲学流派众多,关于这个问题的研究,不同的科学哲学家给出完全不同的答案。这就给有些学科的划界带来困难。心理学从哲学中脱胎出来之后,就一直面临着划界问题,有的将其划为自然科学的范畴,有的将其划入社会科学的范畴,也有的同时将其划归自然科学和社会科学,还有的将其划归边缘科学,甚至将其划归为超科学的科学。这试图讨论的是心理学的学科划界问题。但是,这实际上也在讨论心理学的科学性质的问题,是心理学的科学划界问题。在关于心理学的学科性质的问题上,该研究主要讨论了心理学作为自然科学、心理学作为社会科学、心理学作为边缘科学、心理学作为超科学的科学。研究得出的结论是,心理学并不是一门科学,因为不管是从心理学的研究历史还是从科学哲学的划界标准来看,心理学都不是一门科学。②

无论是心理学的科学划界,还是心理学的学科划界,都是对心理学探索的定位和定向,决定心理学的学科发展和研究走势。

二、心理学研究的方法中心

在心理学的研究中,问题中心与方法中心是相互对立的、彼此对应

---

① 孟维杰. 从科学划界看心理学划界的深层思考[J]. 科学技术与辩证法,2007(1):27-31.
② 胡中锋. 论心理学的学科划界问题——从科学哲学中关于科学的划界标准谈起[J]. 自然辩证法研究,1998(7):24-27.

的。有的研究者主张心理学的研究应该以方法为中心,有的研究者主张心理学的研究应该以问题为中心。这成为心理学发展中延续了很长时间的论争。

美国人本主义心理学家马斯洛曾经考察了科学研究中的问题中心与方法中心。在他看来,方法中心就是认为科学的本质在于它的仪器、技术、程序、设备和方法,而并不是它的疑难、问题或目的。持方法中心论的科学家往往不由自主地使自己的问题适合自己的技术。方法中心论的另一个强烈倾向是将科学分成等级,这样做非常有害。在这个等级中,物理学被认为比生物学更科学,生物学又比心理学更科学,心理学则又比社会学更科学,只有依据技术的完美、成功和精确,才可能设想这样一个等级。方法中心论往往过于刻板地划分科学的各个部门,并在不同部门之间筑起高墙,使不同部门分属彼此分离的疆域。科学中的方法中心论在科学家与其他寻求真理的人之间,在理解问题与寻求真理各种不同方法之间制造了巨大的分裂。方法中心通常不可避免地产生一种科学上的正统,这就会制造出异端。①

在心理学的研究中,或者说在心理学的发展历程中,方法中心和问题中心是两种不同的立场和主张。所谓的方法中心是指在心理学的研究中,能够起决定作用、能够引导研究的是方法。心理学研究是不是科学的,要看是否采用了科学的方法。方法的性质决定了心理学研究的性质。所谓的问题中心是指在心理学的研究中,能够起决定作用、能够引导研究的是问题。问题的确定和解决决定了心理学研究的性质。心理学研究是不是科学的,要看提出问题和解决问题的科学性。

在科学心理学诞生和发展中,就曾经有方法中心主义占支配地位的时期。在这个时期中,心理学研究的性质是以运用了什么方法作为衡量的标准,是以是否运用了科学的方法来决定的。例如,在科学心理学发展历史中,就有这样的主张和观点。通常认为,德国心理学家冯特在德国莱比锡大学建立了世界上第一个心理学实验室,这是科学心理学诞生的标志。心理

① 马斯洛.科学中的问题中心与方法中心[M]//动机与人格.许金声,等,译.北京:华夏出版社,1987:14-22.

学运用了实验的方法,使心理学摆脱了哲学的思辨,成为现代意义上的科学。在心理学的研究中,是否运用了科学的方法,就成为心理学研究是否科学的根本标准。

心理学的研究以方法为中心和方法中心主义也是有所不同、有所区别的。以方法为中心是强调心理学的研究应该把方法的合理性、方法的科学性、方法的适用性放在重要的位置上,保证心理学研究可以通过科学的方法来有效地揭示和解释人的心理行为。方法中心主义则是在心理学研究中把方法放在决定性的位置上,方法的合理性和科学性决定了心理学研究的合理性和科学性。在心理学研究中,研究的中心和重心就放在方法的规范化和精致化上,而忽视了问题的重要性和合理性,忽视了理论建构的核心性和创造性。

三、心理学研究的问题中心

在心理学中,心理学的研究应该以问题为中心,还是应该以方法为中心,这是决定心理学发展的重要的理论问题,也是重要的现实问题。在心理学自身的发展和演变过程中,有过问题中心主义占支配地位的时期。在这个时期,衡量心理学研究是否具有价值和意义的最根本尺度,就是看心理学研究着眼的问题和解决的问题。心理学的研究就是为了发现和解决心理行为的问题。能够确定心理的问题,能够解决心理的问题,是心理学存在的价值。相对于心理学要考察的问题来说,方法和技术都是附属性的,都是为解决问题服务的,所以心理学的研究就应该以问题为中心。

心理学的研究以问题为中心和心理学研究的问题中心主义是有区别的。心理学研究以问题为中心指的是,心理学研究的主要目的是针对问题的,是为了解决人的心理行为的问题,是从问题出发的。心理学研究持有的问题中心主义则是指,心理学的研究以问题或以解决问题替代了方法的重要性,取消了方法的规范性,忽视了方法的科学性。应该说,心理学的研究应该强调问题中心,但是应该反对问题中心主义,而且心理学的研究更应该警惕以反对问题中心主义来取消问题中心。

心理学的研究以问题为中心,说明了心理学的研究最重要的是发现、提出和确定最有意义、最有价值、最具重要性、最具合理性的问题。应该说,能够做到上述,既取决于心理学研究者的学术修养、理论素养、研究积累和考察方式,也取决于心理学研究者的学术视野、学术鉴别、学术定位和学术眼光。心理学的理论修养、理论造诣是心理学研究者非常重要的基本功。这是学术研究的起点,也是学术研究的定向,也是学术研究的核心。心理学研究提出好的问题甚至会决定心理学长期的顺利发展。因此,对于心理学研究者来说,提出理论假设的能力,进行理论建构的能力,决定了他的学术命运和学术前途。

心理学家提出研究的问题可以表现在两个重要的方面:发现人的心理行为的重要方面、核心方面和关键方面,从而带动对人的心理行为更全面更深入的理解;发现心理学知识体系和理论构成中的重大问题、核心问题和关键问题,从而提供新的理论设想、理论建构和理论概念。

四、心理科学的分裂与统一

科学形态的心理学从一诞生就不是统一的科学门类。[①] 心理科学的流派众多、观点纷杂,一直就处于四分五裂和内争不断之中。心理学能否成为统一的科学,是心理学发展面对的重大问题。心理学的不统一体现在学科发展的许多方面。理论的不统一涉及心理学拥有互不兼容的理论框架、理论假设、理论建构、理论思想、理论主张、理论学说、理论观点等。方法的不统一涉及心理学的研究采纳了各种各样的研究方法,而且方法与方法之间有相当大的差异和分歧。技术的不统一涉及心理学进入现实社会、干预心理行为、引领生活方式、提供实用手段的途径和方式的多样化。其实,心理学的不统一不在于多样化,而在于多样化形态和方式之间的相互排斥相互倾轧。这使得心理学内部争斗不断。随着心理科学的进步、发展和成熟,促进心理学的统一就成为重大的问题。

任何的研究都是有立场的。研究者总是从特定的起点出发,从特定的视角入手,从特定的思考开始,所以心理学研究也是有立场的。心理学的理论、方法和技术都会由于立场的区别而千差万别。心理学的研究立场有

① 葛鲁嘉.心理学的五种历史形态及其考评[J].吉林师范大学学报(人文社会科学版),2004(2):20-23.

时被描述为心理学的研究取向。这决定关于研究对象和研究方式的理解。心理学最根本的分裂是研究取向分裂为科学主义的和人文主义的，或是实证论的和现象学的。这两种取向相互对立、相互竞争，构成了现代心理学发展和演变的独特景观。① 西方科学心理学的发展并不是统一的历程，而一直处于四分五裂的境地。最根本的分裂或最核心的不统一，就是实证与人文的分歧。②③④ 关于研究对象的理解，实证立场的心理学持有的是物理主义的世界图景。关于研究方式的理解，实证立场的心理学运用的是实证论的研究方式。实证取向的心理学走的是自然科学的道路，这也是西方心理学的主流。主流心理学家力图把心理学建成自然科学的一个分支。他们采纳的是传统自然科学得以立足的理论基础，即物理主义和实证主义。物理主义是有关世界图景的一种基本理解，实证主义则是有关知识获取的一种基本立场。这形成主流心理学对研究对象的理解，以及对研究方式的主张。关于研究对象的理解，人文立场的心理学持有的是人本主义的世界图景。关于研究方式的理解，人文立场的心理学运用的是现象学的研究方式。人文取向的心理学走的是人文科学的道路，是西方心理学的非主流。非主流的心理学家力图使心理学摆脱自然科学的专制，使心理学的发展基于人道主义和现象学。人道主义是有关人的基本理解，现象学则是获取有关人的知识的一种基本立场。这形成非主流心理学对心理学研究对象的理解，以及对心理学研究方式的主张。

目前，心理学发展最重要的努力就是科学化和统一化，以使心理学成为一门统一的科学门类。心理学成为独立的科学门类之后，统一心理学就成为一个重大的学术目标。如何才能统一心理学，心理学家之间却有着重大的分歧。在心理学的发展史上，出现过各种不同的统一尝试。其实，心理学统一的核心问题是心理学的科学观问题。正是科学观的差异导致对什么是科学心理学的不同认识和理解。心理学的科学观涉及心理学科学性质的范围和边界，心理学研究方法的可信和有效，心理学理论构造的合理和合法，

① 葛鲁嘉. 新心性心理学宣言——中国本土心理学原创性理论建构[M]. 北京：人民出版社，2008：122-132.
② 高觉敷. 西方心理学史论[M]. 合肥：安徽教育出版社，1998：13-37.
③ 郭本禹. 当代心理学的新进展[M]. 济南：山东教育出版社，2003：163-198.
④ 叶浩生. 西方心理学研究新进展[M]. 北京：人民教育出版社，2003：108-130.

心理学技术手段的适当和限度等。心理学科学观的建构关系到研究目标和研究策略的制定和实施。心理学的发展应该放弃封闭的科学观,确立起开放的科学观,这可以使心理学从自我封闭的状态下解脱出来,从而吸纳更丰富的心理学资源。

第七章　本土心理学的扩展

本章导言　心理学本土化的理论推进

　　本土心理学的研究可以在不同的方面得到基本的扩张。可以把考察心理学的视野扩展到历史、现实和未来。关于中西心理学的传统，可以侧重于不同心理学的不同文化基础和不同文化意蕴。关于心理生活的探索，可以揭示和解释心理生活的基本性质和核心内涵，可以捕捉和确定心理生活的主要根据和特定根基。关于心理环境的探索，可以确定和界定心理环境的主要和基本的性质。关于心理成长的探索，则可以超越心理发展的传统框架，引领人类和社会的心理成长的历程。心理学的研究和应用等，都会涉及价值取向和价值定位。新心性心理学会给出心理学的价值取舍和价值引领，这可以为心理学的研究和应用带来根本性的改变。

　　心理学的发展、中国本土心理学的进步，都需要学术创新。当代中国心理学研究者已经意识到，中国心理学的发展和研究缺乏原创性。中国近代和现代的心理学是舶来品，这一方面使中国心理学在较短的时间内获得了系统化，实现了科学化，完成了建制化；另一方面也使中国心理学有意无意地放弃了自己的话语权，而是运用西方心理学的言说方式对中国人的心理和心理学加以解读和建构。放弃话语权的负面影响之一，就是中国心理学原创或创新能力的弱化甚至缺失，突出表现为没有提出产生广泛影响的理论模式和思想体系。原创或创新有两种基本含义：一是学科外的创新，即创立一门新的学科；二是学科内的创新，即在学科内提出新的理论、假设、方法和技术等。中国心理学的原创或创新主要指后者,其中又分为两个层面:在西方心理学框架内的创新;在中国文化语境内的创新。后者在于提出能够如实反映中国人心理特征的理论、模式和方法。

重构和搭建理论心理学的框架涉及的问题是,理论心理学的探索是心理学研究的主干部分,支撑着心理学众多分支的具体研究。中国本土的理论心理学应该超越西方理论心理学的探索,并对心理学科学观、心理学新思潮、心理学本土化、心理学方法论和心理学价值论进行深入探析。

开拓和形成东方心理学的探索涉及的问题是,对心理学现存的方式进行创新探索,并考察心理学的本土根基,探讨东方心理学的独特之处,开辟文明心理学的探索内容,挖掘体证心理学的新的考察和探索的方式。对中国本土心理学的新挖掘,可以体现为对中国古代、近代和当代心理学思想、理论、学说、方法、技术、工具等的考察和探索,重要的是系统梳理中国文化历史、文化传统和思想创造中包含的心理学思想、心理学解说和心理学内容。这实际上是在与西方心理学或国外心理学不同的中国本土的文化历史、文化思想、文化传统和文化创造基础上,去重新认识、理解和把握心理学。对中国本土文化传统中的心理学的挖掘、考察和探索,一直在研究尺度、评判标准、理论依据、学术把握等方面存在学术上的争议。有按照西方文化或西方科学文化的尺度,按照西方心理学或西方实证科学心理学的尺度,来筛淘和衡量中国本土文化传统中的心理学内容。有研究者强调按照中国本土自己的文化传统、价值尺度和学术标准来重新衡量、梳理和探讨中国本土的心理学传统。

中国本土心理学正在寻求自身的创新性发展。这种创新倡导的是,中国心理学的发展不应该仅仅是对国外心理学的修补和改进,这种创新也不应该仅仅就是对中国历史传统中的心理学思想的解释和解说。中国本土心理学真正需要的是寻求本土文化的心理学根基和心理学资源,并基于这种本土文化中的心理学核心内容,去建构真正属于中国本土的创新的心理学。中国本土心理学的发展应该倡导和推动原始性的创新,特别是原始性的理论创新。这已经开始由最初微弱的呼吁逐渐成为付诸行动的追求。中国心理学的这种原始性创新的努力,也开始由不同分支学科、不同理论知识、不同研究方法、不同技术手段等分散的方面,开始转向对更宏大的心理学理论原则、理论框架、理论构成等方面的突破。

第一节　中西心理学的文化基础

对当代心理学的理解不在于按照理想的模式将其看作"应该是什么"（what it should be），而在于按照历史的样式将其看作"实际是什么"（what it is）。西方实证主义的心理学常常以实证心理学作为理想的模式，用"心理学应该是什么"来衡量和约束心理学。但是，这并没有考虑到，任何产生出来和保有活力的心理学传统，都有其不可否认的合理性。正如美国心理学家肯德勒（Howard H. Kendler，1919—2011）所指出的那样："心理学的历史清楚地表明了这样的事实，存在不同的心理学观是可能的。……心理学就是心理学家所做的。如果心理学家基本上做的是不同的事情，那么就基本上存在不同种类的心理学。"[①]因此，心理学的现状体现了心理学的实际性质，它不是同质性的单一进程，而是异质性的多元进程。这种异质性就是文化的异质性，不同的心理学属于不同的文化历史传统。

对于心理学来说，心理学的考察者和考察对象都是人，所以心理学研究就是人对自身的了解。更进一步地说，心理学要认识的是人的心灵，被认识的也是人的心灵，所以心理学是心灵对自身的探索。人类的心灵既是自然创造的自然历史的产物，也是人类创造的文化历史的产物。分开来看，得到考察的心灵活动展示的是文化的濡染，进行考察的心灵活动透显的则是文化的精神。合起来看，成为对象的心理行为与阐释对象的心理学探索是共生的关系。不仅对特定心理行为的把握就是特定的心理学传统，而且特定的心理学传统构筑的就是特定的心理行为。两者共同形成的就是心理文化（mental cultures）。不同的文化圈产生和延续的是独特的心理文化。特定文化圈拥有的心理文化就会与其他文化圈拥有的心理文化存在很大的差异。这表现为心理行为上的差异，也表现为心理学性质上的差异。

---

① Kendler, H. H. *Psychology: A science in conflict*. New York: Oxford University Press, 1981: 4.

人类的心理行为不仅具有人类共有的性质和特点,而且具有文化特有的性质和特点。冯特在创立科学心理学时,就构想了心理学是由两个部分共同组成的:一是个体心理学,通过对个体心理意识的考察,探讨人类心理行为共有的性质和特点;二是民族心理学,通过对民族文化历史产物像语言、神话、风俗等的分析,了解人类心理行为的文化特有的性质和特点。但是,科学心理学后来的发展只推进了个体心理学,而忽略了民族心理学。这揭示给人们的似乎是只有唯一的心理学,那就是实验的个体心理学。实验的个体心理学揭示的是人类心理行为共有的性质和规律。无论是实证科学意义上的心理学家,还是其他意义上的心理学家,都生活在特定的文化圈中。在他们的探索中隐含着的理论框架或理论设定,无不体现其独特的文化精神。心理学家了解和认识心理行为或心理生活的途径,解释和理解心理行为或心理生活的理论,影响和干预心理行为或心理生活的手段,都属于相应的文化方式,所以可以将心理学看作是文化历史的构成,是文化历史的传统。

文化历史中的心理学与其涉及的心理行为或心理生活是一体的。或者说,人的心理行为或心理生活的存在,与心理学的传统或心理学的解说,都是一体的。有什么样的心理生活就会有什么样的心理学学说。反过来也是如此,有什么样的心理学传统或心理学学说,就会生成和构筑什么样的心理生活。当然,对心理行为或心理生活的探讨或研讨是心理学家的任务,在此主要考察心理学的文化蕴含。

实证的心理学也就是心理学家通常所说的科学的心理学,其一直就把自己看成是超越本土的、跨越文化的。但是,实证的心理学实际上是在西方的智慧传统中诞生出来的,是西方文化历史发展的产物,是属于西方科学文化的构成部分。实证的心理学主张客观实证的研究,强调价值中立的立场和持有客观公正的态度。这似乎表明,实证的心理学可以在研究中摆脱所有的文化设定。超个人心理学家塔特(Charles T. Tart,1937—)把实证心理学称为正统的西方心理学(orthodox Western psychology)。他揭示出正统的西方心理学正是建立在西方文化的一些基本假定之上的,只不过这些假定是隐含的,而不是明确的,没有被心理学研究者清楚地意识到。他认为,正是这些隐含的假定限制了心理学的发展,只有使之明确化,才能看清其结果,才能对其提出质疑,才能逃脱其控制性的影响。[①] 在此,可以列举出塔特指明的正统的西方心理学持有的两条假定:一是假定物理学研究的是实在的世界,所以物理学是根本的科学。心理学则是派生的科学,研究的是派生的现象。宇宙是在时空框架中变换的物质和能量,人的经验在某种意义上则是副现象和不真实的。人的经验成为"主观的",这个术语对心理学家来说是贬义的,这意味着不真实和不科学。要想成为"真正的"科学,心理学就必须最终把心理行为还原为生理的数据,然后还原为更基础性的物理的数据。二是假定能够由感官或物理工具捕捉到的才是真实的,而且能够由感官觉知到的,也就能够由物理工具探查到。这导致的是这样的一种态度,如果研究者提出一个主张,那么给出研究者的证据,其他的研究者也能够以相应的感官观察或物理工具得到这些证据。如果得不到,那就是不真实的或不确切的。结果对心理学来说,许多在人们的生活中十分重要的内容,如仁爱、慈悲、快乐、智慧等,就都是心理观念,都是思辨推论,而无法直接被感官观察或物理工具探查到。

显然,正统的西方心理学是按西方的科学文化建构自己。西方的实证心理学立足的是主客的分离,或者是研究者与研究对象的分离。研究对象是客观实在的,而客观的实在就是物理的实在。由研究者的感官观察或物理工具捕捉到的物理实在就是物理现象。对心理学来说,其研究对象也被看成是客观实在,即物理实在。由心理学家的感官观察或物理工具捕捉到的就是心理现象。所以,心理现象可以等观于物理现象,或者说可以还原于生理或物理。心理学则被定义为研究心理现象的科学。

正统的西方心理学家通过获得的客观知识来预见和控制人的心理行为,强调通过一定的技术手段来改变乃至改进人的心理行为。行为主义者斯金纳便设想进行文化设计,主张把行为技术运用于文化设计,进而能够去控制和改造人们的习俗行为和生活方式。他这样提到:"文化非常类似于在行为分析中运用的实验空间。两者都是一套强化性相倚联系。像有机体被置放在实验空间中一样,孩子也出生在一种文化里。设计文化犹如设计一

---

① Tart, C. T. Some assumptions of orthodox Western psychology. In C. T. Tart (Ed.), *Transpersonal psychologies*. New York: Harper, 1975: 61-111.

种实验,即安排相倚联系并研究其功效。"①所以,斯金纳一再谈及"文化犹如用来研究行为的实验室"。② 显然,这主张的是一种心理文化,构筑的是与之相应的心理行为。

正统的西方心理学体现了西方科学文化的主旨。西方心理学跻身自然科学之列,强调自己的普遍适用性,突出了自己的跨文化性质,并且也的确广泛传播到其他的文化圈。植根于西方文化历史的现代心理学,长期被当成为世界心理学。随着西方心理学的壮大和成熟,西方的本土心理学也传播到世界各地。但是,西方心理学家创立的心理学是否就是唯一合理的、普遍适用的,近年来则正在受到非西方国家特别是发展中国家心理学者的质疑。针对西方心理学毫无限制的扩张,针对非西方心理学者对西方心理学十分盲目的模仿,目前兴起了影响深远的两大研究趋势:对本土心理学传统资源的挖掘,试图使被西方心理学排斥的东西重放光彩;对西方心理学的本土化改造,试图使被非西方心理学家效仿的东西更适用。本土心理学的研究正是相应于上述最新的发展,并致力于开辟新的研究视角和思路。

对中西心理学传统进行跨文化解析,需要一种宏大的理论视野。这就必须开创性地揭示西方心理学的科学观问题,力图突破西方心理学小心理学观的限制,去设置一个更宏观的文化历史框架,从而将西方实证心理学和中国本土心理学看成具有同等价值的探索。对西方实证的心理学传统,研究者通常总是迷陷于其制造的大量文献资料之中。因此,进一步的研究应力图对西方心理学进行深刻的理论透视,以把握其发展进程和内在症结。对中国本土的心理学传统,研究者通常总是按西方心理学的标准进行衡量和切割。进一步的研究则应力图将其看成是独立的心理学体系,揭示其独具的合理性贡献。涉及中西心理学传统的跨文化交流,目前还缺乏总括性的考察和更深入的理解。进一步的研究则将从心理学的研究对象和研究方式上对心理学的新发展进行阐述,以推动中国本土心理学的新创造,开辟中国本土心理学的新道路。

---

① 斯金纳. 超越自由与尊严[M]. 王映桥,等,译. 贵阳:贵州人民出版社,1988:153.
② 同上:182.

第二节　心理学形态的历时维度

心理学学科的发展有自己的社会文化土壤,或者说心理学有自己的社会文化资源。这就是所谓的心理资源,既是人的心理生活的资源,也是心理学学科的资源。心理学的发展面临着如何理解、看待、保护、挖掘、提取和转用自己的资源。心理学的发展不应该抛弃自己的文化历史传统,而应该将其当作自己可以借用的文化历史资源,从而扩大自己的视野,挖掘自己的潜能,丰富自己的研究,完善自己的功能。

心理资源的概念与心理学资源的概念是有着特定的联系和区别的,或者说,在特定的含义上,这两个概念是可以相互通用的。心理资源的概念有时是指人的心理可以借用的生理和心理条件。但是,在此的心理资源是指心理学资源,也就是心理学的文化历史传统。心理学作为非科学的形态,有数千年漫长的演变,但作为科学的形态,则只有一百多年短暂的发展。通常认为,心理学的发展只是一个连续的更替关系,现代的科学心理学淘汰和取代了原有的传统形态的心理学。但实际情况并非如此。科学心理学诞生之后,其他不同形态的心理学仍然与之并存着,仍然各自发挥着自己的作用。过去还认为,历史上只有哲学心理学和科学心理学。科学心理学从哲学的母体中诞生之后就取代哲学心理学,成为唯一合理的心理学。其实,历史上出现过的心理学有着许多种形态。这些不同形态的心理学并没有随着现代科学心理学的出现而消亡,它们依然存在于现实生活和学术研究中,并在不同的生活领域和思想领域发挥着重要的作用。从人类文化、科学历史、学术演进的角度看,共出现过六种不同形态的心理学,即常识形态的心理学、哲学形态的心理学、宗教形态的心理学、类同形态的心理学、科学形态的心理学和资源形态的心理学。解读这些不同形态的心理学,考察心理学不同形态之间的关系,对当代心理学的发展有着至关重要的作用。

心理资源的概念有着特定的内涵,也有着不同的界定。人的心理或人的心理生活是生成性的,或者说是建构性的。生成与建构的过程需要特定的资源。所谓的心理资源,就是指人的心理或人的心理生活的建构基础、生成养分和拓展依据。人的物质生活需要自然的资源,而人的心理生活需要文化的资源、社会的资源、历史的资源、现实的资源。心理学的探索也有着自己的文化历史基础,这成为一种学术的积累和积淀。这也是心理学学科发展的文化历史资源,也可以称为心理资源。人的心理行为可以从心理学探索中获得资源,心理学探索可以从文化历史中获得资源。心理资源可以具有一些十分重要的特征,这些特征可以表明心理资源的存在方式和存在形态。

任何学科的生成、发展、进步、拓展等都需要文化历史的资源,心理学的生成、发展和进步同样如此。心理学的发展和心理学的研究都与文化有着十分密切的关系。所谓心理学与文化的关系是指,心理学在自身的研究、发展和演变过程中与文化的背景、文化的历史、文化的根基、文化的条件、文化的现实等产生的关联。心理学与文化的关系有着非常特定的内涵,也经历了历史性的演变,经历了文化的剥离、文化的转向、文化的回归和文化的定位。心理学与文化的关系性质涉及文化心理学、跨文化心理学、本土心理学和后现代心理学。心理学与文化的关系界定涉及心理学的单一文化背景和多元文化发展。心理学与文化的关系意义涉及心理学的新视野、新领域、新理论、新方法、新技术和新发展。

心理学在成为独立的学科门类前后,与其他学科一直有着特定的关系,这种关系决定了心理学的发展和演变,但是对心理学与相关学科的关系尚缺乏系统深入的探索。心理学与相关学科的关系经历了历史的演变,心理学从依附于其他学科的发展,到排斥其他学科来保证自己学术的独立性,到开始寻求与其他学科的合作关系,再到与其他学科谋取建立共生的关系。这就标志着心理学学科的成熟,也标志着心理学开始容纳所有学术的资源,也意味着心理学不仅借助其他学科的发展,而且可以为其他学科的发展提供可以借用的资源。从不同学科的学术独立到不同学科的学术共生,这是新旧时代间一个重大的学术转换。

探讨心理学与其他相关学科的关系,是涉及心理学演变和发展的重大问题。心理学与其他相关学科的关系,经过了历史的长期演变,也有了当代的重新定位。这会在极大程度上加快推进心理学的发展,也会为其他学科的发展提供学术的资源。心理学与其他相关学科的关系经历了从依附的关系到分离的关系，从排斥的关系到合作的关系，从独生的关系到共生的关系等一系列转换。

对心理资源的考察涉及研究者考察的视角问题。所谓考察的视角，是指研究者的研究立场、研究根基、研究出发点和研究立足点。对于心理资源，不同的研究者可以有自己不同的看待和理解问题的出发点和立足点，也可以有自己揭示、解释和解决问题的着眼点和着重点。其实，包括否认、忽视和歪曲心理资源的存在，也是对待或看待心理资源的一种特定视角。考察的视角决定了研究者获取的关于心理资源的内涵、内容。眼界的不同、视域的不同，都决定着研究者捕捉到和提取出的心理资源的差异。

对心理资源的考察，决定研究者的考察视角的是研究者的研究立场。不同的研究立场会决定研究者不同的研究视角。其实，在心理学的研究中，并不存在绝对中立的研究立场。任何研究者都有自己独立的、独特的研究出发点。所谓的研究立场的差异，体现为研究者侧重的是不同的研究内容，获取的是不同的历史资源，发展的是不同的研究思路，得到的是不同的研究结果。

关于心理资源的考察视角可以是多样的，可以有历史主义的考察视角、现实主义的考察视角和未来主义的考察视角，也可以有哲学的考察视角、历史学的考察视角、社会学的考察视角、文化学的考察视角，还可以有心理学史的考察视角、理论心理学的考察视角、普通心理学的考察视角、文化心理学的考察视角，等等。如果从历时的维度去考察，就可以有历史主义的考察视角、现实主义的考察视角和未来主义的考察视角。

历史主义的考察视角，实际上是把心理资源看成是文化的发展演变和心理学研究的历史进程积累起来的，是历史的过程，也是历史的事实。所谓心理资源，就是历史的或传统的资源。这是研究者从历史过程或传统进程中去追踪历史资源的形成、积累和改变。而且，所谓研究的结果也就不过是复原心理资源形成和演变的历史过程。其实，心理学史的研究就是从历史起源和历史发展的角度去理解心理学的学科。当然，对心理学历史发展和演变的追踪，可以依据不同的线索。追踪现代科学心理学的发展可以依据十个不同线索：文化的线索、国别的线索、时间的线索、组织的线索、人物的线索、事件的线索、器物的线索、思想的线索、学说的线索、学科的线索。这实际上是理解和把握现代科学心理学产生、演变和发展的十分重要内容。[①]

现实主义的考察视角,是把心理资源看作心理学研究的现实基础,是现实存在,是现实形态,有现实的意义,也有现实的表达。心理学对心理资源的考察就是从现实的方面来考虑的。心理学的发展从历史到现实和从现实到未来的历程,其实都是在现实基础之上的。对于现实主义来说,历史主义是复古的考察,是用古代的或过时的内容来炫耀过去;未来主义则是虚无的考察,是以尚不存在的和仅仅具有可能的内容来约束现在。

未来主义的考察视角,是从未来的心理学发展、心理学形态来考察和研究心理资源。这就是把心理资源看作是心理学未来发展的新的延续、新的形式、新的用途,也就是把心理学未来的需要、未来的演变、未来的命运,都确立为资源形态的心理学对心理学资源的获取、提取、解析、解释、转换和转用。当然,未来主义的考察视角是把心理学未来的演变和发展当成研究的出发点和立足点。对于未来主义的考察视角,心理学的历史和现实的形态都不是根本的、稳定的、确切的,只有从未来出发的探索,才有可能真正理解和把握心理学的学术资源。

第三节 心理生活的核心性内涵

人的心理生活是由生活者自主体验和把握的,是由生活者自主创造和生成的。它构成了人的生命活动的重要内容,理应成为心理学的研究对象。因此,要理解人的心理生活,就必须考虑心理生活的一些基本方面,如心理生活的内涵以及内在的心性基础。

一、心理生活的内涵

人的心理生活是人的生命活动的重要构成,要理解和认识心理生活的内涵,就必须考虑如下八个方面。

其一,人性与心理生活。人要延续自己的生命,人要创造维系和发展自己

① 葛鲁嘉.追踪现代科学心理学发展的十个线索[J].心理科学,2004(1):159-160.

生命的生活。生活既可以是人被动承受的,又可以是人主动创造的。首先是人的生存。任何有生命的存在首先都要生存。生存就是维系生命的存活。这首要的必然是生物学意义上的。人有生物性的体征,像呼吸、心跳、消化、分泌、排泄等。其次是人的关系。人不是孤立的存在,人除了是个体,还汇聚为群体。人生活在关系之中,是关系中的存在。第三是人的心理。人既面对自然世界,也有心理生活,或者说人也有心理世界。同大千世界一样,人的心理生活也丰富多彩。人的心理生活是自己构筑的,或者说人是自己心理生活的创建者。

其二,自我与心理生活。个体的心理是一个完整的整体,也是一个自主的整体。通常在心理学的研究中,将这个心理的整体称为自我。首先是人格与自我。其实,人格与自我是指相同的对象,但着眼于不同的方面。人格与自我都是指人的心理的整体特性。人格是相对于他人的心理特性,或者是由他人观察到的心理行为特点。自我则是相对于自身的心理存在,或者是由自己体察和体验到的自身心理行为。其次是主我与客我。人的自我是一个整体,但在自我的活动中却可以分离出主动感知、把握和控制的一方,以及被感知、把握和控制的一方。前者就是主我,后者就是客我。第三是小我与大我。个体的自我可以有自己的边界,这个边界是能够进行收缩和扩展的。[①] 如果个体仅仅以自己为核心,或者说他的自我仅仅包容自己,那就是小我。如果个体扩展自己心灵的疆界,使之包容他人,包容天下,那就是大我。

其三,认知与心理生活。人通过感官可以获取相关的信息,通过头脑可以理解世界和自己。首先是认知的性质。认知实际上包含着几层不同的含义:对信息的提取;对信息的编码;对信息的加工。其次是对象的认知。对象的认知是指认知主体对认知客体的感知和认识。认知主体与认知客体是相互分离的,认知主体仅仅是旁观者,他不能加入自己的主观内容。第三是生存的认知。生存的认知是认知者从切身的生存和发展出发对认知对象的理解和把握。[②]

---

① Markus, H. R. & Kitayama, S. Culture and the self: Implications for cognition, emotion, and motivation. *Psychological Review*, 1991(2): 224 - 253.

② Varela, F. J., Thompson, E., & Rosch, E. *The embodied mind: Cognitive science and human experience*. Cambridge, MA: The MIT Press, 1991: 23 - 26.

其四，意向与心理生活。意向是人的心理一个非常重要的性质。心理的意向性一直是主流心理学家回避的内容。正是因为实证心理学一直缺乏可行的方式和方法去揭示心理的意向性，所以意向性很少被涉及。尽管如此，意向性仍然是解说人的心理生活的重要内容。首先是心理生活的一体性。人的心理包含着许多的方面、层面、侧面等。心理科学也有对人的心理行为的分门别类的探讨和研究，但是人的心理并不是支离破碎的，而是一体化的，而使人的心理成为统一整体的就是意向性。其次是心理生活的主导性。人的心理并不是被动的过程，并不是任意被决定的过程。人的心理实际上具有自主性，或者是主导性。这种自主性或主导性就是通过意向性实现的。第三是缺少了信仰的生活。心理的意向性最突出的体现就是人的信仰。人通过信仰使心理的对象纳入意向的指向。实际上，缺少了信仰的生活是随波逐流的生活，是没有了精神追求的生活。第四是信仰与信仰之间的冲突。人的意向的指向并不是单一的对象，人可以有不同的信仰，这导致的就是信仰与信仰之间的冲突。这不仅是对于不同的人而言，也可以是对同一个人而言。

其五，观念与心理生活。人的心理生活是对意义的追求，而意义的最基本的心理单元就是观念。人通过观念来区分意义，来组织意义，来体察意义，来把握意义，来传递意义。首先是观念的源泉。人的心理意识的活动是通过观念进行的，是依赖于观念的。观念主要来源于两个方面：现实的事物，观念是有所指向的，观念是以心理的形态而容含现实的事物；心理的含义，观念融入了人的心理需求、心理特征、人格品性等。其次是观念的存在。观念有双重的存在方式：个体心理内在的存在方式，是个体心理活动的基本构成部分；社会生活外在的存在方式，是个体现实生活的基本构成部分。这也可以概括为内化的方式和外化的方式。再次是观念的流变。观念不是一成不变的，而是不断变化的。不仅个体拥有的观念会随着个体的成长和变化而发生改变，而且文化拥有的观念也会随着历史的发展和演变而发生改变。①

① Shweder, R. A. *Thinking through cultures: Expeditions in cultural psychology*. Cambridge, MA: Harvard University Press, 1991: 113 - 155.

其六,体验与心理生活。体验也就是心理的体验,所指的是感受、感悟,是觉解、觉悟,是思想、思念,是体察、体会,等等。首先关于心理的体验。在科学心理学的探索和研究中,对人的心理进行了分类。这种分类一个最根本的地方,就是对认知与意向的区分。这就把人的认知、认识与人的情感、意向区分开了。尽管这种区分为心理学的研究带来了方便,但同时也造成对人的心理的分离的认识和改变。例如,像智力因素与非智力因素的划分。这都造成十分严重的社会后果。其次关于需求与情感。人的需求与情感是人的心理体验的重要构成,也是人的活动不可缺少的心理动力。其实,人的认识是附属于人的需要和情感的。最后关于体验的扩展。体验具有即时的或当下的特点。随着事过境迁,体验也在流变。但是,人的体验并不就是浮萍。体验是可以扩展的,可以变得更宽广更深厚。

其七,超越与心理生活。人的心理成长是无止境的。首先是终极的价值。人的生活都是有价值追求的,人的心理都是有价值定向的。但是,人的价值追求并不是随波逐流的,也不是随遇而安的,而是指向终极的目标或追求终极的价值。其次是形上的追求。经验的追求都是有形的,而形上的追求是无形的。形上的追求是对价值的追求,是对意义的追求。这使人既有形下的生活,又有形上的向往。最后是自我的超越。自我的成长是一个不断超越自我的进程或历程。人的自我是一种当下的体验,但又不是局限于此的体验,而是一个寻求自我超越的历程。这种自我的超越也是心灵不断充实、不断扩展的历程。①

其八,创造与心理生活。人的心理有双重的创造性功能:对外部世界的改造和创造;对自身心理的改造和创造。人并不是被动地适应外部的对象世界,也不是被动地承受自己的心理行为。人并没有命定的生活或心理生活,也并不是被动地适应自己的生活,而必须在创造中求生存,在继承中求发展,在变化中求进步。人的自觉、人的觉悟、人的觉解,其实就是人对自己的内心生活的创造。人没有天生如此的心理生活,也没有天意神授的心理生活,人只有创造生成的心理生活,人也只有互动共生的心理生活。

----

① Paranjpe, A. C., Ho, D. Y. F., & Rieber, R. W. *Asian contributions to psychology*. New York: Praeger, 1988: 53 - 78.

二、内在的心性基础

中国本土文化中的心理学传统可以称为心性心理学,中国心理学在汲取中国本土文化资源基础上的心理学创新则可以称为新心性心理学。新心性心理学是一种全新的、独特的心理学探索,它对心理学研究对象的理解有一个基本变化。在心理学成为独立的学科门类之后,就把心理学的研究对象确立为心理现象。无论是把人的心理现象理解为意识,还是理解为行为,所谓的心理现象都是同样的含义,即心理现象是由心理学研究者的感官捕捉到的和把握到的。这至少基于如下前提假设:研究对象与研究者的绝对分离,研究对象是与研究者无关的存在,或者是独立于研究者的存在;研究者感官经验的真实性、确证性和无疑性。这就是说,只有能够被心理学研究者感官把握到的,才能够成为心理学的研究对象。在心理学的发展历史中,就出现过行为主义学派把人的心理意识排除出心理学的研究对象,而把人的行为当作心理学的研究对象。

但是,人的心理具有一个基本的、重要的性质,那就是觉。无论是觉知、觉察、觉悟、觉解,还是感觉、知觉、警觉、自觉,都体现了人的心理的这一最基本性质。觉是心理学的研究中最难以把握的。觉只有时间的维度,而没有空间的维度。或者说,觉不占有空间,只会随着时间而流变,人的心理无法被研究者的感知完整地把握到。觉只是个体化的心理历程,是个体的私有性的体验,无法达到科学必需的公证。但是,新心性心理学把心理学的研究对象理解为心理生活。心理生活就是人的心理的自觉活动,是自觉的理解,是自觉的创造,是自觉的构筑。科学心理学现有对心理学研究对象的分类系统,可以说是研究性的分类系统,而不是生活性的分类系统。研究性的分类系统指的是为了学术研究的方便而对研究对象进行的分割。生活性的分类系统则强调的是生活原态或生活本态,是指按照生活的实际样式进行分类。科学心理学现有对人的心理的研究,可以说是对心理基础的研究。所谓的心理基础是指构成人的心理生活的基础,如物理的、生物的、生理的、社会的基础,而不是人的心理生活本身。心理学的研究还应该有另外一个重要的部分,就是对基础心理的研究。所谓的基础心理是指人的心理生活的原生态的样式,而不是经过分解和还原的基础。

作为心理科学的研究对象,人的心理行为可以为心理科学研究者的感官所把握到,这就如同自然事物作为自然科学的研究对象,可以为自然科学研究者的感官所把握到一样。由自然科学研究者的感官把握到的自然事物可以称为自然现象,由心理科学研究者的感官把握到的心理行为则可以称为心理现象。心理学成为独立的科学门类之后,对心理科学的定义就是研究心理现象的科学。按照目前对心理学的研究对象的理解,所谓的心理现象包括心理过程和个性心理。心理过程是相对不稳定的,是随着时间的流逝而变化的。个性心理则是相对稳定的,可以在相对较长的时间里保持不变。

心理过程是由认识过程、情感过程和意志过程等构成的。认识过程是指对认识对象的现象和本质的反映过程,这包括感觉、知觉、记忆、表象、思维、想象等。情感过程是指对认识对象采取的态度的主观体验过程,这包括情绪和情感,如喜、怒、哀、乐、悲、恐、惊等情绪,如理智感、道德感和审美感等情感。意志过程则是指自觉地确定目的并支配行动去实现目的的心理过程,这包括采取决定的阶段和执行决定的阶段。个性心理由个性倾向和个性差异构成。个性倾向包括需要、动机、兴趣、价值观和世界观等。个性差异则包括气质、性格、能力等方面的差异。

所谓的心理生活则是由生活者自主体验和把握的,或者说是由生活者自主创造和生成的。人不是自己心理被动的承载者或呈现者,而是主动的创造者和生成者。人的心理的本性就在于人的心理的觉的性质。人的心理的高级存在方式是,人的心理是有意识的存在。意识活动是一种觉解的活动,包括以外部事物为对象的觉知,也包括以人自身为对象的自觉。觉的活动是一种生成意义的活动,实际上也就是一种创造性的活动,所以人的自觉活动是一种创造性生成的活动,这也就是人们日常语言中常常说到的觉悟。任何的觉悟都是对觉的对象的创造性把握。当说到人要提高觉悟的时候,实际上也就是说要增进对觉的对象的创造性把握的程度。

人的生活是人的生存、人的发展和人的创造的过程和结果。因为人不仅是自然的存在,而且是自觉的存在,所以人的生活既是自觉体验到的,也是自觉创造出的。心理生活就是人的生活中的主导部分。这也就是自主的含义。人也会有失去了自主的时候,而成为环境或他人的奴隶,成为任人宰割和随波逐流的存在。不过,只要人意识到自己的生存状态,确立起自己的生活目标,施加了自己的意志努力,人就会成为自己生活的主导者,所以,心理生活是人的生活的核心内容,是人的生活的实际走向,是人的生活的创造主宰。实际上,也许根本就无法理解没有心理生活的人的生活。任何人的生活都是由人的心理生活构筑和构造出来的,这是人与其他的事物或动物非常重要的差别。可以说,一个人的心理生活是什么样的,一个人的心理生活具有什么品质,那么这个人的实际生活就会是什么样的,就会具有什么品质。所以说,人的生活就是他体验到的生活,就是他创造出的生活。

正因为心理生活在人的实际生活中处于核心地位,所以心理生活应该成为心理科学关注的中心。实际上,在历史的进程中,心理生活一直就是人们关注的中心。这里的人们包括生活中的普通人,包括哲学家、宗教家、文学家、史学家等。但是,心理科学诞生之后,为了使之成为所谓真正意义上的科学,许多心理学研究者都力求使心理学向当时相对成熟的自然科学靠拢。这就使得心理学把心理现象定位为心理学的研究对象,而放弃或忽略了心理生活的意义和价值。当然,其中一个非常重要的原因是,人们已经习惯了按西方心理学设立的标准来衡量和建设心理学。[1] 如果放大研究的视野,特别是从中国本土文化的视角出发,就会认识和理解到有关心理学研究对象的完全不同的内容范围。[2][3] 因此,心理生活应该在心理科学中占有重要的位置,成为当代科学心理学发展的核心性内容。心理科学应该通过对人的心理生活的探索,而在当代人的生活中占有重要的地位。

第四节　心理生活的根本性依据

人的心理生活有其立足的根基,这就是心理生活的根据。心理生活的

[1] Paranjpe, A. C. *Theoretical psychology: The meeting of East and West.* New York: Plenum, 1984: 89–103.
[2] 葛鲁嘉.大心理学观——心理学发展的新契机与新视野[J].自然辩证法研究,1995(9): 66–70.
[3] 葛鲁嘉,陈若莉.当代心理学发展的文化学转向[J].吉林大学社会科学学报,1999(5): 112–116.

根据包括人性的根据、意识的根据、内省的根据、意义的根据和文化的根据，对这些心理生活根据的探索，是探讨、揭示、理解、说明和阐释人的心理生活的非常重要的思想前提或理论前提。

人的生活可以从不同方面加以理解。例如：可以把人的生活看作是社会的生活，是群体的生活，是个体的生活，等等；也可以把人的生活看作是物质的生活，是精神的生活，是文化的生活，等等；也可以把人的生活看作是历史的生活，是传统的生活，是现实的生活，等等。但是，人的生活的最根本的核心就是人的心理生活。只有理解了人的心理生活，才能真正地理解人的生活。要想揭示人的心理生活，就必须考虑到其立足的根基。

一、人性的根据

心理生活是人的心理生活，所以必须从人的本性出发才能够理解。或者说，人的心理生活应该具有人性的根据，必须是符合人性的生活，是从人性中引申出的生活。首先是心灵的人性设定。心理学关于人的心理行为的理解，都有其人性假设的依据。正是由于对人性理解的不同，才有对心理的不同说明。涉及有关人性的主张，可以体现在有关人性的本质属性和价值定位两个维度上。有关人性的本质属性基本上有三种不同的主张：人性的自然属性；人性的社会属性；人性的超越属性。以人性的自然属性为理论前提，在心理学研究中就有心理学家通过生物本能来理解人的心理行为；以人性的社会属性为理论前提，在心理学研究中就有心理学家通过社会环境或人际关系来理解人的心理行为；以人性的超越属性为理论前提，在心理学研究中就有心理学家通过心理的自主创造来理解人的心理行为。有关人性的价值定位基本上也有三种不同的主张：人性本善或人有善根；人性本恶或天生行恶；人性不善不恶或可善可恶。以人性本善作为理论前提，在心理学的研究中就有心理学家把人的心理理解为向善的追求。人行恶是因为人的善性受到蒙蔽，或者说是人迷失了自己的本性。以人性本恶作为理论前提，在心理学的研究中就有心理学家把人的心理理解为向恶的追求。人有恶的本能，人不去行恶，是因为社会的教化。以人性的可善可恶作为理论前提，在心理学研究中就有心理学家把人的心理理解为受后天环境的制约。好的环境可以使人顺利地成长，而不好的环境则使人走入歧途。其次是心灵的自我超越。人的心灵具有自我超越的属性。这是心灵创造的前提。心灵的活动会受到所谓客观现实或生活环境的限制和引导,没有或者也不可能有随心所欲的心理行为,但这并不等于说心理的活动就是被动的、往复的,人的心理可以自主超越自己的现状,可以积极创造自己的未来。人的心理的存在不是神圣赋予的,也不是自然天成的,而是自主生成的,是主动创造的。最后是心灵的自我构筑。心灵具有自我构筑的性质,或者说心灵是自身生活的创造者。其实,当涉及心理的自我构筑,是说人有能力进行自我调节、自我改变、自我充实和自我创造。人不仅可以不断地改变自己内心生活的内容,而且能够不断地转变自己内心生活的方式。人没有生来如此的心理行为,但却可以生成和创造自己的心理生活,这种心理生活不是一成不变的,也不是变幻莫测的。

二、意识的根据

所谓的心理生活是以意识为根据的,没有人的意识活动,也就没有人的心理生活。人是拥有意识的,这是人心理行为的一个重要特点。意识具有的含义是很难确定的,这也是心理学发展演变过程中的一个难题。心理学家都面临着证实和解说意识的困难。解说意识的最根本之处就在于,人的意识不占有空间,它只有时间的维度,随着时间的流逝而改变。意识是内隐的,没有办法直接观测到,只能通过间接方式去考察和测定。可以说,人的意识是个体化的或者是私有化的,因此意识也就不具有共同的性质和共同的过程。有意识与无意识是相对应的。对于人的心理而言,人是有意识的。人的心理最重要的特征就是有意识性。但同样对于人的心理而言,在人的意识背后又有无意识的心理。例如,要是按照精神分析学派的思想和理论去理解,人的无意识的心理包含着潜意识和前意识。前意识是与意识直接相通的,可以进入到意识中。潜意识则受到意识的压抑,无法进入到意识之中。对于普通人来说,拥有的是具体日常的觉醒意识。其实,对于人的意识来说,有完全不同的分类,或者说可以具有不同的意识状态。对于普通人来说,通常的意识就是日常的觉醒意识。人的日常觉醒意识是不断流变的、支离破碎的,是经常跳跃的、不断转换的。在心理学研究中,意识流描述的是人的意识活动流变非常重要的特性。其实,日常的觉醒意识是人的心理生活最直接的形态,或者说人是直接通过意识来体察和体验生活,意识的境界是可以不断超越的,这就是超越的意识状态,也常常被称为超越的意识。所以,人的意识有不同的境界,或者说有不同的层级。意识可以通过自我提升或转换达到不同的境界,从而扩展自己的视阈,改变自己的人生。这种意识的境界也是精神的境界、思想的境界和人生的境界。或者说,意识的视阈或界限有大有小,人可以通过不断扩展自己的意识边界,达到更多的包容和更多的宽容。人的通融实际上是人的意识的通融。意识的存在和性质使人的心理生活成为可能。人的心理生活是由人的意识主导的,也是由人的意识创造的。人通过自己的意识活动来生成自己的心理生活,体验自己的心理生活,扩展自己的心理生活,改变自己的心理生活。意识不仅是流转生灭、稍纵即逝的,而且是深厚博大、成长无界的。人的心理生活通过意识的外壳而不断在包容和排斥。

三、内省的根据

　　心理生活是人体验到的生活,而体验的过程就是内省。或者说,人体验到的内心生活是以内省为根据的。心理学家对内省有三种不同的理解和对待:把内省等同于自我观察;把内省等同于自我意识;把内省看作是人的心灵存在和活动的方式。这使人很难看清内省方法在心理学中的地位和前途,导致在心理学发展过程中,对内省的褒贬不一和长期争执。内省的方法也有两种不同含义:内省作为意识活动本身的方法;内省作为心理学研究的方法。实际上有两种不同含义的内省,其特点也有所不同:一种内省是西方实证科学心理学涉及的内省;另一种内省是中国本土传统心理学涉及的内省。两者最根本的不同在于,西方心理学传统的内省方式是以分离研究主体和研究客体,或者说是以分离研究者和研究对象为特征的。中国心理学传统的内省方式则没有这样的分离,而是强调一体化的心灵自觉活动,或者说是一体化的心灵内省方式。西方的科学心理学采取过实验内省的研究方法、言语报告的研究方法。但是,实验内省法中的所谓内省,言语报告中的所谓报告,都不是研究者采取的研究方式,而是被研究者呈现自己的内心经验或内心过程的手段。作为研究者来说,被研究者的内省提供的仍然是其客观观察和实验的对象,或者说,研究者仍然是通过客观观察和实验来获取和分析被试的资料。当研究者的客观观察和实验的方法是合理的,无论被研究者是通过自己的行为还是通过自己的内省来呈现其心理,只要适合观察和实验就足够了。后来的实证科学的心理学放弃了内省的方式和方法,就是因为内省无法为观察和实验提供有效的资料。中国本土传统心理学的内省方式则没有区分出研究主体和研究客体,没有区分出研究者和研究对象,每个人的生存和发展都必须通过内省的方式来得以进行,这就是心灵的内在超越活动,使其本心得以呈现,境界得以提升,心灵得以丰满。在这里,没有旁观的、中立的、客观的、冷漠的研究者,而只有超越自我、大公无私、心灵丰满的人格典范。在这里,没有与己无关、自行演变的研究对象,而只有心灵自觉、体悟人生的成长历程。立足于人的心灵具有的自觉性质,依据人的心灵的自觉活动,能够将内省确定为一种心理学的研究方式,这样的研究方式强调的是人的心灵的自我呈现、自我引导、自我扩展、自我提升和自我超越。内省不是心灵把自己的一部分分离出去作为对象,然后通过内省予以了解和描述,而是心灵直接针对自身的活动。心灵本身仍然是一个完全的整体,它通过内省来把握、扩展和提升自身。这种对内省的理解是中国本土传统心理学的理解。在中国文化传统中,儒家、道家和佛家均认为,心灵与天道是内在贯通的,这就是心性学说。心灵对天道的把握就不是外求而是内求。所谓的内求就是觉解、呈显、体认本心、本性、天命和天道,即儒家所说的"下学上达",道家所说的"照之于天",佛家所说的"明心见性"。实际上,心灵与天道的内在贯通是潜在的,求则得之,舍则失之。因此,存在人的精神境界的高下之分。中国本土的心理学传统论及的内省,在于体认本心或内求道体。有关这种内省方式的提法则会有很多,像返身内求、反求诸己、尽心、体道、明心、觉悟、顿悟、豁然有觉、豁然开朗、豁然贯通等。这种内省方式不是要获取有关心灵的知识,而是要印证生存的道理、体悟人生的境界。这强调的是心灵自悟的直觉,也就是心灵的自我觉解和心灵的自我呈现。这强调的是"以内乐外"的体验,即非外物引动的情感,而是体道的至乐体验。这强调的是"正心诚意"的志向,即非物欲和私心,而是崇高的精神志向。中国本土传统心理学的内省方式使心理学很自然地成为生活中的心理学。这既没有分离出研究者,也没有分离出纯粹的学术领域,而只是提供了生活和人格的典范,提供了所有人都可以走的生活道路。可以说,中国本土传统心理学的内省方式是把实验室放入人的心中，把心理学引入日常生活。

四、意义的根据

对于人的生活来说，或者对于人的心理生活来说，具有意义或者追求意义是最根本的性质。没有意义的生活，或者失去意义的心理生活，都是人无法面对或无法承受的。可以说，物理世界和心理世界都同属于一个世界，但两者有着根本的不同：物理世界不具有意向性，而心理世界则具有意向性。人的心理的意向性是指向意义的活动，是寻求意义的活动，是生成意义的活动，是构筑意义的活动。人的心理生活是意义的世界。任何的意义都是相对于人的生活而言的，或者说是相对于人的心理生活而言的。人面对着一个物理世界，同样也面对着一个意义世界。这个意义世界提供了人的生存的意义，提供了人的生活的意义，提供了人的发展的意义。这个意义世界，就是人的生存、生活和发展的依据。实际上，对意义的追求就是价值的取向。有什么样的价值取向，就会有对什么意义的追求。在心理学的研究中，实证的科学心理学一直否弃价值的介入，这种主张不但导致心理学研究回避价值的内容，或者从不探讨人的心理的价值追求，还导致心理学研究者放弃价值的立场，或者坚持的是价值中立的立场。但是，这种回避和放弃却并不能否定人的心理的价值取向，也不能否定心理学研究者的价值立场。生活的意义是相对于人而言的，它意味着人的生活除了物理的空间之外，还存在意义的空间。对生活进行的创造，最根本的就是对生活意义的创造。所以，对于人的心理生活而言，其内在的空间是通过意义来支撑的，其外在的流变则是通过意义来转换的。可以说，对人而言，没有意义的心理生活是变态的心理生活，是病态的心理生活。人的心理生活的最基本的意义单元就是意向。意向是生成意义的心理活动，多样的和多重的意向构成了人心理生活最基本的意义空间，考察和研究人心理生活的意义空间，是揭示人生活的性质和内容的基本途径。对人的心理生活的探索，不仅是揭示心理生活的机制，也是揭示心理生活的内容。实际上，心理学家一直面对着人的心理生活的意义问题，却忽视了心理生活的意义存在，这也是研究心理现象与研究心理生活最根本的区别之一。当然，心理生活的意义可以从各种不同的视角去加以考察，心理学的视角是最直接的视角。心理学揭示人的心理生活,最根本的就是揭示人的心理生活的意义。

五、文化的根据

人是通过创造自己的生活而创造了人类的文化,或者说人是通过延续自己的文化来承继和传递自己的生活。文化最根本的性质就是含纳了人创造的生活的意义,或者是包含了人创造的心理生活的意义。文化最根本的功能就是为人的心理生活赋予了意义。因此,人、人的生活、人的心理生活都是在文化的环境或者文化的传统之中。这涉及心理与文化的关系。心理与文化的关系实际上是一种共生的关系。心理生活植根于特定的文化,受文化的濡染、制约、决定;文化则生成于人的心理的创造,为心理所把握、理解和取舍。心理生活的生成历程实际上就是文化的生成历程,所以说心理生活具有文化的性质,或者说文化不过是心理生活的体现。当然,对于人类个体来说,作为人类生活产物的文化可以成为背景或环境。无论是就人类整体而言还是就人类个体而言,脱离了心理生活的文化只能具有自然物理的属性,脱离了人类文化的心理也只能具有自然物理的属性。这也涉及个体与种族的关系。人的存在从某种意义上来说,是一种双重的存在。这也就是,人既是个体的存在,同时也是种族的存在。其实,并没有脱离了种族的纯粹的个体,同样也不存在脱离了个体的整体的种族。个体总是以某种方式承继了种族的特性,种族也总是以某种方式表现为个体的形态。个体与种族以生物遗传和社会遗传两种途径相联系。通过遗传基因,个体获得种族的生物特性,种族延续自己的生物特性。通过文化基因,个体传承种族的社会特性,种族维系自己的文化特性。这也涉及传统与变迁的关系。文化本身或者文化的内容与形态都不是一成不变的,而是发展和演变的历程。但是,任何文化的发展和演变又不是变幻不定的,而是传递和继承的过程。所以,文化有传统,但是文化又有变迁。文化的品质、文化的构成、文化的内容,就会成为人类生活中的心理的品质、心理的构成、心理的内容。

第五节　心理与环境的基本关联

对于人来说,对于人的心理来说,最直接、最重要的环境是心理环境。

心理环境是人觉知到的,是人理解到的,是人创造出的,是人建构出的。涉及对人的心理环境的理解,就要涉及人的生存与心理环境,社会生活与心理环境,心理生活与心理环境,心理创造与心理环境,心理成长与心理环境。对心理环境的探索是理解人的心理非常重要的方面,也是理解人的心理与人的环境关系非常重要的方面。

人是生存和生活在自己所处的环境中的,心理学研究中对于环境的理解却非常有限,或者说仅仅是对外在的环境条件怎样影响人的内在心理的理解。其实,对于人来说,对于人的心理来说,最直接、最切近的环境不是物理环境、生物环境、社会环境和文化环境,而是心理环境。心理环境是人的心理觉知到的,是人的心理理解到的,是人的心理创造出的。没有人的心理觉知,没有人的心理理解,没有人的心理创造,也就没有具有实际意义的环境。当然,在传统心理学的研究和解说中,都是把环境理解为外在于人及其心理的存在,而没有理解为内在于人及其心理的存在。因此,对于心理环境的考察和研究就成为当代心理学发展应该重视和关注的课题。其实,在中国本土文化的心理学传统中,就蕴含着关于心理和心理环境的重要资源。中国心理学的发展也在通过本土化的路径去关注文化的传统和文化的资源。心理学本土化是当代心理学发展的必然趋势。[1] 其中,最重要的发展则是心理学本土化的理论创新。

一、人的生存与心理环境

人是非常独特的存在者,人有自觉性、自主性和自为性。人不仅可以设定自己的目标和远景,而且可以确定达成目标的手段和通路。人既可以决定自己实现目标的努力程度,也可以随时调整自己完成任务的具体策略。当然,自为并不是随心所欲、为所欲为,任何自为都是有限度的。自为应该是合乎条件、合乎道理、合乎规律的作为,实际上是生成的过程,是创造的过程。正因为自为是受到限制的,所以只能是循序渐进的生成和创造的过程。人的自为状态是从自发状态发展而来的,自发的发展是盲目放任的、随波逐

---

[1] Kim, U. Culture, science and indigenous psychologies. In D. Matsumoto (Ed.), *The handbook of culture and psychology*. New York: Oxford University Press, 2001: 51-76.

流的、无所作为的,自为的发展则是明确合理的、目标定向的、有所作为的。其实,个体从自发到自为的发展,是最为重要的心理成长。

人的生存具有的含义是多样的,不可能被局限在某一个方面。多样化地理解人的生存的含义,或者说统合性地理解人的生存的含义,就是非常必要的。人生的意义并不仅仅就是物理意义上的、生物意义上的、社会意义上的和文化意义上的,而在很大层面上是心理意义上的。任何一个人都同时既是一个个体的生命,也是一个种族的生命。这就是性命和使命的含义。生命最直接的含义是个人或个体的生存。个人或个体是人的最现实的形态。在西方和中国的文化中,对个体存在的指称是不同的。在西方文化中,个体是以心来划分的。在中国文化中,个体则是以身来划分的。个体的生命是有限的、短暂的,但是个体的生命却可以与种族的延续关联在一起,这就使个体的生命成为无限的、永恒的。其实,种族的延续是由个体汇聚的过程,而个体的发展不过是种族历史的重演。发展也可以有多种多样的理解。其实,无论是变化、变迁、演变、流变、生长、成长等,都与发展有着某种关联。当然,发展的含义可以被理解为扩展、升级、多样化、复杂化。

生态学的出现不仅仅是一个新学科的诞生,而且是一种新的思考方式的形成。这种思考方式是突破了传统的分离的、孤立的、隔绝的思考,建立了联结的、共生的、和谐的思考。这种思考方式不仅带来对事物理解上的变化,而且扩展了研究者的眼界和胸怀。生态的核心含义是共生。共生不仅是指共同生存或共同依赖的生存,而且是指共同发展或共同促进的发展。其实,生态的含义不仅仅是指生物学意义上的,而且包含着文化学、社会学和心理学的意义。当然,生态的含义在一开始的时候,更多是在生物学意义上的理解。伴随着生态学的进步和发展,其意义才开始扩展到其他学科领域,才开始进入到人类生活的各个方面。其实,正是因为有了生态的含义,才使得科学的研究和思考有了更宽广的域界。正是因为有了生态学的方法论,才有可能对人的存在、人的心理、人的环境进行统合的理解。

二、社会生活与心理环境

人生存和生活在社会中,社会是属于人的现实,或者说人是社会历史的产物。所谓人的生命、人的生活、人的心理、人的成长等,就是与社会历史共生的历程。社会是人的共同体,它并不是单个人的简单相加,而是通过人与人之间的互动构成的一个整体。当然,如何理解这个整体,如何理解这个整体的性质、内涵、构成等,是社会科学非常重要的任务。社会可以是指社会制度,可以是指社会形态,可以是指社会分工,可以是指社会意识,可以是指社会心理,等等。

　　社会并不是一成不变的。任何社会都有自己演变发展的过程,社会的演变发展是人的创造的结果。这种创造性结果的积累和延续,就是社会演变的历程。社会的演变给出了一个变化的视角,给出了一个共同的背景。社会作为共同体,会成为个人生活的塑造者。个人生存和生活在社会中,就不可能脱离开社会的影响。社会的存在,不仅是个体生活的背景,个体生活的依据,而且是个体生活的方式,个体生活的内容。人的存在不是分离的、孤立的,他人的存在是一个人的现实。个人总是要面对他人的存在,总是通过他人的存在而生活。在社会生活中,正是人际互动构成了大于个人的新的整体。从社会心理学的角度来看,人际互动就是人与人之间相互作用和相互影响的过程,包括观念的交流、情感的联结、行为的对应。正是在人际互动的过程中,人与人之间结成特定的关系。人际关系就是人与人之间的关联性,这可以包括不同的层面。例如,社会的层面就是社会关系,社会关系包括血缘关系、经济关系、法律关系、契约关系等。人际心理与个人心理有着十分重要的不同。他人的存在也可以有完全不同的含义。他人的存在可以是真实的存在,也可以是观念的存在,也可以是虚拟的存在。但无论是什么样的存在,他人的存在都会对个人的心理产生重要的影响。

　　人的社会生活可以被社会个体的心理容含,或者说,人可以通过心理的方式来展现自己的社会生活。尽管每个不同的社会个体都会面对着特定的社会生活,但是这种特定的社会生活被纳入到心理环境的背景或框架之中。人的社会生活不但是在社会体现出来的,而且是人在自己的心理建构出来的,也是建构在每个人自己的心理环境之中的。所以,人的社会存在并不仅仅就是被动的、他控的,而且还是主动的、自觉的。这是理解人的社会生活非常重要的方面。

三、心理生活与心理环境

　　人的生活实际上都是寻找和追求意义的生活。对意义的理解,对意义的把握,对意义的创造,就是人的心理生活。人的心理生活是建立在人的意识觉知的基础之上的,并形成和发展于生存的体验和生活的创造,或者说是对生活意义的体验和对生活意义的创造。生活的道理就在于适应和创造。没有适应,就没有人的正常的生活。同样,没有创造,也就没有人的合意的生活。适应是人改变自己,改变自己的心理行为,来适合环境的条件,来达到环境的要求。创造则是人去改变环境,改变自己的现实境遇,把握自己的命运,掌控自己的未来。

天人合一是中国本土重要的心理或心理学资源。天人合一不仅是指在根源上天与人是一体的,而且是指在发展中人与天也是一体的。当然,这里的天不是指自然意义上的天,也不是指宗教意义上的天,而是指生活意义上的道理。天道是指自然演化、生物进化和人类实践过程中的道理。这里的人也不是指自然意义上的人、生物意义上的人,而是指创造意义上的人。天人合一,就是指人的心理行为与人的生活环境共生的关系。如果单纯说环境创造了人,这是不完整的。同样,如果单纯说人创造了环境,那也是不完整的。人与环境是共生的关系,是共同成长的历程。

在心理学的研究中,有关心理学的研究对象已被研究者习惯性地确定为人的心理现象或心理行为。这样的定义基于两个基本假设:研究者与研究对象的绝对分离;研究者的感官获取的经验是最基础的资料。这两个假设忽略了一个最重要的事实,那就是人的心理的基本性质是具有觉的特性。这也就是人们在日常生活中常常涉及的概念,如"觉知""自觉""觉悟"等。所谓的觉,实际上说明意识者与意识对象并不是绝对分离,而只是相对分离;也说明觉不是以感官获取的经验为基本,而是意识对自身的把握。这是超越感官限制的意识的自我提升。

人的心理意识的觉的活动,使意识成为有指向的活动。意识的自觉指向就是人的目标,意识正是围绕着目标被组织起来的,进而人的行为也是围绕着目标被组织起来的。因此,人的生活是自主创造的,而生活创造指向的目标就是生活的目标。其实,人的生活最基本的性质就是具有目标,或者说只有设立了目标的生活才是人的生活。通常,人的意识活动都是有目的性的。这是人的意识活动的一个重要特征。意识的觉悟实际上就是指目标形成之后,人通过目标来确定自己活动的意义。围绕着生活目标被组织起来的心理生活具有的就是生活意义。所谓的生活意义是超出物的含义的心理的预期结果。所以,人的生活是无法以物的累加来说明的,却可以通过意义的有无和大小来说明。所谓人的生活都是追求意义的生活。没有意义的生活就如同是没有阳光的生活,是人无法忍受的生活。可以说,人是意义的创造者,也是意义的追求者。追问生活的意义不仅是哲学家的作为,而且是普通人的所为。没有意义的生活就像没有生命的机体,或者就像没有灵魂的生命。对意义的创造和觉解,正是人的心理生活的十分重要的过程。

人可以通过自己的活动影响到自己所处的环境。但是,人的任何心理活动直接造成的是心理的后果。心理的后果直接改变的就是人的心理生活,包括心理生活的内容和性质等。其实,所谓心理的后果就是对心理意义的直接改变,这种改变对心理生活来说是最重要的改变。仅有意义的改变虽然并不会改变客观的或现实的环境,却可以改变人对环境的理解和把握。

四、心理创造与心理环境

人的心理不是被动生成的,而是人积极建构的,或是人主动创造的。同样,人的环境也不是自然而然的,而是人心理创造的,或是人有意构成的。可以说,人的心理创造主要涉及两个方面:人构筑了自己的内心生活;人构筑了自己的生活环境。

人的心理的一个重要性质就是自主的创造性,这种创造性并不是随心所欲的、凭空妄为的,心理的创造是有前提的。创造的前提可以体现在规律性和能动性两个重要方面,或者说客观性和自主性。创造的生成可以体现在两个方面:现实世界的改变;心理生活的改变。对于人来说,无论是现实世界的改变还是心理生活的改变,都是一枚硬币的两面。其实,没有什么一成不变的东西,也没有什么神创的东西。

人的心理生活最根本的性质就是其创造性。人创造了自己的生活世界,也创造了自己的心理生活。人的心理生活就是创造的生活,就是创造出来的生活。创造的生活可以体现为物质生活的丰富,但物质生活的丰富最终应落实为心理生活的丰满。个体创造的汇集就构成历史和文化。历史和文化既是过去的累积,也是未来的走向。人并不是生活在片段的、零碎的、偶然的延伸之中,而是生活在连续的、完整的、必然的历史和文化之中。所以,人是历史和文化的存在,就融于自己创造的历史和文化之中,人的心理就有着重要的文化性质和文化体现。

人的心理生活不是已成的存在,而是生成的存在,是创造性生成的存在。同样,在人的心理对环境的把握中,环境也不是已成的存在,而是生成的存在。正是人在自己的心理生活中,创造出自己的生活环境,创造出自己的心理环境。人的心理环境是人心理建构的环境,是人赋予了心理意义的环境,是人直接要应对的环境,所以人对环境的创造首先是心理意义上的。实际上,正是由于心理环境并不就是物理环境,并不就是生物环境,并不就是社会环境,并不就是文化环境,所以心理环境不过就是人在心理中创造出来的环境,就是人在心理中把握到的环境,就是人在心理中建构成的环境。

五、心理成长与心理环境

人的心理行为并不是固定不变的,而是变化、发展和成长的。涉及心理的发展、变化和成长,就要涉及环境的作用。一旦涉及环境的作用,好像环境就是外在于人的存在,就是强加于人的存在。人的心理行为就成为被决定的,就成为被塑造的。这种对环境的理解,使心理发展成为被动的、被役使的过程。有从另外一个方面对心理发展的理解。这种理解把心理发展看作是完全自为、自主的过程,而环境就成为十分多余的、无足轻重的存在,人的心理发展就变成任意妄为的过程,就变成没有任何限制的过程。其实,无论是把环境看作是主导,还是把人自己看作是主导,其实都无法真正理解人的心理发展。无论是环境决定论还是心理决定论,其实都无法真正揭示人的心理发展的实际过程。

环境对人来说常常被看作是自生自灭的过程,或者说,环境常常被人看作是独立于人的存在。如果从心理环境的视角去理解,环境的演变就是属人的过程,是与人对环境的把握、人对环境的作为、人对环境的创造直接相关的。人的环境与人的心理是一个共生的过程。这种共生的过程不仅指环境决定或塑造了人的心理,而且指人理解或创造了他的环境。任何单一的理解,都会带来对环境和对心理的片面理解。环境并不是完全独立于人的存在;同样,人也不可能是独立于环境的存在。人与环境应该是协同发展的。有了环境,才有依附于环境的人的心理行为;同样,有了人的心理行为,才有归属于人的生活环境。

这就是共生的主张和观点,这就是共生主义的立场和基点。① 在共生观点或共生主义看来,人类的心理发展与环境的演变发展可以是一体化的、彼此依赖的,可以是相互促进的、共同生长的。心理环境的概念提供了对心理与环境关系的新理解。人的心理环境构成了人的心理发展的基本前提和基础条件,人的心理发展也促成了人的心理环境的不断变化和不断扩展。更进一步,人的心理环境又限定和促成了人对自己的生存环境的改变、改造和改进。其实,对人所处环境的理解,对关联到人的心理行为的环境的理解,就要涉及心理环境。对心理与环境关系的理解,对人的心理环境的理解,就要涉及许多十分重要的维度。正是通过这样一些维度,才能够更全面深入地去揭示和阐释人的心理环境,才能够更好地说明和理解人的心理行为。生态的视角是指从共生的方面来考察、认识和理解环境、社会、人类、生活、心理、行为等。那么,这否定的是片面的、孤立的认识和理解,而强调的则是系统的、动态的、发展的认识和理解。生态学的方法论是指以共生的观点、手段和技术来考察、探讨和干预生活世界、生活过程和生活内容。这也就包括心理生活世界、心理生活过程和心理生活内容。这也就是说,生态学的方法论既可以是解说人的心理与人的环境关系的方式和方法,也可以是考察人的心理与人的环境关系的方式和方法,还可以是干预人的心理与人的环境关系的方式和方法。

第六节　心理环境的心性学性质

在心理学的研究中,对环境有着非常不同的理解,这包括物理的、生物的、社会的、文化的和心理的环境。但是,对于人的心理来说,最直接、最重要的环境是心理环境。心理环境是人觉知到的,是人理解到的,是人创造出的。没有人的觉知,没有人的理解,没有人的创造,也就没有具有实际意义

---

① Varela, F. J., Thompson, E. , & Rosch, E. *The embodied mind: Cognitive science and human experience.* Cambridge, MA: The MIT Press, 1991: 229-233.

的环境。环境对人的心理的意义并不是外在的影响,而是共生的历程。

一、环境的性质

人是生存和生活在自己所处的环境中的。对于心理学的研究来说,环境是影响人的心理行为非常重要的因素,是研究必须涉及的因素。但是,在心理学的研究中总是把环境看作是外在于人及其心理的存在,环境对人来说成为异己的力量。①②③ 这在心理学的研究中就体现为把环境理解为物理环境、生物环境、社会环境和文化环境。其实,在中国本土的文化传统中,也有对人的心理和对人的环境的不同于西方科学心理学的理解和解说。④⑤在心理学的发展中,心理学家已经越来越重视文化的传统和文化的资源。其实,对于环境的探索,也同样可以从文化传统的资源中获得非常重要的研究启示性。⑥ 问题在于要扩展心理学的视野或眼界。⑦

对于人及其心理来说,最直接、最重要的环境是心理环境。心理环境是人觉知到的,是人理解到的,是人创造出的。没有人的觉知,没有人的理解,没有人的创造,也就没有具有实际意义的环境。人的心理最重要、最基本的特征是具有觉的性质。觉是人们在日常生活中常常涉及的、运用的概念,如"觉知""觉察""觉解""觉悟""自觉",等等。所谓的觉,实际上说明意识者与意识对象不是绝对分离的,而是相对分离的;也说明不是以感官获取的经验为基本,而是意识对自身存在的把握。实际上,觉是超越感官限制的意识的自我提升。

人的意识的觉的活动,使意识成为有指向的活动。意识的自觉指向就是人的心理目标,意识正是围绕着心理目标被组织起来的,进而人的行为也是围绕着目标被组织起来的。因此,人的生活是自主创造的,而生活创造指

---

① 谷传华,张文新.情境的心理学内涵探微[J].山东师范大学学报(人文社会科学版),2003(5):99 - 102.
② 王亚南.情境心理学的若干问题[J].心理学动态,1996(4):34 - 38.
③ 王沛,胡林成.社会信息加工领域中的情境模型理论[J].心理科学进展,2002(3):285 - 289.
④ 葛鲁嘉.心理文化论要——中西心理学传统跨文化解析[M].大连:辽宁师范大学出版社,1995:184.
⑤ 葛鲁嘉.中国心理学的科学化和本土化——中国心理学发展的跨世纪主题[J].吉林大学社会科学学报,2002(2):5 - 15.
⑥ 葛鲁嘉,陈若莉.当代心理学发展的文化学转向[J].吉林大学社会科学学报,1999(5):79 - 87.
⑦ 葛鲁嘉.大心理学观——心理学发展的新契机与新视野[J].自然辩证法研究,1995(9):18 - 24.

向的目标就是生活的目标。其实,人的生活最基本的性质就是具有目标,或者说只有设立了目标的生活才是人的生活。通常,人的意识活动都是有目的性的。这是人的意识活动的一个重要特征。意识的觉悟实际上就是指目标形成之后,人通过目标来确定自己活动的意义。

围绕着生活目标被组织起来的心理生活具有的就是生活意义。所谓的生活意义是超出物的含义的心理的预期结果。人的生活是无法以物的累加来说明的,却可以通过意义的有无和大小来说明。人的生活都是追求意义的生活。没有意义的生活是人无法忍受的。可以说,人是意义的创造者,也是意义的追求者。追问生活的意义不仅是哲学家的作为,而且是普通人的所为。没有意义的生活就像没有生命的机体,或者就像没有灵魂的生命。

人可以通过自己的活动影响到自己所处的环境。心理学研究中一直非常重视环境对人的心理的影响,但是其理解的环境却只是外在于人的存在,是客观的存在,是外力的作用,是独立的作用。对于环境来说,有物理环境、生物环境、社会环境、文化环境、心理环境等。非常重要的是,应该把环境与心理理解为交互作用的过程。这种交互作用不仅是环境对人的心理的影响,人也会作用于环境的变化。这种交互作用实际上就是一体化的过程,也就是共同生长的历程,任何一方的演变或发展都会带来另一方的演变或发展。心理环境的概念就是有关共生历程的最好描述。

二、环境的类别

心理学对人的心理行为的研究必然涉及人的心理行为的环境。然而,在心理学的研究中,对环境却有着非常不同的理解。环境在通常意义上被理解为物理环境,或者说物理意义上的环境。物理意义上的环境,是把环境看作物理的存在、物理的刺激。物理环境是可见的,是直接的,所以,物理环境就成为心理学家最关注的,甚至成为环境的唯一含义。在许多心理学的具体研究中,所谓环境就是物理环境,涉及的环境因素就是物理因素,受到的环境刺激就是物理刺激。不仅人所处的环境具有物理的性质,人本身也可以被当作是物理客体。例如,对人而言的物理的力,环境是受地球引力制约的,人也就会承受地球的引力。物理客体的打击会使人体受到直接的伤害,如骨骼的断裂,等等。可以说,物理环境仅仅是最基础意义上的环境。

涉及心理行为,就必然涉及有机体,也就是生物意义上的存在。与生物有机体直接相联系的环境并不是物理意义上的环境,而是生物意义上的环境。生物意义上的环境是直接关系到有机体生存和发展的环境,或者说是对于生物有机体来说,具有最直接生物学意义的环境。例如,食物对于生物有机体来说,就不仅仅具有物理的意义,或者说是物理的存在,而是具有生物的意义,或者说是生物的存在。食物是生物有机体获取营养和能量的最基本的来源。在心理学的研究中,有许多的研究者就是把人的存在理解成为生物学意义上的存在,进而涉及与人作为生物有机体有关的环境就是生物环境。

人不仅是生物意义上的人,而且是社会意义上的人。人是个体化的存在,每个人都是相对独立的个体。人有个体化存在的方式和性质,从另外的意义上来说人又都是群体化的存在,个体集合和结合成社会群体。每个个体都是社会中的成员,都在社会中生存和生活。所谓的社会至少包含如下含义:社会是物质的存在,社会是关系的存在,社会是心理的存在。无论社会是什么含义上的存在,都会构成和成为社会个体的生存和发展的环境,都会影响和改变社会个体的心理行为。人可以通过改变和改造自然而获得属于自己的、或自己创造的、或具有意义的环境。这就是文化的存在或文化的环境。文化是人自己创造的,是人活动的产物,是人建构的意义。文化是具有意义的,文化的意义超越了人所处的物理和生物环境的限制,也使人赋予了自己面对的环境以特定的含义。文化是传承延续的,这使人的生活和人的心理成为有历史的、有传统的。文化也是决定生活的,文化决定了人的生活的性质、内容和方式,文化也决定了人的心理、行为和性格。[1][2][3][4]

物理环境是对物理存在来说的环境。生物环境是对生物存在来说的环境。社会环境是对社会存在来说的环境,文化环境是对文化存在来说的环境。对于心理的存在,对于意识的存在,特别是对于自我意识的存在来说,

[1] Cole, M. *Cultural psychology*. Cambridge, MA: Harvard University Press, 1998: 1 - 6.
[2] Kim, U. Culture, science and indigenous psychologies. In Matsumoto, D. (Ed.), *The handbook of culture and psychology*. New York: Oxford University Press, 2001: 51.
[3] Nisbett, R. E., Peng, K., Choi, I., & Norenzayan, A. Culture and systems of thought. *Psychological Review*, 2001(2): 291 - 310.
[4] Ratner, C. *Cultural psychology and qualitative methodology*. New York: Plenum Press, 1997: 123 - 128.

环境并不仅仅是物理意义上的、生物意义上的、社会意义上的、文化意义上的,而且还是心理意义上的。心理环境,就是被觉知到的、被理解到的、被把握到的和被创造出的环境。心理环境是对人来说最切近的环境,这种环境已经超出物理意义、生物意义、社会意义和文化意义上的环境。心理环境对人的影响是最切近的、最直接的。人可以在心理上分离出自己所处的环境,并在心理中构筑出自己生活的环境,并针对这样的环境调整或调节自己的心理行为,所以说,意识觉知到的或自我意识到的环境是人建构和构造出来的环境。心理环境加入了人的创造性活动,这就使得心理环境的含义远远超出物理环境、生物环境、社会环境和文化环境的界限。人的创造性活动主要体现在两个方面:一是心理意识支配下的创造性构想,这可以突破物理环境、生物环境、社会环境和文化环境的限制;二是心理意识控制下的创造性行为,这可以实际改变物理环境、生物环境、社会环境和文化环境的构成。

三、环境的功能

人不是孤立的存在,不可能脱离环境。对人而言,环境是人依赖的,可以把环境称为情境,也可以把环境称为境遇,也可以把环境称为处境。但是,无论何种理解,环境都被看作是外在于人的存在,是外部的条件,是外部的影响。如果把环境看作是外部的,环境对人的心理具有的意义就是特定的。如果把环境看作是由人的心理理解和把握的,环境对人的心理具有的意义就是不同的。心理学研究中一直非常重视环境对人的心理的影响,其理解的环境却只是外在于人的存在,是客观的存在,是外力的作用,是独立的作用,重要的是对环境的理解和把握。这就是心理环境,是人在心理上理解和把握的环境。这种对环境的理解,就会导致重新确定环境对人的心理具有的意义。在过去,有许多关于物理环境、生物环境、社会环境和文化环境的探索,但非常缺乏对心理环境的探讨,这导致的是就环境对人的心理具有的意义在理解上的片面性。

心理的成长在某种意义上都是环境影响的结果,所以心理行为不是真空中的存在,不是随心所欲的结果。环境对于人及其心理行为来说,具有决定性的意义。但是,在心理学的研究中,如何理解环境的含义,如何确定环境的作用,研究者存在十分重要的差别。心理学发展史上有环境决定论的观点，认为环境对于人的心理行为来说是主导的、支配的，是不可抗拒的、决定性质的，认为只有承认了环境的地位，只有理解了环境的作用，才能够理解心理的性质、特征和发展变化。这也就是说，有什么样的环境条件，就会有什么样的心理行为。在科学心理学诞生之后，西方心理学就分裂为大大小小的不同学派。古典行为主义就是一个重要的心理学派别。古典行为主义就是环境决定论的提倡和主张者。心理学发展史上也有自主决定论的观点，认为人的心理是自主发展的，是自我决定的。环境的作用实际上就被忽视了，环境被看作是可有可无的。这导致在心理学研究中，环境被看作是无所作为的，是固定不变的，可以忽略不计。

长期以来，心理学的研究中并没有把环境本身看成是心理学要研究的对象内容，而仅仅是将环境理解为人的心理行为的附属条件。无论是物理环境、生物环境，还是文化环境、社会环境，都不过是作为揭示人的心理行为的附加的背景。对这些环境因素的研究，不过是其他相关科学门类的任务，与心理学的研究无关，或者说心理学并没有义务去涉及心理行为之外的存在，所以在心理学研究中，环境都是外在的条件。无论是物理环境、生物环境，还是社会环境、文化环境，都是对人的心理行为的外在影响。有了某种环境，没有某种环境，环境的某种变化，存在都是现实的，作用都是固定的，影响都是外在的。因此，在心理学的研究中应该把文化看成是与心理一体的，①应该通过文化来理解人的心理行为，②应该依据文化来理解人的心理发展，③应该把心理与文化看成是共生的关系。④

对于心理学的研究来说，它的研究对象是人的心理行为。相对于人的心理行为，环境只是外在的影响，或者只是外在的干预。问题在于，无论是普通人还是研究者，人们都已经习惯了把环境看作是外在的干预，是不以人的意志为转移的客观的力量。那么，环境就成为异己的力量，就成为强加于

① Heelas, P. & Lock, A. *Indigenous psychologies: The anthropology of the self*. New York: Academic Press, 1981: 183 - 203.
② Shweder, R. A. *Thinking through cultures: Expeditions in cultural psychology*. Cambridge, MA: Harvard University Press, 1991: 73 - 76.
③ Stigler, J. W. , Shweder, R. A. , & Herdt, G. (Eds.). *Cultural psychology: Essays on comparative human development*. Cambridge, England: Cambridge University Press, 1990: 1 - 3.
④ Varela, F. J. , Thompson, E. , & Rosch, E. *The embodied mind: Cognitive science and human experience*. Cambridge, MA: The MIT Press, 1991: 237 - 238.

人的奴役,是无法摆脱的神谕。人的心理行为就是环境任意所为的对象。环境就是天意,环境就是强权。其实,无论是把环境理解成为物理环境、生物环境,还是理解成为社会环境、文化环境,都是把环境看作对人来说是外在的存在,是自足的存在,是异己的存在,是现实的存在,是变化的存在。在环境面前,人只能是受到制约的。相对于无所不在、无所不能的环境来说,人是非常渺小的、非常无助的、非常软弱的。

　　如果从环境对人的影响来说,人只是环境的产物,人只能顺应环境。环境的影响是不以人的意志为转移的。在心理学的研究中,就有环境决定论的观点和主张。环境决定论把环境的影响放在重要地位。人的心理行为都是环境塑造的,都是随着环境的改变而变化的。早期的或古典的行为主义学派就是环境决定论的典型代表。在行为主义的创始人华生看来,人的行为并不是本能决定的,或者说就不存在什么本能。所有的行为都是由环境刺激引起的反应,没有什么中间的过程,没有意识的存在,没有内在的心理。通过揭示刺激与反应之间的关系,可以通过控制刺激来控制人的行为。但是,把环境看作仅仅是外在的干预,显然无法完整地理解环境的内涵和作用,或者说只能是片面地理解环境的作用。

　　如果把人的心理行为与环境的影响作用分裂开来,显然不利于对环境的合理理解。非常重要的是,应该把环境与心理理解为交互作用的过程。这种交互作用就不仅是环境对人的心理的影响,而且人也会作用于环境的变化。如果进一步去分析就会发现,这种交互作用实际上就是一体化的过程。这种一体化的过程实际上也就是共同生长的历程,也就是任何一方的演变或发展,都会带来另一方的演变或发展。心理环境的概念就是有关心理与环境的共生历程的最好描述。在目前的社会和人类的发展进程中,人类已经开始意识到,现实世界中,没有单一方面的任意发展,没有你死我活的生存竞争,也没有消灭对手的成长机会,也没有互不往来的现实生活。因此,只有互惠互利的彼此支撑,只有共同繁荣的生存发展,只有共有共享的成长资源,只有互通有无的现实社会。无论是研究自然的、生物的、动物的,还是研究人类的,都要面对着各种不同对象之间的关联性。生态学的兴起就反映了这样的趋势。

　　人的心理并不是一成不变的,而是发展的、变化的。但是,心理的变化并不是凌乱的、纷杂的,而是有序的、系统的。更能够说明这种有序和系统变化的术语就是成长或心理成长。与心理成长相关联的另一个重要的心理学表达就是心理扩展或心理丰满。这也就是说，人的心理发展是没有止境的。不断地成长就是不断地扩展或不断地丰满，所以心理成长是终身的。心理学先前的研究对心理成长的理解有很大的局限，或者说有很大缺陷。例如，一个缺陷是仅仅把发展理解为在个体的早期就完成的，是伴随着个体的机体发育过程而进行的。当个体完成了机体的发育，心理的发展就停止了。再一个缺陷是仅仅把发展理解成为个体的发展，而将其与人类文化、人类社会、人类群体的发展分离开。没有将其看作是一个共同的过程。现在则开始强调一生的发展，强调共生的发展。

第七节　超越发展的心理成长性

心理发展的研究常常是忽略了心理发展的根基问题，或者说仅仅把心理发展的根基确立为生物或生理的方面。心理成长的研究则不是把人的心理成长看作是任意的过程，是虚无缥缈的过程，是无从定位的过程，也并不是把人的心理成长还原或归结为生物的性质或生理的成熟。人的心理成长是有着特定基础的和根基的，有着内在的根源。这就会涉及心理与心性的关系。

如果把心理成长作为一个突破性、核心性的理论概念，作为一个基本性、基础性的思想前提，就必须去揭示和解释心理成长的概念含义和理论意义。关于心理成长的概念含义，也许有着十分不同的考察，也许有着根本不同的揭示，也许有着完全不同的理解。应该说，成长的概念本身就有着看似非常简单实际非常复杂的内涵。这也就意味着从心理发展到心理成长的转换是非常重要和关键的转换。确定心理成长的基本含义，并在此基础上来建构关于人的心理成长的理论，这是非常重要的环节。

一、心理成长本源

在中国的文化传统中，哲学就是无所不包的学问。正如有些学者所指出的，从某种意义上来说，中国哲学就是一种心灵哲学，就是要回到心灵和依据心灵,去解决心灵自身的问题。中国哲学赋予了心灵特殊的地位和作用,认为心灵就是无所不包的、无所不在的绝对主体。① 其实,中国本土文化中的心性论或心性说,就是关于人的心灵的重要学说。

儒家的心性论也是儒学的核心内容。通常认为,儒学就是心性之学。② 有学者认为,心性论就是儒学整个系统的理论基石和根本立足点,所以儒学本身也就可以称为心性之学。③ 儒家的心性论强调,人的道德心和仁义心是人的本心。对本心的体认和践行,就是对道德或仁义的体认和践行。人追求的是尽心、知性、知天。这也就是孟子所说的:"尽其心者,知其性也。知其性,则知天矣。"④这也就是孔子所说的"下学而上达"。儒家所说的性是一个形成的过程,即"成之者性",所以孔孟论"性"是从生成和"成性"的过程上着眼的。⑤

道家的心性论也是把道看成就是人的本性,也就是人的道心,也就是人的本心。它强调的是人的"真性"、人的自然本性,这也是人的本心,是人的自然本心。道家的心性论把"无为"作为根本的方式。"无为"是道的根本存在方式,也是心的根本活动方式。"无为"强调的是道的虚无状态,"致虚守静"的精神境界。"无为"从否定的方面来看就意味着无知、无欲、无情、无乐,从肯定的方面就意味着致虚、守静、澄心、凝神。道家也强调"逍遥"的心性自由境界。⑥ 老子强调的是人的心性的本然和自然,庄子强调的是人的心性的本真和自由。⑦

佛教的心性论强调佛性就在人的心中,就是人的本性或本心。但是,人的本性或本心会因受到蒙蔽而迷失,因此人必须觉悟自己的本性或本心。禅宗是中国本土佛教非常重要的派别。按照禅宗的理解,参禅的过程就是对自心佛性的觉悟过程。这强调的是自心的体悟、自心的觉悟、自心的证悟过程。禅宗也区分了人的真心和人的妄心,区分了人的净心和人的染心。

① 蒙培元. 心灵的开放与开放的心灵[J]. 哲学研究,1995(10):57-63.
② 杨维中. 论先秦儒学的心性思想的历史形成及其主题[J]. 人文杂志,2001(5):60-64.
③ 李景林. 教养的本原——哲学突破期的儒家心性论[M]. 沈阳:辽宁人民出版社,1998:2-3.
④ 孟子·尽心上[M].
⑤ 李景林. 教养的本原——哲学突破期的儒家心性论[M]. 沈阳:辽宁人民出版社,1998:8.
⑥ 郑开. 道家心性论研究[J]. 哲学研究,2003(8):80-86.
⑦ 罗安宪. 中国心性论第三种形态:道家心性论[J]. 人文杂志,2006(1):56-60.

妄心和染心会使人迷失了真心和污染了净心。① 禅宗的理论和方法可以有明心见性和见性成佛两个基本命题。禅宗的修行强调的是无念、无相、无住。"无念为宗,无相为体,无住为本。"②

中国心理学的发展应该立足、提取和利用本土的资源。在本土文化的基础上来建构特定的心理学,也是近些年来许多学者努力的方向。在中国本土文化的基础上来建构中国本土心理学,也是当前中国心理学研究者追求的目标。回到中国本土文化,挖掘中国本土文化中的心理学资源,已经成为许多中国心理学研究者的自觉行动。当然,不同的研究者着眼点不同,关注的内容也就不同,思考的方向也就不同。

在中国本土的心理学传统中,心与道是一体的,所谓的心与道也就是心与性,心与性就是同体的。心道或心性其实就是心理成长的本源,就是心理成长的根基,就是心理成长的平台。心理成长的扩展就是心道生成的过程,心理成长的提升就是心道升华的过程。

在中国本土文化传统中,在中国本土心理学传统中,有许多关于人的心理成长或心理提升的理论和方法。尽管这些理论和方法还不是现代心理学的含义,还需要在当代的心理学发展中对这些心理资源进行提取和运用,但是这些理论、方法和技术非常具有学术价值和学术启示,这包括儒家、道家和佛家的理论、方法和技术。例如,中国本土的文化传统或心理资源中给出的反求诸己、明心见性、人品、正心、诚意、圆觉、参悟、开悟、证悟、觉悟、顿悟、醒悟、觉解、智慧等。所有这一系列的概念实际上体现的也都是理论、方法和技术,所有这些理论、方法和技术也都是理解、考察和促进心理成长的最重要的内容。提取出任何一个概念,都可以直接借用到关于人的心理成长的理解、解说、研究、干预的过程中。这还需要相应的学术解读、学术转换和学术创新,或者说还需要相应的心理学学术解读、学术转换和学术创新。

二、从发展到成长

中国有植根于本土文化的心理学传统。这一传统给出了关于心理的

① 方立天.心性论——禅宗的理论要旨[J].中国文化研究,1995(4):13-17.
② 汤一介.禅宗的觉与迷[J].中国文化研究,1997(3):5-7.

独特理解。例如,这一心理学传统就提供了对人格的不同理论解说或者独特的解释概念;提供了对人格的不同探索方式,或者考察人格的独特方式方法;提供了对人格的不同干预技术,或者培育人格的独特技术手段。有研究就对关于中西方人格结构的理论与实践进行了考察,从理论和实证方面系统探讨了中西方人格结构的差异和人格测量工具的适用性。[①] 中国人就有独特的人格词汇。有研究提出,大多数人格特质名称都会被编码到自然语言中,这是从自然语言中寻找人格特质的基本设想。该研究对中文人格特质术语进行了系统全面的收集和分类,从而为深入系统地研究中国人的人格维度及其跨文化一致性提供了必要的基础性资料。[②] 有研究认为,人格的心理学研究就存在中国化的问题。人格研究必须从中国的实际出发,客观地研究中国人的人格心理与行为,以揭示中国人的人格特征和人格发展规律。[③] 准确地说,中国本土心理学传统提供的不是西方科学心理学意义上的人格学说或人格心理学,而是中国本土传统意义上的心性学说或心性心理学。西方科学心理学探讨的是人格,而中国本土心理学探讨的是心性。或者说,西方科学心理学是把人格作为个体的完整心理;中国本土心理学则是把心性作为超越个体的完整心理,提供的是对心性的独特理论阐释、探索方式和干预技术。

西方有植根于西方文化的心理学传统,这为西方心理学提供了独特的人格理论。西方文化是以个体主义为核心的,所以科学心理学在 19 世纪中期诞生之后,最早的人格心理学研究就是对个体差异的研究。这是一种横向比较的人格理论。人与人是平等的,或者在价值上是等值的。人与人仅仅是心理行为特征上的差异。不论个体有什么样的心理行为差异,这些差异并没有高下之分和贵贱之别。因此,个体心理行为的差异仅仅是个体心理行为的不同特征。中国有植根于中国文化的心理学传统。中国文化是以集体主义为核心的,重要的是怎样使个人超越一己之私。[④] 对于中国的文化

① 王登峰,崔红.中西方人格结构的理论和实证比较[J].北京大学学报,2003(5):109-120.
② 王登峰,方林,左衍涛.中国人人格的词汇研究[J].心理学报,1995(4):400-406.
③ 黄希庭,范蔚.人格研究中国化之思考[J].西南师范大学学报(人文社会科学版),2001(6):45-50.
④ 杨中芳.试论中国人的"自己":理论与研究方向[M]//中国人·中国心——社会与人格篇.台北:远流出版公司,1991:93-145.

传统，人与人之间的心性差异就体现在心灵境界的高低上。① 这是一种纵向比较的心性学说。人与人不是等值的，而是有心灵境界的高下之分。没有境界的或境界低下的就不是人，而是畜生，甚至是猪狗不如。因此，中国本土文化传统中提供的心性学说，是境界等差的学说，是境界高下的学说，是境界升降的学说。人格的差异实际上就成为德行的差异、品德的差异、人品的差异、为人的差异、境界的差异。西方的人格理论在人格的动力上强调的是内在的推动，是本能，是内驱力，是心理能量，是内在推动力。中国的心性学说在人格的动力上则强调的是外在的拉动，是目标，是外引力，是心理志向，是外在推动力。这是两种不同的人格动力说。西方的人格理论在人格的发展上是强调人格的成熟，中国的心性学说在人格的演变上是强调心灵的成长。西方科学心理学的人格研究是把人的人格心理当作客观的研究对象，强调研究人格的客观方法，或者说强调的是客观的观察、客观的测验和客观的实验。西方科学心理学的应用技术是把人格看作是外在干预的对象。研究者可以通过相应的技术手段或工具去矫正人格的缺陷，去塑造人格的特性，个体的人格就成为被动的或受动的。在中国本土的传统心理学中，则倡导的是自我推动的成长和扩展，是榜样引导的登高的过程或提升的进程。在中国的文化传统中，从生活中确立起来的心性成长的榜样，成为普通人的生活向导。儒家学说倡导的心性修养，儒家学说的创始人孔子就是一个践行者。这就是中国文化中倡导的知行合一。

可以说，中国本土的心理学传统提供了揭示、衡量、考评和判定心性的不同尺度或维度。这包括价值的正和负的尺度或维度；德行的好和坏的尺度或维度；为人的善和恶的尺度或维度；境界的高和低的尺度或维度；品行的优和劣的尺度和维度；追求的雅和俗的尺度和维度。正是可以通过上述的尺度和维度，来排列和分析前述的中国本土心理学传统关于心性的理解和解说。

中国本土文化中的心理学传统提供的心性学说也可以称为心性心理学，是中国文化中非常独特、重要的心理学理论贡献。在中国的文化传统中，不同的思想派别有不同的心性学说，不同的心性学说发展出对心理的不

① 蒙培元.儒、佛、道的境界说及其异同[J].世界宗教研究,1996(2)：17-20.

同解说。儒家的心性学说是由孔子和孟子创立的,其重心在于社会,在于个体与社会的关系。儒家强调的是仁道。仁道不是外在于人的存在,而是存在于个体的内心。个体的心灵活动应该是扩展的活动,体认内心的仁道。只要觉悟到仁道,并且按仁道行事,就可以成为圣人。道家的心性学说是由老子和庄子创立的,其重心在于自然,在于个体与自然的关系。道家强调的是天道。天道也不是外在于人的存在,而是潜在于个体的内心。个体也可以通过扩展自己的心灵而体认天道的存在,并循天道而达于自然而然的境界。佛家的心性学说是由释迦牟尼创立的,是从印度传入中国的,其重心在于人心,在于个体与心灵的关系。佛家强调的是心道。心道相对于个体而言是潜在的,是人的本心。个体可以通过扩展自己的心灵而与本心相体认。

　　心理学有自己的研究方法,科学心理学运用的方法就是科学的研究方法。在特定科学观的限定下,所谓科学,就是实证的科学,实证的科学运用的是实证的方法。心理学在成为独立的科学门类之后,就力图以实证主义的科学观来衡量和约束自己的科学性。是否运用实证方法,就成为心理学研究是否科学的一个根本尺度。中国文化中的传统心理学运用的方法不是实证的方法,而是体证的方法。体证的方法,就是通过意识自觉的方式,直接体验到自身的心理,直接构筑出自身的心理。这是中国本土传统心理学独特的内省方式,并对心理学的研究有着重要的启示。[1] 这种方式也可以界定为体证和体验的方法,并对心理学的研究有着重要的价值。[2]

　　体证至少有两个非常重要的特点:意识的自我觉知;意识的自我构筑。首先是内圣与外王。中国本土的心理学传统都强调知行合一的原则,主张内在对道的体认和外在对道的践行。内修要成为圣人,体道于自己的内心。外为要成为王者,行道于公有的天下。其次是修性与修命。正因为人心与天道内在相通,所以个体的修为实际上就是对天道的体认。天道贯注给了个体,就是人的性命。对天道的体认就是修性与修命。再次是渐修与顿悟。个体的修为或个体的体悟有渐修与顿悟的不同。渐修主张修道的过程是逐

---

① 葛鲁嘉. 中国本土传统心理学的内省方式及其现代启示[J]. 吉林大学社会科学学报,1997(6):25-30.

② 葛鲁嘉. 体证和体验的方法对心理学研究的价值[J]. 华南师范大学学报(社会科学版),2006(4):116-121.

渐的,是点滴积累而成的。顿悟则主张道是不可分割的,只能被整体把握,被突然觉悟到。这是体道的不同途径和方式。

三、从扩张到提升

对于人的心理成长的过程,重要的不仅是心理的扩展,而且是心理的提升。人的心理的变化或演进,可以有横向的扩展,也可以有纵向的提升。这种纵向的历程或纵向的维度会划定人的不同等级,或者说是人的心理的不同等级。这也就使得人有可能是处在低位,也有可能是处在高位。横向的扩展可以是人的心理特性或心理品性的差异性的形成,构成的是人的心理的独特性。纵向的提升则可以是人的心理空间或心理境界的等级性的升级,构成的是人的心理的高下性。人的心理品性可以有横向的差异,也可以有纵向的等级。从心理境界的视角,人的心理成长就是不断提升的过程。

东方的或中国的心理学传统,特别是关于心灵超越的考察和解说,也曾经影响到西方心理学的发展,或者说影响到人本主义心理学的发展,准确说影响到超个人心理学的发展。超个人心理学是关于个人及其超越的心理学,是试图将东方精神传统的智慧整合到现代心理学的知识系统中的一个学派。超个人心理学非常重视人的精神生活和内在价值,如果说人本主义心理学是以个人为中心,那么超个人心理学则是以宇宙为中心(此处的宇宙意指时间与空间的统一体)。传统的发展心理学家一般认为,理性的个人阶段为发展的最高层面。皮亚杰、科尔伯格等人的发展观就是如此,这是从非理性到理性的发展观。超个人心理学则认为,个体发展至理性阶段后还有继续发展的空间,即超理性阶段,其发展脉络为从非理性到理性,从理性再到超理性。

美国超个人心理学家威尔伯(Ken Wilber, 1949—　)把人的发展或人的心理发展分成前个人阶段、个人阶段和超个人阶段。这三个阶段中的每个阶段又可以分为三个亚阶段,总共就是九个亚阶段。关于这些阶段的意识水平,威尔伯主要是将这种划分与皮亚杰的认知发展模型和常青哲学的层次理论结合起来加以说明的。前个人阶段涉及三个水平:感觉—身体水平,相当于皮亚杰的感觉运动水平;幻想—情绪水平,相当于情绪—情欲水平;具体的心智水平,相当于具象的心智或皮亚杰的前运算水平。个人阶段涉及三个水平：规则—角色水平，相当于皮亚杰的具体运算水平；形式—反映水平，相当于皮亚杰的形式运算水平；视觉—逻辑水平，相当于超皮亚杰假设水平。超个人阶段涉及三个水平：心灵水平，相当于常青哲学的心的水平或中间层面；精微水平，相当于常青哲学的运动水平或天空层面；终极水平，相当于常青哲学的灵性水平或无限层面。①

所谓的常青哲学，是各个国家各个时代的灵性导师、哲学家、思想家和科学家抱持的世界观。将其形容为"常青的"，是因为在全球各地的每个时代都出现过，中国、印度、墨西哥、埃及、德国、希腊等地，都可以发现它的踪迹。常青哲学是每个文化共通的、共同的"深层结构"，也就是说人类都有能力组成意象、符号、概念和准则。不同的文化有不同的意象和符号，但组成这些头脑结构和语言结构的能力以及这些结构的本身，却是放之四海而皆准的。关于灵性的常青哲学也可以称为人类的灵性文化。

中国哲学家冯友兰就把理想人格说与人生境界说联系在一起，呈现出以境界去说人格的独特思路。他对理想人格学说的阐发主要集中在三个方面：在理想人格的构成成分上突出实践理性品格；圣贤人格的设定带有平民化色彩，价值取向显现出道义原则优于功利原则，群体原则优于个体原则；理想人格的培养是在生活世界中不断觉解和用敬的过程。

在冯友兰看来，人生境界可以区分为四级，即自然境界、功利境界、道德境界和天地境界。② 前两种境界属于现实人格，后两种境界属于理想人格。其中，天地境界是最高层次的理想境界，处在此种境界中的人，谓之圣人。次之的是居于道德境界的人格典范，即贤人。这两类人都是人应该成为的理想之人。划分人生境界的基本尺度是觉解。分析来看，解是指了解，是借助概念而展开的理性活动；觉是指自觉，是一种清晰的心理状态和精神状态，主要不是指逻辑思维活动。合起来说，觉解实际上是指一种理性自觉。根据觉解的不同程度，可以区分出不同层级的人生境界。随着觉解程度的不断提高，人的精神境界也展开为一个不断提升的过程，精神境界的提升与理性自觉的增强具有一致性。

---

① 李敏荣.超个人心理学的发展观述评[J].湖南师范大学教育科学学报,2007(4)：88-91.
② 冯友兰.新原人[M]//三松堂全集(第四卷).郑州：河南人民出版社,1986：549-564.

　　理想人格的设定总是体现普遍的价值原则,成为人们价值追求的目标,从而对现实中的人格起一种引导和劝勉的作用。第一,在义与利的关系上,理想人格表现出道义原则优于功利原则的倾向。从境界与"我"的关系来看,如果把"我"理解为自私(利)之义,那么居于功利境界之人就有"我",居于道德境界和天地境界之人则无"我"。第二,在群与己的关系上,理想人格表现出群体原则优于个体原则的倾向。道义常常被赋予群体之公利的内涵,因而对道义原则的突出,自然导向对群体原则的注重。在强调群体原则的同时,冯友兰并没有抹杀人格的个性化特征。这从他对境界与"我"之间关系的理解中就可看出。"我"有两种含义,如果把"我"理解为主宰之义,那么,在自然境界中的人无"我",在功利境界中的人有"我",但那是"假我",只有道德境界和天地境界中的人才真正有"我"。

　　将圣贤人格的平民化倾向落实在理想人格的培养上,冯友兰承认,理想人格的培养是平民后天努力的结果。道德境界和天地境界都可以由后天修养得来,培养的主要途径是修养功夫(学养),由学养就可至境界提升和人格完善。第一,理想人格的培养是觉解与用敬统一的过程。修养功夫包括两部分:求得对于宇宙人生的觉解;用敬。觉解还只是一种"知",有了高层次的觉解,并不等于可以使人长久保持住道德境界与天地境界,所以还需要化"知"为"行",将觉解化为具体的道德行为。用敬是指带着觉解的态度去做事,常注意不忘记此等觉解,使内心收敛,收拾精神,这体现人的主观努力。第二,理想人格的培养是一个人生境界的逐级提升和循序渐进的过程。那么,由自然境界到功利境界、由道德境界到天地境界,就是一个实践理性日益自觉化的过程,也是一个由现实中的人逐渐提升至理想中的人的过程。这表明,人格的发展实际上是一个不断递进、日趋完善的过程。这体现了一种乐观主义的态度。第三,理想人格的培养并不是一个脱离日常生活世界的过程。圣贤的为人行事看似平凡而实不平凡。从表面上看,其行为非常普通,只是做一般平民所做的事,但是其人格境界已经超越一般,极高明而道中庸。①

　　应该说,人的心理成长既是纵向的提升,也是横向的扩展。这是人的心

---

① 顾红亮.以境界说人格[J].贵州社会科学,2003(1):53-56.

理不断丰满的进程。

第八节　心理学研究的价值取向

心理学的价值取向问题是心理学发展和演变过程中的重大问题。心理学的探索与价值取向具有的关联是心理学必须面对的。在心理学的学科发展过程中,心理学探索的价值定位、心理学的探索是价值无涉的还是价值关联的,心理学的探索应该怎样确立自己的价值取向,这都是心理学家的研究无法回避的核心性理论问题。心理学的价值取向或心理学的价值定位,关系到的是心理学的科学地位、社会地位、历史地位和现实地位。

一、心理学探索的价值问题

不同时期不同类型的科学价值中立说是有重要区别的,其中有认识方面的原因,也有社会政治、经济、文化等方面的原因。但是,这些不同的科学价值中立说却都是以主体与客体、存在与意义、事实与价值、实然与应然的划分为自己的理论基础,都主张科学本身的价值中立(value-neutrality)、价值自由或价值无涉(value-freedom),都比较彻底地解决了科学与价值的区分。这些主张的基本观点都是一致的:科学知识与价值观念是完全对立的两极,两者互不相关或者互不干涉。科学是关系到事实的,而价值是关系到目的的;科学是客观的,而价值则是主观的;科学是追求真理的,而价值则是追求功利的;科学是理性的,而价值则是非理性的;科学是可以进行逻辑分析的,而价值则是不能进行逻辑分析的。

在某种特定意义上,或在某个特定范围内,关于科学的价值中立说是可以成立的,或者是有意义的。例如,从科学认识上讲,价值中立说充分注意了不同认识主体之间价值观的差异、对立和冲突,主张尊重事实,服从证据,不因主体价值观而影响认识的进程。这对于确保科学认识的客观性具有重要的意义。从科学研究的逻辑上讲,把科学与价值在同一条件下严格区分开来,对于研究者客观地把握科学对象是十分重要的,因为科学研究同人类任何其他认识活动一样,是建立在主客二分基础上的。认识关系和价值关系虽有联系,但毕竟是两种不同的关系。价值中立说提醒科学不能僭越其范围,去处理自己力所不及的价值评价问题,这对于维护科学发展的自主性具有非常积极的意义。从实际效果上看,价值中立说对于抵御科学领域中主观随意性的侵入,确保科学的客观性和真理性,起到了一定的作用。

但是,如果从整体上来历史地考察科学产生和发展的社会背景,以及科学对社会,尤其是对现代社会的影响,就只能把价值中立说看成是一种幻想。整个的科学活动,从科学研究的动机、研究战略的转移、科学研究的过程、科学知识的体系、科学理论的评价等,都实际承载着价值。当代大科学的时代,认识和处理好科学与价值的关系具有十分重大的意义。科学应该把求真与求善有机统一起来,社会应该对科学活动的全过程加以调控,科学家则应该自觉承担起应有的社会责任。

美国科学哲学家劳丹(Larry Laudan,1941—　)试图把科学合理性的一般要求与价值论、方法论和事实层的共识统一起来,认为科学的理论、科学的方法和科学的价值总是处于一个网状的互动关系之中。科学家选择一种理论必须符合他们持有的方法论原则,并能够体现他们的价值论追求或目的论欲求。反过来,科学家接受的理论又会对其方法论和目的论的选择提出要求和限制。美国科学哲学家普特南(Hilary Whitehall Putnam,1926—　)则对事实与价值的关系提出了独特的看法。他认为,事实陈述本身,以及人们据以决定什么是事实和什么不是事实的科学探究实践活动,都预设了价值。他提出价值事实的存在,认为价值与事实是分不开的,价值就是事实的价值,事实也是有价值的事实。

科学的价值负载体现在整个科学活动的各个环节上。第一,可以从科学研究的动机上来看,动机是促使个人产生行为的原因,主要来源于内在的需要和外在的刺激。科学活动同人类其他一切活动一样,动机对研究课题的选择和研究过程的进展等都具有重要的影响。献身科学的动机有许多种,而不同性质的价值取向对科学探索活动的影响是不同的。第二,可以从科学研究的战略转移上来看,科学中的重大突破不仅有其科学思想基础,而且还有其科学社会基础。这与科学家和科学共同体的价值判断有着十分密切的关系。第三,可以从科学研究过程上来看,科学家和科学共同体进行的整个科学研究过程,从科学问题的确立、科研课题的选择、科学实验的验证、科学假说的提出、科学理论的建构等,每一个环节都离不开价值的判断。第四,可以从科学知识体系上来看,在科学知识体系中就渗透着价值和价值判断因素。第五,可以从科学理论的评价上来看,科学评价和评价标准不仅是科学知识体系中必要的组成部分,而且是科学得以正常运行和发展不可缺少的环节。科学评价本身都要依据一定的价值观,不同的价值观念会对同一理论作出完全不同的评价。

对于科学家来说,对于投身科学的人来说,都应该认识到,所谓的"科学价值中立"仅仅是纯粹的科学理想。这种科学理想的基础已经不复存在了。"为科学而科学"的"纯"科学研究都只不过是一种神话或幻想。① 科学研究、科学应用和科学本身都拥有和体现价值,这包括科学的伦理价值、科学的审美价值、科学的认知价值和科学的语境价值。

科学的伦理价值是一个值得关注的新问题。这个新问题涉及科学认识主体的伦理价值问题、科学认识客体的伦理价值问题和科学认识结果的伦理价值问题,具体包括三个方面。第一个方面有关科学家的道德规范。这个问题应该没有争议,因为要想使科学研究有序进行,就必须设定科学家的行为规范。第二个方面有关科学的环境和生态伦理的问题。第三个方面则有关科学理论本身的伦理价值问题。

科学本身往往具有审美价值。科学家常常把自己看作是一个艺术家,他们会按照"美"的规律从事科学创造和科学评价的活动。自然科学家之所以要研究自然界,不仅仅是因为这样做很有用,他们也会从研究自然界的过程中得到乐趣,而他们能够得到乐趣也是因为得到了美的享受。

在科学研究中,对于同一现象范围,对于许多不同事实,常常可以建立起多种理论或各种假说来进行解说和解释。不同的理论或假说都可能会有自身的不足和缺失,但对于某一现象范围内的事实,相互对立的理论或假说也有可能都作出了特定解释。科学哲学家库恩提出关于科学理论的五条标准:精确性、一致性、广泛性、简单性和有效性。精确性是指理论应当精确。就是说,在这一理论的范围内,从理论导出的结论应表明同现有的观察实验结果相符。一致性是指理论应当是一致的。理论不仅要内在相一致,而且

---

① 刁生富.科学的价值中立与价值负载[J].学术研究,2001(6):68-72.

要与现有解说自然的公认理论相一致。广泛性是指理论应当具有广阔的视野。特别是,一种理论的结论应该远远超出其最初要解释的特殊观察、专有定律或分支理论,而能够预言或预见旧的理论范式完全没有预料到的现象。简单性是指理论应当简练。理论应当为复杂的现象建立秩序,否则现象就成为各自孤立的、十分混乱的存在。有效性则是指理论应当引导产生大量的研究成果。就是说,理论应该揭示新的现象或已知现象之间的未曾明确的关系。

理论的选择是复杂的,既受客观因素的影响,又受主观因素的影响,或者说既受到共有准则的影响,又受到个人准则的影响。这种主观因素或个人准则就是科学的语境价值。所谓科学的语境价值,简略地说,就是指个人的偏好、信仰和兴趣等因素。[①] 可以把语境论当作是一种特定的科学观,也就是把科学置于现实的社会、文化、历史等多元语境来理解,把科学看成是依赖于语境的产物。

二、心理学探索的价值定位

当代心理学的研究是否具有价值的定位和价值的取向,或者说,心理学是一门价值无涉的科学还是价值涉入的科学,这是心理学研究必须面对的一个重大问题。可以说,当代心理学的发展,当代心理学的演变,都有着独特的定位或取向,都有着特定的价值定位或价值取向。

有研究者认为,心理学的研究应该是价值无涉的或价值中立的。心理学作为一门科学的出现,受到传统自然科学的巨大影响,特别是受到传统自然科学的价值中立立场的重大影响,所以心理学力求在自己的研究中确立价值无涉,避免价值涉入。无疑,这给心理科学带来巨大进步,使心理学的研究力求避免主观性和思辨性。但是,心理学在涉及人的心理行为时,在以人的心理行为作为特定的研究对象时,必然会有或必然要有价值涉入。价值无涉的立场只能限制心理学的社会影响力,甚至限制心理学研究的科学性。

有研究者则认为,心理学的研究必然是价值涉入的或价值定向的。心

---

① 邵夏. 论科学中的价值[J]. 社会科学家,2006(6): 165 - 167.

理学如何和怎样才能成为价值涉入的科学,就成为心理学发展中一个至关重要的问题。其实,所谓的价值无涉是指一种中立的立场和客观的角度。这要求研究者不能在研究中把自己的偏见、好恶、情感、主张等带入或强加给研究对象。所谓的价值涉入是指一种价值的导向和价值的引领。这强调了研究者和研究对象的一体化,突出了人的意向性和主观性,或者说是强调了人的自主性和主动性。

　　林方先生很早就曾经考察过心理学的价值理论。他在自己的著作中提到,人本主义心理学的主要创始人和重要理论家是马斯洛,他也是美国的比较心理学家和社会心理学家。马斯洛曾参加了哈佛大学社会学家索罗金(Pitirim A. Sorokin,1889—1968)发起的"创造性利他主义研究会",并与索罗金一起于20世纪50年代末共同召集了"人类价值新知识专题讨论会"。这一活动在美国心理学界和学术界影响很大。当时参加讨论的除了一些著名的心理学家以外,还有许多著名的社会学家、经济学家、生物学家、人类学家等。马斯洛选编了在该研讨会上的主要发言,出版了论文集《人类价值新论》。

　　什么是人的价值? 一般认为,近代思想家对于这个问题大致有三种不同的研究:自然主义的、人本主义的和本体论的。自然主义是把自然科学方法应用于对人的研究,强调人的感性经验。人本主义估计到人类经验的完整性,不仅包括感情或感性一类的事实,而且包括内部体验、动机和认识的结果。本体论强调对存在本身的分析以及对人类存在在宇宙总体存在中所处位置的分析。[①] 马斯洛说,他提出的是一种整合的价值理论,是使上述三种层次的价值结合起来的尝试。

　　马斯洛提出,价值概念应以真实概念为先决条件,只有真实的东西才有价值,不真实的东西不具有价值。感性经验作为基础的一层是不能否定的。人类在自然演化中所处的地位已使人类获得一些特有的属性,能够通过感觉、理性和直觉的联合力量达到真知,因此,在向上的发展中,真、善、美能趋向统一,合为至善。一个人越是认识到、体验到真善美的实在价值,他或她的生活冒险旅程也越幸福、越丰富、越有意义、越有价值。这一原理也适用

---

① 马斯洛.人类价值新论[M].胡万福,等,译.石家庄:河北人民出版社,1988:230.

于社会和全人类。人类的主要历史使命就是在人自身的本性中,在人的意识和行为中,在人的社会文化中,在人与人、人与生物以及人与宇宙的关系中,进行真善美的无限创造、积累和完成。

依据这样的设想,马斯洛认为心理学的任务就在于提供更多的关于人性和人的能力的知识,以及如何充分发挥人的能力和如何达到丰满人性的知识。当人性的特征更明确时,人们将能够越来越容易地选出一些人,他们可以被看成是更富有人性特征的,代表着全人类的终极价值。心理学家应该描述他们的价值追求和精神生活,作为人类共同向往的理想生活境界。因此,人们也可以说,人本主义心理学体系的中心目标就是要建立这样一种以心理学资料为依据的整合价值理论。①

库恩的范式论批判了科学主义的价值中立说,提出了相对真理观与多元价值论,为心理学的文化转向奠定了哲学基础。

科学主义认为,科学是价值中立的事业。科学的目标是求真,科学知识是有关事实的陈述的集合,因此,科学与功利、与善恶等价值的判断是无关的。科学家作为中立的观察者,应不带任何偏见地去研究、观察和记录外界发生的变化。这种观念将真理与价值对立起来,认为科学只有远离价值才可以维护科学的纯洁性。在科学主义的影响下,主流心理学家抵制价值因素的考虑,强调心理学研究的客观性,声称心理学是价值中立的客观科学,心理学家极少关注文化因素,文化成为可有可无的因素而被排斥在心理学的领域之外。

库恩从三个方面对科学主义的价值中立说进行了批判。第一,库恩认为科学研究具有相对性。范式就是某一科学家集团围绕某一学科或专业具有的理论上或方法上的共同信念,而且新旧范式或不同理论之间是不可通约的。第二,库恩认为价值是多元化的。一方面,科学的内在价值与科学家追求的目标密切相关,而科学家追求的目标是各不相同的;另一方面,人们总有理由选择较好的理论,但是并不存在科学共同体所有成员都共同遵守的一组方法论准则。第三,库恩认为可以从心理学和社会学的角度提出多元价值的整合问题。库恩将科学共同体的共同信念、专家集团的权威意见

---

① 林方.心灵的困惑与自救——心理学的价值理论[M].沈阳:辽宁人民出版社,1989:5-7.

等置于逻辑甚至一般方法的合理评价之上。这种相对真理观和多元价值论彻底打破了科学主义的价值中立说、科学客观性的神话,科学研究不再是不偏不倚的价值中立的活动,而是一种群体的信念指导下的活动,是在一定的文化历史条件下,一定的意识形态指导下的一种相对意义的活动,这种观点为心理学家重视文化、价值、社会历史和风俗习惯等因素提供了理论依据。[①]

科学的探索、心理学的探索实际上都有自己的价值定位,都有自己的价值导向,都有自己的价值承载,这是根本无法回避的。

三、心理学探索的价值无涉

有研究者指出,可以把科学中性化的纷繁多样的内容主要概括为,科学在内部和对外部来说都是中性的。所谓科学在内部是中性的,主要包括两方面的内容:科学研究活动和科学知识本身不受社会语境和价值观念的影响,也不作价值判断;科学知识不包含价值要素,从中也无法推出价值规范。所谓科学对外部是中性的,是说科学成果在价值上是中性的,其技术应用才有好坏善恶之分。需要申明的是,科学的中性化并不等同于科学的客观性。科学的中性化和客观性不是一回事。中性化涉及科学是否采取特定的立场,客观性涉及科学是否值得信赖某种断定。两者之间并没有什么关系。

科学是中性的,科学是价值中立的,科学是价值无涉的理解具有诸多的特点。把握住这些特点,对于全面深刻地理解科学,理解科学的研究,理解科学的事业,都是非常有帮助的。首先,科学的中性化具有历史性,即在不同的历史时期的含义、所指、要点都会有所不同。近代的中性理想的起源可以追溯到与科学和社会有关的根本问题:效用问题,即理论和实践的关系问题;方法问题,即保证实证的、可靠的和客观的知识的问题;价值问题,利益起源和特点及其与自然和劳动的关系问题。其次,科学的中性化具有语境性,即在不同的环境或背景中,其内容会有所差异。科学是伟大中立的仲裁人、公正的法官:可以给它提出社会问题,公允的答案随之而出。科学提供了中立的历程,具有各种不同信念和原则的人可以在其上结合起来,所有的观点矛盾可以在其上加以克服。科学可以提供对立利益之间的平衡,可以

---

① 郭爱妹.库恩的范式论与心理学的发展[J].江海学刊,2001(6):102-107.

提供分歧观点之间的统一，可以提供混沌世界之间的秩序。第三，科学的中性化具有相对性，即在不同的时代、对不同的人而言，是意指不同的东西，必须借助随时间变化的特殊的目标来理解。第四，科学的中性化具有集成性，即价值中性理想不是单一的概念，而宁可说是在不同时期、为服务于不同社会功能而浮现的松散结合的理想之集合，只有针对具体语境才能理解这个集合的意义。第五，科学的中性化具有两面性，即科学的中性化既有防护性又有进攻性，既有积极作用又有消极后果。科学的价值中立的两面性集中表现在，它既可以保证科学共同体相对的自主性和研究的自由化，又可以成为科学家逃避社会现实和推卸社会责任的借口。①

有研究者指出，在讨论科学与价值的关系时，有一种长期以来引起人们争论的看法，即科学是价值无涉或价值中立的。其核心观点是：科学是追求纯粹真理的事业，是客观的，科学认识的活动是从无误的初始前提（如观察、公理）出发，达到对自然的真实的认识，科学是自然之境。价值则是关乎目的的，是主观的、功利的、非理性的，是不能作逻辑分析的，价值是心灵之境。

科学价值中立的主张各有不同，但其实质均是围绕四个方面展开的：一是科学研究的主体不包含价值性因素。这体现了科学家在从事科学活动时的一种职业态度。二是科学研究的对象不包含价值因素。科学直接面对的对象是自然，由于自然界本身是没有价值的，故而科学也是价值无涉的。三是科学研究的方法远离了价值的因素。要想获得对世界可靠的了解，人们必须使用可靠的方法在所谓的客观事物与主观事物之间作出区分。四是科学发现的结果无价值因素。当谈到科学是中性的，是说科学发现的结果（而不是科学活动）就其本身而言无所谓好还是坏，因而是中立的。科学只是描述的而没有激励或是告诫的成分，而对科学的应用则是由来自事实外部的价值决定。

科学价值无涉作为一种科学认识方式，并不是某一历史阶段偶然出现的结果，而是贯穿科学认识的始终，只不过在不同阶段表现形式各异。首先，当近代科学刚刚脱离宗教神学的束缚，但还没有巩固自己合法化地位

① 李醒民.科学是价值中性的吗？［J］.江苏社会科学,2006(1)：1-6.

时,强调科学与价值分离,是科学为自己建立的一种防御体系,是科学为抵抗那些阻碍其进步的观念所作的反应,是科学为自己在这个世界开辟道路采取的一种方式。其次,19世纪科学发展的专业化,也是导致科学与价值分立的原因。再次,20世纪三四十年代,强调科学是价值中性的,一方面是为了逃避无所不在的政治侵扰,另一方面则成了抵御社会批判、摆脱社会责任的挡箭牌。最后,在20世纪七八十年代,对科学价值中立说的奉行是对所谓的"客观性危机"状态的拯救。尽管"科学与价值无涉"这种非此即彼的思维方式有各种各样的弊病,但不能因此而无视其形成的合理成分。①

应该说,科学探索的价值无涉,心理学探索的价值无涉,是占有主导地位的,是具有支配作用的。

四、心理学探索的价值关联

反科学思潮质疑科学的确定性、中立性、合理性和进步性。这在一定条件下有助于克服科学主义把科学绝对化的偏颇,但在急需发展科学的中国,这极易消解对科学的追求。尽管中国的主流意识非常重视科学,但科学之路却难尽如人意:没有真正区分科学与伪科学,随心所欲地把科学当作自己的工具。在人类理性中存在理论理性和技术理性的分裂和整合,人们应在科学的功利主义与终极价值之间保持必要的张力。当今在西方比较流行的"反科学"思潮,以"对科学的迷信"的批判者自居,是对科学与社会发展负面结果的畸形回应。片面强调科学的负面作用,把罪恶归于科学,把造成负面作用的真正责任者——不合理的制度放在一边,否定科学的进展永无止境,显然是错误的。

因此,应拒斥反科学思潮的相对主义。对科学确定性的质疑,在一定条件下会有助于克服科学主义把科学绝对化的偏颇,但是更应该看到,这种反科学的思潮常常走入极端,从而把科学认识的相对性夸大为相对主义,使科学的合理性最终受到抛弃。

科学理性中存在着分裂和整合。科学倡导理性精神,但在理性精神内部却存在一种分裂和整合。理性包括理论理性和技术理性,前者试图以系

① 庞晓光.“科学与价值无涉”何以可能? [J].科学学研究,2006(增刊):332-335.

统和逻辑的方式去了解世界,整理人们有关世界的零散知识;后者关注控制和改造世界的过程,相信同样的先决条件会产生同样的结果,并试图有意识地复现这些条件,以便按主体的需要获得预想的结果。科学、基础研究倾向于理论理性一极,而技术、应用研究则包含更多的技术理性成分。概言之,前者更多地追求终极价值,而后者表现出浓厚的功利主义兴趣。

应该在功利主义与终极价值之间保持必要的张力。当今中国经济尚不发达的现实,要求人们大力发挥科学技术的功利作用,但若一味强调其功利的一面,由此造成的资源枯竭、道德失范等问题也将是致命的。对于中国这样一个人均资源极其匮乏的国家,如果科技被用来掠夺性地"利用"自然,那将是民族的灾难。如果科技在带来了一个工业化社会的同时也破坏了人文文化,那就是一个不可挽回的损失。①

有研究者在论述科学中的价值时指出,科学的结构或内涵是由社会建制、研究活动、知识体系三大部类组成的,其中每一部类都或多或少渗透着科学价值。科学社会建制中的价值是以科学的规范结构或精神气质为中心展开的,这体现在维护科学的自主性、保证学术研究的自由、对研究后果的意识、基础研究和应用研究的均衡、科学资源的分配与调整、科学发现的传播、控制科学的"误传"、科学成果的承认和科学荣誉的分配、对科学界的分层因势利导等诸方面。科学研究活动中的价值因素体现在探索的动机、活动的目的、方法的认定、事实的选择、体系的建构、理论的评价之中。科学知识体系中的价值因素体现在科学基础、科学陈述和科学解释之中。科学知识体系,或者更准确地讲,狭义的科学理论体系,是由科学原理、科学定律和科学事实三个层次构成的。为了建构科学理论,人们还必须有意识或无意识地作出或承诺某些为数不多的、形而上学色彩极强的基本假定,这就是科学预设(作为科学信念起作用)和科学传统(作为研究纲领起作用)。于是,就广义的科学理论体系而言,科学事实和科学定律是其低端的层次,科学原理、科学预设和科学传统则是其高端的层次。科学知识体系中的价值成分按照从低端到高端这样五个层次的顺序,一般是递增的。或者反过来,价值

① 刘大椿.科学的功利主义与终极价值追求[J].江西财经大学学报,2002(4):66-68.

成分则大体上是递降的。科学知识体系的五个层次都有可能包含价值成分,尤其是在其高端层次。①

可以说,在科学探索和科学体系的不同层面,与价值的关联性是不同的。这应该得到区别的考量和对待。

五、心理学探索的价值取向

当代心理学研究是否有价值的取向和定位,或者心理学是价值无涉的科学还是价值涉入的科学,这是心理学研究必须面对的一个重大问题。心理学作为一门科学的出现,受到传统自然科学的影响。所以,心理学力求在自己的研究中确立价值无涉,避免价值涉入。这给心理学带来巨大的进步,使心理学的研究力求避免主观性和思辨性,但是心理学在涉及心理行为时必然要有价值涉入。价值无涉的立场限制了心理学的影响力,甚至限制了心理学研究的科学性。心理学如何和怎样才能成为价值涉入的科学,就成为心理学发展中一个至关重要的问题。其实,所谓的价值无涉是指一种中立的立场和客观的立场。这就要求研究者不能在研究中把自己的偏见、好恶、情感、主张等强加给研究对象。相反,所谓的价值涉入则是指一种价值的导向和引领。这强调研究者和研究对象的一体化,突出了人的意向性和主观性,注重了人的自主性和主动性。心理学的研究要涉及人的价值取向,就要涉及人的意向问题。人的意向在科学心理学的研究中得到回避。意向、意向性成为心理学研究中难以逾越的障碍,许多心理学家选择了放弃。因此,怎样面对价值的问题,怎样解决价值的问题,是心理学未来发展的核心问题。

心理学成为独立科学门类之后,就一直力图以自然科学的研究规范来约束自己。自然科学面对的对象是自然事物。自然事物没有价值选择的目的,没有价值评判的限制,没有价值定位的自觉。但是,人有自己的价值生活、价值取向、价值评判和价值取舍,因此心理学的研究无法回避人的价值问题,必须有价值的涉入和引导。在科学心理学的历史发展进程中,实证主义的心理学就否弃价值的问题,而把科学心理学定义为价值无涉的科学。

① 李醒民.论科学中的价值[J].社会科学论坛,2005(9):41-55.

人本主义心理学则力主心理学是价值涉入的科学，而不应该回避价值的问题。科学心理学的发展必须面对价值问题，并通过价值的研究来创造和引导人的现实生活。

心理学研究中的价值问题实际上是体现在两个重要的方面：一是关于人的价值取向、价值定位、价值观念、价值评判等价值心理的研究。这就涉及心理学是否能够通过自己的科学研究方式来揭示和解释人的价值心理。二是关于心理学研究的价值取向、价值定位、价值观念、价值评判等定位的研究。其实，这两个问题是直接相关的。涉及人类心理的价值问题，就要涉及学科研究的价值问题。在心理学的科学研究中，对客观性的追求显然消除了心理学研究的价值取向的问题，从而导致放弃了心理学对人的心理行为的价值取向的研究。心理学成为没有"价值"的学科。这也就是心理学的价值无涉、价值中立、价值回避、价值逃避的根由。

心理学研究应该面对心理的价值取向问题，也应该面对学科的价值定位问题。这就必须重新考虑和设定心理学的研究。心理学研究应该超越主体与客体、主观和客观的分割和分隔，而应该追求一体化的历程和研究。这就是生成性的科学研究、生成性的生活创造。道就是一体化的存在，就是生成性的本源。这就是心性的一体化、心性的生成性的存在，也是心性的生成性、心性的创生性的本源。

心理学本身应该成为价值导向的科学，应该成为价值引领的科学，应该成为价值创造的科学。这给心理学的探索和研究提出了一个非常重要的任务，心理学承担着生活和科学的双重责任。在心理生活中，心理学如何成为生活者的价值创造者和引领者？在心理科学中，心理学如何成为研究者的价值定向者和承担者？这是心理学研究需要回答的。

心理学是人类心理生活的旁观者，心理学研究长期以来都是人类生活价值的中立者。这使得心理学一直脱离人类生活的核心部分，也使得心理学研究一直远离人类生活的价值取向。心理学只有把心理生活的创造性生成作为根本性的任务和责任，把价值取向、价值引领、价值导向和价值创造作为心理学生活应用的根本，心理学也才会有自身存在的价值。

参考文献

一、中文部分

包蕾萍,桑标. 习俗还是发生:生命历程理论视角下的毕生发展[J]. 华东师范大学学报(教育科学版),2006(1).

蔡仁厚. 儒家心性之学论要[M]. 台北:文津出版社,1980.

陈宏. 科学心理学研究方法论的比较与整合[J]. 东北师大学报(哲学社会科学版),2002(6).

陈健. 科学划界——论科学与非科学及伪科学的区分[M]. 北京:东方出版社,1997.

陈庆坤. 中国哲学史通[M]. 长春:吉林大学出版社,1999.

陈少华,郑雪. 西方人格心理学的困境与出路[J]. 自然辩证法通讯,2002(3).

陈英敏,邹丕振. 在全球化与本土化之间:建构一种多元文化的现代心理学观[J]. 山东师范大学学报(人文社会科学版),2005(3).

崔红,王登峰. 中国人人格结构的确认与形容词评定结果[J]. 心理与行为研究,2003(2).

刁生富. 科学的价值中立与价值负载[J]. 学术研究,2001(6).

董会芹,张文新. 发展心理学研究的新视角——进化发展心理学[J]. 华东师范大学学报(教育科学版),2006(4).

杜维明. 儒家思想新论——创造性转换的自我[M]. 曹幼华,等,译. 南京:江苏人民出版社,1991.

方立天. 佛教哲学[M]. 北京:中国人民大学出版社,1986.

方立天. 心性论——禅宗的理论要旨[J]. 中国文化研究,1995(4).

冯友兰. 新原人[M]//三松堂全集(第四卷). 郑州：河南人民出版社,1986.

傅荣,翟宏. 行为、心理、精神生态学发展研究[J]. 北京师范大学学报(人文社会科学版),2000(5).

高觉敷. 西方心理学史论[M]. 合肥：安徽教育出版社,1995.

高觉敷. 中国心理学史[M]. 北京：人民教育出版社,1985.

高尚仁,杨中芳. 中国人·中国心——传统篇[M]. 台北：远流出版公司,1991.

高新民,刘占峰. 民众心理学研究与当代哲学的新问题[J]. 哲学动态,2002(12).

高新民. 现代西方心灵哲学[M]. 武汉：武汉出版社,1994.

葛鲁嘉,陈若莉. 当代心理学发展的文化学转向[J]. 吉林大学社会科学学报,1999(5).

葛鲁嘉,陈若莉. 论心理学哲学的探索——心理科学走向成熟的标志[J]. 自然辩证法研究,1999(8).

葛鲁嘉. 中国心理学的科学化与本土化——中国心理学发展的跨世纪主题[J]. 吉林大学社会科学学报,2002(2).

葛鲁嘉. 本土传统心理学的两种存在水平[J]. 长白学刊,1995(1).

葛鲁嘉. 本土的传统心理学与实证的科学心理学的关联[J]. 吉林大学社会科学学报,1994(2).

葛鲁嘉. 本土的经验心理学与实证的科学心理学的分野[J]. 吉林大学社会科学学报,1993(5).

葛鲁嘉. 本土心性心理学对人格心理的独特探索[J]. 华中师范大学学报(人文社会科学版),2004(6).

葛鲁嘉. 常识形态的心理学论评[J]. 安徽师范大学学报(人文社会科学版),2004(6).

葛鲁嘉. 超个人心理学对西方文化的超越[J]. 长白学刊,1996(2).

葛鲁嘉. 大心理学观——心理学发展的新契机与新视野[J]. 自然辩证法研究,1995(9).

葛鲁嘉. 对心理学方法论的扩展性探索[J]. 南京师大学报(社会科学版),2005(1).

葛鲁嘉. 对中国本土传统心理学的不同学术理解[J]. 东北师大学报(哲学社

会科学版),2005(3).

葛鲁嘉.科学形态的心理学议评——心理学的五种历史形态考察之五[J].华东师范大学学报(教育科学版),2005(4).

葛鲁嘉.类同形态的心理学总评[J].西北师大学报(社会科学版),2005(3).

葛鲁嘉.理论心理学研究的理论功能[J].山西师大学报(社会科学版),2005(4).

葛鲁嘉.联结主义:认知过程的新解释与认知科学的新发展[J].心理科学,1994(4).

葛鲁嘉.人工智能与人类心理[J].自然辩证法研究,1994(7).

葛鲁嘉.认知科学的性质与未来[J].吉林大学社会科学学报,1995(1).

葛鲁嘉.体证和体验的方法对心理学研究的价值[J].华南师范大学学报(社会科学版),2006(4).

葛鲁嘉.心理生活论纲——关于心理学研究对象的另类考察[J].陕西师范大学学报(哲学社会科学版),2005(2).

葛鲁嘉.心理文化论要——中西心理学传统跨文化解析[M].大连:辽宁师范大学出版社,1995.

葛鲁嘉.心理学的五种历史形态及其考评[J].吉林师范大学学报(人文社会科学版),2004(2).

葛鲁嘉.心理学研究本土化的立足点[J].本土心理学研究,1997(8).

葛鲁嘉.心理学研究的生态学方法论[J].社会科学研究,2009(2).

葛鲁嘉.心理学应用的理论、方案和领域研究[J].河南师范大学学报(哲学社会科学版),2004(6).

葛鲁嘉.心理学中国化的学术演进与目标[J].陕西师范大学学报(哲学社会科学版),2007(4).

葛鲁嘉.心理资源论——心理学的历史、现实和未来的形态[J].陕西师范大学学报(哲学社会科学版),2008(6).

葛鲁嘉.心理资源论析——心理学的历史、现实和未来的形态[M].北京:中国社会科学出版社,2010.

葛鲁嘉.新心性心理学的理论建构——中国本土心理学理论创新的一种新世纪的选择[J].吉林大学社会科学学报,2005(5).

葛鲁嘉.新心性心理学宣言——中国本土心理学原创性理论建构[M].北

京：人民出版社,2008.

葛鲁嘉.哲学形态的心理学考评——心理学的五种历史形态考察之二[J].河北师范大学学报(教育科学版),2005(4).

葛鲁嘉.中国本土传统心理学的内省方式及其现代启示[J].吉林大学社会科学学报,1997(6).

葛鲁嘉.中国本土传统心理学术语的新解释和新用途[J].山东师范大学学报(人文社会科学版),2004(3).

葛鲁嘉.中国本土的传统形态心理学与本土化的科学形态心理学[J].社会科学战线,1994(2).

葛鲁嘉.追踪现代科学心理学发展的十个线索[J].心理科学,2004(1).

葛鲁嘉.宗教形态的心理学述评[J].华中师范大学学报(人文社会科学版),2007(1).

葛鲁嘉,等.天命与中国民众的心理生活[J].长白论丛,1995(5).

谷传华,张文新.情境的心理学内涵探微[J].山东师范大学学报(人文社会科学版),2003(5).

顾红亮.以境界说人格[J].贵州社会科学,2003(1).

郭爱妹.库恩的范式论与心理学的发展[J].江海学刊,2001(6).

郭本禹.当代心理学的新进展[M].济南：山东教育出版社,2003.

郭卿.青少年的心理发展：一种生命历程的观点[J].社会心理科学,2007(1、2).

郭永玉.精神的追寻：超个人心理学及其治疗理论研究[M].武汉：华中师范大学出版社,2002.

郭永玉.论物理学作为心理学的榜样[J].教育研究与实验,2002(4).

郭永玉.马斯洛晚年的超越性人格理论的形成与影响[J].华东师范大学学报(教育科学版),2002(2).

韩家炳.多元文化、文化多元主义、多元文化主义辨析——以美国为例[J].史林,2006(5).

韩忠太,张秀芬.学科互动：心理学与文化人类学[J].云南社会科学,2002(3).

亨廷顿,等.全球化的文化动力：当今世界的文化多样性[M].康敬贻,等,译.北京：新华出版社,2004.

侯春在.基于文化适应的解释：儿童心理发展的成长论观点[J].教育理论与实践,2005(12).

胡中锋.论心理学的学科划界问题——从科学哲学中关于科学的划界标准谈起[J].自然辩证法研究,1998(7).

黄诚.儒家"心性论"的系统架构及其思想开展[J].江西社会科学,2009(6).

黄力之.多元文化主义的悖论——对亨廷顿理论的再评价[J].哲学研究,2003(9).

黄希庭,范蔚.人格研究中国化之思考[J].西南师范大学学报(人文社会科学版),2001(6).

霍涌泉.心理学文化转向中的方法论难题及整合策略[J].心理学探新,2004(1).

纪海英.文化与心理学的相互作用关系探析[J].南京师大学报(社会科学版),2007(4).

荆其诚.现代心理学发展趋势[M].北京：人民出版社,1990.

克吕维尔.现代德国心理学[M]//墨菲,柯瓦奇.近代心理学历史导引.林方,等,译.北京：商务印书馆,1992.

乐国安,管健.混沌理论研究对心理学研究的介入[J].自然辩证法通讯,2005(1).

勒温.拓扑心理学[M].竺培梁,译.杭州：浙江教育出版社,1997.

黎黑.心理学史——心理学思想的主要趋势(上册、下册)[M].李维,译.杭州：浙江教育出版社,1998.

李炳全,叶浩生.主流心理学的困境与文化心理学的兴起[J].国外社会科学,2005(1).

李炳全.论文化心理学在心理学方法论上的突破[J].自然辩证法通讯,2005(4).

李景林.教养的本原——哲学突破期的儒家心性论[M].沈阳：辽宁人民出版社,1998.

李敏荣.超个人心理学的发展观述评[J].湖南师范大学教育科学学报,2007(4).

李晓文,王晓丽.文化发展心理学方法论探讨[J].华东师范大学学报(教育科学版),2006(4).

李醒民.科学是价值中性的吗？[J].江苏社会科学,2006(1).

李醒民.论科学中的价值[J].社会科学论坛,2005(9).

李亦园,杨国枢.中国人的性格——科际综合性的讨论[M].台北:"中央研究院"民族学研究所,1992.

李仲涟.耗散结构论与心理学[J].湖南师范大学社会科学学报,1989(5).

里奇拉克.发现自由意志与个人责任[M].许泽民,等,译.贵阳:贵州人民出版社,1994.

利奥塔尔.后现代状态:关于知识的报告[M].车槿山,译.北京:三联书店,1997.

梁漱溟.人心与人生[M].北京:学林出版社,1984.

林崇德,俞国良.心理学研究的中国化:过程和道路[J].心理科学,1996(4).

林崇德,等.计算机与智力心理学[M].杭州:浙江人民出版社,1996.

林方.心灵的困惑与自救——心理学的价值理论[M].沈阳:辽宁人民出版社,1989.

铃木大拙,弗洛姆.禅与心理分析[M].孟祥森,译.北京:中国民间文艺出版社,1986.

刘大椿.科学的功利主义与终极价值追求[J].江西财经大学学报,2002(4).

刘慧群.教育学还在与心理学对话吗——教育理论研究中教育学和心理学关系的再寻找[J].教育科学研究,2002(11).

刘建榕.从行为遗传学的发展再看人类心理发展[J].福建师范大学学报(哲学社会科学版),2007(2).

刘杰,孟会敏.关于布朗芬布伦纳发展心理学生态系统理论[J].中国健康心理学杂志,2009(2).

刘婷,陈红兵.生态心理学研究述评[J].东北大学学报(社会科学版),2002(2).

刘新学.数学与心理学的发展[J].赣南师范学院学报,2004(4).

罗安宪.敬、静、净:儒道佛心性论比较之一[J].探索与争鸣,2010(6).

罗安宪.中国心性论第三种形态:道家心性论[J].人文杂志,2006(1).

麻彦坤.当代心理学文化转向的动因及其方法论意义[J].国外社会科学,2004(1).

马斯洛.科学心理学[M].林方,译.昆明:云南人民出版社,1988.

马斯洛.科学中的问题中心与方法中心[M]//动机与人格.许金声,等,译.北京:华夏出版社,1987.

马斯洛.人类价值新论[M].胡万福,等,译.石家庄:河北人民出版社,1988.

马欣川.机体与心灵——关于心身关系的思考[J].深圳大学学报(人文社会科学版),2002(1).

梅多,等.宗教心理学[M].陈麟书,等,译.成都:四川人民出版社,1990.

蒙培元.浅论中国心性论的特点[J].孔子研究,1987(4).

蒙培元.儒、佛、道的境界说及其异同[J].世界宗教研究,1996(2).

蒙培元.心灵的开放与开放的心灵[J].哲学研究,1995(10).

蒙培元.中国的心灵哲学与超越问题[J].学术论丛,1994(1).

蒙培元.中国哲学主体思维[M].北京:人民出版社,1993.

孟维杰.从科学划界看心理学划界的深层思考[J].科学技术与辩证法,2007(1).

孟维杰.关联与互动:20世纪的科学心理学与分析哲学[J].心理学探新,2007(3).

孟维杰.现代心理学自然科学性探析[J].南京师大学报(社会科学版),2007(5).

孟子·告子上[M].

孟子·尽心上[M].

莫阿卡西.荣格心理学与西藏佛教[M].江亦丽,等,译.北京:商务印书馆,1994.

南怀瑾.禅宗与道家[M].上海:复旦大学出版社,1991.

潘桂明.中国禅宗思想历程[M].北京:今日中国出版社,1992.

潘菽,高觉敷.中国古代心理思想研究[M].南昌:江西人民出版社,1983.

潘菽.论心理学基本理论问题的研究[J].心理学报,1980(1).

庞晓光."科学与价值无涉"何以可能?[J].科学学研究,2006(增刊).

任真,桑标.毕生发展心理学的新进展[J].心理科学,2003(4).

桑标.描述心理发展的三种途径[J].华东师范大学学报(教育科学版),1997(1).

单志艳,孟庆茂.心理学中定量研究的几个问题[J].心理科学,2002(4).

商卫星.脑科学与心理学研究[J].医学与哲学(人文社会医学版),2007(1).

邵夏.论科学中的价值[J].社会科学家,2006(6).

斯金纳.超越自由与尊严[M].王映桥,等,译.贵阳:贵州人民出版社,1988.

宋晓东,叶浩生.本土心理学与多元文化论——在人类心理学理论前景中的相遇[J].徐州师范大学学报(哲学社会科学版),2008(1).

汤一介.禅宗的觉与迷[J].中国文化研究,1997(3).

陶宏斌,郭永玉.实证主义方法论与现代西方心理学[J].心理学报,1997(3).

田浩,葛鲁嘉.文化心理学的启示意义及其发展趋势[J].心理科学,2005(5).

田浩.文化心理学的双重内涵[J].心理科学进展,2000(5).

童辉杰.广义的诠释论与统一的心理学[J].南京师大学报(社会科学版),2000(4).

瓦西留克.体验心理学[M].黄明,等,译.北京:中国人民大学出版社,1989.

汪云九,杨玉芳,等.意识与大脑——多学科研究及其意义[M].北京:人民出版社,2003.

王登峰,崔红.中西方人格结构的理论和实证比较[J].北京大学学报,2003(5).

王登峰,方林,左衍涛.中国人人格的词汇研究[J].心理学报,1995(4).

王沛,胡林成.社会信息加工领域中的情境模型理论[J].心理科学进展,2002(3).

王甦,等.当代心理学研究[M].北京:北京大学出版社,1993.

王亚南.情境心理学的若干问题[J].心理学动态,1996(4).

肖志翔.生态心理学思想反思[J].太原理工大学学报(社会科学版),2004(1).

辛自强.心理发展的社会微环境[J].华东师范大学学报(教育科学版),2007(2).

熊哲宏,李其维.论儿童的文化发展与个体发展的统一:维果茨基与皮亚杰认知发展理论的整合研究论纲[J].华东师范大学学报(教育科学版),2002(1).

徐冰.心理学与社会学之间的解释学进路[J].中国农业大学学报(社会科学版),2007(3).

薛为昶.超越与建构:生态理念及其方法论意义[J].东南大学学报(哲学社会科学版),2003(4).

燕国材.中国心理学史[M].杭州:浙江教育出版社,1998.

杨国枢,文崇一.社会及行为科学研究的中国化[M].台北:"中央研究院"民族学研究所,1982.

杨国枢,余安邦.中国人的心理与行为——理念及方法篇[M].台北:桂冠图书股份有限公司,1993.

杨国枢.我们为什么要建立中国人的本土心理学?[J].本土心理学研究,1993(1).

杨国枢.心理学研究的本土契合性及其相关问题[J].本土心理学研究,1998(8).

杨国枢.心理学研究的中国化:层次与方向[M]//杨国枢,文崇一.社会及行为科学研究的中国化.台北:"中央研究院"民族学研究所,1982.

杨洪贵.多元文化主义的产生与发展探析[J].学术论坛,2007(2).

杨维中.论先秦儒学的心性思想的历史形成及其主题[J].人文杂志,2001(5).

杨鑫辉.心理学通史[M].济南:山东教育出版社,2000.

杨鑫辉.诠释与转换——论中国古代心理学思想史研究方法的新发展[J].南京师大学报(社会科学版),2002(4).

杨鑫辉.中国心理学史论研究[J].江西师范大学学报(哲学社会科学版),2001(4).

杨鑫辉.中国心理学史研究的新进展[J].心理学报,1988(1).

杨鑫辉.中国心理学思想史[M].南昌:江西教育出版社,1994.

杨中芳,高尚仁.中国人·中国心——发展与教学篇[M].台北:远流出版公司,1991.

杨中芳,高尚仁.中国人·中国心——人格与社会篇[M].台北:远流出版公司,1991.

杨中芳.如何研究中国人——心理学本土化论文集[M].台北:桂冠图书股

份有限公司,1997.

　　杨中芳.试论如何深化本土心理学研究[J].本土心理学研究,1993(1).

　　杨中芳.试论中国人的"自己":理论与研究方向[M]//中国人·中国心——社会与人格篇.台北:远流出版公司,1991.

　　叶浩生.西方心理学的历史与体系[M].北京:人民教育出版社,1998.

　　叶浩生.西方心理学研究新进展[M].北京:人民教育出版社,2003.

　　叶浩生.关于西方心理学中的多元文化论思潮[J].心理科学,2001(6).

　　叶浩生.论理论心理学的概念、性质与作用[J].湖南师范大学教育科学学报,2003(3).

　　叶浩生.试析现代西方心理学的文化转向[J].心理学报,2001(3).

　　叶浩生.西方心理学研究新进展[M].北京:人民教育出版社,2003.

　　叶浩生.有关西方心理学中生物学化思潮的质疑与思考[J].心理科学,2006(3).

　　易芳,郭本禹.心理学研究的生态学取向[J].江西社会科学,2003(11).

　　易芳.生态心理学之背景探讨[J].内蒙古师范大学学报(教育科学版),2004(12).

　　易芳.生态心理学之界说[J].心理学探新,2005(2).

　　余安邦.文化心理学的历史发展与研究进路[J].本土心理学研究,1996(6).

　　余德慧.文化心理学的诠释之道[J].本土心理学研究,1996(6).

　　翟学伟.中国人行动的逻辑[M].北京:社会科学文献出版社,2001.

　　张广保.金元全真道内丹心性学[M].北京:三联书店,1995.

　　张婷,张伟.现代物理学与当代心理学[J].临沂师范学院学报,2007(3).

　　张卫.毕生发展心理学的产生与发展[J].华南师范大学学报(社会科学版),1996(4).

　　张耀翔.中国心理学的发展史略[M]//张耀翔.心理学文集.上海:上海人民出版社,1983.

　　章士嵘.心理学哲学[M].北京:社会科学文献出版社,1995.

　　郑剑虹.历史学与心理学的结合[J].社会科学,1997(5).

　　郑开.道家心性论研究[J].哲学研究,2003(8).

　　钟年.不同民族不同文化的相处之道——现代化问题与文化多样性[J].世界民族,2001(6).

周慧琴.超循环论对生命复杂性与有序性的揭秘[J].系统辩证学学报,1994(2).

周宁,葛鲁嘉.常识话语形态的心理学[J].辽宁师范大学学报(社会科学版),2004(1).

周宁,葛鲁嘉.心理学的常识存在水平[J].心理科学,2003(6).

周宁.本土心理学的两种哲学视野[J].西北师大学报(社会科学版),2003(4).

周宁.独白的心理学与对话的心理学——心理学的两种话语形态[M].昆明:云南大学出版社,2005.

周宁.心理学哲学视野中的主体心理学与存在心理学[J].学习与探索,2003(4).

周一骑.论中国的心性修养之学的若干特色[J].南开大学法政学院学术论丛(下),2002(S2).

朱宝荣.计算机模拟:一种探索心理机制的现代方法[J].心理科学,2003(5).

朱皕.近50年来发展心理学生态化研究的回顾与前瞻[J].心理科学,2005(4).

二、英文部分

Adamopoulos, J. & Lonner, W. J. Culture and psychology at acrossroad: Historical perspective and theoretical analysis. In David Matsumoto (Ed.), *The handbook of culture and psychology*. New York: Oxford University Press, 2001.

Baars, B. J. *The cognitive revolution in psychology*. New York: The Guilford Press, 1986.

Boden, M. N. *The philosophy of artificial intelligence*. New York: Oxford University Press, 1990.

Bogdan, R. J. (Ed.). *Mind and common sense*. New York: Cambridge University Press, 1991.

Bond, M. H. *The psychology of the Chinese people*. New York: Oxford University Press, 1986.

Cole, M. *Cultural psychology*. Cambridge, MA: Harvard University Press, 1998.

Decarvalho, R. J. *The founders of humanistic psychology*. New York: Praeger, 1991.

Heelas, P. & Lock, A. *Indigenous psychology: The anthropology of the self*. New York: Academic Press, 1981.

Heelas, P. Introduction: Indigenous psychology. In P. Heelas & A. Lock (Eds.), *Indigenous psychology*. New York: Academic Press, 1981.

Heider, F. *The psychology of interpersonal relations*. London: Wiley, 1958.

Ho, D. Y. F. Asian psychology: A dialogue on indigenization and beyond. In A. C. Paranjpe, D. Y. F. Ho, & R. N. Rieber (Eds.), *Asian contributions to psychology*. New York: Praeger, 1988.

Jackendoff, R. *Consciousness and the computational mind*. Cambridge, MA: The MIT Press, 1987.

Joynson, R. B. *Psychology and common sense*. London: Routledge & Kegan Paul, 1974.

Kendler, H. H. *Psychology: A science in conflict*. New York: Oxford University Press, 1981.

Kim, U. & Berry, J. W. The indigenous psychologies: Approach and the scientific traditions. In U. Kim & J. W. Berry (Eds.), *Indigenous psychology: Research and experience in cultural context*. Newbury Park, CA: Sage Publications, 1993.

Kim, U. Culture, science and indigenous psychologies: An integrated analysis. In David Matsumoto(Ed.), *The handbook of culture and psychology*. New York: Oxford University Press, 2001.

Kim, U. Indigenous psychology: Science and application. In R. W. Brislin (Ed.), *Applied cross-cultural psychology*. Newbury Park, CA: Sage Publications, 1990.

Kim, U. & Berry, J. W. (Eds.). *Indigenous psychologies: Research and experience in cultural context*. Newbury Park, CA: Sage Publications, 1993.

Kimble, C. A. Psychology's two cultures. *American Psychologist*, 1984(8).

Kohler, W. *Gestalt psychology*. New York: Liveright, 1947.

Lajoie, D. H., Shapire, D. S. Definitions of transpersonal psychology. *The Journal of Transpersonal Psychology*, 1992(1).

Markus, H. R. & Kitayama, S. Culture and the self: Implications for cognition, emotion and motivation. *Psychological Review*, 1991(2).

Marsella, A., Devos, G., & Hsu, F. L. K. *Culture and self: Asian and Western perspectives*. London: Tavistock, 1985.

May, R. *Existential psychology*. New York: Random House, 1969.

Moscovici, S. Foreword. In P. Heelas & A. Lock (Eds.), *Indigenous psychology*. New York: Academic Press, 1981.

Murphy, G. & Murphy, L. *Asian psychology*. New York: Basic Books, 1968.

Neisser, U. The future of cognitive science: An ecological analysis. In D. M. Johnson & G. Emeling (Eds.), *The future of the cognitive revolution*. New York: Oxford University Press, 1997.

Nisbett, R. E., Peng, K., Choi, I., & Norenzayan, A. Culture and systems of thought. *Psychological Review*, 2001(2).

Paranjpe, A. C., Ho, D. Y. F., & Rieber, R. W. *Asian contributions to psychology*. New York: Praeger, 1988.

Paranjpe, A. C. *Theoretical psychology: The meeting of East and West*. New York: Plenum, 1984.

Pedersen, P. Non-western psychology: The search for alternatives. In A. T. Marsella, R. G. Tharp, & T. J. Ciborowski (Eds.), *Perspectives on cross-cultural psychology*. New York: Academic Press, 1979.

Pedersen, P. (Ed.). *Multiculturalism as a fourth force*. Washington DC: Taylor & Francis, 1999.

Ratner, C. *Cultural psychology and qualitative methodology*. New York: Plenum Press, 1997.

Rogers, C. R. Two divergent trends. In R. May (Ed.), *Existential* psychology. New York: Random House, 1969.

Searle, J. Minds and brains without programs. In C. Blakemore & S. Greenfield (Eds.), *Mindwavea*. Oxford: Basil Blackwell, 1987.

Shweder, R. A. *Thinking through cultures: Expeditions in cultural psychology*. Cambridge, MA: Harvard University Press, 1991.

Smedslund, J. Bandura's theory self efficacy: A set of common sense theorems. *Scandinavian Journal of Psychology*, 1978(19).

Sperry, R. W. Psychology's mentalist paradigm and the religion/science tension. *American Psychologist*, 1988(8).

Spilka, B. & Mcintosh, D. N. *The psychology of religion: Theoretical approaches*. Westview Press, 1997.

Staats, A. W. Unified positivism and unification psychology. *American Psychologist*, 1991(9).

Stigler, J. W. , Shweder, R. A. , & Herdt, G. (Eds.). *Cultural psychology: Essays on comparative human development*. Cambridge, England: Cambridge University Press, 1990.

Tart, C. T. Some assumptions of orthodox Western psychology. In C. T. Tart (Ed.), *Transpersonal psychologies*. New York: Harper and Row, 1975.

Tart, C. T. Science, state of consciousness, and spiritual experience: The need for state-specific sciences. In C. T. Tart (Ed.), *Transpersonal psychologies*. New York: Harper and Row, 1975.

Varela, F. J. , Thompson, E. , & Rosch, E. *The embodied mind: Cognitive science and human experience*. Cambridge, MA: The MIT Press, 1991.

Vijver, F. V. D. The evolution of cross-cultural research methods. In David Matsumoto (Ed.), *The handbook of culture and psychology*. New York: Oxford University Press, 2001.

Wegner, D. M. & Vallacher, R. R. Common-sense psychology. In J. P. Forgas (Ed.), *Social cognition: Perspectives on everyday understanding*. London: Academic Press, 1981.

Whitehead, A. N. *The aims of education and other essays*. New York: The

New American Library，1929.

Wilks，K. V. The relationship between scientific psychology and common-sense psychology. *Synthese*，1991(89).

Wulff，D. M. *Psychology of religion: Classic and contemporary view.* John Wiley & Sons Inc. ，1997.

后　　记

完成了研究,却并没有完成探索;完成了写作,却并没有完成思考;完成了任务,却并没有完成使命。野茫茫、路漫漫、行匆匆,有的时候会问自己:"什么时候会停下来喘息和休养?"

从把心理学本土化作为自己的学术追求和学术理念起,我就没有停止过探索和研究。在早期,仅仅是有一个模糊的框架构想。在某些特定的场合,也有人问起:"什么时候能将你自己的学术构想变成现实的成果?"我总是无言以对。因为太忙了,为了在吉林大学建心理学的学科点,为了安排心理学本科生、研究生的课程,我不得不将所有没人承担的课程变成自己的课程。在最繁忙的时候,一个学期讲六门课程,白天排不开时间,就安排在晚上讲课,大量的时间还用在了行政、教学和科研管理的事务上,自己的研究工作不得不一再拖延。

但是,这也并不是没有好处,因为我可以用更长的时间来思考自己的学术构想。当我把自己关于中国本土心理学的理论构想一步一步实现出来的时候,我还是认为应该有更多的时间来探索、思考和研究。1999 年,在外出讲课的时候,我累倒在自己的工作岗位上,几乎一年的休养中,我辞去了所有的行政管理工作,躺在床上。病好了之后我才发现,这又给了我一个自由驰骋的时间和空间。当重新回到自己的学术常轨后,我原来的学术构想开始有了突飞猛进的实现历程。我在差不多十年的时间中完成了自己在二十多年前设计的新心性心理学的研究构想。开始时是三部分的基本内容,即心理文化论要、心理生活论纲和心理环境论说,现在则扩展为包括六个部分的核心内容,即心理资源论析、心理文化论要、心理生活论纲、心理环境论说、心理成长论本和心理科学论总。目前我还初步完成了延伸出来的有关心理资源探索的基本研究构想，这也包括六部分内容，即常识形态的心理学、哲学形态的心理学、宗教形态的心理学、类同形态的心理学、科学形态的心理学和资源形态的心理学。

当一切在按照自己的研究设想实施的时候，我意识到了一个更加重要和根本的课题及内容，那就是回到本土心理学的主题上，为自己的本土心理学研究勾画明晰的总体内容。原有的研究都是分门别类做的，如果按照本土心理学的研究路径和进程，这些分别进行的研究就能构成一个完整的本土心理学的探索和建构。当我把自己已有的全部成果集合起来，认真系统地进行筛选和梳理之后，一个本土心理学的学术突破和建构就清晰了。这就形成了这部学术专著《心理学本土化——中国本土心理学的选择与突破》的内容。

我把自己数量并不算少的研究成果汇总、整理和筛选出来之后，我的本土心理学研究的梦想和构想就成为一个现实的学术思想体系。我愿意将其呈现出来，希望能够为中国心理学的本土化追求提供一种独特的探索。

心理学本土化早已成为世界性的潮流，心理学本土化最重大的问题或最关键的突破就是原始性的创新，其中就包括心理学的原始性理论创新。中国是后发展的国家，中国的心理学是后发展的心理学，非常需要借鉴甚至模仿，但是，这又在很大程度上限制或制约了原始性的创新。因此，所谓的本土心理学或真正的本土心理学，就是创新的心理学。

中国本土心理学太需要理论，太需要基于自己的文化资源的理论，太需要有自己的历史、现实和未来的学术发展来推动理论创新。理论的构想从来就内含着一种渴望，那就是填补空白、响应需求、带动成长、激发创新。中国本土的心理学研究者从来就肩负着社会、文化和民族的重任。严格说来，这已经超出心理学学科的范围，但是，从事创新、学术创新、心理学学术创新和心理学理论的学术创新，就应该更多地承担起自己的责任。

我总是有一种紧迫感，总觉得应该尽快完成自己的学术构想和设计。

这不仅因为个体的生命太短暂了,而且因为中国太需要立足自身文化根基的心理学学科。心理学理论,无论是框架、思路、构想还是设计、建构、内容,都是中国本土心理学最根本的基础和最重要的支撑。

个体的生命真是太短暂了,但是,将个体的生命融入长久的事业,汇入不息的洪流,生命就会长存和长青。这,就是命运的召唤!其实,从我选择进入中国本土心理学的研究道路起,我一直在试图贯通自己的生命与事业。欣慰的是,我已经迈入通途。

非常感谢上海教育出版社的谢冬华编辑,使我能够将自己的心理学本土化研究成果汇集出版。

葛鲁嘉

于长春市柳条路吉林大学住宅

2013 年 5 月 6 日

图书在版编目(CIP)数据

心理学本土化: 中国本土心理学的选择与突破 / 葛鲁嘉著.– 上海：
上海教育出版社, 2014.12
（心理学形态研究系列）
ISBN 978–7–5444–6009–5

Ⅰ. ①心… Ⅱ. ①葛… Ⅲ. ①心理学 – 本土化 – 研究 – 中国
Ⅳ. ①B84

中国版本图书馆CIP数据核字(2014)第305419号

责任编辑　谢冬华
封面设计　郑　艺

心理学形态研究系列
心理学本土化
——中国本土心理学的选择与突破
葛鲁嘉　著

出　　版	上海世纪出版股份有限公司	
	上 海 教 育 出 版 社	
	易文网 www.ewen.co	
地　　址	上海永福路123号	
邮　　编	200031	
发　　行	上海世纪出版股份有限公司发行中心	
印　　刷	昆山市亭林印刷有限责任公司	
开　　本	700×1000　1/16　印张 22.5　插页 4	
版　　次	2014年12月第1版	
印　　次	2014年12月第1次印刷	
书　　号	ISBN 978–7–5444–6009–5/B·0101	
定　　价	61.00元	

(如发现质量问题，读者可向工厂调换)